U0361683

设计互联

Design Connectivity

易变时代的商业创新与设计管理研究

Research on Business Innovation and Design Management in an Era of Change

孙磊 著

清华大学出版社 北京

内 容 简 介

本书共由23篇文论组成，反映了作者近几年对设计前沿问题的深入思考和理论总结。本书所收入的文论主要从当代中国设计问题和现实需要出发，进行反思、阐述、批评和重建，通过增加跨学科性、新的设计方法和新领域的融合，将研究和应用之间的知识连接起来，形成设计新知识。这些新知识有助于加深对设计多维价值的认识，完善和推动当下的设计议程，善用设计的力量进行转型，进而帮助提高对推动国家文化软实力建设中设计潜在贡献的广泛认识。

本书适合设计院校的教师、研究生以及企业的经营管理者、设计管理者、市场企划人员阅读。

图书在版编目 (CIP) 数据

设计互联：易变时代的商业创新与设计管理研究 / 孙磊著 . —北京：清华大学出版社，2023.5

ISBN 978-7-302-62340-3

Ⅰ. ①设…　Ⅱ. ①孙…　Ⅲ. ①产品设计－企业管理　Ⅳ. ① F273.2

中国国家版本馆 CIP 数据核字 (2023) 第 011172 号

责任编辑： 王巧珍
封面设计： 朱爱军
版式设计： 方加青
责任校对： 王荣静
责任印制： 丛怀宇

出版发行： 清华大学出版社
网　　址： http://www.tup.com.cn，http://www.wqbook.com
地　　址： 北京清华大学学研大厦 A 座　　**邮　　编：** 100084
社 总 机： 010-83470000　　**邮　　购：** 010-62786544
投稿与读者服务： 010-62776969，c-service@tup.tsinghua.edu.cn
质 量 反 馈： 010-62772015，zhiliang@tup.tsinghua.edu.cn
印 装 者： 三河市东方印刷有限公司
经　　销： 全国新华书店
开　　本： 170mm×240mm　　**印　　张：** 21　　**字　　数：** 365千字
版　　次： 2023年5月第1版　　**印　　次：** 2023年5月第1次印刷
定　　价： 168.00元

产品编号：088696-01

本书为国家社会科学基金艺术学重大项目“设计创新与国家文化软实力建设研究”（21ZD25）阶段性成果。

序言：设计创造有效供给

潘鲁生

创新驱动是国家命运所系，是世界大势所趋，更是发展形势所迫。而设计则是创新驱动和提供有效供给的关键一环。

进入21世纪以来，全球经济一体化进程的加快、不同文化边界的诉求争端以及全球新技术浪潮的推动和个性化消费的崛起，引发了这个阶段对设计创新价值的更多关注。有关设计研究及其文献的数量迅猛增加，研究角度以及文献类型不断增多，各种设计研究的广度、深度及文献分类方法不断提升和改进。设计作为创新资源，正成长为全球经济转型发展和区域社会经济治理进程的新供给，并彰显出独有的发展动能。今天，我们对设计的认识已经发生了深刻的变化，无论是在经济创新、科技创新、生态创新，还是在社会创新、战略创新领域，设计正扮演着越来越重要的角色，成为服务业中发展最快的产业业态之一。

当下及未来一段时间，中国经济转型升级对设计创新的刚性需求正在加大，设计业的快速崛起改变了产业经济的版图。国家一系列支持设计业发展的政策规划陆续出台，长三角、珠三角以及整个东部沿海地区设计经济的蓬勃发展，科技与设计的混搭改变了城市以及公共领域的面貌，消费者数量的激增为设计师的产品创造了众多利基市场，设计组织的重组与兼并与日俱增，设计教育的遍地开花等，这一切似乎都预示着一个崭新的“设计时代”的到来，设计被推到了风口浪尖。然而，设计在今天以及未来发展中究竟扮演着怎样的角色呢?

20世纪80年代的社会开放，使得设计混同于美术概念而醉心于表面装饰和实用性研究；20世纪90年代的消费繁荣，使得设计沉溺于创意技术与样式化时尚等方面的追求。进入21世纪以来，全球性经济增长减速和下行压力加大，带来了新的问题和挑战，设计的创新地位开始得到认同和巩固，设计的艺术及交叉属性逐渐显现，开始成为增加价值、解决复杂问题的创新工具。同时，随着设计生产力发展水平的逐步提高，设计供给的范围和规模也呈上升态势，成为连接经济、社会与文化等方面集成创新的主要推手。处在经济转型、社会变迁、企业变革阶段的设计，正发挥着无法低估的创新与供给价值，社会的发展不断改变着我们对传统设计概念的认识和理解。

不仅如此，设计学与产业经济学、工商管理学在创新经济实践中开始合流，逐渐发展成为不可分割的一个整体。但在百年现代设计发展史上，很少有对设计经济属性的研究，即使谈到设计与工商业的关系，也基本拘囿在设计对于工商经济的贡献和作用上，对设计的产业价值和经济规律几乎无从谈起。其实，从社会属性上看，设计学和经济学都是一门带有公共性特征的社会科学，它们关心的都是如何将有限的资源以最佳的方式进行管理并形成有效供给，服务于人类的无限需求。两者都是通过如何创新、配置、生产、分销和消费商品或服务，创造能够引起反响的经济、社会和道德激励机制，进而推动物质与精神的平衡发展。供应商设计、制造商品或服务从而形成供给，消费者经过对商品或服务的充分评估而选择为其支付，从而形成需求。因此，两者的核心目的皆是创造有效的供给与需求。

不同的是，宏观经济学关注国家经济增长、国民收入以及政府干预，聚焦于研究总量市场的供需关系，从总量上分析整个经济的运行方式与规律等问题。它把资源配置作为既定的前提，研究社会范围内的资源利用问题，以实现社会福利的最大化。微观经济学涉及人、家庭、企业和行业的供需关系，它关心个人、企业和市场如何在一个有着不同条件和规则的范围内进行利益交换，强调利润最大化。而介于两者之间的中观经济学则集中在产业经济、集团经济和区域（城市）经济范围内的研究，涉及对空间、结构、环境、效益、公益（公共）、发展、规划和管理等要素的调控和供给，它与宏观经济、微观经济既有区分，又有联系。

一直以来，我们对设计的认识和理解还停留在微观层次，习惯将设计的功能投放在企业、产品、市场与价格之间的关系创新上，即设计的微观经济价值创造方面。然而，目前的重点是如何通过设计创新为市场提供具有竞争力、吸引力和价值力的产品或服务，以及如何通过设计创新优化定价策略、传达用户价值和提升品牌美誉度。设计的行为始终围绕微观经济的繁荣和福利最大化展开，而忽略了设计作为一种独立的产业形态，或主导某个产业发展的功能与价值。当下和未来，设计不仅要在满足消费者心意与供应方保持低价、便于竞争的需求之间实现平衡，而且更为重要的是，设计已经开始更多地在时空布局关系中促进产业结构质变与创造发展机会，以及在提供创新供给等方面发挥着至关重要的作用。综合而言，无论是以设计生产力系统为主导的产业经济和企业集团经济，还是以设计驱动为主导的城市经济，设计都具备作为中观经济所特有的独立性、综合性、协同性和融合交叉的特点，设计在中观经济体中的作用正在世界各地的经济发展中显现。

对传统设计定义的重新解读以及对设计产业协同创新所产生的有效供给等

观点的论述，正是本书最突出的亮点。我们看到，作者在本书中所论述的设计指的是一个完整的创新系统，设计的最终成品或人造品，全部都会成为社会系统、经济系统、管理系统、文化系统或以上系统的子系统，设计都会被网罗在复杂的关系系统中，彼此关联、碰撞、融汇，进而产生新的、复杂化的设计学术研究生态。设计学科有非常大的、共通的知识基础，相互融合性、支撑性很强，如何增强设计系统研究的整体效能，发挥产业经济学、工商管理学等多学科优势，强化设计学与各学科的内在联系，来开展设计学交叉研究，成为我们当下面对的重要问题。值得肯定的是，本书作者已经在综合性学科互涉、系统化视野和整体性方法等诸多方面对设计内涵展开了较为深入的挖掘、研究和探索。

需要说明的是，本书反复提及的“关联性”还体现在以下三个方面。一是不坚持静态、单一的设计本体研究观，而是站在学术动态发展的角度，主动将设计问题与国家发展理念紧密相连，如注重技术、产业、文化、政策变革与“创新设计”共情交响的理念，注重文化涵化、行业迭代、跨界颠覆与“协同设计”化解发展矛盾问题的理念，注重构建高效、清洁、低碳、循环、可持续的绿色制造体系与“绿色设计”相向而行的高质量发展理念，注重构建基于互联互通内外联动的“开放设计”理念，以及注重社会化创新建立“共享设计”的理念等。二是现代科学发展对于复杂问题的研究需要包括设计在内的多学科知识作为支撑。设计是问题解决的思维逻辑和方案呈现的创新过程，设计的本质是解决问题。任何设计问题都是一个复杂的、相互联系的生态系统，和社会、个人、经济、文化、技术、民生与政治等各种因素既相互勾连，又相互限制。通过与其他领域的交叉融合，设计研究可以在问题拆解方面出现新的创新路径。三是协同设计方法为企业注重实际需要而发展新服务提供了基础，商业演进、创建品牌、发现新机会、趋势预测以及产品改进、业绩改善与公司使用设计策略之间的联系，为组织决策者、工商业者、公共政策制定者、教育者、设计师以及消费者展示了新的思维、手段、工具和方法。以上观点与内容的创新，都与作者这些年奔波于中央美术学院、北京大学、清华大学、牛津大学的跨学科学习经历有直接的关系，孙磊教授以设计学研究为抓手，广泛吸收艺术学、产业经济学、工商管理学等学科知识，博采众长，笃思躬行，寸积铢累，才是这本书得以完成的最大保障。

综合本书的内容来看，创新设计作为经济社会发展的重要组成部分，注定要参与、改变和推动社会的变迁和经济进程。当下，中国面临复杂的经济和社会挑战，需要找到新的路径和解决办法。传统艺术化、单极化的设计学科定位已经很难满足社会转型对复杂问题的解决之需，需要选择更为综合、科学的广义设计研究路径，借助采用跨学科协同的研究方法，立足现实、超越传统、借鉴国外，形成设计学科建构的“中国理念”。今天对设计的研究与应用，不能也不该只停留在外观或审美的艺术范畴，其内涵属性和外延价值早已远超出传统设计学科所固有的学术巢窠，转向中国社会转型期所面临的各种矛盾和问题，需要坚定地将设计推向驱动创新、解决现实问题的道路上。因为，设计学科只有主动正视问题、迎接问题、解决问题，才是推进社会、文明发展的基本力量，这也是新时代赋予设计学科转型和重塑的基本要求。

是为序。

自序：设计联创

关联与变化是世间万事万物的常态，设计也不例外。

1786年出版的《大不列颠百科全书》中将“design”解释为：“艺术作品的线条、形状，在比例、动态和审美方面的协调。在此意义上，‘设计’与‘构成’同义，可以从平面、立体、结构、轮廓的构成诸方面加以思考，当这些因素融为一体时，就产生了比预想更好的效果。”设计的艺术价值涵盖一切。而1974年第15版的《大不列颠百科全书》中又将“design”解释为：“为实现目的而进行的设想、计划和筹划，包括物质生产和精神生产的各个方面，其内容上已经具备了作为线性关系的四个元素：设想、计划、筹备、行动。”设计的概念已大相径庭，设计演变成“人为了实现某种意图进行有目的性管理的创造性活动”，它由三个基本要素构成：一是人的目的性，二是思维的创造性，三是活动的管理性。设计的管理价值成长为商业社会的主流。时至今日，科技与商业形态的巨变使得设计的概念及内涵表现得更加开放、多元和广义，设计正在为个人、组织、社区和国家创造前所未有的机会，从人、过程、信息和事物之间的互联中实现更大的价值，正如美国著名设计理论家维克多·帕帕奈克所说：“几乎一切时候我们的所作所为都是设计。”

概念随着时间和商业进程的变化而变化。在今天复杂易变的新商业环境下，设计的创新驱动更多来自商业保持的一种长期连接、一种信任关系、一种存在方式。万物互联的时代，设计的本质就是连接，严格地讲，就是要围绕人实现连接的价值，如用设计创造产品（或服务）与用户之间的连接，用设计创造企业与用户之间的连接，用设计创造用户与用户之间的连接，用设计创造思维与用户之间的连接等。与传统的商业形态相比，在这个几乎没有秘密可言的万物互联的多变世界里，新商业需要完全不同的用户互动方式——用有价值的设计凸显人的价值，与用户形成持续稳定的连接。

以土地、手工为代表的农网时代，好设计的标准大多与“天时”“地利”“材美”和“工巧”的连接程度有关。手工设计以点状的方式连接、扩散，其文化触角延伸到人类社会生活的各个方面，体现了最广泛的社会价值。手工设计不仅解决了人类依靠其生物特征进行生存感知和身份确认的问题，而且还延续着一个民族一整套生活方式的传承、改良和演进。

以流水线为代表的电网时代，早期由美国人亨利·福特首先设计使用，这个阶段设计连接的是产品、程序和管理。流水线生产方法是为特定的产品和预定的生产大纲所定制设计的，生产作业计划的主要决策问题在流水线的设计阶段就已做出规定。当前，市场需求、工业产品设计、定制化量产是构成流水线自动化改造的主要因素，工业产品设计既是生产质量的落脚点，又是市场需求的起始点，因此，设计连接的是市场与工厂，要把需求落地到工厂定制化、自动化流水线的操作。工业产品设计以生产效率的提升为用户创造了“连续性价值流动”，强电带来的工业产品设计方法解决了人类体力不足的问题。

以数字网络技术为代表的互联网时代，引发了从设计者、生产者到消费者价值链的变化和由于使用新技术而产生工作过程的变化。设计、生产和用户之间的传统界限开始消解，出现了基于分享的“开放设计”“离岸外包”和“云制造”，如 LEGO Ideas、小米 MIUI“橙色星期五”、宝洁“C&D”等开放式在线设计平台模式，推动众包、联创、民主化创新、本土化设计、爱好者协作等一系列开发新商业的方法和途径指数级增长，设计领域已突破时空局限向更多协作方敞开，成为连接知识交换、个体化需求和投资回报率等商业问题的枢纽。“开放设计”“离岸外包”等设计与生产模式的迅速发展，使原先在一工厂之内甚至在一个国家之内的价值链、供应链转移到多个国家之间，成为全球价值链、产业链整合之网。因此，互联网时代的设计为用户创造了信息“全球价值”交换，它更多的是解决人的智力延伸问题。

以信息技术和人性唤醒为代表的慧网时代，一方面，依托5G和信息大数据，加速移动网络向智慧城市、工业物联网、健康物联、智能家居等领域渗透，形成网络智能的制造服务方式，从而带来制造的无人化、智能化、柔性化，设计与制造重新融合，从技术驱动到数据驱动再到情境驱动，实现产业、企业、业务、用户等全要素、全流程互联互通，大幅提高设计效能和生产效率。另一方面，信息生产与供给过程中产生了与用户自身价值或意义相对立的东西，在海量信息和智能物品裹挟下，公众都像是上了发条的、被数据控制的机器，或者像是虚拟世界操控者的玩偶，连同内涵、意义甚至人性全部被碾进巨大的经济机器中绞得粉碎，物品和意义产生“内爆”，瓦解为无意义的纯粹外观。设计、科技与商业逻辑共同寻找的不仅是解决方案，还有人的意义，数据、物品、人、智能社会和自然之间的连接关系面临重新建构。设计与科技的联袂不仅是去解决用户现有的问题，而且是去实现创新者源于内心的愿景，即帮助用户挣脱“劳动异化”“产品物化”和“信息异化”带来的精神束缚，修复那些背离人类情感与自然关系的原始本能，寻找更合理、更富有意义和内涵的生存方式与价值观，真正实现向万物感知、万物智联和万物和谐的智能社会转变。慧网是解决用户“自我”与“他者”价值实现和共享的问题。

我们见证了这些设计创新的浪潮正在改写新的商业价值，在瞬息万变的商业环境中，决定价值的因素在不断变化，从关注股东利益到关注价值创造，从价格对话到价值主张，从产品外观到内在意义，从规模增长到智慧增长，本书正是基于这些变化展开论述的。当前，我们处在农网、电网、互联网和慧网“四网共时”发展的交汇点上，“万物互联”重构了城市、电商、零售、医疗、基因、食品、金融、交通、体育、文化、教育等领域新的商业逻辑，传统生产从原材料采购、开发、加工到产品设计、制造、销售等价值链条，已分离重组为一幅不同于以往的全球化工业图景，这些变化不仅改变了设计创新发展的环境、重塑了设计的利基市场，而且不断冲刷着人们对设计创新的认知。本书以独特的观察视角、创新理念和解决之道，打开我们对传统设计认知失重的枷锁，集中呈现设计与商业共同持有的对新问题的挑战、假设性思考、开放式协作以及对复杂性问题的拆解，这也正是本书立说的意义所在。

本书以文论的形式形成整体内容，涵盖了变革时代设计创新与产业管理、产业及组织面临的创新挑战、区域经济文化的设计趋势以及设计教育的产业逻辑等内容，分为“设计创新管理”和“设计产业管理”两个板块，其核心内容是基于设计管理的理论创建与应对商业环境的挑战。从描述设计与其他产业要素的关系开始，本书阐述了设计管理的相关理论、概念、重要性，提出了一些在专业和商业实践中应用设计管理的有效工具、方法和趋势分析，对从事创意设计、商业创新、设计管理、设计教育的人士有所帮助。概括起来看，本书内容采用“双向开放”的研究视角，主要基于两个维度：一是复杂商业环境中的设计竞争力，从企业管理创新到设计创新；二是可持续变革中的设计领导力，从设计创新到企业管理创新。

从企业管理创新到设计创新，内容包括为委托方战略实现而设计、为市场关系连接而设计、基于商业模式创新的设计、基于产品生命周期（PLM）的设计、为质量管理而设计、为意义关联而设计、基于财务预算（成本策略）的设计、为科技研发而设计、为“政策换市场”而设计，以及为教育和社会责任而设计。

从设计创新到企业管理创新，内容包括设计创新引领企业战略规划与执行、设计创新引发组织裂变与更新（兼并）、设计创新驱动供应链管理（SCM）更新、设计创新推动创意人才教育策略、设计创新推动产品集成化管理进程、设计创新形塑品牌管理水平、设计创新赋能商品文化实力、设计创新提升企业营售能力、设计创新重塑新型客户互动关系，以及设计创新强化企业领导力。本书涉及设计创新对产业、教育和经济社会的重要性，以及如何提供积极措施，为“四网共时”

和“万物互联”时代的设计和商业决策者提供建议。

全书内容较多，初读之下给人眼花缭乱的感觉，但细读起来，书中有一条论述的主线，那就是肯定了“广义设计”这一观点在创新领域的影响和作用。全书倡导将设计纳入广泛的宏观和微观研究视野，以促进政策、商业、战略、市场、产业链、教育及文化等非技术创新的发展。书中反复提到，在“万物互联”的易变时代，设计不能独立存在，它应是产业链、价值链中的关键一环，是企业在市场创新中的重要生存手段之一。因此，不应把设计看作一种外围的或专家的活动，而应是一个核心的业务过程。在这一商业过程中，我们应把设计看作对创造有目的的应用，以便使企业的产品或服务包含更具竞争力的创新，设计管理能在经营的活动和流程中发挥更多创造潜力，如战略、行销、创建品牌、文化赋能、发现新机会、趋势预测以及产品改进和成本降低等。

不仅如此，设计管理在发挥设计促进资源自由有序流通、要素高效配置和需求深度融合方面作用独特。将设计管理的作用规律、影响要素、总体趋势、具体经验等理论研究成果，与易变时代的商业发展现实和需要相结合，在此基础上提炼规律性因素并升华到理论高度，形成系统学说，以期推动构建理论与实践相结合、学术价值和应用价值兼具的设计管理研究体系。把零散分布在多个学科、多个领域的创新设计研究整合起来，明确专业属性和学科定位，在强化知识体系完整性、理论框架逻辑性和基于多学科协同研究的同时，建构设计管理本土化学术话语和研究范式，是本书的重点。

值得一提的是，从研究的客体来看，本书尝试将工商管理学、产业经济学等概念、原理、方法借鉴到设计学科中，来解决单一学科难以应对的复杂问题，并不是一件容易的事。本书所涉猎的研究内容虽涉及从传统、新兴到前沿、交叉等多学科知识，但自感在构建多学科交叉融合，努力形成兼具明晰概念、深厚学理、自洽逻辑、完备系统的设计管理研究体系等方面差距较大、难度较高，具有极强的挑战性。面对当前易变的商业现实中存在的诸多问题，中国企业家、设计管理者和设计师有责任成为“万物互联”时代商业文明的思考者和践行者。

最后需要说明的是，本书收录的所有研究文论，均来自笔者近些年教学过程中积累的所思所想。不同年度虽有不同的思考角度和学术方向，但始终没有偏离中国经济社会发展所引发的对设计以及设计产业格局的现实性思考和前瞻性探索，没有背离将设计管理视为协调设计活动与市场经营良性互动的研究主线。但由于受水平以及能力所限，书中错漏之处在所难免，敬请各位师长、同行批评指正。

目　录

上篇

设计创新管理

创意不等于设计

多数情况下，我们对于设计、创意设计、创意经济、设计服务产业等很多专业概念基本都是模糊的，造成很多模棱两可的学术和实践错误。设计，从词源学的角度来看，“设”有“设想”“创造”之意，含“目的创意”的意图；而“计”意味着“安排”“筹划”之意，有“目的管理”的图谋。英语 design 的基本词义也含有“图案”“花样”“企图”“构思”“谋划”等内涵。

1974 年第 15 版的《大不列颠百科全书》中，设计的概念范围被拓展成：强调为实现目的而进行的设想、计划和筹划，包括物质生产和精神生产的各个方面，其内容上已经具备了作为线性关系的四个元素：设想、计划、筹备、行动。[①] 设计概念涵盖“创意”与“管理”的色彩非常清晰。因此，设计的基本概念可以解读为“人为了实现某种意图进行有目的性管理的创造性活动”，它由三个基本要素构成：一是人的目的性；二是思维的创造性；三是活动的管理性。当设计作为名词时，可理解为一个设计行为的结果，这包括我们日常生活中经常接触到的产品、服务、景观、建筑或新媒体等。这种“基于结果的设计”意图，往往更多地习惯于从产品外观与审美的角度理解设计。而当设计作为动词时，可以理解为以使用者为中心解决问题的过程，这包括市场分析流程、创意流程、生产制造流程、用户服务流程或质量管理等系统管理过程。这种“基于过程的设计”意图，则更多的是从市场需求的问题本位出发，在主客观双重限制条件下进行的创意构思活动。

正如 2006 年国际工业设计联合会（ICSID）[②] 给设计下的定义：设计的创造性活动，其目的是为物品、过程、服务以及它们在整个生命周期中构成的系统建立起多方面的品质。因此，设计既是创新技术人性化的重要因素，也是经济文化交流的关键因素。设计只有作为动词词性，即从“主观目的”“思维创造”和“活动管理”三者构成的线性结构关系来理解设计的概念，才是我们未

---

① 《大不列颠百科全书》，1974 年第 15 版。

② 国际工业设计联合会（ICSID）是国际设计师团体、民间非营利组织，成立于 1957 年。它是为了提升工业设计质量、培养专业的设计师而发起，归属于国际设计联盟（IDA）之下，与国际平面设计协会联合会（Icograda）、国际室内建筑师暨设计师团体联盟（IFI）共为世界三大专业设计师团体。

来设计理论研究和设计产业实践的方向，这也是本书的主要观点和出发点。

毋庸置疑，我们很有必要厘清创意、创新与设计三者之间的概念区别以及关联关系。创意与创造在概念上没有明显的区别，都指应对变化而产生的不同手段和思想，它是人类与生俱有的才能或潜能，它与观点的产生有关。创意是指对现实存在事物的理解与认知及其所衍生出的一种新的抽象思维和行为潜能。创意是逻辑思维、形象思维、逆向思维、发散思维、系统思维、模糊思维和直觉、灵感等多种认知方式综合运用的结果。① 创意不仅是一个完全有意识或理性的线性过程，而且它是一个完全无意识或随机的直觉过程。创意创造的能力可以是天生的，也可以进行后期有效的开发和管理，不为艺术家和设计师所独有。我们必须将创意与创造的能力看作是到达终点的一种手段、观点或思想，而不是终点本身。创意创造行为的终点只有创新，即观点的实现和落地。

创新与创意不同，创新指的是采纳创造性的观点并使之成为现实以及贯彻实现这些观点的过程。管理学大师彼得·德鲁克说，“企业的职能只有两个：营销和创新”，没有创新意味着死亡。创新不只是产出新的产品或服务，还包括制定新的商业运营模式，执行新的业务程序、新的工作方法，创造鲜明的市场路线和企业战略等，创新意味着产生新的商业机会并提供延续创新的能力。创新就是以新的或是改进的产品、服务或流程等形式，实现新想法在实践中满足用户需求的成功应用。同时，创新还需要具有将技术实施和对用户需求的理解融合在一起的能力，而设计师和工程设计师能够带来这种创新的变化。因此，衡量一个优秀的创新管理者或创新型企业的主要标准，就是看他（它）是否具备将用户需求性、科技可行性和商业延续性三个要素进行并行思考和实践的综合能力（见图 1）。

严格来讲，设计活动属于创新范畴。与创新一样，设计呈点状分布在业务或营运流程的不同环节中，是一个完全的创意过程被管理的概念，创意不等同于设计创新，创意只是设计最终达成的关键手段。

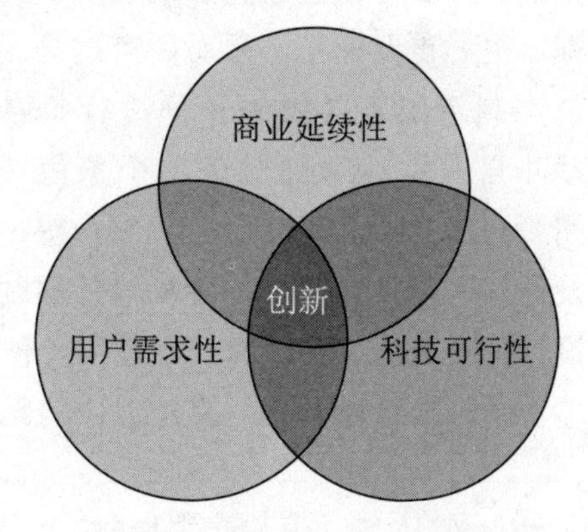

图 1　衡量创新实现能力的三个关键要素

笔者认为，与技术创新和社会创新一样，设计活动也应是创新的核心资源之一。设计不能独立存在，它是企业在市场中的重要生存手段，设计更是产业

① https://baike.baidu.com/item/%E5%88%9B%E6%84%8F/672349?fr=aladdin.

链中的重要一环。要想有效地运用设计，就必须把设计放在一个大的富有创新的产业系统环境中来看。从这个层面上看，我们就不难理解创意设计的基本概念，它至少包括设计和创意两个方面，将洞察力、创新思维、探索发现以设计创新的方式，寻求为改进结果的问题或事件提供实用和富有创造性的解决方案，两者互为表里，缺一不可。

设计的本质不是对现有问题的描述和解释，而是对现有问题可能带来的各种冲突关系的发现、说明和解决。设计的问题是多维的，不能仅站在创意或设计本体论的角度去解析设计问题，而忽略设计问题的策源地和动力。设计的实践经验告诉我们，绝大多数设计问题的策源地来自客户与终端用户，即那些有需要却不能解决问题的人。此外，这些来自客户和终端用户的设计问题基本是由种种设计限制决定的，英国谢菲尔德大学建筑学院教授布莱恩·劳森称之为内在限制与外在限制。这些设计限制大都来自设计师、客户、使用者和政策法规制定者，其范围包括基本限制条件（如功能必需、价值期望等）、实际限制条件（如生产、建造、材料工艺、政策法律等）、形式限制条件（如尺度、环境、形式、色彩、肌理等）以及象征限制条件（如风格、文化、信仰等）。

上述四类限制条件构成了赫伯特·亚历山大·西蒙教授[①]所说的“问题结构”。设计问题是由不同的设计限制发生和组成的，而设计限制却是设计创新行为产生的动力因子。设计作为一种创新过程，其实就是对一个个设计问题进行分析、模型建构和问题解决的过程；更为重要的是，要对所有这些无论是谁制造出来的限制条件进行整合管理，只有设计师能胜任这个角色（见图2）。[②]因此，对于那些由客户提出的设计问题以及衍生出的种种设计限制，设计师不可能像艺术家一样使用一种内省和自我的创意处理方式。与从自我兴趣出发去描述和解释世界是怎样的创意型艺术家不同，设计师必须面对他者提

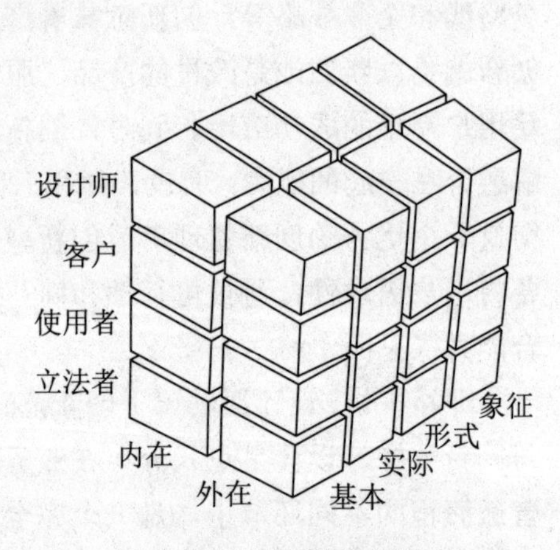

图2 设计问题的限制模型

① 赫伯特·亚历山大·西蒙（Herbert Alexander Simon），美国心理学家，经济组织决策管理大师，1978年诺贝尔经济学奖获得者，“设计科学”的提出和倡导者。

② 布莱恩·劳森（Bryan Lawson）：《设计师怎样思考——解密设计》，杨小东、段炼译，1页，北京，机械工业出版社，2008。

出的诉求找到世界可能会成为什么样子的钥匙。从这个角度来看，设计师更像“未来学家”，只能在问题和限制的重重包裹下发挥创意的想象，他们工作的本质就在于站在各种问题“倾向”和限制“冲突”的现场，洞察未来、创造未来，或者至少是具有未来的某些特征，这与不着边际、天马行空式的创意无关。

除此之外，当下设计外延的进一步拓宽也在商业领域彰显出创新的底色。今天以及未来的企业，不应把设计看作一种创意的、外围的或专家的活动，而应被视为一个核心的业务过程。在这一过程中，我们把设计看作对创造性有目的的应用，以便使企业的产品或服务包含更具竞争力的创新。设计师可以创造出创新产品或服务，同时把创新思想转移到市场中去。设计技巧和知识能在经营的活动和流程中发挥创造潜力，如战略、行销、创建品牌、营运、发现新机会、趋势预测以及产品改进和成本降低等。

从商业经营的角度审视设计创新的价值，其创新来源主要包括两个部分：第一，从企业经营和管理者需求的角度来看，设计创新的价值不应仅囿于产品创意或设计想象，还应将设计思维广泛地渗透于企业的战略实现、市场连接、商业模式、产品改进、生命周期、价值链优化、质量管理、降低生产或服务成本、发现新的商业机会以及社会责任的系列创新需求中，以提高企业在面对复杂商业环境时的竞争优势。第二，从设计组织和设计师能力提供的角度来看，设计业务并不代表能提供一件具有差异性的产品或服务样式，而是要有提供一种基于问题的整体解决方案的关键能力。这些关键能力包括尽快开发新产品或新服务、尽可能减少生产时间、带动供应链与流程变革、推动产品系统化管理进程、形塑品牌管理水平、加快新产品的销售步伐以及塑造新型客户互动关系等。前者要求企业和管理者必须重视设计以及设计思维对于提高企业竞争力的特殊价值；后者则要求设计组织和设计师必须充分认识企业运营与管理对设计创新的新需求、新期待，不断改进和提高系统解决问题的能力。连接这种耦合关系的核心，便是未来企业组织、设计师、工程师、CEO和使用者要充分认知和运用的设计创新管理能力。

创新驱动中的第三种力量

与以自然经济为特征的农业社会不同，现代工业社会和信息社会，最活跃的生产力因素不再是资源、能源和劳动力等，而是发展迅速的科学技术。纵观人类的发展史，就是一部科技创新史，每一次科技的重大进步标志着一个新时代的到来。蒸汽机的发明让人类步入了蒸汽时代，计算机和互联网的普及则标志着人们步入了“万物互联”的信息时代。今天，“万物互联”重构了城市、电商、零售、医疗、基因、食品、金融、交通、体育、文化、教育等领域新的商业逻辑，成为推动社会变革的革命性力量。美国学者的一项研究显示，中国生产的苹果手机，在每部的价值构成中，中国工厂的价值虽仅占成本的1.8%，却要为拥有核心技术的美国的GDP贡献达400美元，可见科学与技术创新在国力竞争中所显示出的特殊价值。

科技创新给人类带来经济的发展、生活水平的提高乃至整个社会的进步，其意义不言而喻。但从近100年全球创新发展的历程来看，很多有影响力的成功企业和学者都已认识到设计对于一个企业乃至国家创新战略的重要意义。纵观发达国家创新驱动发展的方式，始终都将设计创新融入经济社会发展的各个方面。从20世纪50年代至今，设计在发达国家创新战略的制定与实施中都扮演着十分重要的角色，如芬兰、日本等。无论是尊崇设计即创新产品外观的狭隘定义，还是倡导设计就是系统化、开放式创新活动的宽泛概念，设计的定义随着时代的发展不断演变，其独特的创新驱动价值正在全球业界引发更深入的思考和大规模实践。

20世纪70年代，美国诺贝尔经济学奖获得者赫伯特•亚历山大•西蒙（Herbert Alexander Simon）认为，借助技术创新可以更广泛地将设计纳入服务业范畴，并最早提出了“设计科学（science of design）”的论断。作为“设计科学”的首位提出者，西蒙划分了“自然物”和“人工物”的边界，指出了“设计科学”与“自然科学”的区别。他认为，自然科学研究揭示、发现世界的规律“是什么（Be）”，关注事物究竟如何；技术手段告诉人们“可以怎样（Might Be）”；而设计科学则综合了这些知识去改造世界，关注事物“应当如何（Should Be）”。[①]

① 胡飞、胡俊：《设计科学：从造物到成事》，载《科技进步与对策》，2008（11），176页。

西蒙认为“设计科学”是独立于科学与技术以外的第三类知识创新体系，工程师和设计师应当通过广泛合作，彼此分享在设计创造过程中的经验。无独有偶，不久前，获得意大利“金罗盘”奖的设计管理专家罗伯托·维甘提在研究“渐进式创新”和“颠覆式创新”[①]与产品内在意义的关系后提出，在传统商界，“渐进式创新”主要借助于对消费者需求的深入分析，提高消费者对产品的满意度；“颠覆式创新”往往借助技术创新，实现产品性能的飞跃；而“设计驱动式创新”[②]则是采用颠覆式创新的方式，针对消费者赋予商品的内在意义或产品语言进行创新，并将成为未来推动企业成长和经济社会发展的“第三种创新”。

同样，在创新教育领域，美国斯坦福大学社会学博士亨利·埃茨科威兹认为，传统大学除了承担教学与研究两大使命以外，还将担负在促进区域乃至国家发展中起重要作用的“第三种使命”，即大学成为与政府、产业协同合作的重要国家创新动源。在哈佛、斯坦福、MIT等世界著名的研究型大学，一种起源于设计界的工作方法，被改编成叫作“设计思维”的课程，进行跨专业、跨学科学习。这个风靡全球的创造力培养方法，以及给社会带来的富有创造力、具有同理心、能观察趋势以及善于讲故事的复合型创新人才，正在成为连接高校与社会“第三种使命”的执行者。无论是“第三类知识体系”“第三种使命”，还是“第三种创新”，设计已成为继科技创新之后世界经济发达体推动社会文明进程的第三种创新力量。

发达国家向来重视以设计为导向的智力经济发展思路，从政府到社会大众，设计创新的概念深入人心。虽然不同国家对因创意而形成的新经济的叫法不一，但重视设计创新的实质是相同的，如英国和澳大利亚称之为“创意产业（creative industries）”；美国称之为“媒体与娱乐业（entertainment & media industries）”或“版权产业（copyright industries）”；联合国教科文组织、欧盟、经济合作与发展组织称之为“文化产业（cultural industries ）”；瑞典称之为“体验产业（experience industry）”；丹麦称之为“文化与体验经济（cultural and experience economy）”；芬兰称之为“创意产业或创意经济（creative industries、creative economy ）”。

现在全球经济的增长方式都在转变，发达国家的经济发展已经从资源、投

---

① “渐进式创新”是指通过不断的、渐进的、连续的小创新，最后实现管理创新的目的；“颠覆式创新”最早由哈佛大学商学院教授克莱顿·克里斯坦森（Clayton Christensen）提出，是指通过量变导致质变，实现从原有模式完全蜕变为一种全新的模式或全新的价值链。

② “设计驱动式创新”理论最早由意大利米兰理工大学的领导力和创新教授罗伯托·维甘提（Roberto Verganti）创立。

资驱动转向服务和创新驱动；而中国经济和社会发展则以供应侧结构性改革为标志，正进入这样一个推动设计常态化发展的窗口期。世界竞争战略和竞争力领域公认的第一权威，素有“竞争战略之父”之称的迈克尔·波特（Michael E. Porter）[①]教授，曾在1990年出版的《国家竞争优势》一书中提出了著名的“经济发展四阶段”论（见图1）。这四个阶段分别是指要素驱动阶段、投资驱动阶段、创新驱动阶段和财富驱动阶段。要素驱动阶段的着力点来自廉价的劳力、土地、矿产等资源；投资驱动阶段的着力点是以大规模投资和大规模生产来驱动经济发展；创新驱动阶段的着力点是以技术创新为经济发展的主要驱动力；而财富驱动阶段则是追求人的个性的全面发展，追求文学艺术、体育保健、休闲旅游等生活享受，成为经济发展的新的主动力。[②]不同经济发展阶段表现出其所处时代的特征，也自然呈现出不同时代背景下设计师群体的不同面貌（见表1）。

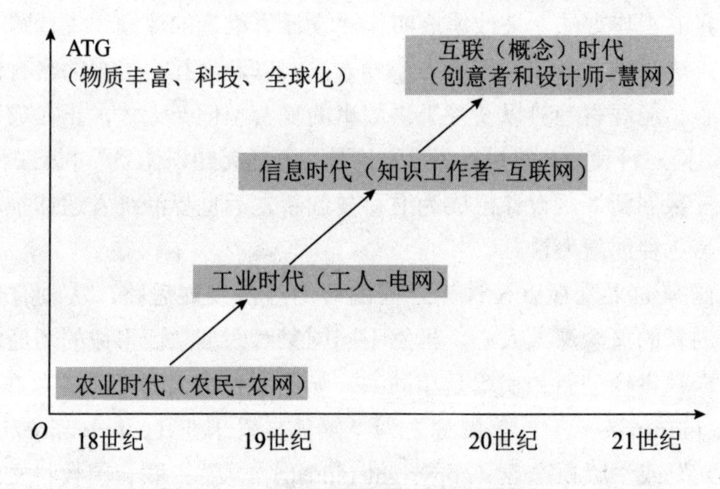

图1 经济发展类型及其所处时代的特征

表1 不同时代设计师的特征

类 别	特 征
农业时代设计师 （农民－农网）	分散化、美与技术结合、手工制作、基于交换与传承、内群体、原创性、移情意识、装饰风潮、忠实于材料和价值等

① 迈克尔·波特（Michael E. Porter），哈佛商学院终身教授，当今世界竞争战略与竞争力领域公认的第一权威，被誉为“竞争战略之父”。他也是当今最知名的管理学大师、最伟大的商业思想家之一。

② 金元浦：《论文化产业发展的新阶段》，载《文艺理论与批评》，2003（3），68页。

续表

类　别	特　征
工业时代设计师 （工人－电网）	个体化、独立工作、左脑思维、重实用、产品主义至上、为中间客户提供服务、基于产品价格、服从限制、美术功底、业务单一、风格服从于功能和机器等
信息时代设计师 （知识工作者－互联网）	跨域化、团队工作、去边界化、追求左右脑平衡、重体验、为终端客户提供服务、人人皆可成为设计师、基于产品价值、注重差别感、整体架构性、业务交叉、风格服从于用户需求等
互联〔概念〕时代设计师 （创意者和设计师－慧网）	个性化、赋魅、重社交重品质、右脑思维、思想交换、基于产品情感交互、道德意识、文化根底、同理心、追求主观获得感、交响力、利他性、环保主义等

法国设计大师菲利浦·斯塔克（Phillipe Starck）认为，未来市场消费性的商品会越来越少，取而代之的将是智慧型且具有道德意识，即尊重自然环境与人类生活的实用商品。日本工业设计大师黑川雅之将物学视为很重要的概念，将对日本器物的设计和人与物之间的关系、距离等概念综合起来进行哲学思考。把生活同设计联系起来，敬畏宇宙、自然，敬畏一切的“物”，这并非物理学概念上的“物质”。当代著名工业设计管理大师高登·布鲁斯也认为，设计要挖掘血液里的精神、原创性和情感性，从自然和物种进化中发现设计之美，从而以此适应人类生存与生活环境。

从以上分类可以看出，所谓的创新驱动阶段，就是以知识、智力产业为经济主产业的阶段，以知识创新为经济发展主动力的阶段，也就是今天人们常说的知识经济的阶段。而知识经济之后的财富驱动阶段，意味着第三产业将进一步分化，其中以精神、文化、心理、创意、休闲、娱乐、体验等要素为主导的设计产业将逐步成为经济转调中的主导产业之一。[①] 从我国整体产业发育的现状而言，虽然四种产业主体共生共存，但目前经济发展的主要阶段仍然停留在要素驱动和投资驱动阶段，即劳动密集型产业和资本密集型产业仍是经济发展的主要支撑面，未来产业提升的空间仍然很大。从美国来看，创新是知识经济的重要表现形式，没有创新就没有美国的新经济。阿特金森（Atkinson）和科特（Court）于 1998 年明确指出，美国新经济的本质，就是以知识及创新为本的经济，新经济就是知识经济，而创新经济则是知识经济的核心和动力[②]。

正因如此，英国最早从国家战略层面实施设计政策，使得设计成为各经济

① 金元浦：《文化创意产业的“历史性出场”》，载《瞭望》，2006（43），64 页。

② 金元浦：《从中国制造到中国创造：面向未来的重大战略转移》，载《中关村》，2005（9），118 页。

门类增长最快的产业；美国通过版权保护等多种形式推动其以文化为核心的设计战略，设计参与国家的决策成为美国的基本国策；日本不断更新其“科技立国”“文化立国”“文化产业立国”等政策主张，制定《设计政策手册》，实施设计规划与发展；韩国政府颁布了设计振兴法案，经过多年的实施，设计和创新在韩国开花结果，韩国已经拥有三星、LG 等全球著名品牌，韩国也从制造国家向设计创新国家成功转型；荷兰是欧洲最早将设计和商业紧密地结合在一起的国家，实施了“荷兰设计”计划，并将这种理念在全球市场进行扩张。

德国设计业始终占据了国民经济生产总值的 5% 以上。20 世纪初，欧洲封建势力最强的德国之所以能在经济上迅速超过资产阶级摇篮的法国与工业革命发祥地的英国，正是得益于它所开创的世界工业设计革命。[①] 德国产品以高贵的艺术气质、精湛的技术和严谨的工艺饮誉全球。瑞典从国家价值中汲取了大量的创意养分，形成傲视全球的设计竞争力，设计成为瑞典成长最快的产业，有近 10% 的就业人口从事设计产业，设计成为瑞典工业最重要的竞争力；印度也推出了“十年创新路线图（2010—2020）”，加快实施“从世界办公室迈向创新型国家”的国家战略；新加坡、阿根廷、芬兰、意大利、南非、巴西、中国香港等国家和地区也早在 20 世纪末就推出了各自设计创新的政策，让设计的重要性与意义更加为人们所知，并在社会、经济发展进程中扮演着积极的推动者角色。

当下，在新技术、多边消费主义、智能制造等创新浪潮的驱使下，设计正逐渐成为与科技创新、社会创新以及文化创新领域共生的关键性资源，不断融入公共服务和公众生活中，影响着大众自身的思维观念、价值判断、生活方式与文明趋向。同时，我们也应注意到，在“万众创新”战略驱动下，中国目前已进入一种趋势性的、不同于以往的新的发展常态环境中。在增速变化上，注重质量协同而不是强调速度；在结构升级上，注重品质效能而不是简单粗放；在动力转变上，注重多元创新而不是要素驱动；在文化发展上，注重传统价值而不是盲目跟风。新常态发展机制有利于设计创新的大面积涌动，进而裂变生成新的产业形态，派生出新的发展机遇。

全球流动性加速和知识大融通，必将推动技术、创新要素和市场要素配置方式发生深刻变化，进而促进产业模式和企业形态发生根本性转变。就设计业而言，笔者认为，将不可避免地出现以下发展趋势：第一，设计将快速移向企业价值链的中高端，成为确保产品或服务高质量来源的关键因素；第二，设计

---

① 宗和：《德、意、日，世界工业设计三强》，载《经贸实践》，2012（6），28 页。

将逐渐摆脱单打独斗的“专业”标签，越来越多地参与到企业战略、商业模式的实际需求中，成为维护决策的关键供给力量；第三，设计将进一步业态化，更多地融入不同业态中，成为产业间协同创新的黏合剂；第四，设计将从类别化、专门化构筑的线性思维中跳出，走向更加关注人与物、物与场景、场景与关系的系统商业逻辑中，成为一种连接和激发人类共情关系的系统化创新工程；第五，设计将从甲方宰制乙方的永恒角色，逐渐成长为甲、乙双方牵手结盟提供解决方案的合作角色，甚至是没有甲、乙方契约的“伙伴关系”；第六，设计将进一步消融生产（制造）与营售的边界，缩短产品从初级到中间，再由中间到终端的上市时间，成为快速响应市场的柔性杀器；第七，设计将更多承载文化赋能的责任，并担负起群体性流动与消费“软价值”塑造的任务，成长为一种基于内容生产与传播的战略性文化软实力。

综合来看，无论是提升生活方式的设计、促进商业发展的设计、促进可持续发展的设计，还是有利于社会融合的设计、改进社区生活质量的设计，在当今世界，设计产业知识高度密集、高附加值、高整合性的特点对于一个国家可持续发展的意义深远。经济行为中人文的、科技的、管理的因素将越来越具有重要的、主导的甚至某种决定性的作用，而设计作为过程经济的支撑力量已成为整个国民经济中先导的甚至支柱性的产业。建设与未来技术和经济形态发展相协调的设计产业形态，对于中国经济的全面优化发展和产业结构的进一步调整将具有重要的作用。

基于知识共享的设计与管理

任何独立或组织内的设计公司和企业，犹如由六面体搭做的立体空间，这个空间可以被看作一所装满创意的玻璃房子，也可以把它当作塞满各种思想的透明仓库。但无论是创意还是思想，这些东西都是在个人及组织内通畅的文化交互基础上生长出来的宝贵知识，是设计创意和企业成长不可或缺的稀缺资源，而承载这些宝贵知识的空间就是确保设计组织保持基业长青的“智力仓库”。

一、“设计仓库”七面观

如果将构成设计仓库的六面和实体空间赋予其象征含义的话，在这个立体、透明的“智力仓库”中，公司或组织的结构框架以及人力资本牢牢地占据仓库的中心地位。在这个中心，包括设计师、设计管理者及首席知识官在内的人力资源又处在这个中心的核心部分。向前看，是公司发展的总体战略和各种应对策略，包括设计组织现行实施的“生存战略”和未来发展的“前进战略”。设计活动必须纳入公司的战略知识当中来，设计应该很好地支持商业策略，并在竞争日趋激烈的商业环境中对决策的制定提供准确的帮助。向后看，是不断创新的管理。无论是管理理念还是管理手段，都要建立在对设计组织内部和外部知识资源的充分了解和使用上。优秀的设计管理者总是能持之以恒地协调组织内的各种价值观念，通过深入人心的倾听和交流从容地驾驭各种设计活动，能有效地将各种有形或无形知识所反映出的价值观念传递给设计师并使之在组织内、外环境中共享，实现真正意义上的“设计推动”。向左看，是我们既熟悉又陌生的设计市场与营销的知识。设计注重创造力和拓展想法的广度和深度。设计师在发展一个想法的过程中，务必将自己的构想融入委托公司的市场营销策略中，弄清市场细分和目标市场的重要价值，并尽可能多地了解与委托公司的品牌策略、广告策略紧密相关的营销计划及竞争方的设计优势和策略，不断地从不同的角度检验所有的设计概念。向右看，是以产权、新技术、新材料、新见解为内容，以网络技术为基础的公司新知识平台，是公司显性知识和隐性知识交融碰撞的合作的虚拟空间，也是设计成果或价值进行内省和外化开放的知识环境。向上看，“客户是上帝”。对于独立的设计公司而言，客户的类型无非两种：委托方细分的直接或间接客户群以及设计方自己建立的客户群。无论直接或间接，客户都是平等和至高无上的。怎样通过设计去更好地“接近顾客”，已是企业对设计师和设计管理者提出的最新的课题。“设计责任”和“设计体验”是沟通设计和客户最好的方法。更多的企业认识到，有效地通过设计渗透来进一步推动形成有企业自身特点的产品、服务和形象，可以最大化地鼓励和完善企业与客户间的知识共享的水平，以便更加高速地利用客户知识进行新一轮的设计创新。向下看，“在全球化的今天，唯一不能国际化的企业资源就是文化”。文化是不同区域内的人们世代相传的生活方式和行为模式，它主要是指人们共生共存的价值观和态度。文化与知识不同，知识没有边界，并强调在整体上的共享，而文化是识别记忆，其强调在整体大同的基础上局部的差异。文化无所不包，相对于设计资源而言，传统的、流行的、时尚的、大众的，等等，都可以为设计的目的服务。设计公司理想的企业文化应该是建立在基于多元化、自由化、个性化的文化环境基础上，并充满智慧、开放、包容、化解、创新及共享能力的文化“软价值”。

设计公司“七面观”为企业内的设计管理者和设计师提出了崭新课题，单纯的设计活动并不是某个设计师个人的创新行为，设计必须被作为一个项目并将之置于企业知识资源循环的系统中来对待。在这个看似静态的“设计仓库”中，设计组织、设计管理、设计战略、设计客户、设计市场、设计产权及设计实践的文化环境都时时处在动态变化当中，这些流动在企业内、外空间的新生资源在“设计仓库”内外形成强大却被容易忽略的“知识流”。如何在市场运作中将设计及其管理与企业的各种信息和知识进行更有效、更准确的传递和交换，建立一个以共享和创新“知识流”为企业核心的环境是弥足珍贵的。

二、当知识遇到引力

牛顿通过观察“苹果落地”这一自然现象，将人们司空见惯的一种生活现象进行思考和创新，最终发现了“地球万有引力”，这一定律为人们解释自然现象提供了科学依据。如果将组织比作“地球”，将各种知识甚至一切被地球吸引的生命体比作“苹果”，那么，组织如何提高自身对知识的吸纳能力呢？什么样的设计组织最适合知识的进入和创新呢？我们可以参考美国创新先锋戴布拉·艾米顿在《创新高速公路》[①]一书中关于“创新战略的十个维度”的学

① 本书把“创新”和“知识管理”两个主要因素进行了综合，是一部创造性的著作。作者描绘了智力型创业和创新型社会的蓝图，为拥有无形价值的创新提供了一条有形的高速公路。

术观点，并与设计组织的创新战略进行比对。

（1）注重设计活动的协作过程。互联网络、跨界交流以及知识共享的发展将企业传统的竞争战略转向协作共享。设计创新过程需要明确有一个负责整个过程并极具设计眼光的高级职员（设计管理者）和跨职能的团队。将设计资产视为公司的核心价值，从而确保所有参与者都认识到其重要性。

（2）注重设计价值的绩效评定。积极的财政计划不仅仅只关注你已经"设计了什么"或"设计换来了什么"，而是更加主动支持那些"具有持久创新能力""知识再利用的能力"以及"关注系统中应建立的那些可以在创新环境中促进创新行为的诱因"，绩效考核更加注重设计过程中利用有形或无形知识并能达成实际效果的能力。

（3）注重设计与管理知识的教育与培训。包括设计师在内的公司其他职员都会在不同时空中得到持续学习和自我发展的机会。教育和培训不会根据个人专业划定圈子，而是更加注重企业知识的多元化交流和创新，并在持续的学习中孵化出新思想，能更适应跨团队协作工作。

（4）注重在线交流与学习。企业可以有效地利用内部网在线环境的改善来聚拢员工对所需知识内容的交流和更新。企业通过组织的在线研讨会、在线聊天、电子邮件、客户讨论区及信息公告板等形式及时聚集、讨论和交换知识。内部网是提供给企业内所有员工的系统，而相关设计知识的门户网站是专为设计师群体服务的网站，许多专业门户网站都是通过企业内网接入的。这些在线交流为设计师及时了解相关设计所需的各类知识以及加强与同事协同工作提供了不可多得的共享环境。

（5）注重设计情报的搜索。知识经济时代，竞争的内核是如何加快创新。设计创新的过程就是对竞争方新知识资源的搜集和了解的过程，以避免不必要的设计投入。商业情报不仅是了解竞争方将往哪个方向发展、如何发展以及如何加速创新活动，更重要的是对竞争方动态的合作、市场目标和创新能力保持始终地把握和关注。

（6）注重生活体验的设计。设计组织要大力倡导结合商业计划的设计。好的设计不是在原来经验基础上的模仿和重复，而是要善于理解和整合各种能改善最终设计结果的条件。基于体验的设计要求设计师深入理解和掌握人们对产品及服务的日常使用体验和已获取的经验，并将这些因素揉入实际设计中，同时将这些理解与公司制定开发产品及服务的商业目标有机联系起来。每一个设计项目都是一个新的开始，都要面对不同的市场和客户组合，因此僵化和经验不是设计的理由。注重体验的设计是基于知识交流的设计。

（7）注重设计管理者的知识整合能力。优秀的设计管理者对激活和衔接整个公司的设计活动负有重任；能创造允许各种知识得以自由释放所必需的空间和关系条件；成功的设计管理者同时在组织中扮演着三种重要的角色：一是鼓励设计创新的催化剂，二是设计创新主动性的协调人，三是卓有远见的知识商人。

（8）注重发展与设计客户的伙伴关系。产品及服务的设计价值在于客户的满意度。对设计创新活动的每一个环节都要向关系客户认真、谦虚地去询问、去观察、去倾听，客户提供的每一项知识或信息里都包含着对设计的个人见解，这些信息也许重要也许不重要。但关键的是，你对客户的态度赢得了他对你及公司的认可和尊重。所有的设计公司都会面对客户对设计的需求和设计师个人观点之间存在的潜在冲突，客户对设计的期望值往往会压制真正的设计创新。解决这个问题的最好办法是在设计项目开始之前做一个谦逊的听客，并尝试和客户一起工作，共同分享你们之间的有价值的知识，并最终帮助客户拓宽对设计创新的理解。当然，不是在刚接到设计任务时才开始沟通，平时细心的客户维护才真正能使公司、客户及设计任务保持最优的战略伙伴关系。

（9）注重协作意识的设计领导。将领导意识分为七个层次：专制主义者、家长式统治者和管理者是意识层次较低者，主要关注个人利益；提供便利者的领导是处于转折阶段的，主要关注变革；合作者、服务者和智者是意识层次最高者，主要关注企业愿景和公共利益。在行使设计管理职权时，应以分享取代控制，以合作取代霸权。

（10）注重建构有利于创新的文化环境。注重开发和创新有活力的知识和思想；善于在组织内培育新生的各种关系；以开放的姿态在组织内、外形成广泛的社会网络，便于知识的传递和共享；能主动为当前的市场创造有价值的设计知识，同时也为今后需要的知识做好准备；关注对个人知识的挖掘并善于营造知识再生的企业环境；组织内、外是一个充满关爱、开放、互信、智慧、包容和分享的文化环境。

如果一个设计公司或组织能有意识地建立上述影响设计创新战略的十项维度并持之以恒地坚持下去，那么这个组织一定具有像地球一样强大的吸引力，能快速、准确地吸纳各种有利于企业成长的知识资源，在共享的环境中实施最大程度的创新，保持企业旺盛的生命活力。

三、设计的挑战

对于设计公司、设计管理者、知识管理者以及设计师来讲，来自组织内、外各种经营因素的变化和挑战随时存在。有些挑战可以被我们发现并及时纠正；有些挑战虽然已经被发现（普遍存在的挑战）却苦于无法设计出好的解决方案；企业的发展导致更多的挑战深藏在组织系统、管理手段以及个人的头脑中。这些挑战在每个设计公司和组织里都存在，这对企业的各类管理者提出了严峻考验。

（1）DM 与 KM。DM 指设计管理者，KM 指知识管理者。DM 和 KM 都是当代规范的知识型企业中重要的管理者。DM 的主要工作是在企业发展的框架下紧紧围绕以设计策略的制定、设计过程的资源整合、设计创意的推动与展开、设计产权的保护、设计交流与分享以及设计监管等为核心的设计知识管理。KM 则是企业内仅次于 CEO 的高层管理者。他主要负责对企业内、外经营环境中存在的大量知识进行不断的搜集、融合、记录、转化，制定、协调知识管理和业务战略，搭建可以共享知识的平台，鼓励和诱发知识的生产及创新，挖掘富有价值的隐性知识并及时转化，设计、开发并准确实施知识管理系统，以及进行知识的监督、审计与保护等。

设计是构成企业知识库最重要的部分，同时设计活动的展开也离不开企业各种知识资源的大力支持。二者互为表里，相互依托，交互作用，共生共存。不是每个企业都要设置 DM 和 KM 两个职位，企业要根据自己的实际情况进行相应的调整。当下独立或组织内的设计公司不外乎三种形式，第一类是以某个独立的设计项目作为公司开展业务的主流方向，主要以提供设计思想、设计策略、设计创意、设计策划、设计制作及设计咨询为主。这类公司一般规模较小，专业性强，往往只适合设立设计管理这个职位，对公司所有设计活动的展开通盘考虑，也包括对公司知识的管理。这类企业 DM 和 KM 是一体化工作的模式。第二类是大型企业（尤其是制造业）内部结合未来创新战略，都设立了与设计创新有关的智力部门。在这类企业中，KM 是仅次于 CEO 的企业重要管理者，DM 的工作必须服从于 KM 的管理。第三类企业不单独设立类似的设计部门，企业所需的“设计支持”一般进行设计外包。设计业务外包是大企业实行“虚拟经营”后的战略创新模式，也是未来可持续性组织发展的大方向。因此，在独立的设计公司和企业之间，DM 是企业非常重要的“沟通高手”，他既代表本企业的 KM，同时又要和外包的设计公司的 DM 打交道，责任和权力较大。

问题是，设计公司中 DM 如何扮演好知识整合和设计实施之间的关系角色呢？不同组织内 DM 和 KM 如何消除因专业差异引起的管理霸权呢？怎样沟通才能使知识和设计体现出商业价值的最大化和最优化呢？在企业的战略层面，设计或知识对业务成功的重要性以及二者支持企业实现长期竞争力的观点未被高层重视，怎么办？在项目展开的过程中，因跨部门或结盟工作受阻而影响知识的分享和传递，该如何应对？如何积极培育一种通过创意创新来提高企业实际解决问题的文化？设计师团队是一个极富个性、充满智慧和崇尚自由的特殊群体，如何把这样一群人聚集起来分享和创造新知识呢？

（2）设计师的迷惑。有两点是目前设计师在公司或组织内遇到的最大挑战。首先，个人的设计自尊受到威胁。从设计的艺术角度来看，设计是一种相当自由的个人化行为。当然，除了那种专为获奖的“名誉设计”之外，这里的设计自由应是附加在动态的商业环境条件下的有限自由。设计的目的无非是将商业与艺术的知识通过个人化的理解和整合，把企业有价值的知识通过创新的差异化形式传递给受众，并最终通过知识交易实现共享。在这个过程中，设计师始终对自己的创新行为充满信任和期待。但当这个因创新而收获的信任被组织或客户轻易地遗弃时，基于个人知识和设计价值观的信任和自尊就会面临极大的挑战和压力。最重要的是，当设计师个人的隐性知识遭遇到来自外部环境的无情阻隔后，隐性知识的丢失就在所难免。在知识管理或设计管理中，这是最宝贵的企业知识。当这种丢失蔓延到整个组织而管理者又置若罔闻时，公司的利益便将遭到更大的打击。

其次，对设计的愿景失掉信心。对于设计公司来说，主要的业务目标是突出设计的创意和交换，使客户、雇员和股东们受益。然而，大多数设计公司和设计师都是从这个共同的愿景出发后却一去不返。重复性的设计工作对于设计师自身和设计组织来说意味着习惯和依赖，设计项目的不断交付、流通为设计师积累了足够应对的设计经验，也给公司目前的“生存战略”提供了丰厚的回报。但对于公司未来可持续的发展战略而言，这种所依赖的经验、自信、习惯和应对无疑是企业的自杀行为。脱离了持续的设计创新和知识交换这个共同的愿景，企业将一事无成。譬如，自然界有一个故事：生活在我们周围的毛毛虫，经常在黄昏时结队倾巢出动，去吃那些充满汁液的叶片。毛毛虫在前行时，有一种类似于企业管理中的“跟进”现象，头尾相接，秩序井然，蜿蜒而行。带队的“毛毛虫头”边走边吐丝，走到哪里丝就吐到哪里，其吐丝铺路的目的是，无论走得多远，都会顺着丝路回巢，而决不会迷路。但法国昆虫学家法布尔[①]做了一项实验，他将一队的毛毛虫引到一个高大的花盆上，等全队的毛毛虫爬上去时，法布尔就用布把花盆四周的丝擦掉。这样一来，毛毛虫马上迷路，整队毛毛虫一直在花盆边缘上绕圈圈。他们乐此不疲地走了七天七夜，终因筋疲力尽而死亡。

---

① 让-亨利·卡西米尔·法布尔（Jean-Henri Casimir Fabre），法国著名昆虫学家、动物行为学家、作家。其代表作《昆虫记》被称为“昆虫世界的维吉尔”与“昆虫的史诗”。

设计师和设计组织，更多的时候就像迷路的毛毛虫一样，一次又一次地重复自己、盲从别人，走向衰亡而全然不知。

（3）活态的设计与管理。设计组织内的隐性知识是依附个人存在、身口相传、具有深厚个人成长历史积淀和广泛突出个性化观点的一种非物质形态的知识见解，表现出高度的“活性”“人性”和“口承性”特征。活态的设计与管理方式来源于活性的知识共享环境，因为活态的隐性知识可以保持组织机构内小团队的凝聚力和健康的生存状态及机智灵动的文化品性，最大程度地支持设计创新思维的多元化和设计定位的准确性。

然而，在目前设计公司管理体制下，蕴藏着大量创新意识的活性知识并没有引起设计管理者的充分认识，口传身授的个人隐性知识被长期忽略和大量浪费，已经对组织的可持续发展形成了巨大的挑战和障碍。通过对组织内、外隐性知识的有效发掘、积累、共享和创新，使设计管理者发觉并尝试拆除公司在战略、组织机构、公司文化、客户及个人间隐性知识传递及共享过程中存在的障碍，将这种活态的隐性知识最大程度地转换成显性知识，并使隐性知识在企业内部社会化，努力营造一个充满智慧、开放、包容、化解、创新的组织文化氛围和知识共享环境。

中国供给侧管理引起的设计变革

多年来，中国经济主要通过物质要素的投入来增加产品数量，实现经济增长。这种粗放型的生产方式虽然刺激了经济的高速发展，但无法生产出高品质的、具有溢价能力的产品或服务。旧式产品在国内市场上过剩，技术、设计、品牌等创新要素的供给严重依赖国外市场，造成中高端产品或服务供给的利基市场枯竭以及生产效率的流动性萎缩。不解决供给端生产要素的有效配置而单纯依靠需求端货币政策的刺激，所产生的消费的结构性矛盾将日渐突出。因此，在国家“十三五”开局之际，中央明确提出要通过“供给侧结构性改革”[①]来促进供给端解放生产力、提升竞争力，以此生成发展经济社会所需的有效供给环境条件，解除供给约束，打通供需两端利益固化的藩篱，充分释放包括设计在内的微观经济主体活力，不断推动生产全要素价值向“微笑曲线”[②]两端延伸。

设计是提升企业生产效率和产品品质的关键创新要素。它投入的虽是感性创意和理性智慧，产出的却是产品或服务的高附加值和高溢价力，对应的往往是多元消费、品质消费和个性消费。供给侧结构性改革势必强化设计在供应链中的主导地位，并以此带来与设计攸关的业态、组织、战略、流程、人力和文化等生产配套要素的管理大变革。

一、供给侧结构性改革的设计发力点之一：业态转型

自2008年以来，受全球金融危机影响的中国，一方面通过加大城乡基础设施投资的方式维持经济高速发展的态势；另一方面通过产业结构调整以及培育高附加值产业的方式扩大内需，文化产业等新型业态开始在政府的力推下出现前所未有的发展势头。这一阶段，产业升级和产业创新开始成长为中国经济

① “供给侧结构性改革”的概念正式提出于2015年，其主要含义是，用改革的办法推进结构调整，减少无效和低端供给，扩大有效和中高端供给，增强供给结构对需求变化的适应性和灵活性，提高全要素生产率，使供给体系更好地适应需求结构的变化。

② “微笑曲线”是1992年由中国台湾宏碁集团创办人施振荣最早提出的。它主要是指在全球竞争形态下，处于微笑曲线两端的设计与营销所赢得的附加值远超过底部的生产制造环节。

可持续发展的核心命题。放眼全球，世界经济的增长方式此时都在主动求变，尤其是发达国家的经济发展已经完成从资源、投资驱动转向创新驱动。欧美发达国家将创新作为设计产业的核心动力植入经济发展模式，推动设计与第一、第二、第三产业全面融合，已经成为参与国际产业分工和引领经济转向发展的一大潮流。

中国的经济发展刚刚进入设计驱动式创新发展的窗口期。中国的产业结构转型升级，是在全球金融危机后全球产业链分布转移变化、生产技术不断进步、产品创新不断提升、专业化分工水平不断深化的外部趋势影响下，面对粗放式发展带来的产品附加值低、生产工艺落后、能源消耗大、环境污染严重、自主创新能力差等内部机制制约所做出的必然选择。

随着中国由以机械化为特征的工业社会走向以信息化为特色的知识社会，设计产业的关联范畴也必将大大扩展。设计不仅指新产品的开发服务，而且越来越被看作优化传统产业结构、争取商业竞争、改善产品或服务目标过程以及培育新型消费的重要工具。在中国新型工业化、新型城镇化等国家战略的积极带动下，设计产业作为一个独特的创新经济单元，必然与区域的人口、资源、环境、产业以及社会、文化产生相互作用和化学反应，从而形成不同的经济组合体或产品服务包，呈现多元的、变化的、跨域的特点。设计产业除了提升生产、生活价值和品质方面的专业增值服务能力之外，设计产业为农业生产、电子信息、工业制造、工程建设、时尚产业、服务业、新型城市化的附加值提供了多产业支撑，成为第一、第二、第三产业提供全过程技术和管理服务的创意型技术密集产业。

从产业链重构升级的角度来看，设计产业作为中间智力产业，具有极强的产业融入性和新业态生成性特点。作为生产性服务业的子行业，它不仅与传统的农业、工业、建筑业进行纵向交叉，而且与商贸服务、文化产业、旅游业、体育产业、房地产等生活性服务业，以及包括金融、交通运输、高技术、电子商务、节能环保等在内的生产性服务业进行广泛的横向交叉。设计产业的交叉特征，为活化其他产业的创新品质、生成新兴产业业态以及产出高附加值产品或服务、拓宽财富增长和就业空间创造了条件。设计将有助于这一过程的加速推进，成为中高端经济发展的新动力。

具体而言，其内涵和外延将呈现出四种发展特点：第一，中间智力投入备受重视。设计被视为生产商品或提供服务的生产过程投入和为了创造更大价值的中间性消费，贯穿于企业群组由“初级产品”到“中间产品”，再到“终端设计商品”的全过程，如工艺美术设计、建筑设计等业态。第二，“第三方设计”群体涌现。传统制造业向新型工业化升级的主要方向，是集中资源发展核心的、技术含量高的制造环节。其他大量非核心的环节外包给拥有高度专业优势的第三方，以寻求社会化分工协作带来的效率和效益最大化。像“第三方设计”这样的从制造业企业剥离出来的非核心环节，其规模将不断扩大，逐步发展为既独立于现代制造业之外又与制造业紧密相关的设计产业。第三，人力资本与创意资本一体化。以人力、知识、创意、技术、管理等要素禀赋作为主要投入品，其产品或服务的产出也体现出知识、创意的高附加值，如数字内容设计、娱乐设计等业态。第四，产业关联性强化。需求结构是连接科技创新和创意设计与关联性服务产业的有效纽带，创意设计与需求结构之间存在着极强的互动关系。随着服务经济在国民经济中地位的增强，以及国内与国际市场融合带动的跨界消费和多边消费，设计与生产性服务业、生活性服务业以及城市服务品牌之间的集合效应也将放大。

传统产业转型升级与设计产业之间是否存在必然的耦合关系以及如何进行模型构建，是设计产业与传统产业互动发展过程中必须认真研究和解决的关键性问题。这种研究强调在新的发展格局下，对经济增长新核心要素的把握，对新的产业结构通道的重新建构；在于强调在知识经济时代对传统产业经济思维方式的转换，对经济发展模式进行创新。[①]因此，不能囿于传统产业的思维逻辑，而应该在技术进步、文化创意、产业融合、消费转型的大背景下对设计产业加以理性审视。

二、供给侧结构性改革的设计发力点之二：组织分权

从组织外部重新审视今天的设计环境，政府或出资人会经常面临同样一个问题：审批权和政企分开的困惑。在政府主导型设计项目中，存在着组织层级过多，组织机制不合理，使得设计项目干扰因素增加，设计项目时间冗长，创新思维受阻，造成成本浪费和信息不对称，极易引发政府行政治理结构、知识治理结构和法人治理结构三者之间的边界干扰。因边界造成的封闭、垄断、专权、官僚、冲突、破产等问题比比皆是，很多边界都是以一种无形的隐秘方式藏在组织的方方面面，很难被发现。对于组织而言，最常见的边界类型表现为不同人员等级之间的垂直边界，不同职能和不同领域之间的水平边界，组织与其供应商、客户以及监管者之间的外部边界，以及不同场所、不同文化以及不同市场之间的地理边界。这些边界一旦形成壁垒，组织就自然变得陌生、闭塞、僵化、

① 厉无畏等：《创意旅游：旅游产业发展模式的革新》，载《旅游科学》，2007（6），2页。

冷漠以及缺乏活力。管理学大师彼得·德鲁克[①]指出：“组织不良最常见的症状，也就是最严重的症状，便是管理层级太多，组织结构上一项基本原则是，尽量减少管理层级，尽量形成一条最短的指挥链。”

同样，在新技术推动个性消费浪潮风起云涌的当下，大量小型企业之间通过智能协作，来满足大量消费者量身定制的需求。这种设计与生产形式既不是工业革命之后的专业量产，也不是精益生产时期的少量多样，更不同于单一生产企业为用户提供的大量定制服务。小型企业不仅是消费者，同样也是生产者、设计者，甚至是原物料和技术元件的供应者，通过社交网络里的创意碰撞和资源分享，获得了把创意转化为现实设计商品的能力。在这种外部互联网技术和多元消费逻辑的双重干扰下，企业内部原来固守的组织形态、组织结构、组织规模以及组织过程开始出现“组织裂痕”。对于大多数企业而言，在一个充满变化的竞争环境中，如何构建有利于创新和发展的组织是他们所要继续面临的挑战。

以政府行政权力为主导的治理结构，强调制度、契约和控制呈自上而下金字塔式的垂直结构，政府惯于以静态集权管理为主；而要想建构知识权力本位的治理结构，政府组织就要下移管理权，减少管理层级和行政手续，充分发挥知识团队的主导作用，创建扁平化的以知识创新、知识传播、知识共享为核心的强调动态分权管理的“学习型组织”[②]。使政府组织变得灵活、敏捷、快速且富有创造性。同样，企业的组织架构也应在探讨平衡行政治理结构和知识治理结构双重管理机制下，突出知识治理结构在组织活动中所发挥得重要转型作用。企业不仅是协调资源、研发产品和树立品牌、服务用户的营利机构，更是思想独立、创新自由的知识共享中心。而确保团队创新自由和知识共享，是中小型设计创新类企业保持活力、永续发展的基本动力。

另外，一种介于金字塔型组织与平台型组织之间，既能发挥平台的网络支撑作用，又能保持跨组织协作的创新精神的蜂巢型组织，成为时下组织环境抗干扰、组织结构抗弯曲的新动向。这种蜂巢结构是指特定产业中的众多具有分工合作关系的组织集成，基于战略目标一致性和利益趋同性而构成的合作联盟。它改变了传统等级分明的金字塔结构，允许知识横向传递与交流，使知识利用

---

① 彼得·德鲁克（Peter F. Drucker）被称为“现代管理学之父”，其学说影响了数代追求创新以及最佳管理实践的学者和企业家们，各类商业管理课程也都深受彼得·德鲁克思想的影响。

② 学习型组织是美国学者彼得·圣吉（Peter M. Senge）在《第五项修炼》一书中提出的管理观念，即企业应建立学习型组织，其含义为面临严重变糟的外在环境，组织应力求精简、扁平化、弹性因应、终生学习、不断自我组织再造，以维持竞争力。

更为充分及时。蜂巢型组织遵循以设计项目为中心取代以业务职权为中心的分配原则，活化设计组织内外知识资源，打造多元合作的设计项目团队。团队合作打破个人、部门以及多重领导之间的壁垒，把更多的设计决策权下放到团队中，这种团队结构要求设计师具备全面的设计思维和沟通管理能力，带领团队使资金、人力、物力的投入处在一个符合设计要求的合适水平。

移动互联网的出现带来了多元化零售时代，在这个多元零售时代，消费行为个性化、消费时间碎片化、消费场景多样化等消费新趋势正在显现，过往粗放式的增长方式已经一去不复返，快速变革以及适应市场和消费者已是组织唯一生存和发展的必经之路。设计领导者或管理者应改变领导方法，简政放权，尽量压缩或消除等级层次、身份、头衔和地位对员工的距离感。创新团队合作模式，跨界整合，打破因业务单元、部门职能细分而带来的工作阻隔。

三、供给侧结构性改革的设计发力点之三：竞争加固

自20世纪90年代以来，企业竞争战略理论越来越注重对企业竞争过程中资源整合与能力分析的研究。尤其在西方经历了金融风暴之后，世界经济呈现出持续低迷的状态，企业竞争的基本逻辑发生了变化，在危机四伏的市场环境中，竞争能否成功取决于对市场趋势与风险的预测、防范以及对变化的用户需求的快速反应。企业竞争优势开始由注重外围的市场规模、市场份额和市场利润，逐步转向组织内部资源整合、流程再造和核心能力培育上。在这种竞争态势下，企业战略的核心不在于公司产品和市场定位，而在于其资源、流程的创新与反应能力，战略重点在于识别并开发出难以模仿的设计以及管理能力，这种组织的能力是培育并保持企业竞争优势的关键所在。

不同的是，在市场环境萎靡的情况下，中国的许多企业往往习惯于做两件事情：其一，多角化战略作为企业寻求快速扩张的一种战略被广为使用，许多企业通过重组或兼并的方式涉足众多行业，看到什么产品获利高就从事什么产品的生产，结果导致很多企业缺乏核心业务，经不起市场的考验；其二，为了规避市场风险，企业往往采用通过减负和价格调节的手段，把与主业不相关的业务剥离出去，而只在自己擅长的领域寻求发展，虽然这在表面上表现出对过去错误的纠正，但无法创造新的市场机会。运用设计管理能力理论则可以对上述问题给出一个较为圆满的解释。设计创新资源和设计管理能力是企业战略选择的基础，每个企业拥有的资源和能力是各不相同的，这种资源与能力上的差异导致了企业竞争战略选择上的差异。设计管理是关乎企业竞争成败的决定性

因素之一，设计管理被视为嵌在企划过程和企业策略中的一种必不可少的能力。

设计管理的主要功能是研究和指导企业如何在各个层次整合、协调设计所需的各种资源和活动，对设计策略与设计活动进行科学管理，利用设计来实现企业经营以及核心竞争力的知识体系。[①]无论是从设计师层面开展的具体设计活动，还是从产业、企业层面开展的系统经营活动，设计管理都被视为一项协同创新工程。其内容包括企业设计战略管理、设计组织管理、设计目标管理、设计流程管理、设计项目管理、设计创意管理、设计生产制造管理、设计质量管理、设计产权管理，等等。产业层级的设计管理更加注重对从战略规划、系统组织到设计创新、项目执行等各方面进行深入研究，理论研究特别能体现出设计产业由价值性、稀缺性、不可替代性、难以模仿性四方面构成的核心竞争力。

将设计管理视为企业内部一种动态核心能力，能更准确地反映企业长远发展的客观需要，使企业避免目光短浅所导致的战略短视。[②]设计管理动态核心能力的培育过程包括三个阶段。

第一，开发构成设计管理资源整合的专长和技能，并创造出新的资源的一个复杂的动态过程。保持企业的竞争优势在于不断地形成、利用企业内部异质性的、难以模仿的、效率高的专有优势资源，通过设计管理的观点与手段进行资源的识别与选择、汲取与配置，持续地创建、调适、重组、控制、评估企业内部看似不相关的资源，来寻求资源配置与用户需求的最佳结合点，以此达到竞争优势的一种弹性能力。它诠释了企业利用文化、战略、流程、创新、管理等资源来创造商业价值以及获得竞争优势的能力。

第二，形成设计管理统合流程。设计管理流程再造通常包括由市场调研、概念设计、深化设计、优化设计和落地设计等环节组成的设计过程，由采购、装配、生产（或施工）、试制、成型等环节组成的生产建造过程，以及由创新、人力资源、战略、商业目标、客户需求、质量等要素构成的管理过程。作为企业核心能力的设计管理，应首先构建“流程、目标、能力”三位一体的运行模式并围绕目标市场和产品开发，将企业文化、市场研究、行销策略、工程技术、产品设计、生产制造、配售及环境再生设计等整合为一体的一个循环模式。使企业组织形态以流程导向替代原有的职能导向，最大限度地实现技术上的功能集成和管理上的职能集成，以打破传统的职能型组织结构，建立全新的过程型

---

① 曾山：《对设计进行设计——浅谈设计管理》，载《南京艺术学院学报》（美术与设计版），2002（1），89页。

② 朱传杰：《核心能力理论研究述评》，载《合作经济与科技》，2006（18），14页。

组织结构。①

第三，开发设计核心产品与品牌。核心产品设计或品牌开发是由一系列的问题与任务组合而成的，其设计研发过程也即解决问题的过程。核心产品设计开发流程的划分正是基于对相同属性问题与任务的分解与再整合，以便于运用相似的工具、方法或知识降低解决问题的难度及重复性。因此，遵循科学的设计程序并建立结构合理的设计任务，是核心产品设计或品牌开发取得成功的必备因素。

当然，企业通过并购重组的资源整合方式，也能从根本上改变设计企业的资产价值、股权结构和治理结构，实现扩展业务范围和扩大生产能力，从而大大提升企业内部资源，进而获取竞争优势的话语权。设计公司通过并购达到形塑竞争优势的做法，目前正在全球范围内呈明显扩大的态势。

四、供给侧结构性改革的设计发力点之四：流程再造

随着“中国制造 2025”拉动政策的出台，制造业由规模到质量、由过剩到效率、由代工到创新、由产品到文化进行大规模调整的国家工程正式启动。受此影响，大部分中国 OEM 企业面临着组织形态与经营策略的新一轮转型和升级，全球范围内设计创新类企业间的并购重组速度将进一步加快，以 ODM 为主导的企业形态将大规模出现，并最终推动企业向更高层次的 OBM 以及 OSM 形态转向。企业形态的结构转向，归根到底是设计在供应链位置中的不断前移，以及在设计与科技创新资源的共同驱动下，用户全价值链思维演进推化的结果。就企业经营而言，与传统机器化大生产相匹配的供应链管理理论和实践模式面临着更多调整与优化的空间。单纯的产品驱动价格关系让位于用户驱动价值关系的时机已经成熟。

强化供给侧结构性改革并不是要否定需求侧的地位，而是要通过价值链优化来提高用户让渡价值的获得感，以及通畅结构型供给侧改革与用户型需求侧改革的供需路径。这主要从以下三个方面加以考量。

第一，正确看待产品与用户关系错位问题。传统供应链的核心是产品，其结构反映在以营售为临界点的上下游“产品一用户切割”论，呈现左右顺序的产品线性单链结构。以产品为中心的设计行销观点的起点是资产，而以用户为中心的设计行销观点的起点则是用户。对传统供应链系统的改造优化，就是创

① 赖清华：《浅议 CRM 理念在公共部门再造中的应用》，载《昆明理工大学学报》（社会科学版），2004（3），40 页。

建基于用户需求的逆向价值链结构。将产品线性单链向用户非线性网链结构的转变，更加突出用户需求与用户使用的终端服务。创建并优化包括设计价值、生产价值、渠道价值、消费价值等在内的一体化全价值链模式，以实现企业从运作工具到管理方法体系的转变升级。

第二，正确认识价值与价格的关系错位问题。价值并不是价格，价值是用户应从企业得到的精神资产，而价格则是用户需付出的货币资产。对于企业而言，虽然价格总是重要的，但它越来越不是竞争力的充分基础；相反，其重点必然转移到价值链中上游的设计环节上，它是满足用户消费愿望、提升产品价值以及促进经济增长的关键的非价格因素之一。

第三，正确梳理设计与系统的关系错位问题。以用户为核心的企业全价值链构建，主要是围绕“战略 + 策划（规划）+ 设计 + 生产 + 营销 + 使用 + 回收”等不同活动环节组成的、相互依存的一个系统集合，其核心是设计。聚焦于设计与各环节的关联度，将非线性的各分散资源或线性的上下游资源进行链状的设计系统整合管理，以及将从设计分析到上市再到服务的整个设计生命周期进行流程价值的优势统合，是形塑用户价值与企业战略的重要手段。具体而言，设计系统化价值链分为内部价值链（如设计与成本控制、设计与生产装配、设计与售后服务、设计与生态环境、设计与维护等）、纵向价值链（如设计与物料商、设计与供应商、设计与销售商、设计与物流商、设计与金融商等）以及横向价值链（如设计与竞争对手等）三种。全价值链中设计环节的位置前移与流程统合，将有利于用户让渡价值的最大化，以实现企业从生产行销驱动到设计协同驱动的功能转化。

应当说，企业在未来竞争中的优势，体现在价值链中能否将设计视为统合用户需求价值、渠道价值和服务价值等战略的链接上。第一，设计与需求价值的链接。在新的经济秩序下，企业运营最有价值的两个观点是市场份额和数量增长已经面临最激烈的挑战。今天高度竞争的市场和大量的信息已经使客户处于商业领域的中心。成功的企业往往是那些以客户为中心进行思维、认识到客户的关键需求并以新的设计管理思维来满足这种需求的企业。①

第二，设计与渠道价值的链接。渠道设计关心的是用户与产品（服务）提供商之间直接接触的时间长短以及他们与产品（服务）和流程互动的质量。接触时间的长短与互动质量的高低决定了企业产品（服务）的差异化程度。产品的功能在渠道设计中处于外围，用户的体验与感知才是设计的原核和出发点。

---

① 李心合、赵明、孔凡义：《公司财权：基础、配置与转移》，载《财经问题研究》，2005（12），20页。

无论是否强调产品的技术性能、风格、可靠性、安全性、易用性或若干属性的某种组合，都应重新审视设计与渠道价值密不可分的共生关系。

第三，设计与服务价值的链接。价值链除了上面讲的产品有形价值设计之外，将来会更多地拓展到针对公共事务等服务的无形价值设计之中。服务设计通常致力于为终端用户提供全局性的服务系统和流程。服务系统设计的关键是优化流程、接触点和用户体验等要素的质量来提高用户的可让渡价值。涉及的领域多为政府机关、医疗、零售、教育、金融机构、交通、通讯、能源等社会公共事务组织。通过构建非线性网链结构，运用设计管理思维，改善服务双方的交感关系，提高用户体验的价值，最大限度地服务于民众的公共利益。

在中国，针对用户需求、渠道行销、服务质量进行的设计与价值链创新还在各自为政。要想紧跟市场变化的节奏，两种创新必须整合到一起。可以这样说，未来新的竞争优势一定属于那些可以将价值链创新与设计创新在理念和行动上整合到一起的企业组织。

五、供给侧结构性改革的设计发力点之五：人才适配

供给侧结构性改革需要与之具有高适配性的人才作为支撑。就设计业而言，目前，中国培育内需型产业所需的高端复合型设计人才与高等设计教育供给的现有人才出现严重错位和矛盾。中国设计教育体系的非完整性与排他性，直接导致设计教育统一化、单一化和同质化的后果，没有在中国设计技能教育体系中凸显出各个地方的教育特色，而缺乏办学特色的设计教育体系难以培养出能力卓越的、素质全面的创新型设计人才。同时，人才培养过程中普遍出现的无法准确地定位自身，专业知识和实践知识的严重匮乏，缺乏宏观的把控能力和系统的思维，缺乏沟通合作能力，以及缺乏对设计概念的真正理解，眼高手低，综合管理能力不够等现实问题，也影响一个设计师从设计事务型到设计资源整合型，再到设计战略伙伴型职业生涯知识结构的优化和分配。

反思这些问题，不外乎三个方面的原因：第一，不能从动态发展的角度认知设计，极易造成人才培养的方向性错误。设计的基本概念可以解读为为了实现某种意图而进行有目的管理的创造性活动。它由三个基本要素构成：一是人的目的性，二是思维的创造性，三是活动的管理性。我们应当由习惯从产品外观与审美的角度理解设计转变为更多地从市场需求的问题本位出发，在市场分析、创意流程、生产制造、用户服务以及质量控制等系统管理过程中理解设计。第二，不能从思维偏好的角度进行人才分类培养，极易造成产业需求与人才供

给的结构性矛盾。设计教育必须正视因材施教的古训，紧密对接产业发展对不同类型设计师的兴趣爱好、思维偏好、能力专长等方面的需求，科学合理地构建学术治理结构、优化学科资源、调整师资学术结构、打造产学研紧密结合的人才分类培养体系。第三，不能从职业生涯知识生长性的角度开发课程，极易造成人才可持续发展增值空间的压缩。应从“设计师－设计管理者－设计领导者”职业生涯发展的角度，跨界融合多学科知识，培育交叉思维与系统综合的设计能力，这是设计管理教育的根本。

面对设计已逐渐走向产业链的上游、设计价值日益凸显的产业现实，设计教育中的人才培养综合优势也开始在全球显现。以设计、工程类学科为实践研究方向的 MFA 教育开始广泛受到全球工商领域的追捧。尤其是设计作为创新家族的重要一环，在高端企业创新经验中被重新关注，设计与工程技术、市场营售、产品研发以及战略管理的有机融合，逐渐发展成为创新经济的利刃而受到工商阶层的重视。全球设计实验室的创建、国际设计企业的并购推动了全球设计教育机构的重组与革新。原本固若金汤的全球顶尖级商学院的组织结构和课程体系开始松动，他们设法在课程教学体系中融入设计思维或新产品开发之类的课程，注重设计、工程与管理专业的交叉，鼓励 MBA 与 MFA 联手攻关，以团队合作的方式解决商业问题。如伊利诺伊斯大学倡导的把“商业策略和设计方法相结合”的设计思想、斯坦福大学推动的商业创新中的设计思维的设计方法等，已经越来越被更多的人所认同。

未来的设计师不仅要有良好的文化艺术素质，还应具备多元化的科学知识和系统解决问题的能力。竞争环境的改变必然驱使设计师角色由单一走向多样，设计能力由单一走向综合，设计知识由单一走向跨界，设计行为由个体走向合作。这种现象并不仅限于设计企业用人观念的转变，更多大学的教育观念也开始转向并顺应这些变化，无论是从教学理念调整、组织结构整合优化，还是从课程内容改革、教学模式创新、课程项目合作等多方面开始探索，设计师综合能力的跨专业培养已经在全球很多教育组织中出现，并开始形成一种新的设计教育发展趋势。

六、供给侧结构性改革的设计发力点之六：文化识别

服务业调结构、转方式、扩内需，是今后中国经济保持中高速发展的重要支撑。事实表明，高质量的经济增长主要来源于人力资本和文化资源存量的有效积累与补给。从传统产业的功能属性来看，第一产业促稳定，第二产业促经

济，第三产业促品质。从产业的投入要素来看，农业主要受自然资源要素约束，制造业主要受物质资本要素约束，服务业主要受人力资本要素约束[①]，而现代服务业中呈现出的文化整合、文化导向、文化异质、文化在地化、地方美学等多样性和差异性特征，说明服务业内部结构升级趋势体现为服务业从劳动密集型向文化创意密集型转变，文化、知识、技术、创意的含量高低成为衡量现代服务业发展质量和竞争力的主导因素。

但从现实情况来看，城市服务业的发展无论是从整体的战略规划，还是企业商业模式的创建，都习惯于从物质主义思维的角度出发，过分强调商业逻辑、成本与利润公式、市场分析、生产管理流程、供应链等经营性竞争要素的现实意义。城乡发展战略规划的制定脱离文化价值体系，将导致城乡内容的同质化和风格的弱化；企业商业模式对文化要素的长期漠视，将引发“模式识别”失效，形成商业模式的快速复制化并最终导致企业产品、服务的个性失位，竞争力下滑。

在中国经济社会进入新一轮的换挡发展期，我们需要跳出物质文化单向研究的藩篱，更加注重风格、商业、品牌和个性认知之间的相互关系。在经济和社会领域，公众已经开始把注意力转向诸如创造艺术美感、渴望情感交互、富有教化的故事编叙、寻找快乐的共情力、探求生活意义与理想化等高感性文化心理的愉悦和满足。以高品质生活为根本架构起的美学体系，已经冲破了传统艺术哲学意义上的概念边界，走向运用一切综合创新来创造感觉反应的文化。事实上，通过文化类型、元素重组发生的化学反应，正是今天感觉辨识度、美学多元化和生活多样化的来源保证。文化不再是艺术创作本身狭隘的专指，而是在美学多元化时代，对生活工作与感官乐趣以及体验意义之间关系的形塑。美学的运用领域不再局限于社会、经济或高端艺术领域，也不再局限于一些场合或行业，或者仅仅为了宣扬权力、影响或者财富而进行设计。新的生活价值系统离不开文化资源的持续输入，并与城乡或各类产品、服务生产输出组织紧密联结，只有将文化与城乡设计策略的制定、企业商业模式的创新相融合，才能彰显出城市或组织的特色与活力。

文化资源是城乡的原料及价值基础。城乡战略规划或设计策略的制定必须重视在地文化与城乡特色的打造。城乡作为人口的生产生活空间，其功能已经由单一的生产制造发展为多元的文化体验。城乡中语言、风俗、习惯、信仰、生产生活方式等文化异质的多样性，以及创造文化精神产品的自然、生境、思想、观念、审美、道德等文化情境的多元性特征，是城乡脱离同质化形貌和标

---

① 陈信康、王春燕：《服务性企业内部营销的再诠释——基于柔性管理思想的视角》，载《上海财经大学学报》，2006（1），76页。

准化改造，协同产业融合发展，提升现代服务业品质的重要战略资源。当城乡中的产品、服务或是生活空间、公共空间等成为承载一个地域特色文化的特殊载体时，不仅有助于塑造城乡的个性、主题、品牌以及美学价值，还能吸引并满足公众进行特色体验和个性消费。这种体现城乡在地文化特色的产品或服务，在强化公众对居住地文化自信和认同的同时，也实现了撬动当地经济的作用。

同样，在工商界，一个成功的商业模式不一定表现为在技术上的突破，而是对某一个关键环节的改造，或是对原有模式的重新创新。新生活价值体系与产业结构的内在联结，以及文化与科技合力带动的高品质消费趋势已经形成，个性化需求使得商业模式创新必须重视文化形塑的作用。马克思曾在《剩余价值理论》一书中提到，资本主义社会用大工业的生产方式所生产出来的文化产品不是按照文化创造的规律生产的，而是按照一般物质产品的生产方式来生产的，而艺术本身需要的则是个性化。日益激烈的竞争和成功商业模式的快速复制，迫使企业必须不断地进行商业模式创新以获得持续的竞争优势，今天以及未来的企业只有深入了解构成商业模式的不同商业元素与文化之间的关系，才能在自己的商业模式被复制前重新审视并实现竞争性创新。①

无论是城乡发展战略规划，还是组织商业模式创建，维护与发展好个性和多样性才是公众追求高品质生活的体现。创新是文化的本质特征，创新的关键是设计。输送到市场中的每一本书、每一件衣服、每一个茶杯、每一种玩具以及它们所提供的每一种方式、每一种服务、每一个空间、每一种体验，都能在“文化识别”价值推广体系中发挥设计创新的有效功能，并在扩大消费、塑造文化美学价值的同时传播地域组织的文化影响力。

上述六个方面全面体现了设计要素在供给侧结构性改革中所面临的新的发展优势，应当引起从业者的重视。2015 年 11 月，国务院印发了《关于积极发挥新消费引领作用加快培育形成新供给新动力的指导意见》。该《指导意见》明确提出了包括服务消费、信息消费、绿色消费、时尚消费、品质消费和农村消费等六大方向在内的消费升级，旨在通过发挥新消费的引领作用，培育形成新供给的力量，而这些新供给力量的生成与分配都与设计创新紧密相关。

总之，设计创新是促成产品或服务溢价供给的主要手段，已经成为提高生产全要素效率的重要支点，成为需求受到抑制的环境中继续保持经济发展的创新源动力。

---

① 俞震东：《“商业模式”与“美学理论”的基础重构研究》，载《商场现代化》，2009（6），197 页。

优秀决策，源于对设计的执念

创造性地提出“管理就是决策”命题的是1978年诺贝尔经济学奖获得者、美国著名组织决策管理大师赫尔伯特·西蒙（Herbert Alexander Simon）。作为管理决策理论和“设计科学”理论的创始人，西蒙最先提出了管理的决策职能，并将其提升到了管理的核心地位。之后，欧美的企业顾问或者企业咨询机构将决策系统构建视为组织管理或领导力塑造的要素，直到今天，依然被看作现代管理模式的经典部分。

严格来讲，决策属于战略管理的范畴，广义上牵涉到企业的发展战略、品牌战略；狭义上牵涉到企业的新产品设计开发策略、营销策略、市场调研策略和客户关系管理等。在实际设计决策中，西蒙更倾向于决策行为呈现的人是介于完全理性与非理性之间的“管理人”，而非传统的完全理性的“经济人”。他认为，决策者的“有限理性”表现为其知识、信息、经验和能力都是有限的，既无法寻找到全部备选方案，也无法完全预测全部备选方案的后果，因此无法在多种多样的决策环境中选择最优的决策方案，而只能以找到“满意解”为目标。①

以“满意原则”为目标的决策行为，首先表现为一种程序，其本质是运用脑力的理性行为，针对未来要发生的事情的当前选择，即决策是预先决定做什么、何时做、如何做、谁来做的程序问题。其次，公司决策系统的建立、实施与决策的执行监控权可以更好地形成团队合力，避免使组织内部各个部门各自为政、做无用功甚至产生内阻。决策体系中管理者们的职责是根据企业的经营范围、财力和市场，来确定企业的方向目标和使命。

通过比较决策与管理的关系，不难发现，决策和管理都是以企业目标的建立为基础的，同时引领企业的最终走向。如果说决策是管理结构中的一个功能体现的话，那么管理就是使商业计划具有创造性和前瞻性。决策和管理彼此相辅相成，目的是使企业产品或服务的价值最终送达市场。目前看来，设计是关乎企业竞争成败的决定性因素之一，设计被视为嵌在企业决策过程和经营管理中的一个必不可少的组成部分。设计决策是围绕目标市场和产品开发，将企业

---

① 吴兴智：《赫尔伯特·西蒙：管理决策理论创始人》，载《学习时报》，2013年6月第6版。

文化、市场研究、行销策略、工程技术、产品设计、生产制造、配售及环境再生设计等整合为一体的一套决策体系，而要实现决策体系“满意解”的最好办法就是管理。

同时也应看到，由于国际化、市场背景以及消费需求的加剧，对设计决策的理解和应用也在发生着变化。设计不仅仅局限于对新产品的开发，还越来越被看作争取商业竞争、实现产品或服务市场目标的复杂性工具，而设计决策行为如何能有效地支持商业行为，恰恰成为设计管理研究的重要课题。正如工业设计师阿米特（Gadi Amit）所说：“苹果伟大的贡献在于它证明你能通过贩卖情感而成为亿万富翁，证明设计也是一种有效的商业模式。”设计行业、设计企业和设计师们必须调整对设计决策管理的认识和理解，只有以更加综合的商业管理知识和系统化的商业运营环境来作为保障，才可以为企业发展发挥更大的能量。下面，我们从六个方面来解读设计决策管理对于设计企业、设计师以及设计 CEO 的重要价值。

第一，从策略企划的角度进行设计决策管理。在设计企划的整体框架下，设计策略常被定义为通过产品设计获取竞争性优势的预见性计划，以及如何通过设计创新来提升企业业绩、利润，改善企业经营环境的谋划性方略。设计是把一种计划、设想或创意通过可视的形象表现出来的信息和活动过程，策略则是通过制定详细的规划来达到企业顶层战略方向下的一个具体目标。在中国，越来越多的企业开始注意到设计策略与企划对于商业计划有效实施所提供的巨大助益，开始逐渐跳出“为设计而设计”单打独斗的狭隘观念，更多地尝试将设计与客户利益需求、设计与商业模式创新、设计与行销方式变革、设计与品牌资产扩张、设计与市场溢价能力紧密结合，设计产业以及因此所创造的设计经济附加值正在大幅提升。

在中国，要想紧跟市场变化的快节奏，针对产品或服务进行的设计与商业模式两种创新必须整合到一起。从国际经验来看，业绩良好的企业都是既开发新的商业模式又改进技术和设计的企业。作为“时尚设计工厂”的 ZARA 公司，近几年一直坚持采用“少量、多款、快速”的“快时尚”设计速度增值的商业运营模式，用丰富的款式搭配、有限的数量，结合对大牌时装设计的模仿，并在最短的时间内完成产品的开发与上市的过程。ZARA 公司从流行趋势研判到设计新款再到时装上市仅仅需要一周的时间，而传统企业却需要 4 至 12 个月。ZARA 公司旗下拥有超过 200 多人的专业设计师群，每年推出超过上万款的各式设计，号称服装款式设计的“产权库”，并且设计师都能及时从国际时尚中汲取设计信息，以撷取设计理念与最新的潮流趋势，及时推出高时髦感的时尚单品，用设计速度之快响应市场变化，商品的更新率、补货率都令同行无所适从。极高的商品更新率和极短的设计周期，无形中固化了ZARA“便宜时尚”和“快时尚”的重要形象，加快了客户的回店率，受到客户特别是年轻客户群的热捧。

扩大经营规模、延伸产品线和放大品牌效应是企业在成熟期发展的必然选择。但经营规模、产品线和品牌资产三者的有序扩张，都应在其扩张过程中找准解决降低经营成本、提升产品价值、高度统一形象等关键问题的途径。而提高三者协同设计创新的能力，有目的地实施标准化设计策略、产品系列化设计策略和企业识别形象设计策略，才是上述问题的解决之本。优秀企业一般都有将创新或设计转化为某种标准、规则和平台的能力。一种设计一旦变成某种标准，无论是事实标准还是法定标准，就成了企业用来左右市场游戏规则的力量，使众多供应商、用户以及竞争对手不得不服从和遵循这样的规则，形成“胜者为王，赢家通吃”的经营局面。聪明的企业应学会由卖力气、卖产品到卖技术、卖服务，再到卖规则、卖标准的经营方向转化。产品标准化设计策略可帮助企业实现规模经济，大幅度降低产品的研发、设计、生产、销售等各个环节的成本而提高利润，标准化可以在处理客户与产品设计上达成一致性。产品设计风格的一致性——特色、设计、品牌名称、包装均应建立产品全球一致的共同印象，以协助整体销售量的增加。[①]如耐克是美国的产品，可是美国不生产一双耐克鞋，耐克公司也没有一家工厂，它的生产制造全部外包到国外，它所做的工作中很大一部分是设计创意。芝加哥城的北密歇根街区开设的第一家耐克城商店，其建筑风格、布局、摆设和整个氛围都运用艺术设计的手法讲述耐克自己的故事。

同时，产品设计系列化是标准化的高级形式，是标准化高度发展的产物，是标准化走向成熟的标志，是使某一类产品系统的结构优化、功能最佳的标准化形式。产品设计系列化通过对同一类产品发展规律的分析研究，经过全面的技术与经济比较，将产品的主要参数、形式、尺寸、基本结构等做出合理的安排与计划，以协调同类产品和配套产品之间的关系。[②]

第二，从流程优化的角度进行设计决策管理。从20世纪20年代泰勒的科学管理理论到90年代以来迈克尔·哈默和詹姆斯·钱皮的企业流程再造理论，对企业流程概念的理解已发生根本性的转变。泰勒的流程体系是构建在工业社会强调劳动的专业分工和管理层机制基础上的；而迈克尔·哈默和詹姆斯·钱皮的企业流程再造理论则是建立在信息时代的管理变革基础上，强调企业业务

① 杜金伟：《国际营销中产品标准化和差异化策略》，载《现代经济信息》，2012（15），49页。

② 刘刚：《浅谈板式换热器的产品系列化》，载《黑龙江科技信息》，2013（2），289页。

流程与客户、供应商甚至竞争对手之间如何创建协调机制，通过流程再造实现价值创造。社会结构和企业形态的转变，必将影响设计类公司业务流程的改造以及设计管理者的决策转型。随着设计在全球市场中得到了广泛的应用，其在全世界范围内各个企业中的重要性日益凸显。设计管理者建立强大的设计核心竞争力作为战略优势基础的机会在不断增加。这要求设计公司决策者们必须清楚地理解和确认各个设计管理流程对于建立设计核心竞争力的作用，并根据设计核心竞争力来确定设计流程活动的方向，认清设计目标，赢得组织系统内外更多的尊重和理解。设计管理实施的基础是不同性质的流程或过程。对于设计决策而言，流程的概念往往包括创意流程、生产制造流程、行销分销流程、评估与稽核流程以及以上要素整合在一起的设计循环整体流程，而计划、工作任务、质量、人力资源、资金等管理要素则是贯穿于其中的主轴。

英国标准局的“BS 7000-1-2008”设计管理标准化系统手册，将产品设计流程定义为动机需求（动机－产品企划－可行性研究）、创造（设计－发展－生产）、操作（分销－使用）、废弃（废弃－回收）四个阶段；日本国际设计交流协会为亚洲地区制作的设计手册将设计行为分为调查（调查、分析、综合）、构思（战略、企划、构想）、表现（发想、效果图、模型）、制作（工程设计、生产、管理）、传达（广告、销售、评价）五个阶段。[①] 然而不管如何划分，企业都应该根据其实际情况做出详细的说明，针对具体情况实施不同的设计流程管理。

基于企业再造和流程管理的转变，未来服务设计产业的工作方法和模式不外乎两种：其一，设计工作室的专门化。这是根据市场和产品细分，由一定数量的专业设计师和技术研发人员组建专门的设计机构，服务于特定产业中的专属领域的设计，而不是产业全部。正如“竞争战略之父”迈克尔·波特提出的企业“缝隙化战略”一样，企业设计业务的专一化能够以更高的效率、更好的效果为某一狭窄的战略对象服务，从而超过在较广阔范围内竞争的对手们。例如，工业产品设计中的锁具设计、船舶设计、钟表设计、灯具设计、箱包设计、仪器仪表设计，等等。其二，专门设计公司营运的系统化。围绕设计创意项目，将各分散的设计资源进行“设计系统整合管理”，并将从设计分析到上市的整个设计流程进行优势统合。将项目管理、产品设计、包装设计、广告设计、促销设计等设计资源进行系统整合管理，简化了流程之间的沟通环节，建立了顺畅的团队工作方法，节约了项目成本，提高了创意水准和设计效率，从而拓宽

① 曾山、胡天旋等：《浅谈设计管理》，载《江南大学学报》（人文社会科学版），2002（1），105页。

了财富空间。除此之外，同一家企业也可以通过围绕某个创意主题，横向聚合不同设计领域的资源，达到设计的目的。例如，在朵唯新系列产品的开发中，围绕“眼影”主题，从设计研究、工业设计、品牌设计、交互界面设计、终端展示到商业促销设计推广，使得“眼影手机 S920”成为手机市场上女性消费者专用的明星产品。设计流程的高度专门化、系统化，需要有不同专业领域、不同文化背景的人在不同阶段分解不同的项目任务，这也使改变传统工作方式和消融企业组织壁垒成为可能。

第三，从市场调研的角度进行设计决策管理。影响设计决策走向的不外乎两种情况：一是来自组织内部与外部环境的变化；二是来自市场调研的结论。市场企划是指一个企业为适应和满足消费者需求，从产品或服务的开发、定价、宣传推广到将产品从生产者送达消费者，再到将消费者的意见反馈回企业的整个企业活动过程的制定。市场企划设定过程包括消费者调研、市场调查、竞争者分析、新产品开发、市场营销组合计划、成本稽核以及产品或服务更新等诸多环节。在这一过程中，设计决策存在于每一个步骤之中。正确的设计决策能够在市场企划设定过程中增加和提高企业竞争力。

市场调研在市场企划和设计决策中扮演着至关重要的指导角色。市场调研往往运用探索性调研、结论性调研等不同的方法向设计决策者提供及时、有效、可靠的信息，但市场调研本身并不是唯一能控制管理者做出正确决策的工具。设计决策最难准确掌控的因素多来自组织内部与外部环境的变化。在组织内部，设计决策受阻的因素往往在于资源限制、文化限制、公司目标、品牌形象等。在组织外部，设计决策受阻的因素包括政策的变化、新消费价值的改变、人口和家庭结构的变化、竞争者的反应、科技的限制、法律的制约，等等，其受阻的复杂程度高于组织内部。

在市场计划和预判中，每一个设计决策都会不同程度地受制于设计程序中的任意一个环节，设计师更多的时候是在许多限制中进行工作的，“天马行空”的创意是很难生存的。来自组织外部的限制远超过组织内部，就建筑设计程序而言，克林·格雷等学者认为，外部限制主要集中在四个方面，即客户的需求、技术材料、建筑程序和法律控制。

除此之外，设计决策同时受到产品的性能特征和造型特征的双重影响，甚至受到材料、过程、成本、生态等更多元素的交织影响，要想在这些“交叉限制网络”中做出抉择谈何容易。工艺的选择在受到材料的成形性、可加工性、可焊性、热处理性等要素影响的同时，还受到所需形状、尺寸、精度和组件的成本等因素的限制，越复杂的设计，交叉影响的作用就越大。要消除这些复杂的限制因素，以提高设计决策的准确性，需要更加清晰、明确的设计企划的支持。

第四，从设计行销的角度进行设计决策管理。行销最重要的目的是最大程度地扩大市场份额和保持较快的数量（产品销量和利润）增长 。正如一位管理人所说："销售数量的增长能够解决所有的管理问题。即使我们管理不善，产品销售收入的上升也会弥补我们的错误。"围绕产品的研发、销售进行资源整合并实现销量增长的行销观念已经得到业内的广泛认同。产品计划、市场研究、竞争者分析、预算控制以及销售渠道拓展等已经成为组织赢得竞争优势和改善利润状况的重要行销资源。随着工业信息技术的进步以及新技术扩散速度的继续加快，全球性竞争态势将进一步激化。同时，客户获取信息的渠道越来越便捷以及利用信息的速度加快，也迫使所有参与竞争者纷纷以降价来维持日益缩减的市场份额。在新的经济秩序下，行销中最有价值的两个观点——市场份额和销售数量增长已经面临最激烈的挑战。目前，高度竞争的市场和大量的信息已经使客户处于商业领域的中心。成功的企业往往是那些以客户为中心进行思维、认识到客户的关键需求并以新的行销设计来满足这种需求的企业。[①]以产品为中心的行销观点的起点是资本，而以客户为中心的行销观点的起点则是客户。

无论是来自服务、零售还是制造公司，设计和行销之间都不应割裂开来。传统营销组合（4P）中的产品（product）、价格（price）、地点（place）和促销（promotion）四大要素都与设计专业知识息息相关。尽管相关行销文献上少有记载，但行销与设计是相互依赖的。设计与行销之间存在的紧密关系反映在产品上，专指设计影响产品的品质、功能、服务、可用性、外观以及其他特征；反映在价格上，是指设计影响生产成本、配销与附加值；反映在地点上，是指设计既参与包装、配销，也参与店铺设计、展示设计和环境设施设计；反映在促销上，是指设计在广告、文字策划、销售展示上起到重要作用。无论是否强调产品的技术性能、风格、可靠性、安全性、易用性或若干属性的某种组合，设计都能在满足和取悦客户方面提供质量、价值最优的行销方案。设计针对客户的不断创新是构成组织行销能力的关键资源。在企业或组织中，无论是设计师、设计管理者、行销人员，还是产品研发者、市场推广人员，都应换个角度重新审视设计与行销之间密不可分的共生关系。

第五，从商业创新的角度进行设计决策管理。经验主义管理学派大师彼得·德鲁克曾说："企业的职能只有两个：营销和创新。"没有创新意味着死亡。

① 冀书鹏：《打造商战罗盘——斯莱沃斯基经验主义商学脉络及其应用》，载《国际经济评论》，2000（5），60页。

创新指的是采纳创造性的观点以及贯彻实现这些观点。创新不只是产出新的产品或服务，还包括执行新的业务程序、新的工作方法、新的市场路线和企业战略。创新企划意味着产生新的商品或商业机会。设计是创新的核心，设计不能独立存在，它是企业在市场中的重要生存手段，也是产业链中的重要一环。要有效地运用设计，就必须把企划设计创新放在一个大的富有创新的产业环境中来看。例如，星巴克与麦当劳等连锁品牌强调所有门店的 VI 高度统一截然不同，星巴克在全球开的每一家店，在品牌统一的基础上，最大程度地发挥了设计的个性。据了解，在星巴克的美国总部，有一个专门的设计室，拥有一批专业的设计师和艺术家，专门设计全世界所开出来的星巴克店铺。他们在设计每个售点店铺时都会依据当地商圈的特色，在不破坏建筑物原有风格的基础上思考如何把星巴克融入其中。① 在拓展新店时，设计师就用数码相机把店址内景和周围环境拍下来，照片传到美国总部进行设计，以此确保星巴克设计风格的原汁原味。例如，上海星巴克的每一家店面的设计都来自美国设计师。位于城隍庙商场的星巴克，外观就像一座现代化的庙宇，而濒临黄浦江的滨江分店，则表现出花园玻璃帷幕和宫殿般的华丽，并与外滩夜景融为一体，极大地满足了年轻消费者的心理诉求。

设计师可以创造出创新产品或服务，同时把创新思想转移到市场中去。设计创新企划的技巧和知识能在经营的活动和流程中发挥创造潜力，如战略、行销、创建品牌、营运、发现新机会、趋势预测以及产品改进和成本降低等。

第六，从设计定价的角度进行设计决策管理。设计是一种经济行为，价格是赢得客户项目的关键因素。对于设计公司或设计师而言，设计定价是一项需要经过市场实践才能获得的技巧。一般情况下，设计定价应充分考虑即将开始的设计任务的范围、人力资源数量和质量、时间要求、客户对设计变更的频率、设计质量的高低等因素在内所发生的临时和经常性成本、固定和可变性成本、直接和间接性成本，这也是每个企业或组织在运营过程中关于成本的主要构成。这些现实和预见性的预算与设计项目经理的经验和谈判技巧紧密相关。但如果站在客户的角度审视定价，除了市场行情要求的设计取费标准外，设计定价的权重往往受设计公司或设计师的工作经验、做事态度、设计风格、理解与沟通能力、可靠性、资金垫付情况、社会关系等因素的影响。定价决策就是要求设计管理者充分站在客户的角度，结合企业和项目实际，创造性地规划资金的预算、使用和管理，防止因定价失误而造成的收支失衡、现金流中断等影响公司

① 顾燕萍：《星巴克姿态》，载《商业时代》，2004（2），57 页。

经济稳定的情况发生。

对于大多数项目客户来说，“低价质优”是设计委托谈判过程中几乎不变的定律。很多情况下，设计项目经理不得不在设计的初始阶段，就开始考虑采用成本减少、精细管理的方法留住利润。例如，Fiori设计公司受Labtec公司委托开发的LabtecVerse 504和514桌面耳机，以产品低成本特性为设计驱动力，让该产品从其他产品中脱颖而出。该产品只有20厘米高，外形简练、轻便，售价仅10美元（大众型）和15美元（成熟型）。该产品是高端的设计质量和低廉的价格相结合以满足客户价值的成功案例。

在设计过程中，减少成本的途径通常包括六种：引进新的生产方法；利用经济积累而产生的优势；利用部件、材料和生产的标准化；在可行的条件下，减少包装成本；拥有产品所对应的物流或者生产线；提升数字虚拟生产水平，改进柔性生产方法，减少重复劳动和生产过程的工作量。

中国经济下行中的设计创新供给

在全球经济明显减速、国内面临诸多挑战的背景下，中国经济同样面临着经济下行的巨大压力，这是不争的事实，也是当前国内外舆论普遍关注的一个重要问题。当前，从国内来看，经济长期积累的矛盾和风险进一步显现，供需两端改善预期的不确定性、通货紧缩风险以及金融风险动荡的概率加大，加之中国经济已进入增长速度换挡期、结构调整阵痛期和新旧动能转换期三期叠加阶段，不稳定、不确定的高风险的因素增加。

一、如何看待中国当前或未来的经济形势

放眼国际社会，不同流派的经济学家对中国经济下行原因的理解，以及对中国未来经济发展所持的观点不一。凯恩斯主义[①]学派的主流经济学家，坚持将经济下行理解为一种发展过程中带有规律色彩的周期性问题，认为经济下行到某一个周期就会出现拐点，然后会继续上行，甚至还将恢复到一个所谓的高速增长期。因此，他们主张应继续通过政府干预，采用资本、生产扩张性的经济政策，通过增加需求来促进经济弹性增长。但实际上，自2008年金融危机爆发并在全球蔓延后，从表面上看，中国经济似乎风平浪静，没有受到多大影响，甚至还维持了一个比较高速增长的态势。但之后，大规模扩张性的投资和生产导致全要素生产率逐渐降低，负面问题就产生了。如不加控制地实行货币和财政双扩张政策，盲目投资、重复建设，依靠大量投入来片面追求GDP的增长，将会产生市场泡沫，如果地方政府再逼迫银行贷款，则会进一步加大金融风险。所以这个始终把速度增长作为首要目标的凯恩斯主义，尽管短期内推迟了经济下行走势，但从长远来看，存在的经济风险和隐患更大，至少在政治生态不同于西方的中国来套用和推行是注定不可持续的。

另外一种观点认为，中国经济下行已回天无力，处于断崖式的崩溃边缘。支持这一观点的大概有两点：一是从劳动力市场来看，中国劳动力市场正处在

① 约翰·梅纳德·凯恩斯（John Maynard Keynes）是现代最有影响力的英国资产阶级经济学家。凯恩斯主义兴起于20世纪30年代资本主义国家经济大萧条时期，1936年，凯恩斯的《就业、利息和货币通论》一书的出版标志着凯恩斯主义经济学的正式诞生。

从过剩转向短缺的转折点，作为经济发展要素价格的农村剩余劳动力资源，由于过度利用，人口红利逐渐消失，面临所谓“刘易斯拐点”[①]的风险，拖累中国经济；二是从金融市场来看，一向以投资增速而非消费拉动经济增长的发展方式，已造成中国地方政府巨大的债务风险，如若金融规模控制不力、债务漏洞化解不足，则会造成新的价格水平不断上涨，极易形成“明斯基时刻”[②]和“庞氏骗局”[③]的连环套，导致整体经济进入断崖式衰退。基于此，有人认为，当前中国经济已呈现断崖式的下行态势，持这种观点的大多是西方经济学家。这种唱衰中国经济的说法明显带有一定的历史偏见和政治意图，并不代表主流经济观。

除了以上两种说法，至2015年中央经济工作会议时，提出了第三种判断：波动性的下行。即经济走势在很长一段时间内，可能有增长也有下降，但总的趋势是在一个比较长的时期内下行。这就为各种宏观政策进行科学决策提供了排他性的定位。

实际上，影响中国经济呈现波动性下行的成因虽然很多，但主要还是结构性而非周期性的。中国经济形态在一定程度上依靠国外先进技术、依靠便宜的劳动力、依靠出口贸易、依靠低价，等等。一旦危机出现不可逆的时候，经济结构性的问题就会清晰地显现出来。比如，目前中国制造业份额一路下滑已经不到四成，而服务业居然可以占到经济总量的半壁江山。又如，中产阶层收入水平虽然受到资本市场的冲击并带来短期震荡，但对中高端消费品和高品质生活的需求呈几何式增长。制造业与服务业所呈现出的反差，恰恰说明中国经济存在着结构性不平衡的症结，需要花大气力进行调整优化。这一点与欧美发达国家有着本质的不同，值得我们深思。

对于经济波动性下行的理解，笔者个人认为，对波动下行程度的抑制来自内、外两种力量的平衡。一种是来自由外及内的“伴生性”冲击力量。如大规模投资导致大规模工业生产，进而拉动大规模需求带来的增长方式，在某些领域短时间内仍无法改变；国际产业分工的不平衡性，对寻求市场供求平衡增长

---

① 刘易斯拐点是由诺贝尔经济学奖获得者、经济学家威廉·阿瑟·刘易斯（W. Arthur Lewis）在人口流动模型中提出的，即劳动力过剩向短缺的转折点，是指在工业化进程中，随着农村富余劳动力向非农产业的逐步转移，农村富余劳动力逐渐减少，最终达到瓶颈状态。

② 明斯基时刻（Minsky Moment）是指美国经济学家海曼·明斯基（Hyman Minsky）所描述的资产价格崩溃的时刻。

③ 庞氏骗局是对金融领域投资诈骗的称呼，是金字塔骗局（Pyramid scheme）的始祖，在中国庞氏骗局又被称为“拆东墙补西墙”或“空手套白狼”，由查尔斯·庞兹（Charles Ponzi）的投机商人发明。

的中国影响巨大；全球科技创新、设计创新资源的巨大存量，对中国较落后的生产能力、生产效率和生产竞争力水平的长时间冲击。这就要求我们应准确研判，从而针对外部经济环境做出决策的“适应性调整”。另一种是来自由内向外的“内生性”传导反应。要根据经济系统内部结构导致的对外部冲击的抑制反应，通过宏观政策的制定与调控，建立经济结构内部缓冲机制或自我响应机制。尤其应在内部供求对比不平衡、产业结构不合理、创新供给先天不足、资源禀赋转化利用程度低等方面做出决策的“根本性调整”。

凯恩斯主义经济学习惯将消费视为投资手段而非供给目的，通过拓展消费路径来拉动大规模生产和投资，势必会造成市场容积率过高，形成产能过剩、产品积压和高库存。在传统供求模式的指导下，国民多元化消费的需求长时间被漠视，甚至一些日常用品，如马桶盖、奶粉、电饭煲等，还要搭上高成本去国外购买，更不用说节假日那些在国外商场里排队消费的中产阶层了。事实证明，国民并非没有消费愿望和能力，尤其是不断壮大的中产阶层和富裕阶层，他们对中高端的、差异化的、高感度的、质量过硬的产品或服务更加青睐。讲得现实一点，过去，我们的消费需求大多固定在拥有更多的产品、更大的住宅和更远的旅程上。而现在，人们的消费需求开始转向买蓝天、买生态、买乡愁、买体验、买安全、买个性、买自我价值实现等方面。一句话，在中国，现在确实难以买到想要的和放心的产品或服务。这就出现了一个现实的矛盾：国民需要的，国内企业难以全部提供；国民不太需要的，国内又生产过剩。所以，供求关系错位、创新供给不足、生产质量差等结构性问题，都需要由内向外进行“根本性调整”。

几乎所有的外在冲击都要通过内在响应机制来最终对经济过程产生影响，来自经济系统内部要素的“根本性调整”和外部的“适应性调整”所产生的叠加效应的大小，决定着经济波动下行的周期性、持续性破坏程度。经济的波动性下行基本没有规律可言，没有时间界定，它并不以人的意志为转移，因此，制定弹性的宏观经济政策和进行相应的制度性安排，标本兼治，只能对缩小波动幅度、减缓波动速度与频率、抑制大起大落的经济震荡起到一定作用，并在抑制性政策中发现发展机会，以减少其对社会经济的影响程度，引导经济稳定增长。此外，政府在把握经济转型方面做了很大的调整，这里就涉及我们经常提到的“新常态”[①]“新经济”“一带一路”“供给侧”“中国制造

① 2013年12月10日，在中央经济工作会议上的讲话中，习近平总书记首次提出“新常态”这一概念。新常态是不同以往的、相对稳定的状态，意味着中国经济已进入一个与过去30多年高速增长期不同的新阶段。

2025”“乡村振兴”“国内国外双循环”等重大举措，这些是中央抓住经济波动性下行这个关键定位，着力推进结构性改革，以实现动能转换、经济转型。

二、创新供给与消费的内在联系

创新供给的实现应通过消费来实现人的价值最大化。这里所说的消费，是一种可持续化的价值最大化满足的目的，而非短期实现利润的手段。与“去产能，去库存、去杠杆”不同，增加多元化的创新供给才是中国供给侧结构性改革中最大的难点。当然，“三去一降一补”也可通过创新供给的手段来消解产能、库存或成本。“消费是目的”是基于对消费者改善现有生存、生活质量而提出的终极假设，它的中心就是人的价值最大化；而“消费是手段”则是基于将消费介于“投资—收益”的中间环节，它的出发点是价格和利润的最大化。因此，两者之间存在本质的概念区别。将人的价值最大化放在拉动消费的中心，就是要把不同阶层消费者利益前置到生产的前端，把关注多元化需求、关注个人价值实现、关注产品或服务质量、关注生态安全等看作满足和引导消费的终极目标。将投资的利润最大化放在拉动消费的中心，是把资本利益前置到生产的前端，把关注投资回报、关注政府干预、关注市场规模、关注消费份额、关注增长速度等当作拉动消费兑现的手段。通过分析比较不难看出，前者重消费者利益，长期且可持续，后者则重消费变现的手段，短期且不可持续。所以，“创新供给”的提出与实现是针对“人的消费价值最大化”进行的决策倒逼，这也完全符合我国社会主义市场经济体系的建设要求。

另外，我们应看到，中国实施创新供给改革之难，不仅仅体现在核心技术、关键技术和研发设计的创新之难，更加体现在对现有社会形态的调整转变上。从国际经验来看，创新供给往往与区域民众的受教育程度、就业程度、生活态度和收入支配能力等要素紧密相关。仅从消费质量和消费能力来看，一个最佳的社会形态应该是“钻石型”或者“橄榄型”，即上、下两端富裕和贫困人口的比例相应较少，而中间的中产阶层，无论是收入、受教育、就业程度还是生活态度，占比都应该是最大的。然而现实是，虽然中国经济总量很高，科技文化教育的普及也相当快速，但“金字塔型”的社会基本形态依然存在，中低收入和贫困人口的基础面较大，中产阶层呈现出由东部沿海地区向西部欠发达地区逐渐减少的态势，而富裕阶层则呈现出虽人口规模存量不大，但财富资本存量较大的现实。

中国社会形态如何通过持续的改革与发展，从“金字塔型”逐渐过渡到“钻石型”社会，以不断适应创新供给带动多元消费的能力和水平，是国家面临的最大难题。面对存量较大的低收入群体，如何把解决生存质量的现实需求与提高扩大基本消费能力结合起来；面对日益壮大的中产阶层，如何把解决生活质量的现实需求与扩大多元化消费规模结合起来，是一个十分现实而又棘手的发展难题。因此，国家一直在推动“精准扶贫”和“中产阶层发展”的问题，就是要通过减少贫困人口数量、稳定和壮大中产阶层，来促进良性社会形态的形成，以适应改革与发展的需要，为社会、经济的可持续发展奠定基础。所以说，创新供给与消费看似是一个简单的经济改革问题，实则是一项关乎社会、经济良性发展的系统改革问题。

三、经济下行阶段应强化设计创新的独特价值

中国经济目前正进入增长速度换挡期、结构调整阵痛期和新旧动能转换期三期叠加阶段，面临的问题和困难的确很多。但从事物的发展规律上看，也不必惊慌与灰心。唐代大文豪韩愈有句名言：“不塞不流，不止不行。”意思是说，旺季不蓄水，淡季就会枯竭断流；光走不休息，就永远无法登上山顶。其实，经济发展也与此同理，有荣就有枯，适时驻足、调整、充电、换挡未必不是好事。

众所周知，中国经济在粗放、规模、高速发展带来阶段性繁荣的同时，也随之带来一些负面问题。在经济下行进入一种新常态发展过程时，需要蓄积新动能，聚存新优势。设计创新就是在当前产业竞争逻辑发生改变、创新供给集聚动量进程中的一味猛药。目前，有关设计的问题存在两种潜在现象。

第一种现象是关于设计师的。据麦可思研究院的《2016 年中国大学生就业报告》[①]统计，从 2015 届毕业生半年后的就业情况来看，艺术设计首次进入本科专业就业率全国十佳，高达 90.6%；平均月收入 3 885 元；3 年后，平均月收入达到 6 542 元，位列十大专业的第 3 位，增速明显。其中，2012 届艺术设计专业本科生毕业 3 年内职位晋升的比例高达 57%，位列十大专业之首，成为发展最佳的专业。这些统计数据说明，随着国家经济结构的调整，尤其是创新供给方面的改革，设计创新对于新型经济的依存度和贡献率在提高，社会对设计创新的重视程度也在明显提升，“设计师储存”成为新的发展资本并已经引起企业界高度重视。但也应看到，设计类专业 3 年后的离职率也最高，达到 38%，显示出设计师职业不稳定的一面，这与学校设计教育供给对职业生涯成

① 麦克斯研究院：《就业蓝皮书：2016 年中国本科生就业报告》，北京，社会科学文献出版社，2016。

长造成的脱节不无关系，应引起高等教育管理者注意。麦可思研究院的《2019年中国大学生就业报告》显示，2018 届设计类专业本科毕业生半年后就业率为 92.0%，略低于 2017 年的 92.1%，分别略高于 2016 年 0.5% 和 2015 年 0.8%。自 2015 届设计类专业本科毕业生首次进入就业率全国十佳之后，近 3 年一直保持在 90% 以上，并且月收入稳定在十大专业前列。

第二种现象是关于设计企业并购的，关联到全球创新资源整合问题。2008 年，由美国次贷危机引发的全球性金融危机，使得包括中国在内的新兴市场国家均面临结构性改革与产业转型发展的压力。新兴经济体通过产业升级和对外直接投资，横向扩展、纵向延伸产业链，从而突破传统国际产业分工秩序对产业发展空间的约束。产业链的重构，尤其是对全球创新资源的争夺带动了并购热潮，企业间不断通过并购重组，以实现从经营联合到资本联合以及从本地区的联合到跨地区或国际间的联合的跨越。实际上，从产业链重构升级的角度来看，设计作为中间智力产业，具有极强的产业融入性和新业态生成性的特点。作为生产性服务业的子行业，它不仅与传统的农业、工业、建筑业进行纵向交叉，而且与以商贸服务、文化产业、旅游业、体育产业、房地产等生活性服务业，以及包括金融、交通运输、高技术、电子商务、节能环保、智能制造等在内的生产性服务业进行广泛地横向交叉。设计产业的交叉特征，为活化其他产业的创新品质、生成新兴产业业态以及产出高附加值产品或服务、拓宽创富和就业空间创造了条件。设计将有助于这一过程的加速推进，成为中高端经济发展的新动力，并已得到国际社会的普遍认同。因此，设计企业成为资本市场竞购的热点，其兼并、收购、重组事件在全球范围内愈演愈烈。根据现有数据库的不完全统计，近 10 年，区域与国际间设计企业并购事件逐年上升，其频率、数量和规模均呈现出快速发展的态势，“设计蓄能”俨然已成为新一轮发展的竞争利器。

这里，有必要强调一下有关设计与创意、创新之间的概念边界问题，目前学界、商界确实普遍存在对这些基本概念的不解、混淆、套用和滥用问题，是业内通病。对概念理解不到位、使用不严谨，往往会导致出现很多实际问题。例如，如果把设计概念等同于创意，教设计的人、管理设计教育的组织，就会习惯性地聚焦于美术、外观、自我表达等方面的技能传授、教师招聘和考评指标的制定，而忽视用户需求、创意管理、市场分析、产品达成等关键问题和能力的培养，造成人力的供求脱节。又如，设计师如果也这样理解，那么职场上就容易形成与用户、老板观点相左的情形，造成设计师自以为是、不易沟通、无法合作、频繁跳槽等问题的出现。

“创意”这个词使用频率非常高，时间久了也就成了设计的代名词，其实有些滑稽。严格来讲，创意指的是人类为应对变化而产生的不同手段和思想，它是人类与生俱有的才能或潜能，与观点的产生有关。创意不仅是一个完全有意识或理性的线性思维过程，而且又表现为完全无意识或随机的直觉过程。或者说，创意能力是设计师必备的一种创造技能（可以天生，也可以后期培养，但不为艺术家或设计师所独有），它只是驱动设计任务达到终点的一种手段、思维或观点，并不是终点本身。而创新与创意最大的不同就是创新必须体现为观点的实现和落地。创新指的是采纳创意性的观点，并使之成为现实以及实现这些观点的过程。创新不只是要产出新的产品或服务，还包括执行新的业务程序、新的工作管理方法、新的商业机会和新的战略意图等。从这个定义来看，设计活动应该与技术创新、社会创新一样，被定义在创新概念中。总而言之，设计其实就是将富于创意性的思想、理念以创新实现的方式予以延伸、呈现、流通和使用。有了这样的定义，就不难理解上面笔者讲的两种设计现象的出现了。

四、设计创新供给的未来机遇和发展趋势

有关趋势性的问题，一般都不太容易回答。为什么呢？因为趋势研究首先要对已发生的历史或正在经历的现状进行综合分析、比较，在不包括颠覆性的问题干扰下，从中择取具有共性的、规律性的部分，进行归纳、推断、评估和演绎，然后才能对未来的发展做出可能性的测量和趋势性的预判。综合来看，关于设计作为创新供给的关键来源及其趋势分析，可归纳为六个重点。

第一，对“安全与健康”供给的设计驱动。安全与健康是人类永恒的主题，是最大的供给来源。事实证明，它正以巨大的需求缺口成为设计新的动能策源地。这主要表现为：在预防犯罪领域，设计学与法学、犯罪学、心理学的关联越来越大，设计预防犯罪的宗旨是将预防手段前置，通过建筑规划、智能产品、公共产品、广告以及安全系统、报警系统和监控系统等的设计研发，限制、克服各种犯罪诱因，及时消除各种不安定因素。

在扶贫助困等生存安全领域，如何将设计与贫困地区的资源禀赋结合起来，通过“精准扶贫”和“产业助困”，完善从初级产品到中间产品，再到终端设计商品的全创新链整合，逐步提高低收入人群就业水平、收入水平和消费水平。如艾德纳·鲁斯·拜勒女士于1940年创立于美洲的“一万个村庄”手工艺品商店，把很多亚、非、拉等发展中国家的历史村落与现代消费社会连接起来，

将制作精良的手工艺产品在全球销售，减少中间环节以增加公平贸易机会，从而帮助手工艺人创造稳定收入，改善贫困状况。截至2021年，“一万个村庄”手工艺品商店已帮助了30个发展中国家的20 000多名贸易商，以及成千上万的工匠摆脱了贫困。

在防灾减灾领域，提供足以抗御和降低自然灾害的公共产品，如抗震型建筑、防御性产品、高楼逃生用品等，已成为一个新的设计方向。

在智能化医疗设备和可穿戴产品领域，如何在医疗设施不足的条件下，将家庭、医疗机构等空间进行产品或服务数字化、智能化串联。比如，可以通过设计开发可穿戴式数字化医疗终端，随时观察患者的血压、心率、血氧饱和度、温度和脉冲等相关数据的变化情况，并及时将生命信息准确地通过云平台传递给护士或其主任医师，降低了生命的危险性；也可以通过开发方便居家使用的移动病床、血糖仪、血压仪等智能化设备，给患者提供一个较为自由的治疗环境。

在创意生活和体验经济领域，自21世纪初约瑟夫·派恩和詹姆斯·吉尔摩提出“体验经济”的概念以来，“深度美感体验”已作为一种阳光的生活态度融入全球旅游、产品以及生活场域的方方面面，成为带动服务消费提质增效的重要手段。

第二，对“女性主义消费”供给的设计驱动。女性社会地位的转变和消费能力的持续增长，不仅表现为其在社会、家庭生活中将扮演至关重要的角色，而且更多的女性开始活跃在视觉艺术、音乐、文学、戏剧、宗教和政治等社会组织中，成为女性主义表达当仁不让的主角。世界数据实验室“MarketPro ”的数据显示，在全球范围内，女性在2019年的消费支出估计为31.8万亿美元。女性决定个人事务的自主性正在提高，两性在家庭重大事务决策上更为平等。《第三期中国妇女社会地位调查主要数据报告》显示，女性在家庭中对于买房以及从事生产经营、投资贷款等的决策权10年间发生了不小的变化。在“购买自己使用的贵重物品”和“资助自己父母”两个方面，分别有92.9%和94.5%的女性表示“基本可以”或“完全可以”以自己的意见为主，比10年前分别提高了4.2和5.3个百分点，所以，设计如何满足女性主义消费观，还真是一篇大文章。相关调查数据还显示，在中国家庭生活购买成交中，女性决策权占69%，男性决策权只占到11%，共同决策的占20%，家庭消费女性决策权明显占优势。当然，在服装、珠宝、化妆品等奢侈品领域中，女性更是消费的主角。贝恩咨询公司的统计数据显示，全球成熟奢侈品市场中，女性的消费占到2/3左右。中国国内奢侈品市场规模将达到1 160亿元人民币。无论是居家还是跨域，未来女性的消费能力不可小视。这必然为设计提供很多发展的机会。

第三，对“流动性消费”供给的设计驱动。除了产业、货品、资本和文化外，人自身也是可以被经营但极易被忽略的“可动产”，人流的变迁、变化、转移都蕴含着很多市场机会。在经济下行持续且增长乏力的状况下，运用经济区域内人群与空间的流动切换来带动产业融合和群体消费，是一个在世界范围内普遍被采用的手段。以房地产行业为例。房地产由于其具有的特点即位置的固定性和不可移动性，因此，房产既包括作为居民个人生活消费资料的住宅，以及作为公众公共消费的商场、便利店等，也包括作为生产资料的厂房、办公楼、仓储空间等。由于其具有位置的固定性和不可移动性，所以在经济学上又被称为“不动产”。众所周知，房地产的有效供给能带动诸如建筑业、建材业、商业、旅游业等规模化产业的发展。但目前，纵观整个中国房地产行业，由于这些年的过度开发、超速开发和单一化开发，有些房产类型已经形成较为严重的产能过剩，而有些新房产类型则明显缺乏有效供给，不同程度地存在着“过剩”“过时”与“不过瘾”的结构性矛盾。在“可动产”与“不动产”链接对冲中，存在着巨大的隐性市场机会，需要政策、经营和设计等要素的植入，以动制动，以变应变。

在这里需要纠正一个观点，很多人一提到城镇化，就简单把它理解为“农民市民化”的加法概念。其实，笔者个人认为，在中国经济三期叠加的发展阶段，城镇化应该是一个由“聚集式城镇化”“逃离式城镇化”和“分布式城镇化”三部分组成的综合概念。这三个部分不能单独强调哪个部分是重要的，因为它们都对当下不景气的经济产生了质的影响。无论是乡村还是城市，房子还是这些房子，关键是要如何通过强化人的合理流动性来活化这些不动的资产，并将其兑现成财富，所以，设计创新的供给就会变得至关重要。

“聚集式城镇化”对应“过剩”问题的设计机会。在大规模城镇化进程中，推动以农业为主的传统乡村型社会向以工业和服务业等非农产业为主的现代城市型社会转变，通过教育吸引和产业移动，使得更多农民向产业技术工人和知识工人角色转变，进而不断进入城市，以此消化更多过剩建筑产能。例如，通过设计提供更多低成本住宅、新能源住宅、零碳社区、业态综合型场所、创意化工厂、主题性公共空间等，赋予过剩房产新功能，以此提供新供给、去除过剩产能。

“逃离式城镇化”对应“过时”问题的设计机会。除了政策性引导，使得更多农民以打工者身份涌入城市拉动消费这条主线外，还存在一条由城市回迁乡村自主选择的伏线。这条逃离的伏线由两股力量生成，即“边缘化逃离”和“乐活性逃离”。“边缘化逃离”是进城者通过长时间的身份和利益比较，如身份低层次、收入低标准、生活低质量、保障低水平，日益被边缘化而被迫做出的逃离选择。“乐活性逃离”的对象大多为原本在城市中生活的中产阶层。为了追求安全、健康、舒适的品质生活，远离交通拥挤、犯罪率增长、污染严重、生活成本和闲暇时间损失过高等“城市病”而做出的选择。在中国东部沿海地区，这两股逃离或回迁力量所占的比重较前几年有很大增长。“逃离式城镇化”不是城镇化的衰败，而是城镇化扩展的一种新形式，它首先应建立在城乡差别近于消失、城乡一体化发育程度相对较高的基础上。因此，从这个角度来看，中国广大乡村现有的物质性环境凋敝破烂，高感度的基础设施、环境、建筑、规划、公共空间等生存、生活要素严重不足，供给还远远没有达到这样的要求，设计创新的潜力巨大。

“分布式城镇化”对应“不过瘾”问题的设计机会。未来，随着移动通信、互联网技术的日益普及，“共享经济”[①]和“合作性消费”将会大行其道、日渐流行。简单地讲，“共享经济”是指个体与个体间通过网络直接交换商品与服务的商业系统，包括共享房间、闲置物品交换等。这种交换系统在任何时间均可实现将世界各地成千上万的人们连接起来，享用更加便利、舒适、快捷和实惠的商品与服务。[②]居无定所或多元化居住，很可能改变人们对居住和远程旅游的看法，更多的人可能会将个人过剩的闲置空间共享出来，结合当地人文历史、自然生态、民俗风情、生产生活方式，将其设计装饰成符合主题、体现个性、自由过瘾的各种风格化“民宿”“潮宿”，提供有别于城市旅馆的乡野生活之所。“分布式城镇化”突破了传统意义上行政区划的概念，成为一种跨区域、有故事、联动共生的新型城镇合作模式。这种闲置房源流转模式，既可解决上面讲过的房产“过剩”问题，又可解决房产“过时”的问题，同时又能提供顾客定制化、满足顾客个性化需求的房产服务，是一种值得推广的城镇化发展模式。

第四，对“拐杖社会”供给的设计驱动。据世界卫生组织报道，到2030年全世界1/6的人将达60岁以上。从2020年到2030年，60岁以上人口将从10亿人增加到14亿人。到2050年，全世界60岁以上人口将翻一番，增至21亿人。2020年至2050年期间，预计80岁以上人数将增加两倍，达到4.26亿

---

① “共享经济”由美国得克萨斯州立大学社会学教授马科斯·费尔逊（Marcus Felson）和伊利诺伊大学社会学教授琼·斯潘思（Joel. Spaeth）于1978年在发表的论文（Community Structureand Collaborative Consumption:ARoutine Activity Approach）中提出。

② 褚国飞：《“共享经济”或颠覆传统消费模式》，载《中国社会科学报》，第A03版，2014-08-25。

人，世界正在变老。法国变成老龄化社会用了110多年，英国人用了80多年，美国人用了60多年，而中国则用了近18年就完成了老龄化，速度之快令人震惊。与上述发达国家“先富后老”的境况相反，中国是“未富先老”，这就是我们社会发展的现实。2020年，中国65岁及以上的老年人约有1.8亿人，约占总人口的13%。2025年“十四五”规划完成时，65岁及以上的老年人将超过2.1亿人，约占总人口的15%。如果按照65岁来算，西方老龄化程度为2.1%，中国老龄化程度为3.3%。现在中国65岁及以上的老年人约占全国人口总数的11.5%，也就是说，在100个人里面，就有接近12个是老人，是名副其实的老龄化国家。所以说，中国接近两个亿的老龄化人口为设计师打开了一扇充满机遇的大门。老年产业以及派生出的消费品市场是非常大的，可以计算一下，一名老人假设一年消费6 000元，那么，到2025年中国大约有12 000亿元的消费空间需要设计师去引导和开发。

第五，对“互联互通”供给的设计驱动。这里讲的“互联互通”，大致可从两个方面来认识，一个是“看不见的互联”；另一个是“看得见的互联”。“看不见的互联”就是以计算机与互联网技术为核心引发的生产性设计；“看得见的互联”是指以交通为核心的基础设施建设引发的服务性设计。譬如，在“互联网＋”、大数据、云计算等科技不断发展的背景下，市场、用户、产品、企业价值链乃至整个制造生态已经引发“生产线上的革命”，以机械化为特征的传统工业制造正逐渐被虚拟化生产和智能化制造所替代，工业制造业与生产性服务业设计研发的关联范畴较以前大大扩展。计算机集成制造系统使得企业的经营计划、产品开发、材料供应、产品制造、装配和渠道营销等一系列活动构成一个完整的系统，集成用户、供应商、设计师、销售商以及制造商各方意见，生产部门能够快速对用户的需求做出反应，按用户要求定制设计不同产品，直到用户满意为止。生产智造化水平和虚拟集成程度的提高也加速了生产效率和效度的提高，设计创新的价值也就越发显现。未来，设计不再单指新产品的开发服务，而是越来越被视为优化传统产业结构、争取商业竞争、改善产品或服务质量以及培育个性化消费的重要工具。

在“看得见的互联”领域，随着快节奏社会以及“一带一路”基础设施网络的构建，交通技术和交通装备的加速发展，以机场、码头、车站等连接的一个个跨空间、跨产业、跨国别的“移动经济”网正在形成。在诸如快捷酒店、驻足空间、便利店、旅游景区、加油站、商业网点、免税店、美食店、货场、离岸贸易等点状服务机构和经济形态中，高品质的服务供给正演变成为最大的经济需求。服务设计将致力于为沿途终端用户提供全局性的服务系统和流程。

服务系统的设计关键是优化流程、接触点和用户体验等要素的质量来提高用户的可让渡价值。通过构建非线性网链结构，并运用设计管理思维，来改善服务双方的交感关系，从而提高用户的体验价值，进而最大限度地服务于民众的公共利益。

第六，对“支持型经济”供给的设计驱动。对生活态度或消费方式体现出高度意志化、个性化、体验性、纪念性倾向，一般是在经济发达社会中表现得特别明显。“支持型经济”以生产“私人产品”和“创意产品”为产业基础，强调产品或服务的原创性、体验性、高感性和纪念性，注重追求产品或服务的个性化和定制化。通过集成数以万计分散的消费个体，设计出支持不同个体的产品或服务，来满足个性独特、心理自主和消费自主的用户群。因此，“支持型经济”的技术基础还是互联网，没有网络技术，深度支持只是空谈。

“支持型经济”在设计方面多表现在以下几个方面：在个体形象的设计方面，后物质主义时代的每个个体都希望通过穿戴配饰、出行方式、消费品牌、使用产品等方式建立起个人的总体形象。个体形象往往是个人内在品质与修养的一种外在表现形式，它是社会公众与个体接触交往过程中所感受到的总体印象。所以，通过个性化消费来包装而保持优良的个人形象，从而在别人心中留下好的印象，是“支持型经济”表现的一个方面。在个性化量产设计方面，从理论上讲，个性化量产完全可以做到针对每个消费者的具体需求设计出不同的产品方案，即“一对一设计”。但在实践中，受限于成本和技术手段，往往不太可能实现。因此，这些消费者的需求必须具有某种程度的共性，可以把它们划分为一些类别进行个性化的量产。① 例如，手工艺或日常生活用品就特别适合个性化量产的设计模式。在私人定制设计方面，完全按照“一对一”的方式进行量身打造，从定制化采购、定制化设计到定制化生产，都按照个人意愿进行资源整合，不会出现生产过剩，也不会出现需求抱怨，还会带给消费者美好的感觉、永久的记忆和值得回味的体验经历。在利他主义设计方面，以他人的幸福快乐作为自己的幸福快乐，将满足他人的需要作为快乐自己的行为准则，这是一种体现为深度支持的精神境界。中国自古以来就有拿自己喜欢的东西馈赠给别人的习惯，并将其视为一种情感联系的纽带，馈赠的内容可能是一件礼品或纪念品，也可能是一场电影或一次意外的旅行。馈赠通常表现为三种方式，第一种是为了回报曾经得到过他人的好处而馈赠，叫作“回报性馈赠”；第二种是为了补偿自己曾使他人蒙受损失而馈赠，叫作“补偿性馈赠”；第三种是

---

① 官明郎：《定制化企业项目导向型组织成熟度模型与提升方法研究》，南开大学博士论文，44页，2012。

不追求任何针对其个体的馈赠，叫作“纯粹性馈赠”。不管是哪一种类型，馈赠都是一种社会文化美德（不包括腐败行为），它支持着人与人、人与社会的良性互动。

一名优秀的设计师或设计管理者应时刻对政策、市场保持高度敏锐性，只有具备将设计思维运用到商业思维中去的能力，才能聚焦需求，把握机遇，成就自己。

五、传统文化的设计转化与经济发展之间的关系

当今世界，各国之间综合国力竞争日趋激烈，文化越来越成为民族凝聚力和创造力的重要源泉，越来越成为综合国力竞争的重要因素。对发展中国家来说，文化是综合国力竞争中维护国家利益和安全的重要精神武器。发展文化有利于激发全民族文化创造活力，影响全球主流价值观，提高国家文化软实力和文化国力。

目前，传统文化复兴运动更多地与民族核心价值观以及意识形态等软实力的生成有直接的关联。但不能否认，在今天全球经济的主导下，传统文化面临的生存压力更大。如何拯救和复活传统文化基因，并借助全球经济架构的路径，让更多烙印着民族传统文化标识的文化产品走出去而不走样，的确是个两难的问题。日本著名国际文化理论家平野健一郎对全球化有一个概念，即“经济全球化形势下的文化走向是各种文化之间的接触越频繁，文化越趋于多样化”。他对文化全球化保持了清醒的认识，经济全球化是不可逆转的趋势。这告诉我们，文化全球化的目标不是一体化而是多样化。文化的全球化如果变成文化一体化就成了人类的灾难。

在文化全球化的环境下，地方美学悄然兴起，并且已经受到全世界的关注。英国地理学家迈克·克朗在《文化地理学》一书中指出，地方美学将“地方”作为研究对象与核心，研究有关地方美的本质问题，探讨地方审美机制问题，从中寻找并发现地方的美学现象和规律，建立地方美学的理论体系，开辟新的美学。这种尝试始终伴随着设计的发展，从 1979 年到 2021 年间，普利策获奖作品很多在关注地方美学、乡土思想、传统文化在地化的问题，设计风格都和地方美学紧密连接。据初步统计，在获得普利策建筑奖的 43 位设计师中，有 17 位获奖者的设计风格和理念受到乡土思想的影响。反过来讲，与地方美学联系越紧密，对其挖掘更深刻，获得建筑最高奖项的可能性也就越大。如西班牙设计大师阿尔瓦罗·西扎的作品，他也一直在关注地方文化在全球化浪潮中

的变化和消退，以地方美学为出发点来发展新的设计。

2005 年 10 月，第 33 届联合国教科文组织大会在《保护和促进文化表现形式多样性公约》中提出了“文化多样性”，它被定义为各群体和社会借以表现其文化的多种不同形式。文化多样性不仅体现在人类文化遗产通过丰富多彩的文化表现形式来表达、弘扬和传承的多种方式上，也体现在借助各种方式和技术进行的艺术创造、生产、传播、销售和消费的多种方式上。或许，多样性的传统文化要接续下去，市场与商品的力量不应被忽视。[①]

笔者个人理解文化的在地化包括两个方面，一个是文化异质的多样性，包括语言、风俗、习惯、信仰、生产生活方式等无形文化资源；还有一种是文化情境的多样性，包括文化的生成、传播、交流、创造、消费必须在一个环境中，这个环境或者说是情境本身就具有多样性。文化情境的多元性专指创造文化精神产品的自然、生境、思想、观念、审美、道德等有形或无形文化背景。因此，传统文化复兴并不是单指那些可视化的文化类型，而是一个不可分离的“文化复合体”。

服务业调结构、转方式、扩内需，是今后中国经济保持中高速发展的重要支撑。事实表明，高质量的经济增长主要来源于人力资本和文化资源存量的有效积累与补给。从传统产业的功能属性来看，第一产业促稳定，第二产业促经济，第三产业促品质。当然，促进社会稳定与提高生活、消费品质同样也是发展新经济的重要组成部分。在中国经济社会进入新一轮换挡发展期，我们需要跳出物质文化单向研究的藩篱，更加注重风格、商业、品牌和个性认知之间的相互关系。

传统文化资源是产品品质生成的原料及价值基础。产品设计策略的制定必须重视地方文化与组织特色的打造。各种组织作为人口的生产生活空间，其功能已经由单一的生产制造、生活使用发展为多元的文化体验。地方语言、风俗、习惯、信仰、生产生活方式等文化异质的多样性，以及创造文化精神产品的自然、生境、思想、观念、审美、道德等文化情境的多元性特征，是使文化脱离同质化形貌和标准化改造，协同产业融合发展，提升现代产品品质的重要战略资源。事实上，通过文化类型、元素重组发生的化学反应，正是今天感觉辨识度、美学多元化和生活多样化的来源保证。文化不再是艺术创作本身狭隘的专指，而是在美学多元化时代，对生活工作与感官乐趣以及体验意义之间关系的形塑。传统文化复兴与经济是息息相关的，经济需要从传统文化中汲取养

---

① 王光文：《我国深化民族电影制片厂改革的意义与对策》，载《电影评介》，2013（15），11~12 页。

分，经济的发展与文化的繁荣是一体的。差异性的文化是经济发展的前提，不能隔离看待。

目前中国社会的发展进程已经给相对固化的社会形态、物理空间、人口结构、公众利益、生产与生活方式以及文化习俗带来了根本性的改变。社会变迁是经济发展的要件，但过分强调通过发展速度与规模来刺激经济的快速增长，往往会加剧乡村文化原型、本土文化生态和文化承载环境的大规模消解。在这里，创造与毁灭是同源的。如何平衡在社会经济转型中既增加民众收入和就业机会，又最大可能地减少或消除对传统文化基因的毁灭，是我们在推动经济转型进程中所要面临的最大发展问题。从政府的行政思维与行政能力的角度来看，应从通过规模化扩张手段实现经济增速发展的片面思维，转变为既要采取有别于规模型的发展模式，又要正视传统文化的功能特征。应关注城乡文化生态与文化资源承载压力引发的社会需求，不能将旧思维套用于新发展，要重新思考和综合定位政府的制度设计与行政效能。

六、经济下行期扩内需、促外贸的历史文化经验与启示

前面围绕设计创新的供给谈了这么多，那么，提供创新供给的供给又是什么呢？说到底，就是历史与文化。什么是历史？历史就是明天对今天的定义，它体现了一个强烈的时间先后概念。而文化有别于历史，它不全是时间的概念，尤其是那些被历史证明了的、优秀的传统文化，它更是表现为一种无与伦比的智慧，广博而持久。如何从中国历史和传统文化智慧中解答今天遇到的难题，即扩内需与促外贸的问题，着实十分有趣。下面将这两个问题分开来谈。

首先谈一下有关扩内需的问题。如果要从中国历史的角度看，笔者会选择距今 2 700 多年前的先秦时代。从西周到春秋的 400 多年间，绝对称得上是一个人人“见礼知政，闻乐知德”，崇尚秩序与信仰的礼乐社会。在这样一个遵循同一文化的社会中，从对顶层教化体系“礼乐文化”的设计，发展到“制礼作乐”的制度安排和活动规划，再到“藏礼于器”“尚象制器”和“钟鸣鼎食”原则指导下的设计创新与工匠制作，最终产生大量不同种类、不同规制、不同场合使用的“列鼎彝器”，成就了一个伟大的青铜工艺时代。在这个由“礼乐文化”“制礼作乐”和“器以藏礼”构架起来的金字塔结构模型中，“礼”为“天之经，地之义，民之行”的道德高地和贯穿始终的文化轴线。它通过冠、婚、丧、祭、燕、射、朝、聘等诸礼，依托鼎、鬲、甗、豆、爵、觚、觯、斝、尊、罍、卣、觥、盉等礼器，以及铙、铃、牢、醴、璧、镈、钟、磬、管、弦、

鼓等响器表达出来，“发乎情，止于礼”，以器布道，播于四方，化育万民。在先秦的整个社会体制设计中，高度体现了文化、设计、消费、使用之间的相互关系。文化成为社会经济发展的内在推动力，大量青铜礼器、用器的供给也按文化礼制要求设计和制作，同时这些青铜礼器、用器的设计、生产、流通反过来又促进了主流文化的传播与繁荣，形成了一个良性循环的闭环。

在这个体现“供给－消费”的有序闭环中，可以看到，礼乐之道是核，礼乐之器是壳，两者互为表里。礼乐依存于礼器的文化造物智慧，开启了先秦时期“道依器而存、器存而道不亡”设计哲学的先河。道器不离、器道合一的传统造物设计观，在今天高度注重物质发展、规模生产、批量制造的社会，已变得荡然无存。道与器的分离、文化与产品的脱节、内容与形式的撕裂、供给与需求的不匹配等问题，值得我们深思。先秦围绕“礼乐文化”不断衍生新制度和新产品的创新经验，对当下的社会治理、文化复兴和需求拉动都有太多的启示。今天，只有我们输送到全球市场中的每一件器物或者所提供的每一个方式、每一种服务、每一个空间、每一种体验，都能在“文化价值”推广体系下发挥设计的有效功能，在创新供给、扩大消费、传播文化美学价值的同时提高国家的文化软实力，才是社会物质与精神平衡发展的理想状态。

由此可见，推动供给、消费两侧平衡发展的本质就是文化。传统文化的复兴并不是一句简单的口号或可视化符号的运用，而是通过复兴传统文化的精神与智慧，来重构人与人、人与物、人与社会、人与自然之间的文化连接，恢复有别于西方的信仰观念、生活哲学和文化生态，实现产品与文化的高度统一，形成具有中国气质和工匠精神的产品体系。这也是扩大消费需求和提升产品国际竞争力的重要支撑。

今天，全社会正在热议的“工匠精神”究竟是什么？大多数人都习惯于从匠人技艺、工艺态度的角度去阐释，其实这是不全面的。笔者个人认为，“工匠精神”的基底是信仰。关于信仰，从词性上看，信，是相信，是诚信；仰，说明她高，高到我们只能去仰望。她在我们的心目中是高高在上、望而生畏的。因此，信仰的根本是相信和敬畏，这是一种中国人的文化智慧。《易经》中提到的“神道设教”以及《论语》中记载的“君子三畏”，都已说明中国传统文化信仰观对“天、地、人”关系整体的内求要义。从中国手工艺的历史发展来看，无论是先秦在工艺造物中体现的“藏礼于器”“器道和合”理念，抑或是手工艺作品所呈现出来的“文以载道”“文质彬彬”，无不呈现出工匠生产生活中对“天地”“礼乐”“道心”的信念与敬畏。在今天的社会环境影响下，中华传统文化中所信奉追崇与敬畏仰止的、本就脆弱的文脉更是面临着生的拷问。因此，在道器分崩、文心分离的现实状态下谈“工匠精神”，无异于舍本逐末。而这个“本”，就是首先要复原对自身文化的信仰与敬畏。

接下来谈一下有关促外贸的问题。近代史以来，中国对外贸易的鼎盛时期是在17世纪末到19世纪初，主要贸易对象是欧洲。不夸张地讲，整个18世纪，是欧洲的“中国世纪”。当时的欧洲上流社会将喝中国茶、穿中国丝绸的衣服、坐中国轿、建中国庭院、学中国装饰、用中国器物作为一种“汉风”文化风尚。中国文化在17至18世纪产生如此大的影响，以至于在欧洲形成了持续百年的“中国热”。这既是欧洲自身社会发展的一个异域文化需求过程，也是中国文化融入欧洲社会发展的一个交流竞争过程。文化与贸易是扩大对外交流、提高国家竞争实力的一对孪生姐妹。文化的差异性往往是扩大贸易最有力的手段，而贸易的扩张往往也是传播文化最有效的路径。

下面先来看一组数据。仅在18世纪的100年间，欧洲输入中国的瓷器数量就达到6 000万件以上，每年进口的丝绸量多达75 000余匹。据史料记载，茶叶出口仅荷兰约178万担，英国400余万担，法国、瑞典、丹麦等国约148万担，等等。探究这些贸易数据背后的原因，说到底，就是对中国文化的迷恋和追捧。这种对中国文化迷恋之风，是由当时中西在政治制度、经济、文化中所表现出来的差异化和差距化导致的。以一个稳定、繁荣、富饶、文明的中国作为欧洲发展的参照，与一种西方启蒙运动所倡导的世俗个人主义不同，提倡以“天人合一”为核心的人文主义思潮为借鉴寻找欧洲发展之路，成为欧洲“中国文化热”的主因。以英国为例，英国的饮茶风尚至今十分盛行，从皇室贵族到平民百姓均保留着这一习惯，这种饮茶习惯是否来源于中国，有待于考证。但有数据表明，1700年英国从中国进口的茶叶总额为1.4万英镑，至1760年上升至96.9万英镑，到1790年达到177.7万英镑。90年间花费增长了近127倍。这需要多少茶具去适应这样庞大的茶叶消费？茶叶的销售自然带动了以茶具为代表的中国陶瓷的出口。由迷恋喝茶的东方生活方式带动全民性茶叶的消费，继而拉动陶瓷茶具用品的进口，所以，就贸易的价值链而言，设计供给往往不是直接来自产品本身，而是来自差异性的生活方式与文化。这种以文化带动创新的贸易才具有稳定性和可持续性。

通过异质性文化推动贸易交流应该是双向的，既要推广传播自身优势文化，又要融会贯通，更多学习和吸收对我们发展有利的域外文化，不然就会失去竞争的主动性。现在看来，整个19世纪，欧洲不仅兴起消费中国商品的热潮，同时也兴起仿造中国商品的热潮。如在设计与装饰风格上，意大利、法国等国家最早学会了养蚕技术，并掌握了加工丝绸的工艺，虽在当时不能与中国进口的丝绸质量相提并论，但他们处处抄袭中国传统装饰纹样，将之用到丝绸高跟鞋、壁毯等时尚产品上，并特意注明“中国制造”以保证销路。法国多在壁毯、服饰、家具、室内装饰、刺绣、染织图案等设计上大量模仿中国传统工艺美术风格。在工艺技术仿制方面，1688 年，中国壁纸被欧洲人仿制成功，成为上流社会家庭装饰的抢手货；1730 年，法国人罗伯特·马丁仿制中国漆器成功，其体现中国装饰之美的漆器深受法国上流社会喜爱；1823 年，德国在瑞典、英国材料学家研究的基础上，成功地仿造了中国白铜工艺并重新命名为“德国银”，至 19 世纪后期，“德国银”已完全取代中国白铜在国际市场上的地位；1759 年，瓷器在英国经过长期的仿制和实验，在欧洲最早建立了威基伍德（Wedgwood）陶瓷公司，直至现在，威基伍德公司依靠不断的创新，仍然保持着世界首屈一指瓷器公司的美誉，成为当下具有英伦风格的精美绝伦的手工艺术品。之后的 1770 年，德国迈森国家瓷厂也烧制成功，所产瓷器处处模仿中国风格，其装饰纹样也明显带有东方色彩。迈森瓷至今仍坚持手工量产，价格昂贵，被称为“白色的黄金”，始终是欧洲皇室、明星和政治家们收藏的对象。

欧洲工匠通过文化贸易的深入交流，不断学习和钻研，积极展开模仿式创新，让很多仿制中国的“山寨产品”最终修成正果，形成自主产品和自有品牌，和中国产品分庭抗礼，逐渐扩大欧洲乃至世界市场份额，甚至把中国专有的产品挤出市场。目前，中国引以自豪的陶瓷、玻璃、丝绸等传统产品，由于缺乏创新，外贸盛况早已不复存在。从中国产品创造的“外贸巨利”到形成“市场凋敝”“产品失竞”的现状，历史告诉我们，墨守成规、漠视文化、不善于学习，就会注定失败。所以，经济要发展，文化需先行。

文化虽是一种柔性力量，但并非意味着凡文化就是软实力，只有那种拥有实际价值的设计原创力的文化，才能使发源这种设计型文化的社会、国家获得巨大的软实力。当前，在全球化和互联网时代，不同区域、不同民族、不同文化间的联系日益紧密，文化已成为提升一个国家辨识度和竞争力的战略资源。而中国文化和设计在参与国际文化交流、竞争中还处于弱势，我们必须摒弃那种只谈经济不谈文化的短视行为，不仅要认真传承好民族多样性的文化基因，还要勇于吸收和接纳世界先进文化来补我们发展的短板。这也是国家提出并实施供给侧结构性改革、大国工匠以及传统文化复兴、文化软实力等战略的根本所在。

全球化创新与未来设计师之路

以世界贸易自由化、跨国联盟兼并化以及互联网信息技术普及化为表征的经济全球一体化趋势正给分布在世界各地的大、小企业带来前所未有的冲击和深刻的影响。在企业外部环境日益加速变革的新经济背景下，企业内部经营的规则、营销运作模式及个人职业规划等都在观念上接受着越来越激烈的竞争和挑战。

从对资源、产品、技术、利润等有形资产的过分追逐到逐步被知识、客户、质量、诚信、价值等无形资产替代的发展事实来看，变革与创新始终是指导这一进程日益提速的核心力量。最直接的创新概念在许多人的认识中可能仅拘囿于不断推出新的产品或服务，而全球化创新必须站在全人类可持续发展的高度上，满足更充分的要求和考虑更全面的问题及利益，而不仅仅是为客户提供新的产品或服务。

设计师在全球化创新的新经济背景下彰显出的超凡作用，取决于日益开放的知识创新环境以及在社会文明进程中所扮演的重要角色。作为对产品或服务最直接的创意与策划者，设计师所承担的核心使命是如何在竞争中创新和改进区别于竞争方面的最新设计以及如何将这些创新成果有效地传播给客户，这一核心使命对于今天的设计师来讲依然没有改变。但仅仅满足于产品设计自身的不同而忽略设计成果的国际化价值、社会价值、人本价值和产权价值，企业及设计的最大价值也就无法显现。换言之，只有将设计本身投放到全球化创新的新背景中，设计的诸多价值才会在流通过程中得到承认。设计是设计师的智力创新，设计反映着设计师的思考空间和价值趋向，设计师的头脑决定着企业未来的发展方向。因此，全球化创新对未来的设计师发展提出了更高、更多的要求。

一、国际标准化体系的执行是设计师实施产品创新的根本

近十几年来，企业界、设计界和联合国全球协议之间的联系和合作越来越紧密，尤其在全球经济一体化迅猛发展的今天，企业已由追求单纯的利润最大化向追求价值最大化转型，产品和服务自身所蕴含的创新价值与理念已经逐渐由单一的技术、材料、外观、价格等评价标准延伸到以质量、环保、安全、社

会责任等为主的一系列与全球协议相关的国际管理体系评价标准。应当说，国际管理标准化体系的全球化执行，为全球企业和组织的国际化形象及自身的可持续性增长提供了评判的标准。

ISO 9000是国际标准化组织（ISO）制定的质量管理体系国际标准，其创新内涵表现在不对具体的技术标准做规定，而是对一套管理措施制定标准，以保证产品设计的基本质量。包括中国在内的全世界不同国家政府和组织也都根据产品的生产、加工及销售情况制定了详尽的质量标准、监管体系，以强化品质管理，避免产品责任，消除技术壁垒。ISO 14000是国际标准化组织继ISO 9000系列标准后推出的一套环境管理系列标准。企业的环境表现已成为政府、企业及其他组织采购产品或选择服务时优先考虑的因素之一，目前一些著名的跨国企业已开始制订、实施ISO 14000的内部计划，并将ISO 14000作为对其供应商环境管理的考核标准。ISO 14000是中国企业和产品突破“绿色贸易壁垒”，改进产品性能，制造绿色产品，增强市场竞争力的有效手段。在ISO 9000和ISO 14000之后，SA 8000社会责任标准越来越多地出现在许多来自国外采购商品订单的附加条件中，成为我国产品出口新的贸易技术壁垒。SA 8000标准认证是指企业要承担对环境和利益相关的责任，是全球第一个社会责任认证标准，包括人群、劳工标准、环保三个主要领域。大多数公司意识到，消费者在选择商家时越来越多地考虑公司的道德表现，商业行为符合道德标准已经变成一件头等大事。目前，我国出口至欧美国家的服装、玩具、鞋类、家具、运动器材及日用五金等产品，都已遇到SA 8000的要求。有些企业因为表现良好而获得了更多的订单，部分企业则因为没有改善诚意而被取消了供应商资格。除此之外，产品流通（如包装等）、职业安全卫生等领域也都有严格的管理标准体系。

ISO 9000质量管理、ISO 14000环境管理以及SA 8000社会责任管理等一系列标准体系都是基于全球协议框架下的全球化创新。这些创新体系的设立，一方面，为企业和产品寻求全球化范围内的合作搭建了交流的平台；另一方面，也对负责产品创新与改善的设计师提出了新的要求和思考空间。开发新产品的设计师应当主动出击，以全球化创新的内容与理念为基础，通晓各种国际化标准体系的具体要求，并具备将这些信息进行产品再设计的能力，对产品立项、材料配货、设计程序、产品构造、生产工艺以及流通营销等各个环节的创新都要充分考虑到国际化标准赋予新产品的信息内涵并能坚决执行。

二、知识产权观念的强化是设计师实施产品创新的保障

以知识产权转让、许可为主要特征的产权贸易伴随着知识经济时代的来临，已逐渐发展成为国际贸易中的一种主要形式和竞争手段，也成为全球化创新企业通往基业长青的不可忽视的新价值增长点。基于此，世界贸易组织（WTO）在1986年9月首次把“产权贸易”纳入规程，并设置了“与贸易有关的知识产权理事会（TRIPS）”，它与“货物贸易”“服务贸易”一起构成世界贸易组织的三大支柱产业。

知识产权是人们对其智力劳动成果和工商业标记依法所享有的民事权利，由商标权、专利权和著作权三部分组成。而知识产权法则是在调整智力成果的归属、利用和保护的基础上产生的各种社会关系的法律规范的总称。知识和与知识相关的智力创新是有价值的无形资产，应当得到法律的承认和保护，知识产权法实质上就是扮演着鼓励和保护知识创新的“黑包公”角色。可以说，如果没有保护知识产权的法律制度，知识经济也就无从谈起。

设计就是对现有知识、信息资源进行占有、重组、配置、利用并最终形成差异性的智力创造活动，其核心是“创新”。因此，设计创新是知识产权大家族中最具发展前景的“朝阳产业”，设计师的智力创新当然也受到产权法的有效保护。但就目前情况来看，我国现有设计师队伍在设计成果的产权保护观念以及创新意识上都存在着明显的落后。除了与国家相关的知识产权法规条款不够完善以及产业环境相对混乱之外，设计师个人的社会角色不清晰、社会责任感差、产权保护意识淡漠等因素的普遍存在，已经影响了设计创意产业以及企业的创新发展。

最突出的问题表现在三个方面。首先，设计师的关注点不是投入在作品的独立创作和原创性上，而是将别人的作品移花接木、东拼西凑，“抄袭沿用”和“非法挪用”现象非常普遍。《中华人民共和国著作权法实施条例》第四条第十二款中“图形作品，是指为施工、生产绘制的工程设计图、产品设计图以及反映地理现象、说明事物原理或者结构的地图、示意图等作品”，第十三款中“模型作品，是指为展示、试验或者观测等用途，根据物体的形状和结构，按照一定比例制成的立体作品”，以及《中华人民共和国专利法实施细则》第二条第三款中“专利法所称外观设计，是指对产品的形状、图案或者其结合以及色彩与形状、图案的结合所作出的富有美感并适于工业应用的新设计”等法规条例在对设计师的产品设计行为划定了受保护范围的同时，也对那些善于占有或剽窃别人设计成果的设计师敲响了警钟。这两部法规的量刑标准都是以

产品设计受保护的“原创性”以及“独立创作”作为出发点的。但有些国家，如美国，他们的版权法并不禁止一切抄袭行为，关键要看“抄什么”和“抄多少”，如果没有抄“受保护的原创成分”或者抄得很少，其结果也没有造成双方作品之间的“实质相似”，就不构成“非法挪用”。

其次，设计师的维权意识亟待加强，设计创新急需“加密”。在这里，设计师作为设计成果的权利人，必须明确个人与企业或组织之间的角色关系问题，维系个人与企业合作的根本是合同，不同的合同内容决定着各自所担负的责、权、利范围，同时也意味着设计创新成果的归属及使用权限。当然，双方合作的方式以及设计师的职业身份也存在着诸多差异，与知识产权相关的三部法规以及《反不正当竞争法》也都根据不同情形对设计权利人的各自权限范围和所承担的责任做了详细的规定。一个自由职业设计师必须明确设计作品的加密保护对其自身和使用者是多么的重要。通常，可以通过两种渠道来完成设计成果的对外使用，即许可使用和转让使用。许可使用的主体是设计师，他既有权就设计成果的使用方式、使用期限以及付酬标准与被许可人签订协议，同时也不能在许可使用期限内越权向合同规定以外的任何单位或个人进行披露、泄密；而转让使用的主体则是被转让者，他可以通过付费的方式一次性买断设计成果而成为新的设计产权拥有者。当然，在设计产权保护使用的期限内，设计师个人同样也无权对外随意泄漏设计机密。无论设计师采用何种方式，许可使用和转让使用的前提都是合同。因此，设计师只有清楚地掌握各种合同的签订方式、法律程序以及规定内容，才能更充分地保护好自己的权益和设计成果。

最后，设计成果的产权保护不是静止的，更不是最终的目的，它制定的实质是鼓励和倡导设计师及企业在产业营运的动态中不断推陈出新。我们可以从图 1 中发现知识产权保护与设计创新之间存在的本质关系。

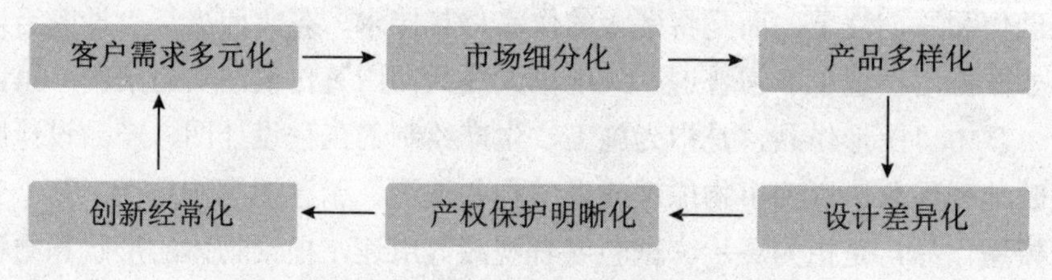

图 1　知识产权保护与设计创新之间的关系

在构成以产品设计创新为竞争核心的产业营运链条中，大量客户、市场和产品的有价值的信息经过设计师的采集、重组、提炼和加工，转换成可供实际设计使用的因素并准确地反映到产品开发的各个环节中。这些功能各异、外观独特、造型新颖且区别于同类产品的新产品一经进入市场，企业就会面临着形象化外貌和客户满意度的双重检验，而形象化外貌与客户满意度又是企业未来发展的基石。企业保持创新程度及能力的高低往往是企业征服市场和客户以及提升企业新形象的最有力的武器。企业只有坚持不懈地将创新与设计贯穿在其成长的过程中，并始终保持创新成果的产权化管理，企业的发展才会顺应市场、迎合客户。从这个意义上讲，只有不断将新设计产权法律化，更新的设计才会在这温床上不断滋生和延续。因此，产权保护制度的完善以及设计师产权观念的加强，才是设计创新经常化的有力保障。也可以这样说，如果没有知识产权法的介入，就不可能保持设计的经常化创新，企业的形象化战略和客户战略也就无从谈起。2022 年 2 月，我国正式加入了《工业品外观设计国际注册海牙协定》，标志着我国已经融入外观设计全球化保护体系，有利于促进全球商品贸易大国设计创新能力的提升，助力中国创意、中国设计、中国制造走向世界。

当然，全球化创新背景下对设计师的要求也不仅限于以上三个方面，如设计师对知识、信息管理与优化利用的能力，和职能部门沟通、协调的能力，以及谈判、开展跨国工作的能力，等等，这里不再赘述。在全球经济一体化和创新机制里成长起来的企业以及设计师，既要具有对设计知识和信息快速吸纳、创新的专业能力，又要能在全球化创新的大背景中，依据国际惯例和协议并结合自身产业实情，从中找寻设计得以不断创新的种种可能，这是时代赋予新型设计师的必然选择。

设计研究与实践的角色重塑

目前，处在全方位转型期的中国正进入一种不同以往的新的发展常态环境中。党的十九大，已向世界宣告了从小康社会到现代化强国、从改善民生到建设美丽中国等未来几十年发展的目标与方向。在这个新的历史方位与发展坐标交汇点上，将“人民对美好生活的向往体现社会发展进步的最高价值目标”和“社会发展进步是实现人民美好生活向往的现实途径”有机结合起来，思考设计学科学术定位问题，应是设计学科立足于经济社会转型阶段的具体实际，突破传统学术思想束缚，梳理学科使命与责任，进行跨学科构建和新知识创新的重要切入点。

经济转型升级对设计创新的刚性需求正在加大，设计业的快速崛起改变着产业经济的新版图。国家一系列支持设计业发展的政策规划陆续出台，珠江、长江三角洲以及整个东部沿海地区设计经济正蓬勃发展。科技与设计的混搭改变着城市以及公共领域的崭新面孔，消费者数量的激增为设计师创造了众多利基市场，设计组织的重组与兼并与日俱增，设计教育遍地开花，等等，这一切似乎都预示着一个崭新的“设计时代”的到来，设计被推到了风口浪尖。设计在今天以及未来的社会发展中究竟扮演着怎样的角色呢？

设计作为科学研究的对象，与自然科学存在很大的不同。自然科学关心事物的本来面目，而设计则关心事物应当怎样；自然科学要研究已存在的东西，通过研究发现过去不曾为人所知的事实、规律、真理，而设计则要创造新的东西，赋予事物新的功能、形式、使用场景以及正当性；20 世纪 80 年代的社会开放，使得设计混同于美术概念而醉心于表面装饰和实用性研究；20 世纪 90 年代的消费繁荣，使得设计沉溺于创意技术与样式化时尚等方面的追求；进入 21 世纪以来，全球性经济增长减速、新冠疫情和经济下行压力加大，带来了新的问题和挑战，设计的科学和创新地位开始得到认同和巩固，设计学科的交叉价值逐渐显现，开始成为增加价值、解决复杂问题的工具，以及连接经济、社会与文化等方面的推手。社会的发展不断改变着我们对传统设计概念的认识和理解。处在社会变迁、企业变革过程中的设计正发挥着无法低估的创新作用。

一、系统设计思维的扩展

在传统意义上，设计往往被简单地理解为一个基于线性的直觉创意或逻辑推断。今天，设计所面临的挑战来自工业文明的日益复杂化，设计问题的本质已因科技和文化应用方面的改变而变得更加复合化和系统化了。“设计的最终成品或人造品，全部都会成为社会系统或社会系统的子系统，抑或是社会系统的组成部分，设计都会被网罗在一起成为复杂的关系系统。不仅仅人造物等物性系统是相互关联的，就连设计师、设计团队、设计过程，也属于整个社会系统。”[①] 对于问题的假设和分析必须建立在一个个构成系统的子模块中，看清系统各个构成要素之间的关系，分析未来可能的行为趋势，以更具创造性的设计思维整合到系统中，分析解决创新问题。与单纯的线性思考不同，系统设计思维是基于整体的、动态的、连续的思考问题的思维模式，重视参与人员的假设性思考、直觉视觉化、开放式协作、深层次理解、复杂性拆解以及突破约束性挑战等综合能力。在系统化思考过程中，设计只是作为媒介，运用设计思维将不同专业人士、创新和商业连接起来。无论是提升生活方式的设计、促进商业发展的设计、维护可持续发展的设计、有利于社会融合的设计，还是改进社区生活质量的设计，系统化设计思维作为一种解决复杂问题的方法论，已经开始扩展到社会事务的方方面面（见图 1）。

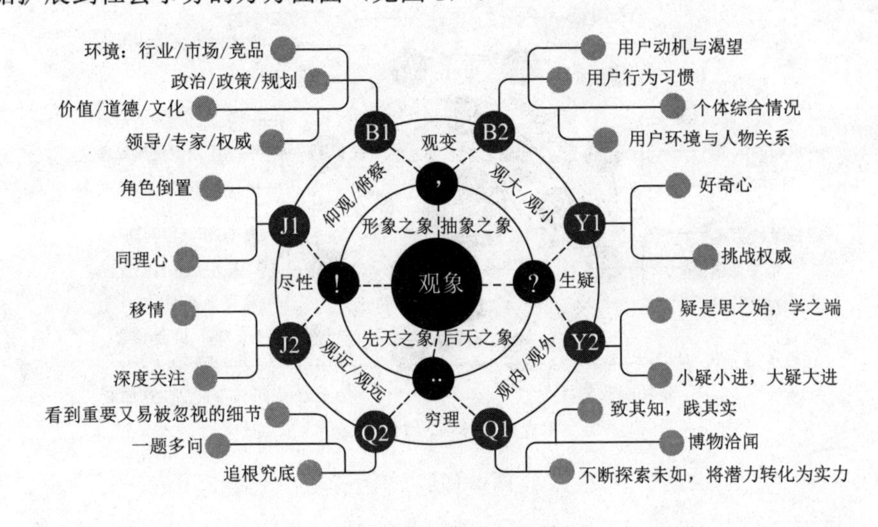

观象：发现与认知

图 1　系统设计思维“四象”图：观象、取象、立象、忘象

① ［美］哈德罗·尼尔森、艾瑞克·司杜特曼：《一切皆为设计：颠覆性设计思维与设计哲学》，72 页，北京，人民邮电出版社，2018。

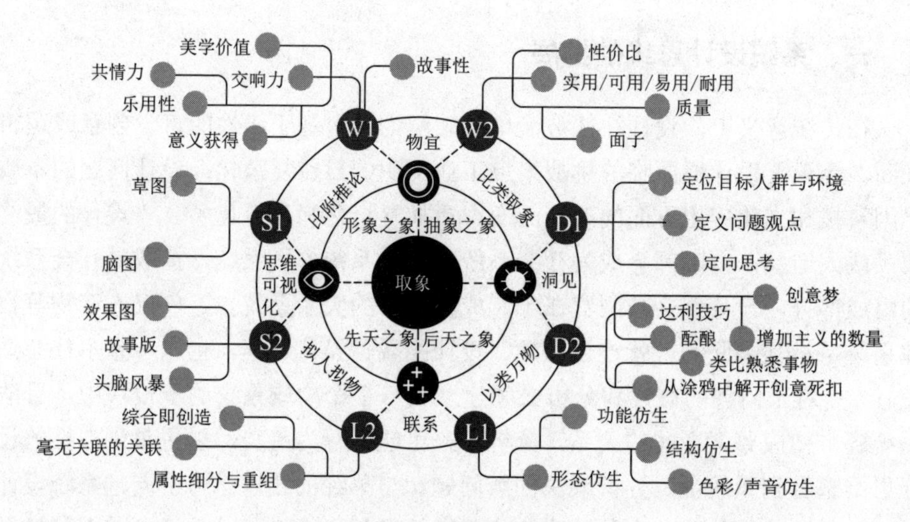

取象：关联与离析

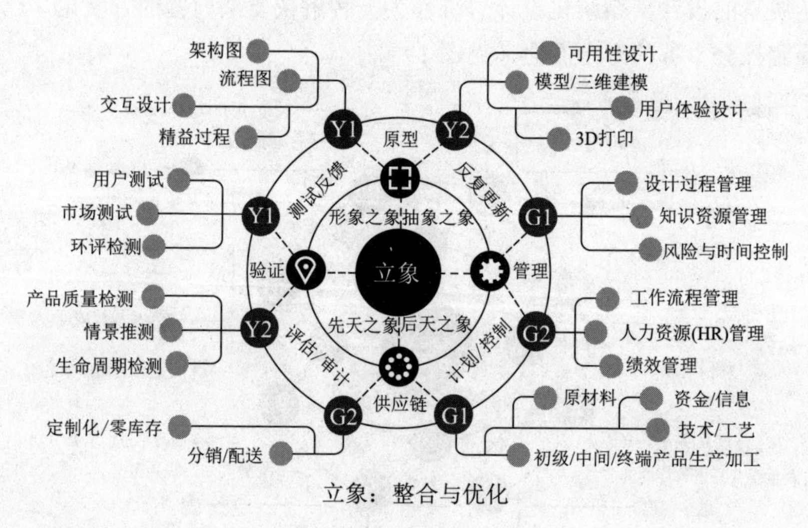

立象：整合与优化

图 1（续）

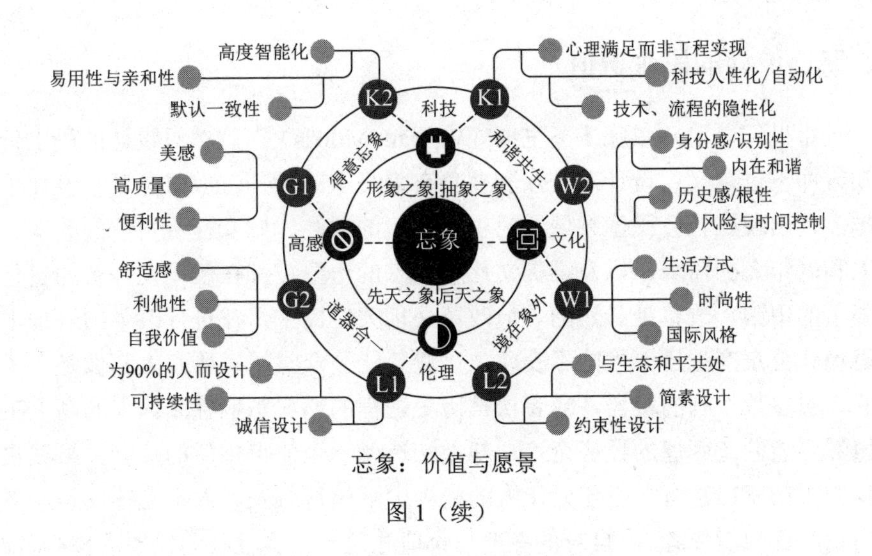

图 1（续）

二、设计驱动式创新

过去几十年，管理学领域出现了有关“创新”的两大突破性理论：一是借助于技术突破，实现产品性能的飞跃；二是借助于深入分析消费者需求，提高消费市场对产品的满意度。从创新类型而言，前者表现为产品主导、技术驱动的“颠覆式创新”；后者则表现为用户主导、市场驱动的“渐进式创新”。传统管理学中一个根深蒂固的理论就是引导人们普遍宣传和认同一个极为错误的观念，即创新主要是指技术上的改进和完善。它完全忽略了消费者与产品因情感因素、心理因素及社会因素形成共情力的内在意义，而产品的内在意义往往是左右消费者深层次选择的隐形力量，必须通过强化设计驱动式创新加以实现。苹果、阿特米德、星巴克、阿莱西、斯沃琪、SHEIN 等国际品牌都是通过设计驱动创新的模式，完美地诠释了产品的内在意义，在高淘汰率的市场中创造了经久不衰的产品。

基于产品内在意义进行设计驱动式创新的时代已经来临，“技术”“市场”“设计”三种创新驱动模式的协同化研究，应该突破传统管理学理论教条的束缚，成为企业维持长期竞争优势的“第三种智慧”。中国在推进供给侧结构性改革过程中，必须将设计供给嵌入研发创新的源头，针对消费者赋予产品的内在意义进行颠覆式创新，在挖掘消费者深层次需求的同时，提高产品从性能、品质、外观到内在意义的档次与价值。

三、设计的民生价值

一个世纪以前，威廉·莫里斯（William Morris）[①]就曾对设计的民生价值认知方面下过定义：设计对公众利益负有道义上的责任。放眼全球，设计正越来越多地出现在社会民生领域，对生存环境的关注、妇女社会角色的改变、残疾人和老年人的需求，以及维护文化与国家的形象，都在赋予设计新的责任。在眼下的中国，改革是必然的。但改革必须关注民生，在进行改革的进程中，要避免让公众产生压倒性的不安印象；避免让公众觉得，所有人都像是上了发条的、被参数控制的机器，或者像是历史进程的燃料与牺牲品。人的高度工具化虽然可能创造辉煌的经济奇迹，却无法造就一个值得生活的社会。虽然物质上我们正在变得富有，但还要让人的精神生活过得心安。人不应该仅是经济增长的生产者和消费者，人自身的尊严与价值才是一个良性社会发展的核心目的。在一个文明社会里，设计不能将其经济价值脱离其社会价值。

在物质匮乏的社会，经济学家们以不断追逐经济利益为目的，构造了他们的理论体系和现实的经济体系。今天，在物质生活水平有了较大提高之后，当人们开始摆脱经济人的头衔而呼唤作为社会人的正当价值时，不仅原有的经济体系需要重构，而且对公众工作努力的驱动源恐怕也需要重构。作为社会人最基本的生存价值与生活尊严，不外乎表现在诸如蓝天、生态、乡愁、体验、安全、健康、个性、公平、公共保障、自我价值实现等方面。我们看到，将设计架构到公众与社会间的创新行为已经在经济发达国家中形成共识：注重环境问题的设计方法正在向主流渗透，利用设计创新改善底层民众的生活品质正在取得进展，优化设计手段预防公共安全领域犯罪已成为政府议程，等等。面对“无发展的增长”“无公平的效率”“无幸福的改善”“无和谐的进步”，甚至是“无强盛的繁荣”的现实，设计可能不是推动人类文明社会前进的车轮，却有助于确保它们运转的可靠和高雅。

四、设计组织的质变

过去几十年是市场专业化分工大发展的时代，企业从专业化分工中获得了

① 威廉·莫里斯（William Morris）是19世纪英国设计师、诗人、早期社会主义活动家、英国工艺美术运动的奠基人，是真正实现约翰·拉斯金思想的一个重要设计先驱。他主张设计的两个原则是，产品设计和建筑设计是为千千万万的人服务的，而不是为了少数人的活动；设计工作必须是集体的活动，而不是个体劳动。

巨大的收益。进入21世纪以来，全球经济的持续低迷和社会问题复杂性的加剧，尤其伴随着全球性创新浪潮的冲击，分工越深越细就越有可能偏离本原要旨，使综合性、复杂性的商业和社会问题难以处理和解决。工业生产性服务业在促进生产专业化、扩大资本和知识密集型生产，以及提高劳动与其他生产要素的生产率方面作用突出①，以设计为代表的生产性服务业与制造业的关系开始变得日益紧密，并进入全产业链，使得设计与生产重新组合。设计依靠中间投入性高、强大的产业关联性以及高度专业化的特点，正成为改变传统生产企业和设计公司组织形态的重要推手。

目前，基于生产的产品经济和基于消费的服务经济的融合态势正在加剧，制造的设计化和服务的制造化发展趋势明显，“设计型制造”已经越来越成为促进产业转型升级的重要方向，制造业企业正在由传统的产品生产商转变为基于“设计创新＋设计质量＋全生命周期”的高嵌入型产品（服务）方案解决商（见图2）。而作为服务型企业的设计公司，也正在由传统的设计图纸提供商转变为基于“设计创新生产制造（或科技）＋全生命周期”的紧凑型服务（产品）方案集成商。当然，随着结合产业链“外包外采”等资源配置方式的有序推动，不同类型、不同业务的创新型企业将一改传统的组织样态，迈向更加专业的ODM②、OBM③和OSM④。21世纪可能是重返综合的世纪，在资本的巨大影响下，全球范围内设计企业并购重组行为将越演越烈，设计企业或许可从资源重新配置中获得更大的收益，设计公司或将在新一轮综合中获得新生。

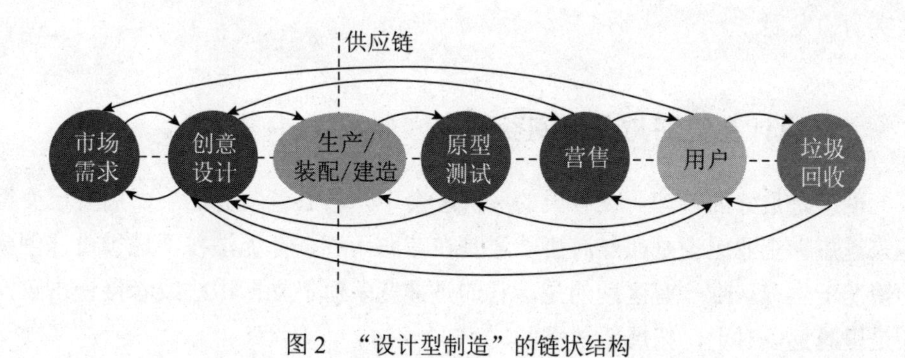

图2 “设计型制造”的链状结构

① 王新新：《产业结构调整背景下的生产性服务业发展对策研究》，载《理论月刊》，2012(4)，113页。

② ODM（Original Design Manufacture）是指原创设计生产。

③ OBM（Original Brand Manufacturer）是指原始品牌生产商。

④ OSM（Original Standardization Manufacturer）是指原始标准制造商。

五、“道依器而存”的设计观

“道器不离、器道合一”的传统造物设计观，在今天高度注重物质发展、规模生产、批量制造的社会，已变得荡然无存。道与器的分离，文化与产品的脱节，内容与形式的撕裂，供给与需求的不匹配等问题，正在唤醒整个社会必须重新认识文化、设计、消费、使用之间共生共存的依附关系。推动供给、消费两侧平衡发展的本质最终来自文化，文化是整个社会经济发展的内生动力，输送到市场中的每一件产品都应该按照文化、礼制的要求进行设计和制作。同时，这些产品的设计、生产、流通反过来又会促进主流文化的传播与繁荣，形成了一个良性循环的闭环。在体现“供给－消费”的良性运行闭环中，应将体现民族文化之道视为“核”，体现民族文化之器视为“壳”，两者互为表里。文化依附于器物的制造而存在，器物依托于文化的附魅而提气。在传统文化复兴和在地美学兴起的21世纪，产品的开发只有在“文化价值”推广体系下发挥设计的有效功能，重构人与人、人与物、人与社会、人与自然之间的文化连接，恢复有别于西方的信仰观念、生活哲学和文化生态，实现产品与文化的高度统一，形成具有中国气质和工匠精神的产品体系，才是扩大消费需求和提升产品国际竞争力的重要支撑。设计是文化的重要组成部分，文化融于设计，设计体现文化，两者互为辩证、不可分离。设计既表现为物质、科技成果和审美价值的客观存在，也表现为价值观念、生活方式与意识的形态，因此也是“软实力”的重要组成部分。从某种意义上讲，推动设计创新的发展就是推动文化软实力的发展。

六、设计在红海与蓝海间获利

创新是最好的管理。在今天的经济社会中，核心竞争力的生命周期已变得越来越短。企业无论是在红海拼杀还是在蓝海角逐，都无法在不进行设计创新的情况下生存。唯一有区别的是，它们是被竞争对手立即击败或者慢慢击败，还是甩脱竞争对手，拓展新地盘。

无论企业是采用红海行动还是蓝海战略，创新设计都是企业保证顶线发展和底线成果的关键资源。若投身于红海，企业必须学会在拥挤的市场空间中，强化源头创新和渐进式创新的效度，利用设计不断优化产品品类、功能、质量以及美学价值和内在意义，以最大程度地区别于竞争产品，以此打败竞争对手。但是，当大多数处于红海中的企业不断通过行业标准提升其产品质量与品质，或通过离析设计寻找缝隙化和差异化定位，或不得已进行低成本压价竞争时，就意味着大多数企业迈进了新一轮同质化的竞争中，进行血腥厮杀。开创蓝海就是不以竞争者为标杆，重建市场边界和游戏规则，以消费市场共通的价值塑造为创新基点，通过设计介入压低产品成本，以大幅提升消费者所获得的价值为战略逻辑，以此开创无人争抢的市场空间，重建利基市场和垄断地盘，甩脱竞争。

综合来看，中国正面临着复杂的经济和社会挑战，需要找到新的路径和解决办法。传统艺术化、单极化的设计学科定位已经很难满足转型期社会对解决复杂问题的需求，需要选择更为综合、科学的广义设计研究路径，采用跨学科协同的研究方法，立足现实、超越传统、借鉴国外，形成设计创新的“中国理念”。今天对于设计的研究与应用，不能也不该只停留在外观或审美的艺术范畴，其内涵属性和外延价值早已远超出传统设计学科固有的学术巢窠，转向中国社会转型期所面临的各种矛盾和问题，需要坚定地将设计推向驱动创新、解决现实问题的道路上。因为，只有设计主动正视问题、迎接问题、解决问题，才是推进社会、文明发展的基本力量，这也是新时代赋予设计角色转型和重塑的基本要求。

传统手工边际价值的当代生长性

无论是“遗产性工艺美术”还是“活态性工艺美术”，在当下社会变迁过程中将不可避免地遭遇新的发展障碍，很多传统工艺美术门类、遗产资源的消亡以及由此伴随的群体性精神缺失和产品（作品）大规模“文化褪色”，加重了传统文化价值的生存与传播危机。但同时，对生活方式与品质、消费多元化、价值观重塑和传统文化意识觉醒的极端重视，又放大了社会对民族民间传统手工文化边际价值的需求程度。

整体而言，社会变迁进程中传统工艺美术的边际价值体现出三个方面的特征。

一、工艺美术的文化原生价值

工艺美术是中华造物文化根脉的集大成者，具有极强的元文化属性，即原居地、原手工、原材料、原生态等本元文化特色。张道一先生认为，“通常所说的两种文化论，即物质文化和精神文化，是不全面的。事实上，人类创造的文化，首先是兼有物质和精神而不可分离的‘本元文化’，这就是工艺美术”[①]。

笔者认为，工艺美术是具有母体型特征“本元文化”的一种合体，其在文化属性上具备以下五种功能：第一，寄生性文化特点。“天人合一”作为华夏民族一种独特的造物哲学，影响和指导着手艺的创作和存续。手艺主要是通过人、聚落和生境等活态载体进行的寄生造物活动，任何一种载体的变化都可能对手艺造物活动或存灭产生极大影响。手艺专性寄生，往往是将整个造物活动融入生产生活现场汲取创造的营养，一旦脱离生产生活的活体就无法继续生存的文化现象，绝大部分正在或已经消亡的民间传统手艺都属于这种类型。

第二，再生性文化特点。人与物的关系是创造论哲学的基本问题。中国传统造物文化强调人是造物的本元，造物是人的价值体现，主张在以人为本的前提下，实现人与物的一元化。从这个角度来看，手艺人才是工艺造物的本元和根本，而工艺造物则是赋予手艺人价值的证明。后继乏人与人亡艺绝都是肢解人与物协调

---

① 《张道一文集》，上卷，合肥，安徽教育出版社，1999 年，152~155 页。

关系的诱因。因此，民间手艺人以及他们通过家族谱系实现代际传承技艺的行为，是一种不可再生或只能补偿性再生的稀缺种源。对于那些身怀绝技和艺能、不可再生的“手艺人”的保护，应优先于对手艺品以及造物过程的保护。

第三，共生性文化特点。中国本元文化的一个重要特征是“尚象制器”。“象”分自然形象与卦体抽象两大类而有无数种，每一类、每一种“象”中都蕴含有器具造物发明的原理，“象”生生不息而又变动不止。[①] 手艺造物的文化之源就在“象”里，可以模仿生动的自然形象之象制作出精妙的手工艺品，也可以领悟变动的抽象之象制作出生动的手工艺品。“象”与其构成的文化系统共生共存，是一种和谐多元的文化生态体系，那种“只见树木，不见森林”的形而上的开发与保护做法是极其错误的。

第四，伴生性文化特点。连接生活是中国传统工艺造物本元性的永恒坐标。手艺是源于日常生活的造物艺术，是伴随着生活方式与生活习惯而展开的造物行为，它延伸表现为四个维度上的伴生关系：即手艺与衣食住行用的伙伴关系、手艺与公共交往的互补关系、手艺与审美消费的共情关系以及手艺与生境生态的共享关系。[②]

第五，派生性文化特点。中国传统手工造物文化的本元性，决定了其基类能分化出继承性的、从属性的以及可扩展性的文化子集，这是由传统工艺美术活态传承的特点所决定的。从整体上看，它可分为三类：其一，派生出诸如场地、流程、工艺、工具、实物等集合而成的，具有“平民遗产”功能的旅游性质景观，使审美、体验、品位等非必需的产物，转变成可展示、可表演、可衡量、可交换并能覆盖社会生活大部分领域的价值。其二，派生出因生活需求而制作生产的产品实物，包括从初级产品到中间产品，再到终端产品的链状产品线，蕴含着美化、生产、创新、交换等商业经济的价值。其三，派生出显示艺人及其作品私有的技能、艺能、口诀、思想、品牌等无形产权的资产价值。

以上内容都应在相关法规制度中有所显现并加重保护权重。

二、工艺美术的社会公共价值

城镇化程度越高，传统工艺美术在公众意志、群体价值以及多元文化连接等方面所显示出的公共需求就越大。这主要表现在：第一，无论是作坊还是企

---

① 刘明武：《道与器的分离——试论老子、孔子从〈易〉理上的后退》，载《中国文化研究》，2000（4），21页。

② 潘鲁生：《城镇化进程中民艺调研的路径与方法》，载《民俗研究》，2019（5），28页。

业等组织形式，以传统工艺美术生产为载体的公共性集体行为，在农村社会十分普遍，易形成固定的精神场地和行业规模。作坊是家族或师徒传承手艺的传统组织形式，一般由家族成员或外族成员构成，具有闭环特点的“内群体”传承属性。个人与其所在的“内群体”之间，无论是在实际生活中还是在心理层面上，都存在着一种身份确定、精神寄托和相互依赖的情感关系。而公司则能在公众工艺造物参与中派生出体力、精神、收入或情绪上的集体意识和感知状态，从而强化因工艺造物而形成个人与社会、历史、文化力量紧密交织的公共联系。第二，快速城市化和互联网技术的发展，引发社会活动和生活节奏的加速。后现代思潮将传统物化的活态历史成功移植到城市公共生活空间，再现了平民普通且精致的品质生活，使他们在复古审美的环境中得以回味变化的经历，而不至于过分陷入怀旧。基于传统文化衍生的生活方式，使得群体身份得以最大化认同。第三，传统工艺美术与在地文化、域外文化以及时尚文化多元并存，各文化形态间相互融合，传统与时尚文化的黏性显著提高，手工艺已成为城市化进程中时尚生活的潜台词。

三、工艺美术的经济叠加价值

城乡一体化缩短了乡村与城市传统产业的交换频率，互联网技术则进一步消解了造物与消费的边界，城镇化进程中传统工艺美术的经济叠加价值愈发体现出来。第一，在工艺美术持有者群体、工艺美术存在环境、支撑工艺美术生产的资料来源以及工艺美术消费形态与层级等方面，都带有典型的农业经济特点。第二，工艺美术涵盖衣、食、住、行、用等生活的方方面面，是物质性与精神性高度契合的高附加值产品，具备从设计、生产到流通、营售的全价值链产品属性，是构成实体经济中为数不多的紧密连接物质与精神双重功能的生活消费品。第三，互联网技术从根本上拓展了工艺美术公共传播的空间范围，文化自主消费由消费数量向消费质量与生活品质协同关系的方向发展，“互联主义新农村”开始成为城乡经济一体化架构下的“原创生产中心”，这是信息经济主导下生发的特殊公共需求。因此，工艺美术具有农业经济、工业经济和信息经济三者内涵叠加的功能，是创造高层次物质生活与精神生活的根基。

综合来看，文化本元、公共意识、经济叠加是社会变迁过程中，传统工艺美术在时代背景下生发出的新的边际价值，如何通过政策制定与法规设计保护和引导这些积极生长的因素，是摆在我们面前的一项重要课题。

产品生命周期设计：构建全链式设计质量体系

——以山东福隆日用玻璃制品为例

相对于传统的质量管理方式而言，设计质量管理强调的“零缺陷”理念能够以最低的成本实现质量的最优化。同时，由于日用产品个性化、定制化需求的日益旺盛和快速变化，以并行开发模式为支撑的设计质量管理能够迅速针对新的质量需求做出设计应对，保持应对市场需求变化的灵活性。设计质量管理并非仅仅解决质量问题，而是重在提升生产企业核心竞争力，建立以设计质量为核心的企业竞争战略体系。随着产业中“服务型制造”[①]的不断融入，设计质量管理将成为日用品生产企业的必然选择。

本文针对日用玻璃制品企业的设计质量问题，以行业整体现状和发展趋势为立足点，结合日用玻璃生产链和价值链的节点分布，创新性地将设计作为贯穿生产链与价值链的主线。与市场需求、概念创意、生产制造、流通销售、客户使用和生态回收等产品全生命周期进行串联，强调设计在全要素配置中的独特质量价值，提出“需求质量”“创意质量”“生产质量”“营售质量”“使用质量”“环保质量”的理论假设。开展对实际企业进行驻厂调研，并对影响企业设计质量提升的要素进行梳理、分析，以期构建和验证日用玻璃制品的设计质量管理体系，为提升日用玻璃产品质量以及创建企业具有差异化的核心竞争力提供支撑，为当下中国制造的“质量困局”提供一定的参考和借鉴价值。

一、基于设计驱动的环形供应链质量管理模式

与以往将产品质量优劣归结为生产、制造、装配环节不同，设计质量体现出以设计统领整个产品生命周期的整合视角，强调创新引领“服务型制造”的

① “服务型制造”是基于生产的产品经济和基于消费的服务经济的融合，是制造与服务相融合的新产业形态的一种新的制造模式。

转型特征。将设计质量拓展为相互关联、相互制约、相互递进、相互影响的六个部分，既是对 TQM（全面质量管理）理论[①]的延续，又是对其质量内容和结构进行的整合和优化。通过对六个要素的流程和内容进行可视化设计，构成“设计质量环”模型（见图 1），用以调研和指导企业开展的设计质量管理实践。

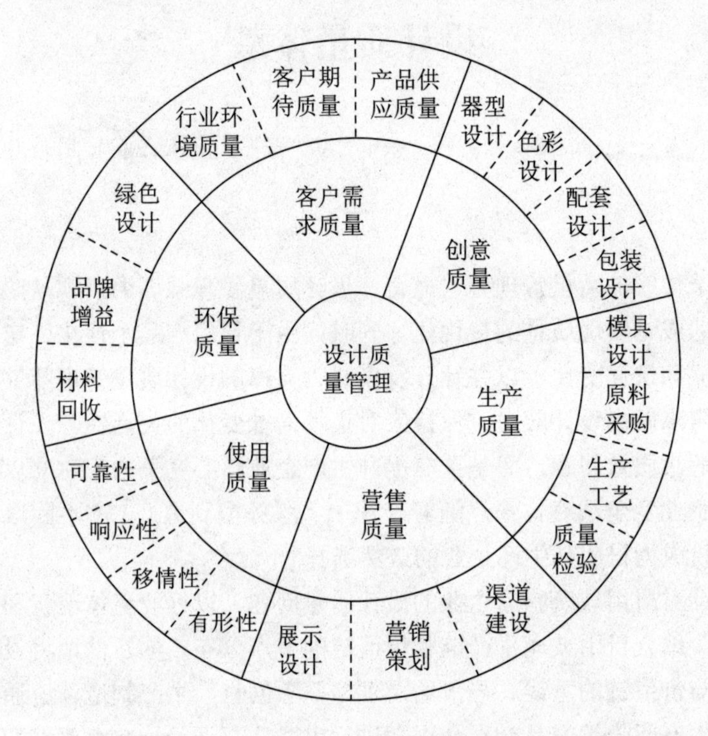

图 1 日用玻璃制品“设计质量管理环”模型

环形供应链与线性供应链的区分，主要体现在：一是转型期带来的多变和不确定性，阻碍了新的自我表达方式，导致创作者强烈希望以更加灵活多变、富有创意以及独立自主的方式来证明真实自我的存在，作品中出现关注“是什么”“能改变什么”的设计个体观；二是依据政治、经济、社会、科技、文化、生态等要素事实和发展现实，主动将设计任务、设计技能和设计方法下沉到设计逻辑和专项设计过程中，作品中出现关注“需要成为什么”“怎样成为什么”的设计研究观；三是重视从价值判断到创意验证再到创新实现之间的系统化思考，作品中多关注“期待成为什么”“应该成为什么”“必须成为什么”的设计责任观；四是反思设计与场域、意义的关联以及人的全面发展，作品中更多

① TQM（Total Quality Management）即全面质量管理，是指一个组织以质量为中心，以全员参与为基础，目的在于通过顾客满意和本组织所有成员及社会受益而达到长期成功的管理途径。

关注“还能联系什么”“还能发展什么”“还能改变什么”的设计生活哲学观。

客户需求质量是设计任务的形成点和出发点，是设计行为的源头创新。需求强度和热度决定了产品设计的方向，体现了客户对设计的期待方向以便企业调整产品的战略规划；反映了目前市场上对该类产品的供应力度及产品优劣势，便于企业调整产品设计方向。“是什么”“能改变什么”的设计创意质量则是客户需求质量的延伸，是通过创意将客户模糊、感性的需求具体落地呈现物化形式的过程，而后通过生产质量中的模具设计、原料采购、生产工艺、质量检验将其固化成形，通过营售策划、营售渠道、展示设计等进入消费者手中。消费者对产品可靠性、响应性、移情性、有形性的感性认知和质量期待，以及对环保质量的要求又形成了新的客户需求质量。所以日用玻璃制品的“设计质量环”模型体现的是一个不断改进、优化、上升的设计质量管理过程，而非单线式的产品开发。其既是企业价值链的细分，体现了企业各项支持性活动和基本活动对设计质量的影响，又是供应链的整合优化，体现了产品在流通过程中的增值效应。因此，“设计质量环”有助于企业建立以设计质量为中心的管理体系，协调设计质量所需的各种资源与活动，以最低的成本达到最高的设计收益，从而提升产品的市场竞争力。

二、设计质量六要素的关系分析

为准确把握“设计质量环”中客户需求质量、创意质量、生产质量、营售质量、使用质量、环保质量等六大要素以及各构成要素之间的关系，分析日用玻璃企业在设计质量管理过程中存在的问题，笔者着重调研了山东福隆玻璃科技有限公司。该公司是中国日用玻璃制品生产基地之一，占地面积 20 000 多平方米，企业固定资产为 12 000 多万元，一线员工有 500 多人。公司集设计、研发、生产、销售于一体，建有高档玻璃制品全自动生产线 9 条，年产量 4 万余吨，年产值过亿元。现生产加工玻璃储藏罐、玻璃调味瓶、玻璃园艺、玻璃器皿、玻璃酿酒罐等五大系列几千种花色品种，产品销往国内以及美国、日本、澳大利亚等几十个国家和地区，将其作为个案研究具有一定的行业代表性。

1. 客户需求质量

客户需求质量包括行业环境质量、客户期待质量和产品供应质量三个部分，是构成企业设计质量的前提条件。下面分别从行业对日用玻璃制品的要求、客户对未来上市产品需求方向以及同类企业同种产品竞争策略三个方面加以分析。

（1）行业环境质量。行业环境质量是从整个日用玻璃制品行业面临的发展状况而言的，企业依托于社会环境生存和发展，同样受其制约。根据制约因素的不同，行业环境质量可分为政策环境、技术环境、竞争环境三大类。

①政策环境。政策环境的制约性和趋势性体现在国家、地方政府、行业三个层面，根据对政策的解读，有助于企业把握设计质量发展方向，规避设计风险（见表1）。

表1 国家、地方政府、行业出台的日用玻璃制品设计政策（2012—2021）

制约层面	出台日期	文件名称	文件主要内容	设计方向
国家	2012.01	《轻工业“十二五”发展规划》	重点发展高档玻璃器皿、耐热玻璃器具、玻璃艺术（工艺）品、鼓励发展轻量化玻璃瓶罐，加强废（碎）玻璃回收循环再利用	产品的高档化、轻量化及可回收性
	2013.10	《关于开展工业产品生态设计的指导意见》	在产品设计开发阶段系统考虑原材料选用、生产、销售、使用、回收、处理等各个环节对资源环境造成的影响，力求最大限度降低资源消耗、减少污染物产生和排放	产品的生态化设计
	2016.08	《轻工业发展规划（2016—2020年）》	推动日用玻璃工业向节能、环保、轻量化方向发展。研发高精度玻璃模具以及玻璃包装容器表面增强技术，推广玻璃包装容器轻量化制造技术。重点发展棕色料啤酒瓶、中性药用玻璃等高附加值产品	产品的生态化、轻量化设计；高精度、高附加值研发设计
	2019.11	《产业结构调整指导目录（2019年本）》	优化日用玻璃行业的产业结构，推进行业绿色低碳发展。将节能环保型玻璃窑炉设计、应用列为鼓励类	绿色低碳发展、环保设计
地方政府	2008.11	《关于加快山东省玻璃工业结构调整、的意见》	提高日用玻璃质量档次，注重文化创意和产品创新相结合，积极开发新品种。研发低铅、无铅晶质玻璃产品，满足人们对高品质餐用器皿、厨房器皿、艺术摆件等产品的需求	加强新产品设计研发、促进文化创意与产品创新结合
	2014.03	《博山区加快陶琉文化产业发展的若干政策规定》	鼓励玻璃生产企业和艺术大师成立设计机构，成立工业设计中心	提升产品的艺术化水平、装饰性

续表

制约层面	出台日期	文件名称	文件主要内容	设计方向
地方政府	2017	《关于深入实施绿动力提升工程加快推进产业结构调整和环境综合治理的实施意见》	推动日用玻璃工业向节能、环保、轻量化方向发展，产品结构全面优化特色优势更加突出	优化产品结构，绿色设计，轻量设计
行业	2016	《日用玻璃行业"十三五"发展规划指导意见》	根据国内消费需求升级趋势，大力发展轻量化玻璃瓶罐高硼硅耐热玻璃器具、高档玻璃器皿、水晶玻璃制品、玻璃艺术品、无铅晶质玻璃、特殊品种玻璃等，增加花色品种，提高产品附加值	产品的品种、花色的多样化、高档化
	2021	《日用玻璃行业"十四五"高质量发展指导意见》	强化科技进步，创新驱动引领高质量发展；完善标准化体系建设，提升标准工作质量；提升产品质量，持续推进“三品”战略；打造绿色产业，推动绿色发展	高质量发展，绿色发展

首先，从国家、地方政府、行业三个层面出台的政策法规和制定趋势来看，日用玻璃制品的需求量和发展规模与日俱增，其设计质量的首要发展方向为轻量化、高档化、绿色化、健康化，这四点是企业进行产品设计时必须着重考虑的因素；其次，要求企业提高设计水平和生产工艺，注重文化创意和实用相结合，降低环境污染，提升产品附加值，摆脱盲目的重复生产和无差异生产，尤其对于重点发展的轻量化玻璃瓶罐及包装制品，更是对产品设计质量提出了新的目标和要求。

②技术环境。技术环境是客户需求质量约束性因素中的重要组成部分，对设计起到关键、直接的影响。近年来，随着日用玻璃制品品种的增多和深加工工艺的不断进步，部分与食品接触的玻璃器皿，如含硅胶配件的饮料容器、电镀玻璃瓶罐等，由于不符合相关国家食品安全的规定而遭遇大面积退货、索赔的现象逐年上升。有关资料显示，在遭遇退货的日用玻璃制品中有 90% 均是由于重金属检测未达到相应国家标准（见表 2、表 3）。

表 2　部分国家玻璃制品质量检测铅、镉析出的标准

《加拿大产品法》对铅、镉溶出量的规定		
器物形状	铅 /mg/L	镉 /mg/L
扁平器皿	3.0	0.50

续表

《加拿大产品法》对铅、镉溶出量的规定		
小空心器皿	2.0	0.50
大空心器皿	1.0	0.25
罐	0.5	0.25
杯和大杯	0.5	0.50
口沿	4.0	0.40
美国 FDA（食品药品管理局）对镉溶出的限量要求		
器物形状	镉 /mg/L	运算基数
扁平器皿	0.50	6 件平均
小空心器皿	0.50	6 件中任何一件
大空心器皿	0.25	6 件中任何一件
美国 FDA（食品药品管理局）对铅溶出的限量要求		
器物形状	镉 /mg/L	运算基数
扁平器皿	3.0	6 件平均
除杯、大杯、罐以外的小空心器皿	2.0	6 件中任何一件
杯和大杯	0.5	6 件中任何一件
除罐以外的大空心器皿	1.0	6 件中任何一件
罐	0.5	6 件中任何一件
欧盟 B、DIN51032 对铅、镉溶出的限量值		
器物形状	铅	镉
扁平器皿	1.0mg/dm²	0.1mg/dm²
空心器皿	5.0mg/L	0.5mg/L
储藏容器	2.5mg/L	0.25mg/L
有口沿地饮用器皿、如缸、水罐等	不大于 2.0mg/ 件	不大于 0.2mg/ 件

表 3　国内重金属检测标准

国家标准 GB19778-2005《包装玻璃容器铅、镉、砷、锑溶出允许限量值》					
器物形状	单位	铅	镉	砷	锑
扁平容器（深度〈25mm）	mg/dm²	0.80	0.07	0.07	0.70
空心器皿（容量〈0.6L）	mg/L	1.50	0.50	0.20	1.20
储藏容器（容量0.6L~3.0L）	mg/L	0.75	0.25	0.20	0.70
贮存罐（容量〉3.0L）	mg/L	0.50	0.25	0.15	0.50

作为日用玻璃制品来说，其制作材料本身含有一定的铅、镉等重金属，然而，由于其生产过程中会经过 1 400℃至 1 500℃的高温熔制，大部分重金属都

会挥发和溶解，即使少量的重金属存在于成品中，由于玻璃制品具有极强的化学稳定性也不会析出有害物质，真正对食品安全造成影响的是配件（如塑料瓶盖、金属瓶盖等）和附加工艺（如烤花、电镀等），等等。所以，除了熟悉部分国家的相应质量标准外，设计师在进行产品设计的过程中，还要对配件材质、附加工艺的化学稳定性进行综合考量。设计师只有通过对技术环境的深度把控，才能使其设计更贴近市场，从而获得客户的认可。

③竞争环境。日用玻璃制品的竞争环境复杂而多变，竞争环境决定了企业在市场中的位置，它往往又受制于市场策略、价格策略、产品策略、质量策略等方面。就日用玻璃制品的市场集中度而言，在国际上呈现出欧美地区高度集中化、欧美以外地区高度分散化的格局。世界上主要的日用玻璃制品生产商如法国弓箭公司、美国 O-I 集团、土耳其 SISCAM 公司等的销量占据欧美市场的 80%~90%，全球市场的 40%~50%，且在亚太地区和拉丁美洲地区，由于劳动力成本和资源成本低廉则存在着大量迅速成长的地区性生产商。目前，国内企业大量进入欧美高端市场面临巨大的困难。在国内市场中，同类产品器型、装饰变化不大，一个器型沿用几年的现象比比皆是，即使是过时产品的改进，也是小幅度的外形微调，与原产品没有多大差别。从同类竞争企业来讲，同类产品器型雷同、类似的现象也十分严重，一个畅销的产品会聚集众多的跟风者，导致该类产品在短时间内供过于求，被迫进入低价竞争的恶性循环中。从市场结构来看，近几年，日用玻璃制品生产企业的利润增长点已经发生转移，开始由“产品中心”向“客户中心”转变、由低端制造向高端设计转型。

一是价格策略。在产品议价定价方面，日用玻璃制品生产企业多沿用以成本核算为主、参考同水平竞争者和客户价值导向为辅的传统经营策略。不难理解，成本占出货价格的 70%，而对于多数企业来讲，产品定价主要是根据工艺难度、客户要求高低、产品成品率等进行核算，“无论赚多赚少，只要有得赚就出货”，这种成本导向型的价格策略还是处于价格战的竞争范畴。首先，企业为谋求竞争优势压缩了自身效益空间，影响企业对设计研发的投入。其次，价格战也会影响企业与原料供应商的合作关系。企业为了进一步降低成本，会将成本压力转移至原料供应商等供应链的各个环节，造成较大的供货压力，双方甚至形成“价格拉锯”式敌对关系，最终导致部分供应商放弃合作。企业不得不花费时间和精力来寻求新的供应商，而新的供应商对企业长年以来的用料习惯、生产工艺不甚了解，极易出现合作失误，从而影响最终的产品质量。

将价格策略由成本导向转为客户导向是企业发展的趋势和设计质量提升的必然选择。客户导向是指企业将客户对产品价值的主观判断及需求作为定价依据，在“支付意愿”和“收费方式”上多做文章，将成本补偿置于次位。这种价格策略强调根据客户需求的不同制定出消费者所能接受的最终价格，然后逆向推算供应商的成本采购价格，进而在上游设计阶段树立“以价格为核心的产品设计策略”。与成本导向型的价格策略强调收费数额相比，客户导向型的价格策略则强调产品价值和客户需求的满足度。

二是产品策略。产品策略是企业为了在市场上获得竞争优势而采取的一系列产品的生产和销售的方式与手段，包括产品的品牌策略、差异化策略、生命周期策略等。目前，大部分日用玻璃制品生产企业还未形成较为完整的产品策略体系。以品牌策略为例，作为年销售额过亿元的福隆集团，拥有五大系列几千种产品品类，而其自主品牌产品却只有“福家缘”系列。产品策略模糊不清，几乎每个厂商的产品宣传都涉及质量，但具体“质量”的侧重点在何处，消费者无从知晓。与国内众多生产厂商相比，国外日用玻璃制品企业在产品策略上则有其独到之处，加拿大 Wean Green 是一个专注于高端母婴用品的食物保鲜盒品牌，将“时尚、环保、功能性”作为产品策略的出发点，以钢化玻璃为原料设计出不同尺寸和容量的婴儿辅食容器，密封设计良好，能够隔绝空气中的有害物质且防止食物漏出，方便随身携带的同时又能在温差急剧变化的过程中保持使用的稳定性，即使打破也会碎裂成粉末而不会产生锋利的锐角以最大程度地保证安全，通过清晰的产品策略和优良的设计质量，其在近几年逐渐成为母婴保鲜盒系列的领导者。

三是质量策略。优秀的企业为了增强竞争优势，往往在其内部制定一系列提升产品或服务的措施，除了常见的硬性质量参数如材料的含水率、包装破碎率等显性质量要求之外，还包含如设计贯穿的质量管理的隐性指标，并具备将隐性目标显性化进而分解成具体质量目标的变现能力。通过下面的山东福隆玻璃科技有限公司质量目标的分解表，可对目前产品质量策略做出一个中肯的评价（见表4）。

表4　山东福隆玻璃科技有限公司质量目标的分解情况

	目标值	管理部门
公司目标	顾客满意率达 90% 以上 产成品检验合格率大于 85% 顾客方检验合格率大于 98% 产品转移破损率小于 3%	办公室
执行部门	部门目标分解	检查部门
办公室	文件发放准确率 100% 按计划内审完成率 100%	管代

续表

销售部内销部、出口部	销售合同执行率 100% 顾客满意度≥ 90%	办公室
计划部	生产计划下达准确率 100%	办公室
技维部	设备台账准确率 100% 设备检修合格率≥ 95% 计划检修执行率 100%	办公室
生产部	产成品合格率大于 85% 生产计划执行率 100% 原材料检验漏检率 0	办公室
采购部	采购物资检验合格率≥ 95%	办公室
熔配部	配料合格率 100% 煤气合格率 100%	办公室
综合部	员工培训计划完成率 100% 原材料库出入库正确率 100% 出入库正确率 100%	办公室
质检部	验货漏检率 0 包装合格率 100% 顾客方检验合格率大于 98%	办公室

从以山东福隆玻璃科技有限公司为代表的日用玻璃制品生产企业来看，存在质量方面的问题。一是企业的质量策略还是停留在以事后检验为主，基本未建立起以“产品生命周期设计”为导向的全链式质量思维和质量实践，产品质量追溯体系基本聚焦在最后检验环节；二是质量目标虽看似清晰，但上下游未打通，指标分解不彻底，未能落实到操作层，寻找问题的根源所在。以“公司目标”中“产品转移破损率小于 3%”为例，这一质量目标与包装设计有着直接的关系，纸箱的内部瓦楞数是关乎产品缓冲减震的重要一环，同时，箱子的大小及抓手的设计能否易于拿放，纸箱内保力龙的填充如何既能减少资本投入，又能最大限度地发挥效用，也是包装设计师所应考虑的问题，但这些问题在质量目标分解中均未体现。

（2）客户期待质量。东京理工大学教授狩野纪昭提出了质量管理界著名的 KANO 模型[①]，用来识别客户需求。他将客户需求分为三个部分，即基本型需求、期望型需求和魅力型需求。

基本型需求是指产品 / 服务所具有的满足需求的基本属性，是必须具有的，

① KANO 模型是由东京理工大学教授狩野纪昭（Noriaki Kano）发明的，是对用户需求分类和优先排序的有用工具，以分析用户需求对用户满意的影响为基础，体现了产品性能和用户满意之间的非线性关系。

若不充足，客户会极不满意；若十分充足，即便超出了客户期望，客户也不会因此而特别满意。期望型需求是指客户所期望但并非产品 / 服务所规定必须具有的属性。一般而言，客户表达的都是期望型需求，其被满足程度越高，客户也就越满意。魅力型需求又称为兴奋型需求，是指提供客户期待之外的产品 / 服务，一旦兴奋型需求得到满足，顾客满意度会大幅度上升；若不被满足，顾客满意度也不会下降。

根据日用玻璃制品的特点并结合 KANO 模型，日用玻璃制品的客户期待质量可以分为基础需求质量、线性需求质量、非预期需求质量三种（见表 5）。

表 5　客户期待质量三级指标的属性细分

名称	设计质量的特性	具体表现	主要涉及的设计质量环节
基础需求质量	操控性	产品易于拿、放，符合人机工程学	市场调研、造型设计
	标准性	符合相关（国家、地区）使用标准	市场调研、配件设计、生产质量
	适用性	正常条件下满足预定使用要求	材料质量、造型设计、生产质量、包装设计
线性需求质量	健康性	减少有害物质析出	材料质量、生产质量
	时效性	延长产品生命周期	材料质量、使用质量、生产质量
	人机性	客户与产品的交流互动	造型设计、装饰设计、包装设计
	安全性	提升内部应力防止炸裂；玻璃制品破碎后呈粉末化而非碎片化减少给客户带来的伤害	生产质量、材料质量、创意质量
	艺术性	能够反映客户的审美、品位，具有极强的形式美感	材料质量、生产质量、包装设计、造型设计、装饰设计
非预期需求质量	性价比	价低质优	设计全过程
	服务质量	服务节点明确，客户满意度高	营售质量
	品牌	品牌信誉度、忠诚度高	设计全过程
	社会责任	节能、减排、绿色生产	设计全过程

通过调研了解到，不同用户对不同档次的产品要求也不同。综合而言，操控性、标准性、适用性是日用玻璃制品设计、生产所必须达到的基本属性。对于国外客户而言，其线性质量需求体现在健康性、人机性、安全性等方面；而国内客户除了健康性外，多看重产品的艺术性、时效性和个性。

通过对客户期待质量属性的细分，可以为设计师提供设计的优先选择项。在日用玻璃制品设计中，设计师首先要解决的是基础需求质量，产品必须符合标准。其次是容易拿、放，易于使用，这就和造型设计有着极大的关系，需考虑到人们取物的习惯、拿捏的角度和力度来对产品的外形进行设计。如玻璃储物罐系列设计，收腰型的设计考虑到客户用手抓握的角度，不致产品滑落；鼓腹型的造型设计增大了手掌与储物罐的接触面积，同时外侧的凹凸瓶体设计增大了摩擦力，也是操控性的具体体现。当然，有针对性地对线性需求质量和非预期需求质量进行设计，仍然是企业目前面临的重要创新课题。

（3）产品供应质量。设计管理者在对行业环境质量和客户期待质量做出充分分析的基础上，还要对目前市场上所供应的产品进行梳理，找出设计质量洼地，从而有针对性地改进设计质量。根据日用玻璃制品的特点，应主要从关键质量特性（CTQ）和供应市场两个方面加以考虑。

关键质量特性（CTQ）是六西格玛设计中常常用到的品质关键点分析，简单来讲，就是客户最在意的产品/服务特性，是关系着企业设计输出的衡量性指标。山东福隆玻璃科技有限公司在进行产品设计时，将CTQ细分为有形性（综合感知优良）、操控性（取放便捷）、功能性（功能适用）。然而，这样简单模糊的CTQ分类存在两种缺陷：首先，没有落实到具体的设计细节，极易给后期的设计工作带来困扰；其次，分类还是沿用传统的质量观念，未将线性需求质量和非预期需求质量考虑在内。和客户期待质量不同，客户期待质量是从客户需求角度出发，列出提升客户满意度的相关要素；而CTQ则是从企业自身的产品出发，根据企业现有的设计资源结合客户需求质量列出设计所要解决的优先选择项。在CTQ确定后，企业的设计质量管理工作均需要围绕其展开。

在山东福隆玻璃科技有限公司五大系列产品中，玻璃调味品瓶系列和玻璃储藏罐系列主要销往国外市场且销量较大，但消费市场和消费水平相对固定，可挖掘潜力不大。相对于国外市场，国内市场对高档玻璃器皿的需求却逐年攀升。中国日用玻璃协会研究报告显示，2020年，世界日用玻璃器皿的总需求量约为3 815万吨。其中，亚洲地区需求量约占全球的50%，其次是欧洲和北美地区。另据中研普华《2021—2026年中国玻璃器皿行业发展前景及投资风险预测分析报告》的资料，近年来，随着国内消费者对家居用品的需求品位越来越高，国内市场上不仅水晶制品、琉璃制品的需求量越来越大，设计新颖时尚的中高端玻璃器皿正改变和引领着广大消费者的消费习惯。随着国内消费者对日用玻璃器皿审美要求的提高，高端玻璃器皿的市场地位日益重要。该报告分析称，我国日用玻璃器皿制品未来的市场空间巨大，随着城镇化水平的提高及第三产业的蓬勃发展，未来几年，我国日用玻璃器皿每年还将以年均 15% 左右的速度递增。

通过对比日用玻璃制品国内、国外两个目标市场的生活方式和消费习惯，不难看出，产品 CTQ 与目标市场供应之间存在高度的关联性。

第一，国内、国外的消费方式不同。内销和外销的产品品类会有较大差别，外销产品中，调味品瓶的销量占到整个外销产品的 60% 以上，这是因为，在国外许多国家，调味品均是以日用玻璃制品作为包装，相当于国内的纸质包装，无散装调味品。以盐为例，国外购买时，盐就是在玻璃瓶中盛放的，当盐使用完毕，并不会像国内市场一样购买散装盐，然后倒入调味品瓶中继续使用。通俗来讲，国内购买盐是一包盐或者一斤盐，国外购买盐则是“一瓶盐”。所以在国外调味品使用完毕后，玻璃包装物即被丢弃，产生大量、多次的重复购买现象，使调味品瓶的国内外销售产生较大差别。

第二，国内、国外市场的消费习惯不同。国内消费者习惯纸质调味品包装和塑料瓶调味品包装，这一消费习惯已根深蒂固，很难在短时间内改变。国外消费者由于从国家、地方到个人都注重健康、环保，而玻璃制品的回收率达到 95% 以上，符合以上大部分条件，因而国外消费者形成了良好的日用玻璃制品消费习惯。

第三，就重复利用率而言，国内、国外市场也是有着较大差别的。国外消费者基本是单次使用，用毕即弃；国内消费者习惯一物多用，当产品完成应有的使用使命后，还会有被用作盆栽养殖、闲物放置等多种用途，造成了产品重复利用率高、更新率低。这也是国内、国外销量产生巨大差异的一个重要原因。

第四，从日用玻璃制品的替代属性而言，国内、国外也有不同。如国外消费者习惯将干果类食物存放于玻璃瓶罐中，而国内消费者则习惯用纸袋、高品质塑料袋；国外消费者喜欢玻璃园艺制品，而国内消费者的花盆则多用塑料盆、陶制花盆、陶瓷花盆。所以从替代性的角度而言，国外消费者对玻璃制品较为钟爱，其他材料的替代性不高；而国内消费者由于习惯不同，其他材料对玻璃制品的替代性较强。

客户需求质量是企业进行产品设计之前所应掌握的一系列市场、客户、产品信息的总和。通过对行业环境质量的分析有助于企业认清政策趋势及相关标准，降低设计风险，同时识别同类企业的竞争策略，从而制定出具有针对性的设计策略规划；客户期待质量能够使企业由浅入深地理清客户需求层次和产品诉求，对产品设计规划起到切实有效的指导作用；产品供应质量则能对企业产品进行综合梳理，并结合需求趋势和需求状况找到市场缝隙和切入点。设计管理者需对以上信息进行综合分析、研判，运用模型和图表，形成详细、规范的客户需求质量报告，用以指导下一步的设计创意活动。

2. 创意质量

创意质量是在综合了客户期待质量后具体创意活动的过程，包括概念创意、头脑风暴、创意筛选、详细设计、扩初设计、图纸设计等，是构成企业设计质量的本质条件。创意质量包含但不仅限于设计，而是以设计为中心的企业内外创意资源整合的过程。根据日用玻璃制品的设计要求，创意资源整合后的工作范围主要包括创意设计定位、创意设计团队构建、创意开发模式选择、创意设计要素（造型创意、色彩创意、装饰创意、消费场景创意、衍生创意）等多个方面，共同构成由创意表达到设计实现的思维质量系统。

（1）创意设计定位。创意设计定位是指在进行设计之前对产品市场目标和范围的界定，与纯粹的艺术不同，创意设计是一个被约束的创造性过程，并非设计师或商家的主观臆想，而是衡量各种限制、标准、观念、需求等条件下的合理输出。正确的创意设计定位可以帮助企业减少创新投入和设计重复，提升创意效率。创意设计定位往往取决于市场、目标和价格等方面的发展要求。

目前，山东福隆玻璃科技有限公司日用玻璃器皿系列虽然品种多样，但花色、样式老套，产品互动性、情境性不强，对创意设计的定位习惯性局限于装饰和美化，与客户需求质量以及市场定位存在脱节的现象。尤其在高档耐热玻璃餐具方面，法国弓箭公司旗下品牌“乐美雅”、法国多莱斯、中国山东业盛玻璃公司的“菲内克斯”和香港“微生物”创意家居、泰国鸥欣（Ocean）等已经占领了大部分市场，且耐热玻璃对钢化程度有着极高的要求。目前，山东福隆玻璃科技有限公司并不具备生产条件，而对于钠钙玻璃餐具而言，该企业则是有着多年的生产经验，且目前国内钠钙玻璃器皿市场竞争虽然激烈但设计水平普遍不高，品牌混杂，企业以创意设计作为切入点，有着极大的利润提升空间。

确立了以创意设计为主的市场定位策略后，就要针对目标客户群体进行区分和定位，尤其要严格区分“价格”与“价值”两类客户群体，并分别以创意赋能。山东福隆玻璃科技有限公司在产品设计过程中，并未对目标客户群体进行细分，带着一个模糊的且带有普遍性实用、美观的概念便进入了具体设计环节，这对后续的产品生产和库存势必带来极大的隐患。

（2）创意设计团队构建。企业对产品进行有效的创意设计定位后，应开始围绕定位构建创意设计团队，包括日用玻璃制品在内，几乎所有的产品设计开发都是一项复杂、系统的工程，往往需要企业内、外多个组织和具有不同知识背景的专业人士进行横向、纵向的团队结盟合作。高绩效的创意设计团队应具有明确的职责、较高的相互依赖、凝聚力、高信任度、激情以及以结果为导向。在团队组建完成后，应进一步确认责任实体及项目职责。在组织项目时，必须通过确定所有参与人（如管理层、客户沟通经理、市场调查主管、设计师及职能经理等）的角色、职责、头衔、义务和权利来开展工作。

除此之外，新组建的创意设计管理团队应始终围绕“目标、流程、能力”进行评估。作为公司派出的设计开发主管，必须懂得如何确定其所管理的团队目标，并且确保这个目标与整个组织机构目标相吻合；团队成员必须拥有能够理解和运用广博的专业知识将设计从创意到市场过程进行运营的能力；尝试将头脑风暴方法用于产品开发的不同阶段，尤其是在创意阶段；确定创意的最终目标，积极有效的创意目标需要满足如下五个条件：目标必须明确不能含糊不清、目标必须可量化并能度量；目标必须能被所有相关团队认可及接受；目标必须能在预期的时间内实现；创意目标必须与市场商业环境、企业战略愿景以及客户需求的主方向保持高度一致；制定科学、有效且人性化的绩效度量标准，能够使整个项目团队将注意力集中到必须实现的最终结果上。

（3）创意开发模式选择。创意设计团队参与人员的知识结构整合和跨领域协作是保障创意质量的关键，它决定了产品从概念创意到上市的可行性，因此与创意开发模式有着极其密切的关系。一般而言，创意开发模式分为串行开发模式和并行开发模式两种。串行开发模式最早源于英国经济学家亚当·斯密的劳动分工论。该理论认为在现代社会中，分工越细工作效率越高，具体表现在传统企业中就是分为很多的职能部门，每一个职能部门都有相对独立的分工且独立运行，产品创意设计过程（见图 2）也不例外，工作完成后将其结果移交给下一部门。山东福隆玻璃科技有限公司在设计过程中就是采用串行开发模式。串行开发模式是职能型团队结构的必然选择，各职能部门之间相互隔离，易造成后续工作在没有对之前的设计工作进行充分了解的基础上就贸然进行，导致后期设计变更成为常态，设计周期一再延长，设计成本居高不下。此外，这种线形式的开发过程对于产品复杂性和多学科知识结构的交叉性也愈发显得力不从心。

图 2 串行开发模式下的产品设计过程

与传统的串行开发模式重视“项目的部门分工”不同，并行开发模式则更加注重“项目的集体工作”。其核心理论是在创意设计之初便考虑到制造过程中的诸多限制性因素，召集所有与项目有关的部门、人员组成设计团队，将各种问题置于创意设计之前，集中讨论攻关，这样便可最大程度地消除创意设计与中、下游部门之间的隔阂，快速响应生产和市场（见图3）。

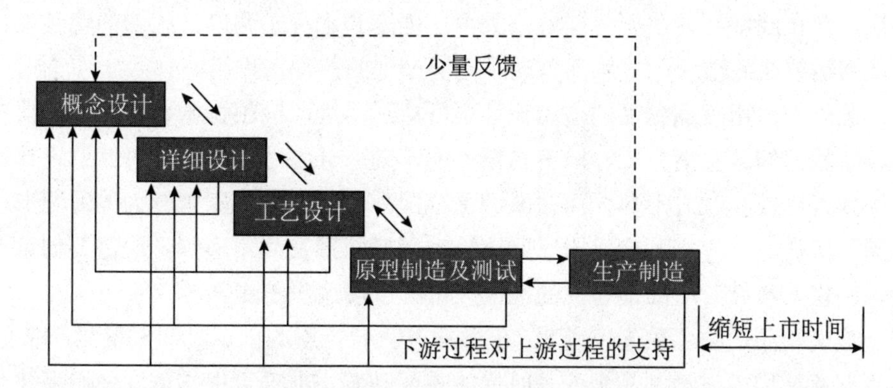

图3　并行开发模式下的产品设计过程

由于在并行开发模式中，技术人员、创意人员、营销人员、生产人员、消费者从一开始便进行了通力合作，技术人员对创意中所存在的技术问题能够做到提前预知，在创意进行时便可同时进行技术研发；营销人员和生产人员也对创意有着深刻的了解，在产品投产之前便可进行营销方案和生产计划的制定。如此大大缩减了产品开发周期，节省了创意成本，提升了创意效率和质量。

（4）创意设计要素。在创意设计实施阶段，对设计质量产生直接影响的要素主要有造型、色彩、装饰、消费场景、衍生等。其中，外观造型和器表装饰的设计易对产品的操控性产生影响，同时受到产品规格的制约，如玻璃碗的高度必须小于人的手掌中拇指和中指之间的宽度以方便取、放，装饰花纹的设计也要注重防滑功能，否则会影响使用效果。具体而言，造型的设计关键要解决好功能性的问题，即玻璃制品的外形须满足合理、安全、舒适、便捷等基本需求。以山东福隆玻璃科技有限公司的双底瓶设计为例，该瓶可作为储藏瓶和调味品瓶使用，鼓腹型的造型增大了与手掌的接触面积，取、放瓶体方便，同时也能够盛放更多的物品。双底型的设计一是考虑到瓶子倾倒后，瓶内物品不会立刻全部散落一地；二是考虑到随着客户使用程度的不同，瓶身可以斜放，取放瓶内物品更加方便。

另外，由于玻璃制品属于易碎品，设计师还应考虑产品造型设计对于生产、运输和使用的影响。一般情况下，玻璃制品的结构形状直接决定了玻璃制品的结构强度，造型越接近于球形，其强度就越大；造型越复杂，其强度就越小。以肩型设计为例，不同的肩型设计对于垂直荷重强度、机械冲击强度、水冲击强度是不同的。在日用玻璃器皿设计中，瓶身瓶底的连接形状也与玻璃制品的抗压强度有着很大的关系，一般玻璃器皿的底部呈现内凹式，以增加器皿的稳定性，防止底部刮擦，同时能够增大内压强度和水冲击强度，底部的花纹设计还能够缓解瓶底部分因接触温差的不同而产生的热冲击作用。

此外，日用玻璃制品的造型设计要考虑适用性，应根据销售地区的文化差异、宗教信仰、生活方式、审美习惯等的不同，分别选用具有针对性的设计。如德国人比较喜欢方形体，而在欧洲除德国外的大部分国家则较为偏爱圆形，美国、新加坡、澳大利亚等国家则比较钟爱椭圆形及六角形等。这需要创意设计、销售人员针对产品销售目的地做大量的市场调研工作。

玻璃制品的颜色虽无色透明，但并非意味着色彩的创意设计不重要，相反，色彩创意是构成玻璃制品个性与时尚的重要利器。玻璃可根据需要使用氧化剂进行着色，如红色玻璃制品可以用氧化铜、氧化亚铜，黄色玻璃制品可以用氧化铁、氧化银、氧化硫，等等。着色的玻璃可以吸收一定波长范围内的光线，对因光照而易产生变质的内容物会起到一定的保护作用。如无色玻璃可以吸收紫外线、淡青色玻璃可以防止啤酒、果酒等因光照而变质等。这需要设计师根据产品的不同用户、不同功能加以创意。

由于受生活方式、风俗习惯、文化特色及宗教信仰等多方面的影响，不同国家和地区的消费者对色彩的感知与消费方式也不尽相同。不同国家和地区形成的不同的色彩偏爱和禁忌现象，也是影响最终设计质量的重要因素。

山东福隆玻璃科技有限公司根据多年的销售经验，对不同国家和地区消费者的色彩认知习惯有一定的把握，如在土耳其，银器制造有着优良的传统，银色深受土耳其人的喜爱。因此，在销往土耳其的玻璃器皿上，一般以接近银色材质和色泽的不锈钢作为装饰材料；印度、印度尼西亚等国对黄金尤为热衷，认为其是富贵的象征，所以设计师在配件选择和色彩设计时优先选择金色。

装饰花样与图案是日用玻璃制品最常用的创意设计手段。玻璃制品一般分为光身玻璃器皿和花纹装饰器皿两种。花纹装饰器皿除了常见的动植物纹饰外，还有各种线条和图形的穿插、组合，与消费者的喜好以及消费场景紧密相关。需要注意的是，不同的线条、图形组合带给人的感受是不同的，设计师应根据实际情况加以甄别和应用。

3. 生产质量

生产质量是客户需求质量和创意质量的物理呈现，是构成企业设计质量的保障条件。无论前期企业经历了多少的调研、分析、总结、规划、设计等工作，对于消费者而言，眼前所呈现的产品就是企业设计质量的全部。因此，对生产质量的把控成了目前国内日用玻璃生产企业所极为注重的环节。不应忽视的是，所有生产加工环节都来自前期的设计定案，包括模具设计、原料采购、加工工艺、测试质检等关键环节，这是商业环境中产品开发的因果逻辑。可以说，没有优质设计质量的因，就不会有优质生产质量的果。反之，劣质生产质量的果，大多情况下，一般来自劣质设计质量的因。

（1）模具设计。模具是日用玻璃生产企业的生命线，模具设计作为连接创意质量和生产质量的关键核心点，不但决定了创意质量的实现程度，而且决定了生产质量的成品率、生产成本、生产周期等。根据生产方式、工艺的不同，模具可以分为吹制模、压制模、制瓶机模，其中制瓶机模是目前瓶罐玻璃制造中应用最广、效率最高的模具。需要注意的是，制瓶机模包括初形模、成形模以及它们所用到的模具配件的设计。模具设计对材料的要求较为严格，一般来说，模具的材料应符合相应的标准（见表 6）。

表 6　模具设计的材料选择 ①

序号	材料要求	原　　因
1	材质细密、易加工	材质细密的材料能够应对模具制造中所产生的车、钳、刨、钻、焊接、钉补等加工过程
2	化学稳定性好	模具材料要具有一定的抗腐蚀和高温工作条件下的抗氧化能力，否则会引起生产过程中产品的脱皮、起鳞等现象，严重影响产品质量和模具寿命
3	具有良好的导热性和高热比容	玻璃在加热和冷却的过程中，需要模具作为中间接受层，模具的导热速度快，玻璃冷却的时间相应就少；反之则玻璃冷却缓慢，影响生产效率
4	热膨胀系数低	在玻璃制品生产的过程中，模具会不断呈现热胀冷缩的过程，热膨胀系数高的模具材料容易导致生产中模具开裂的情况且极有可能导致产品在接合处有较大的接合缝
5	具有较高的黏合温度	低黏合温度的模具易造成生产过程中模具和玻璃熔液粘连的情况，从而影响成型效果
6	耐磨性高	在玻璃制品生产成型过程中，玻璃料、玻璃渣会对模具内侧造成磨损，导致模具接缝处变大，影响产品质量

① 杨裕国：《玻璃制品及模具设计》，283 页，北京，化学工业出版社，2003。

除了材料选择外，模具设计中出现的其他失误也会对产品设计质量造成严重的影响。表 7 中是模具设计问题与可能引发的产品缺陷之间的关系，可为设计师、工程师、模具师提供参考。

表 7　模具设计问题及其可能引发的产品缺陷[①]

序号	模具零件名称	模具设计问题	可能引发的产品缺陷
1	成型模和模底	成形模颈部尺寸过小（相对应的料坯颈部）	瓶口鼓胀、瓶口弯曲或歪斜
		成形模颈部尺寸过大（相对应的料坯颈部）	瓶口错位、瓶口鼓胀或歪斜
		成形模顶部无圆角或损坏	瓶肩下榻、瓶肩细裂纹
		成形模排气设计不良	瓶内有玻璃丝、瓶口歪斜、瓶身冷纹、瓶身侧壁凹陷
		成形模瓶肩半径小或余量小	瓶口下部细裂纹、瓶口颈环缺陷
		成形模合缝线位置不适或粗糙损坏	合缝线细裂纹、瓶肩细裂纹
		文字标识处理不当，字形与成形模的间隙不符	文字标识细裂纹
		成形模与模底配合处尺寸不当	瓶口颈环缺陷，瓶底细裂纹、瓶底合缝线粗大
		成形模尺寸不适或散热设计不良	瓶身侧壁鼓胀与凹陷、瓶颈长、瓶子歪斜、瓶身冷纹
		模底过大或过重	瓶底厚
		模底底凹设计不合理或脏	瓶底不稳
2	初形模	设计不当或内腔形状不适	瓶身内有玻璃丝、瓶身侧壁凹陷、瓶口直裂缝、瓶颈弯曲、瓶肩薄、瓶身侧壁鼓胀、瓶身搓板纹、玻璃分布不均
		肩部过小	瓶壁薄
		颈部尺寸过大（与成形模相比）	瓶口下部细裂纹、瓶颈缩窄、瓶底偏
		初形模与闷头配合不良或延伸间隙过大	闷头印、瓶底偏、瓶子裂、瓶底合缝线毛刺
		初形模与口模配合不良	瓶口口模合缝线毛刺、口模和初形模之间合缝线毛刺

① 杨裕国：《玻璃制品及模具设计》，262 页，北京，化学工业出版社，2003。

续表

<table>
<tr><th>序号</th><th>模具零件名称</th><th>模具设计问题</th><th>可能引发的产品缺陷</th></tr>
<tr><td rowspan="3">3</td><td rowspan="3">口模</td><td>尺寸过大或不合理</td><td>瓶口直裂缝、瓶口细裂纹、瓶口不足、瓶口鼓胀</td></tr>
<tr><td>口模内半径小</td><td>瓶口细裂纹、瓶口下部细裂纹</td></tr>
<tr><td>配合不良（与口环、套筒、芯子、初形模）</td><td>瓶口颈环缺损、瓶口破损、瓶口错位、瓶颈弯曲、瓶颈撕裂</td></tr>
<tr><td>4</td><td>芯子</td><td>设计不正确（尺寸不合理：太长、太尖、直径小）</td><td>瓶口直裂缝、瓶底薄、瓶口内径窄、芯子痕、瓶口有毛刺</td></tr>
<tr><td rowspan="3">5</td><td rowspan="3">吹气头</td><td>有效高度太浅</td><td>瓶口直裂缝、瓶口微裂纹、瓶口弯曲或歪斜、瓶颈弯曲</td></tr>
<tr><td>有效高度太深</td><td>瓶肩下陷、瓶口直裂纹</td></tr>
<tr><td>吹气头与成形模不同心</td><td>瓶口错位</td></tr>
<tr><td rowspan="2">6</td><td rowspan="2">钳爪</td><td>余量小（过紧、直径小）</td><td>瓶口微裂纹、瓶口内颈窄、瓶口下部细裂纹、瓶口椭圆</td></tr>
<tr><td>变形（不成直角）</td><td>瓶口椭圆、瓶颈弯曲</td></tr>
<tr><td rowspan="2">7</td><td rowspan="2">漏斗</td><td>尺寸小</td><td>瓶口不足、刷子印、装料印、拖擦印</td></tr>
<tr><td>尺寸不合适</td><td>瓶身薄、皱纹</td></tr>
<tr><td rowspan="3">8</td><td rowspan="3">闷头</td><td>设计不合适（直径和高度）</td><td>闷头印、瓶底黏附玻璃屑</td></tr>
<tr><td>过大或过重</td><td>瓶底厚</td></tr>
<tr><td>闷头与初形模配合处畸形</td><td>闷头印</td></tr>
</table>

模具设计涉及技术、生产、设计等各个方面，需要设计项目管理者、生产加工人员、设计师、工程技术人员的通力合作。在模具设计完成后，需要进行小批量试制（试样生产）以观察设计效果，并对其进行评估、修正。当然，设计也不是一蹴而就的过程，相反，它需要根据呈现的技术参数要求不断完善细节，以求接近最理想的设计质量，这个双向调整过程离不开功能评估、技术评估、标准修正、潜在失效模式和影响分析（FMEA）等评估管理手段。

功能评估是对产品的结构、造型、尺度、规格、兼容性（一物多用）、重量、操控性等客户基础质量需求和线性质量需求、非预期质量需求的满足程度做出切合实际的评价；技术评估主要是从当前生产条件是否能够满足需要、是否减少了原料使用和提高了产品实用性、是否能够简化工艺流程、是否提升了生产效率等方面进行评价；标准修正包括结构修正、容差修正、参数修正、设计修正、团队组织结构修正等；潜在失效模式和影响分析（FMEA）包括潜在设计失效、材料失效、工艺失效、设备失效、人员失效、环境失效等多个方面，FMEA 有助于设计项目管理者组织相关人员对生产风险进行会诊、做好预案，保证设计与生产的顺利连接。

（2）原料采购。从供应链的角度来看，合理、优质、低价的原料来源于企业和供应商的合作关系。一般来说，玻璃原料的获取渠道主要有三种，即原材料供应商、企业残次品重熔、外购玻璃废品等。山东福隆玻璃科技有限公司根据生产经验结合生产需求，制定了原料渠道构建的包括制定原料标准、寻求供货方、商定供货价格、确认供货意向、签订供货合同在内的采购流程。从渠道构建流程来看，该企业依旧是沿用传统的线性采购模式，企业与供应商之间的交流仅表现在材料标准的告知和供货价格的商定，“价格拉锯”左右了其原料改良的意愿。同时，供货商对采购企业的生产工艺、流程还处于相对模糊的感知范围，对生产的参与性更是无从谈起，没有生产的合作与参与，供货商便无法近距离获知企业产品改良的方向、材料的更新要求等，也就无法有针对性地对材料质量、供货方式等质量要素加以改进。

（3）生产工艺。日用玻璃的生产工艺包括工艺方案、工艺流程、工艺标准、工艺设备等几个部分。其中，工艺方案是根据不同的设计方案和技术参数要求制定的包括方法、材料、工序等在内的整体规划；工艺流程是日用玻璃企业在设计、生产过程中按照需要和生产经验累积起来的一整套保证设计质量的工艺方法，包括熔化、吹制 / 压制、退火、印花、烘花、洗瓶等（见图 4）；工艺标准是对应工艺流程而言的技术参数，如原料的含水率、有效物质的含量、熔化褪火过程中的温度控制，以及生产的频率，等等；工艺设备则是为了保证生产的顺利进行所配备的生产设备，如化料池、退火炉、行列机等。综合而言，生产工艺属于技术、生产的范畴，作为设计物化的保障形式，直接关系到设计意图的最终实现效果。因此，日用玻璃制品的设计师并非是只懂美学和创意的专才，还要成为了解工艺、材料、设备、标准的应用型通才，只有如此才能保证设计方案的平稳落地，最大程度地规避后期因工艺无法到达预定要求而出现设计变更的情况。

装饰工艺是提升产品附加值的重要手段，运用不同的装饰工艺，其成本、效果、效率以及实现方式也不同。在实际应用中，装饰工艺多采用粘接、喷砂、砂雕、雕刻、电镀等不同的方式。粘接是用紫外线固化胶（简称 UV 胶）将热加工过程中不易成型的产品（此类产品多由几个不同形状的部分共同组成）在冷加工环节进行粘接使其融为一体；喷砂是用喷枪向玻璃制品的表面喷射金刚石或石英砂等磨料使其形成毛面，产生透光而不透视的装饰效果，喷砂玻璃制品的表面容易粘附灰尘，且缺少光泽，需要用氢氟酸和硫酸的混合液进行抛光处理；砂雕是在喷砂的基础之上发展而来的，通过将镂空图案底版贴在玻璃制品表面或加保护层，喷砂后除去保护层进而清洗得到最终产品，砂雕可替代部分刻花、浮雕、透雕、立雕、镂雕等多种雕刻技法；雕刻分为手工雕刻和激光雕刻两种，手工雕刻能够刻出极为复杂的、艺术性较高的花纹图案，甚至人物肖像、风景及文字，凹雕和浮雕手法应用得较为广泛，相比之下，激光雕刻则是运用激光雕刻机在玻璃制品内部雕刻出精细的花纹图案，精美逼真、反差性强，多用于花瓶、高脚酒杯、碗盅茶杯等刻花装饰①；电镀则是一种氧化还原过程，通过分解预镀金属的盐类溶液，将其分离并在器皿表面形成镀层，通过电镀和喷色可以赋予玻璃器皿不同材质、色彩的感受，如仿瓷、仿铜等视觉效果。

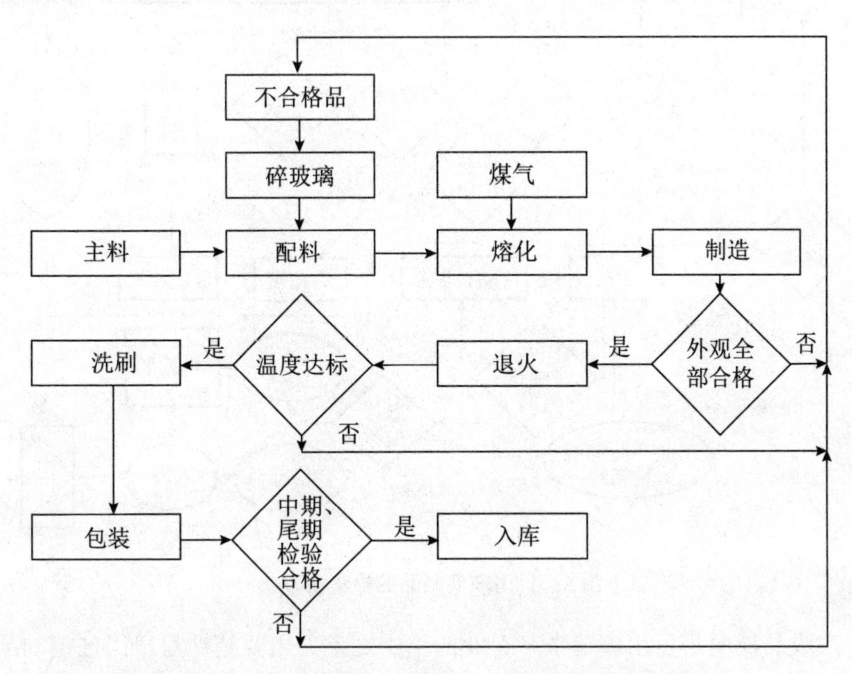

图 4　山东福隆玻璃科技有限公司的生产工艺流程

在实际的生产加工过程中，经常采用多种装饰技法与工艺的混搭。这就要求设计师不仅要具备将装饰工艺与创意、审美、市场等要素统筹思考与实践的能力，而且要具备熟知各种工艺的优、缺点，并发挥材料与工艺特性的感知能力，通过装饰美化提高产品的高感性、体验性和交互性。

① 王承玉、张梅梅、毕洁：《日用玻璃制造技术》，128 页，北京，化学工业出版社，2014。

（4）质量检测。通过对产成品进行反复测试、验证，可随时发现、探究、追溯生产中存在的问题，从而快速反馈给设计环节并及时完善、改进。设计质量管理理念的提出，并非忽略、消解产品检验过程，而是将设计与检测业已存在的“质量分割”进行重新捆绑，使得问题的反馈与解决变得更加顺畅、有效（见图 5）。

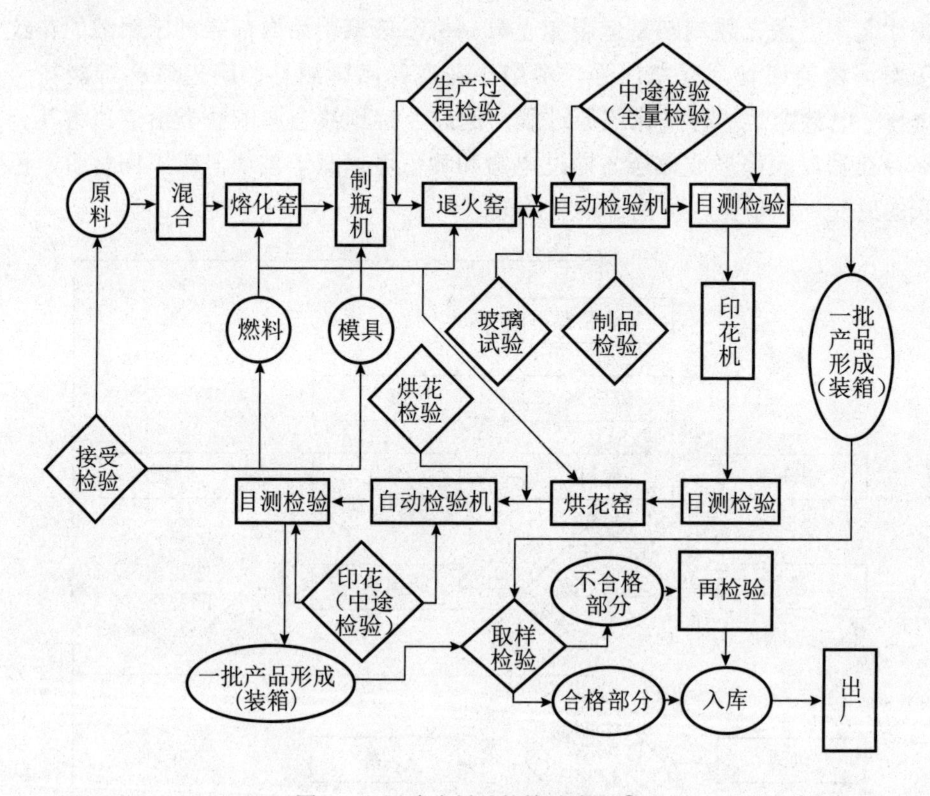

图 5 日用玻璃制品的检验流程①

产成品检验是日用玻璃生产企业的重中之重，主要是针对日用玻璃制品本身而言，不包括其包装、配件。通过对产成品的检验，追溯生产中存在的制程问题，从而有效地保证质量。常见的产成品问题主要有玻璃制品表面粗糙、器体变形、炸口、歪头、剪刀疤、气泡、结石、氧化铁析出量高、冷纹、炸底、磕摸、掉料、尺寸不符、微量元素超标等。山东福隆玻璃科技有限公司对日用玻璃制品常见的瑕疵进行了原因分析和程度分类（见表 8）。

① 杨裕国：《玻璃制品及模具设计》，314 页，北京，化学工业出版社，2003。

表 8 山东福隆玻璃科技有限公司产品常见瑕疵的原因与分类

不良编号	不良项目	不良原因	不良分类		
			致命 CR	严重 MA	轻微 MI
XC-01	不光滑	模具不光滑、料温不稳定		●	●
XC-02	变形	料温高或退温炉控制不良		●	●
XC-03	炸口	退温炉温度控制不良		●	●
XC-04	歪头	料温不稳定		●	●
XC-05	剪刀疤	剪刀磨损		●	●
XC-06	气泡	料温不稳		●	●
XC-07	结石	玻璃窑炉化料温度低		●	●
XC-08	氧化铁	网带锈及模具锈		●	●
XC-09	冷纹	操作经验及模具		●	●
XC-10	炸底	退温炉炉温控制不良		●	●
XC-11	磕模	模具受伤		●	●
XC-12	掉料	料温不稳		●	
XC-13	尺寸不符	模具老化	●		
XC-14	微量元素	不符合法律法规及安全规定	●		

表 8 中的 14 项不良项目中，有 8 项与温度有关，可见温度的控制是生产过程管理中首要考虑的问题。在目前的日用玻璃制品生产中，一般都采用全自动化设备，温度实现了计算机控制，管理者须根据不同的生产需要进行不同的温度参数设置。同样，设计师在进行产品设计过程中，也要考虑温度对产品最终呈现效果的影响，列出不同温度烧制与不同艺术效果呈现之间的关联，以更精准地对应客户需求。此外，在 14 项不良项目中，有 5 项与模具有关，模具的受伤、老化、光洁度、抗腐蚀程度等均与模具材料有关。设计师与工程师在模具选材上一定要慎之又慎，有必要就必须启动设计变更预案。通过产成品检测能够在较大范围内控制产品的设计质量，但检测毕竟只是后期针对产品次品率设置的控制手段，要想从根源消除次品率，还应从上游设计的角度加以考虑。

4. 营售质量

营售是将企业的品牌理念、产品价值等精神属性通过产品物化传递给客户的过程，也是产品利益转化的过程，通过营售企业获取生产和发展所需的资金支持，确立市场份额与竞争优势，营售是企业设计质量的伴生条件。根据所涉及质量要素的不同，日用玻璃制品的营售质量可以分为物流包装设计、渠道建设、场景展示设计等。

（1）物流包装设计。包装物和装箱率的选择取决于最初产品设计的外观、样式和结构。日用玻璃制品物流包装的设计以便于装卸、防止货损为原则，一般采用标准纸箱进行包装，纸箱的设计对物流质量至关重要。例如，纸箱的大小必须依据产品设计的规格、结构和重量制定，外形复杂、结构烦琐则装箱率过低，产生不必要的成本浪费及运输过程的环保压力。同时，纸箱抓手的设计必须符合人体工程学，抓手过窄，装卸时易勒手，抓手位置也应根据一般人的臂展和纸箱的尺寸及重心进行设计，位置过低、过高都会造成装卸过程中脱手的可能。

包装设计完毕后，要按照一定的流程进行检验，以保证使用效果。山东福隆玻璃科技有限公司采用的摔箱测试方式见表 9。

表 9　山东福隆玻璃有限公司摔箱作业的指导细则

产品重量 /kg	试摔高度 /cm
（0 to 20.99lbs）小于 9.25	30（76.2）
（21 to 40.99lbs）小于 9.53~18.59	24（61.0）
（41 to 60.99lbs）小于 18.6~27.66	18（45.7）
（61 to 100.99lbs）小于 27.67~45.81	12（30.5）
（101 to 150lbs）小于 45.82~68.04	8（20.3）
摔箱作业指导细则	
1. 外箱任选一个侧面结合面延伸的一个角，做第一次试摔	
2. 这个角延伸的最短边，做第二次试摔	
3. 这个角延伸的次短边，做第三次试摔	
4. 这个角延伸的最长边，做第四次试摔	
5. 这个角延伸的最小面，做第五次试摔	
6. 这个角延伸的最小面的对面，做第六次试摔	
7. 这个角延伸的次小的面，做第七次试摔	
8. 这个角延伸的次小的面的对面，做第八次试摔	
9. 这个角延伸得最大的面，做第九次试摔	
10. 这个角延伸得最大的面的对面，做第十次试摔	

通过摔箱测试，对包装设计的效果进行评价，继而对不足之处进行设计改进，从而有效地保证物流质量。

（2）渠道建设与场景展示设计。随着市场竞争的不断加剧，营售作为产品盈利的重要一环已经成为企业着重考虑的对象。美国学者杰罗姆 • 麦卡锡于

1960年提出了著名的4P理论，即将企业市场营销的核心要素归结为产品、价格、渠道、促销等四个基本策略的组合。其中产品策略包括技术路线推进、呈现解决方案、开展演示验证等技术要素的组合和运用；价格策略是在通过价格变化（如基本价格、折扣价格等）保持企业市场竞争力的同时完成营售任务；渠道策略是指企业针对消费者或目标消费群体，构建营售渠道以支撑、完善自身的市场体系；促销策略则是综合分析目标消费群体的习惯、喜好、特征，并通过活动、广告策划等短期的行为促进销售量的增长。

购物中心、特许商店、快餐店、连锁超市、便利店以及购物网站等营售渠道的建设，是塑造营售质量的重要一环，不同的销售渠道对于价格的敏感度、促销设计质量、场景展示设计质量、利润贡献率均不相同。针对终端客户获取渠道的不同，山东福隆玻璃科技有限公司将渠道分为批发市场、零售店、大型超市、电子商务平台、高档家居用品商场五个部分（见表10）。

表10　不同销售渠道对包装、展示质量的要求

销售渠道	包装设计质量	展示设计质量	价格敏感度	利润贡献率
批发市场	注重包装实用性，以货损率作为主要参考值	密集式陈列，产品排列紧密，展示设计需减少空间使用	高	低
零售店	注重包装的实用性，较少考虑艺术性，以货损率作为主要参考值，以艺术性作为次要参考	综合式陈列，产品易和其他种类产品放置在一起，展示设计时应注重凸显产品的主体地位	较高	一般
大型超市	包装的实用性和艺术性并重，要求包装设计凸显品牌特征	专题式陈列，展示设计需与企业品牌战略结合形成明确的主题（如环保、健康等），强化品牌特色，吸引消费者	一般	较高
电子商务平台	以艺术性为主导，主题突出、印象深刻	系列式陈列，需与相关产品组成系列产品，展示设计应具有趣味性以吸引消费者	较高	较高
高档家居用品商场	实用性和艺术性并重，注重包装设计的互动性、人文性、创新性	场景式陈列，产品展示需融入环境，既能展示自身功能特点又不过于突兀以致影响整体环境效果	低	高

此外，还应看到，当下消费中已不再是单纯的货币价值，而是正由单纯的“物品”走向符号与文化交互的“理念”或“关系”价值。在这种情况下，消费者不再将消费性物品视为纯粹的“物品”，而是将其视为具有符号象征意义的“物品体系”。受此影响，“物品”在当代日常生活中的存在方式必然出现扩容与分化，并与文化相关的场景和情景等非产品因素紧密关联在一起，成为激发消费者的购物心理、购物动机进而产生购物行为的关键因素。因此，改善购物环境、提升购物体验、优化购物流程、设计高效促销活动、做好情景规划等，是提高日用玻璃制品营售设计质量的根本所在。

5. 使用质量

应当说，使用质量是企业设计质量的声誉和口碑条件。产品通过营售转移至消费者手中，此时消费者对产品的所观、所感、所用等全部认知就是产品设计质量的全部。使用质量是消费者在接触并使用产品过程中影响设计质量最集中的环节，使用质量决定着客户满意度和产品美誉度，而客户满意度和产品美誉度又反作用于客户的重复购买行为。因此，使用质量的好坏与否，应主要从客户满意度的角度来考量。

由 Michigan 大学商学院的国家质量研究中心与美国质量协会共同发起，并通过调查、研究、监测数百家企业的顾客满意度状况，提出了美国顾客满意度指数 ACSI 模型（见图 6），数百个案例的研究及实践保证了该模型的权威性。

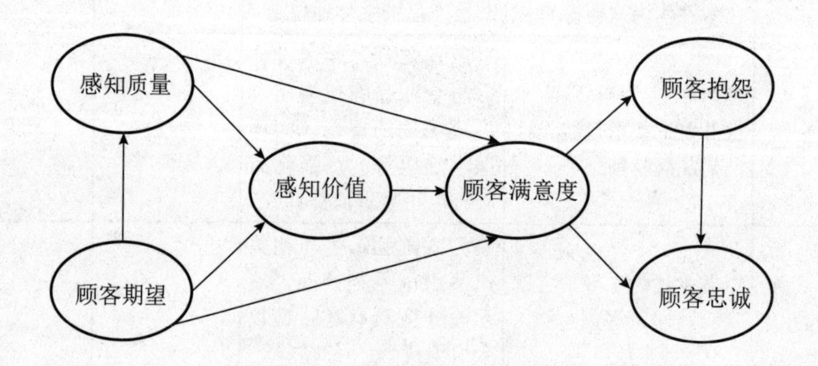

图 6　美国顾客满意度指数 ACSI 模型

通过该模型可以看出，感知质量和顾客期望的对比决定了感知价值，感知价值和感知质量及顾客期望决定了客户满意度，从而决定了该产品或服务是以顾客抱怨还是以顾客忠诚作为结果。对于日用玻璃制品而言，消费者并不具有专业的技术知识及检测能力，只能根据自己对产品使用经验及感受状况，综合其他通过正式或非正式渠道所获取的信息，对产品质量做出主观、抽象的评价。然而，正是这种隐性的、感知的、抽象的结论决定了消费者的购买选择。

剑桥大学的 Parasuraman、Zeithaml、Berry 三位教授曾共同研究产品 / 服务的感知质量对客户满意度的影响，并提出 PZB 模型。他们认为，客户在消费产品或服务的过程中，最容易受到可靠性、响应性、移情性、有形性、保证性四要素的影响（见图 7）。据此推断，在日用玻璃制品的使用质量中，可靠性是指日用玻璃制品在设定的生命周期内完成预定功能的性能，如长时间使用不变色、表面光滑、耐磨度高等；响应性是指产品是否具有良好的使用功能，主要体现在造型与人机工程学的结合，如双底瓶型的设计、玻璃杯中开口的尺寸、玻璃茶壶中壶把的位置和壶嘴的高度等；移情性是指企业通过产品传递给客户的价值和情感，如产品的舒适感、体验性、生态性、共情力、高感性、品牌内涵、默认一致性，等等；有形性是指客户通过外观能够察觉到的产品可视部分，如产品的形状、色彩、包装、展示环境、品牌等；而保证性则是企业通过产品传递给客户在质保、效用、道德、伦理、个性、研发等方面的能力和承诺。

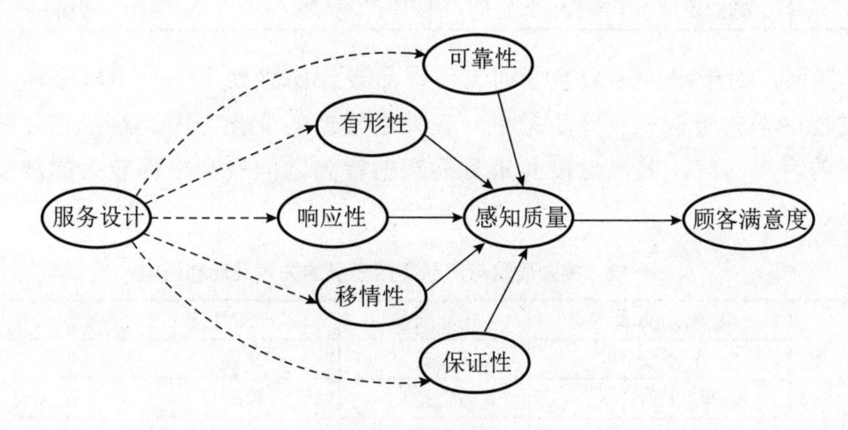

图 7　PZB 产品 / 服务感知质量模型①

除此之外，还应考虑不同客户的差异化需求。如国内消费者都喜欢一物多用，所以，设计师还要考虑不同场景下的使用状况，这主要是对产品的设计规格做出限定。以玻璃储藏罐为例，有些消费者喜欢使用玻璃瓶罐储藏干果

① 顾力刚、赵鑫：《基于结构方程模型的大型超市服务质量影响因素实证分析》，载《经济论坛》，2009（15），106~109 页。

类食物，并习惯将其置于冰箱中保鲜，这就要求设计时要充分考虑冰箱的构造与尺寸，冰箱侧开门储物格一般分为三层，高度分别为10cm、20cm、10cm，宽度均为10cm，也就意味着玻璃瓶罐的设计规格不得高于20cm，直径不得大于10cm。同样，在车载储物格中也应根据杯托的尺寸制定相应的设计规格，汽车杯托的深度一般在5~7.5cm之间，直径在6.6~9cm之间，也就意味着玻璃瓶罐的设计高度在20cm以内、直径在6.6cm以内就既能放置于冰箱也能车载使用。

由于日用玻璃制品属于日常消费品，客户往往存在重复购买的行为，因此，如何通过使用质量来保证客户黏性以提升产品市场竞争力，成为设计管理人员着重考虑的部分。在这个过程中，影响客户满意度的因素转变成客户感知质量与产品实际使用过程中呈现的质量关系对比，若从单次购买情况来看，感知质量和产品实际质量可视为一组静态关系（见表11）。

表11　感知质量与产品实际质量的关系及静态影响

感知质量与实际质量关系及影响情况表			
	感知质量与产品实际质量的关系	客户满意度	重复购买行为
静态	感知质量大于产品实际质量	失望	降低
	感知质量等于产品实际质量	一般	可能
	感知质量小于产品实际质量	高	增加

然而，对于绝大多数企业而言，产品设计始终处于一个不断循环上升的过程，感知质量和实际质量也一直处于动态的变化之中。对于重复购买产品的客户而言，其满意度和重复购买的行为之间就会出现较大的波动性（见表12）。

表12　感知质量与产品实际质量的关系及动态影响

	感知质量	实际质量	客户满意度	重复购买行为
动态	不变	上升	惊喜	增加
	上升	上升	较高	增加
	上升	下降	失望	降低
	下降	下降	一般	可能
	不变	不变	一般	一般

美国学者调查表明，每有一名通过口头或书面直接向公司提出投诉的顾客，就有约26名保持沉默且感到不满的顾客。这26人每人都有可能对另外10名亲朋好友造成消极影响，而这10名亲朋好友中，约33%的人会有可能再把

这种不满信息传递给另外20人，即只要有一名客户对企业不满意，就会导致326[（26×10）+（10×33%×20）]人的不满意。因此，设计管理者要对产品实际质量和感知质量的影响因素进行综合分析，就各要素设计改进难易度进行统筹把握，为设计师提供简单易行的设计方向，以不断提升客户满意度和对企业的信任度。

6. 环保质量

在产品的整个生命周期内，调整日用玻璃制品产品环境属性（如可减量性、可回收性、可维护性、可重复利用性等）并将其作为设计目标，在满足环境目标要求的同时，保证产品应有的功能、使用寿命、质量等要求，是目前玻璃企业面临的最大挑战。日用玻璃企业作为典型的“三高”（高耗能、高污染、高投入）产业，其环保质量的提升一直都是国家政策鼓励和企业生产追求的。然而，环保质量的提升并非简单的炉窑改造和水处理，更需要完善玻璃制品回收机制和处理转化能力，同时更要紧盯供应、生产、运输、回收关键环节，转变设计观念、提高技术水平、改进生产工艺，最大程度地减少环境污染、减小能源消耗，玻璃材料回收再生循环或者重新利用，使得资源消耗和环境负影响降到最低。环保质量是构成设计质量体系的道德条件。

从调查情况来看，企业在产品全生命周期中导入绿色设计理念的做法，目前仍裹足不前。绿色设计要求企业从产品材料的选择、生产和加工流程的确定、产品包装材料的选定，到运输物流、回收服务等各个环节，都要充分考虑资源的消耗和对环境的影响，包括生态材料选择与减量设计、产品可回收性设计、绿色制造过程设计、绿色包装设计、绿色物流设计和可回收循环设计等。这是一个基于产品全生命周期的绿色设计系统，也是玻璃制品企业未来必须彻底改变的地方。

耐克公司采用Considered环保指数来评估其所生产运动鞋的环保性，是值得借鉴的做法。通过设计和生产环节来控制废料的产生，测量在加工过程中产生的诸如有害溶剂等有毒物质，评估生产过程中所有使用材料的可持续性——从能源的使用、用水、回收程度、碳排放等方面逐一进行衡量。通过绿色设计理念的介入，耐克生产出更高质量、更具创新性、更加可持续的产品，其旗下的畅销跑鞋“飞马”就是绿色设计理念的代表，它使用最原始的材料如环保、低能耗的水性黏合剂以及可循环使用的橡胶和泡沫等进行生产，同时抛弃不必要的材料。83%的鞋底由环保材料制成，比普通跑鞋轻13%，这既赢得了更大的利润，也对长跑者、耐克公司、社会更加有益。耐克采用Considered环保设计只是一个开始，耐克的目标是通过采用 Considered 环保设计进而转变成循环生产模式。①

就拿国内的可回收循环设计来说，垃圾分类和回收体系较为混乱，且以价格而非对环境的破坏程度为导向，国家缺乏相应强制性的规定，也没有鼓励性的补贴措施，与国外有较大差距。日用玻璃协会披露的数据显示，近几年，我国城市年平均废弃玻璃制品达 700 万吨，占城市总垃圾的 35%，而 13% 的玻璃回收率与世界 50% 的水平相比，还有较大差距。

产品材料的回收能够减少生产能源的使用，玻璃瓶在生产的过程中需要消耗大量的能源，如若在玻璃熔液中使用可回收的碎玻璃，则碎玻璃每增加一个百分点就会相应减少 0.2% 到 0.3% 的能源消耗及碳排放量。节省能源的原因是回收玻璃与成品的成分更加接近，在炉窑中相对于原料（如石英砂、苏打、白云石、长石等）而言，熔化的过程更短，需求的温度更低，耗费的能源也就越少。因此，企业在生产中应加大对回收玻璃的使用力度。玻璃制品回收率低的很大一部分原因是没有形成完整且良好的链条，由于玻璃制品回收后需用机器打成颗粒状，便于后续加工，很多回收站缺乏相应设备。对于回收站而言，回收玻璃的单位价值低、重量大、运费高，其次是其体积大导致所占用的空间较大，而回收站呈分散状分布，每个回收点的玻璃回收量不多，因此玻璃制品常常被拒收。然而，废弃玻璃置于自然环境中极难分解，甚至部分透明的玻璃还会造成光污染。

建立完整的玻璃回收链条是当务之急，这并非一个或几个企业可以做到的，而是需要行业协会、企业、政府、消费者的共同努力。行业协会应建立网络回收平台，加强回收渠道建设和信息沟通，根据仓储和技术情况设立固定回收点、固定处理点，同时设立回收标识，允许生产原料中回收玻璃占比量大的企业使用该标识进行宣传营售。消费者要增强垃圾分类意识，政府应加强社区管理和回收补贴，企业也应扭转生产观念，建立绿色设计与生产体系，以大量的回收玻璃代替原料，不但可以保护环境，还能够降低能耗、排放，进而可以增益产品质量。

三、从设计质量循环到核心竞争优势地打造

在传统的生产链和供应链模式中，企业往往是以产品和企业自身为中心，注重产品销量、利润的增长。物料是通过供应链中上游、中游的加工及下游渠

① [美] 乌麦尔·哈克：《新商业文明——从利润到价值》，吕莉译，10 页，北京，中国人民大学出版社，2016。

道形成产品到达消费者手中。产品也是由企业设计、生产、加工、销售等各个活动形成增值而后转移给消费者。在这种传统式的单向链条中，消费者成为产品的最终接受端点，只能被动接受企业所供应的产品。尤其是对于“三高”型的日用玻璃企业而言，在关注成本、利润、市场占有率等显性因素的同时，忽视了消费者心理、消费习惯、环境效益、社会性等隐性因素。这种基于短期效益形成的竞争优势具有明显的不可持续性，一旦市场形势发生变化，企业费尽心思建立起来的竞争优势将土崩瓦解、消失殆尽。

在设计质量管理体系的构建中，客户需求质量由终点变成起点，成为企业的出发点和落脚点，并以设计贯穿产品生命周期为特征进行质量达标。具体而言，就是根据客户需求质量的要求，由设计作为质量管理的主线串联创意质量、生产质量、营售质量、使用质量、环保质量，前后衔接、上下联动、层层推进，最终又反馈到客户需求质量，形成围绕产品生命周期的设计质量管理循环圈。因此，设计质量管理是一个循环往复的过程，其六个组成部分既呈现出相互递进、环环相扣的咬合关系，又体现出整体协同、全局运转的交互特征。无论设计质量循环圈中哪一个部分发生变化，其余部分都能迅速做出设计应对，使得产品的设计质量始终处于一个动态循环的状态。在这个基于产品生命周期的闭环设计中，产品的设计质量始终处在再使用、再设计、再生产、再上市、再回收的有序循环中，形成良好的质量管理系统，从而降低企业成本，在实现产品循环增值的同时，也塑造了企业的核心竞争优势。

很多成功企业的实践表明，设计质量往往是形成企业核心竞争力的重要驱动力，核心竞争力是企业在激烈的市场竞争中保持优势的关键。核心竞争力理论的创始人普拉哈拉德和哈默尔于 1990 年在《哈佛商业评论》上发表了《公司核心竞争力》一文，指出企业在战略上的成功来自其发展过程中的核心能力。其观点从短期来看，企业竞争力产生于现有的产品和价格特征，但全球性竞争已经使成本作为竞争优势的重要性日益下降；从长期来看，公司的竞争力产生于比竞争对手更低的成本和以更快的速度建立核心竞争力的能力。

一直以来，日用玻璃企业一直将低廉的成本、庞大的生产规模作为市场竞争优势，而忽视了品牌、技术、设计研发等诸多高附加值竞争要素的嵌入。大部分企业甚至没有一套完整的设计流程体系，产品开发流于形式，市场调研形同虚无，品牌优势无从谈起，组织形式百年不变，以至于在如今规模效应弱化、生产成本上升、产能严重过剩、高端供给不足的市场环境中陷入挣扎求存的局面。

设计质量管理对于日用玻璃制品企业核心竞争力的升级塑造，首先体现在以产品设计为主线的全面质量形塑上，强调以设计创新、质量管理而非价格打造企业核心竞争力。通过全面的市场调研分析、精确的目标客户细分、合理的生产要素分配、优良的营售策略、完善的回收机制，使得产品从设计之初便紧密对接市场需求。其次，强调以产品生命周期设计为核心实施企业资源整合，通过对供应链、生产链和价值链进行横、纵向细分和优化，去除冗沉、烦琐的无用部分，专注于企业自身具有的优势和高附加值环节，在节省成本的同时狠抓产品的设计质量和技术改进。最后，变产品驱动式“行政管理”组织为客户驱动式“质量管理”组织，围绕市场项目，打通企业内、外资源，灵活组建跨领域、跨职能、跨专业的创新团队，创新协同工作方式和绩效考核及福利机制，以适应企业设计质量管理的需要，促进企业组织形态的转型升级。

综合而言，产品生命周期设计、客户导向和组织形态创新，是保障企业实施设计质量管理理念并打造核心竞争优势的关键因素，同样也是促进日用玻璃企业形成价值性、稀缺性、不可替代性和难以模仿性核心能力的制胜利器。

四、设计质量管理体系的构建

1. 设计质量管理体系构建的原则

（1）经济性原则。所谓的经济性原则，并非要求一味地降低成本，提高产出，而是要求设计管理者寻求成本和效益的最佳结合点。对于日用玻璃制品而言，其高投入一直是业内常态。然而企业管理者应该明晰高投入未必会高产出，高质量的产出是以设计为驱动力的附加值的提升，而非产量、规模的扩大。

日本质量管理专家田口玄一博士一直提倡使用廉价的元件通过设计生产出高质量的产品。设计师在设计过程中应始终将经济要素放在重要位置加以考量，尽可能做到依靠设计而非材料提升产品质量。轻量化玻璃瓶罐的发展经验表明，通过对结构的再设计及对造型的精准把握，可以在减少原材料使用的同时增强玻璃的内部应力及外部强度。对于目前的国内日用玻璃制品生产企业来讲，其投入人力、物力、精力最多的是在生产方面，而企业投入相对较少的设计环节对最终质量的影响却最大。山东福隆玻璃科技有限公司的生产经验表明，第一次生产新产品时所产生的废品率最高，设计师往往把这种情况归结为企业生产经验的不足，这是严重推卸责任的表现。由于企业的生产工艺、设备相对固定，所以问题常常会出现在设计环节。在企业开发新产品时，设计管理人员要相应地增加技术评估和设计验证的次数，将质量问题发生的风险系数降至最低。有关数据显示，虽然设计成本只占到总成本的5%，却决定了产品最终成本的60%。设计管理者只有全面协调设计要素，合理分析设计价值，同时要对消费者的支付能力、购买意愿、消费趋势和设计成本之间的关系进行综合探究，才能做到设计质量的低成本、高收益。

（2）系统性原则。系统性原则要求对最终设计质量产生影响的各要素进行统筹把握、链状管理和综合分析，通过整合、协调各个部分的关系使得产品达到系统上的最优化。由于设计质量管理是一个环环相扣且循环往复的过程，任何一个阶段的低质量产出都会对整体质量产生重大影响。日用玻璃制品的设计质量管理涵盖需求、创意、生产、营售、使用、回收等多个质量环节，涉及材料学、工程学、管理学、设计学、市场营销等多个学科，以及客户部、生产部、技术部、设计部、业务部、质检部等多个职能部门，这些构成要素呈现彼此制约、相互交叉的关系。因此，设计上任何一个微小的改变都会引起一系列的连锁反应。如采用新材料进行设计，需要技术部门修改技术参数并改变原料配比，生产部门改进生产工艺、调整生产计划，业务部门制定相应的营销方案，财务部做好资金预算，等等。所以设计管理人员进行设计决策时，应综合考虑技术、市场、时间、资金等诸多要素，从整体上进行设计优化，以确保提升产品最终的设计质量。

另外，设计师在进行具体设计时，也应将其看作一个系统性的工程，与设计相关方保持高效率沟通，确保设计质量的全局沟通，实现业务的无缝对接和整链管理。如进行包装设计时，除了考虑色彩、图案等审美要素外，还应考虑客户的消费习惯、行为特征、生活方式、喜好禁忌，营售质量中的产品的装箱率、尺寸、重量是否易于工人搬运，物流方式对于产品质量的影响，以及包装材料的回收利用率，等等。

综上所述，设计质量管理并非追求某个环节的工作完美，而是在于协调部分与整体的关系。设计管理人员必须将设计过程中所遇到的问题置于整个设计质量管理系统中加以综合考虑，使得设计与市场、设计与创意、设计与生产、设计与营售、设计与使用、设计与环保之间的各要素能够整体统一、相互促进，以实现设计质量管理的系统性提升。

（3）精简性原则。精简性原则是指企业应根据设计质量管理的指标体系，重新对市场调研、设计、生产、营售等相关要素进行审视，在不影响设计质量的情况下，对其进行有效的提炼和简化，以缩短产品设计时间，提升设计效率，降低企业设计投入。

精简性原则首先要求设计质量流程应精简化，设计管理者可参考在工业工程学中普遍运用到的 ECRS 分析法。ECRS 分析法是从取消（eliminate）、合并（combine）、重排（rearrange）、简化（simplify）几个方面考虑产品工序的精简。取消和合并是指设计管理者需考虑工序的重要性和目的，为何完成？是否必要？能否取消？如若不能则思考是否能与其他工作合并。重排是指对现有的工作顺序按照对其他工作的影响程度进行重新排列，缩短工序时间。简化则意味着设计流程、步骤的简化，同时也应考虑时间的成本，减少重复劳动次数。以生产质量为例，通过对包装车间的合理设计规划，可以减少材料重复搬运和员工重复走动的次数，降低了时间成本和货损率。

精简性原则还要求设计管理人员以 5W1H（what：何事，where：何地，when：何时，who：何人，why：原因，how：如何做）的方式对整个设计质量体系中横向和纵向的各要素的效用和重要程度进行细分，综合把握，切忌盲目随意地删减。如在创意质量中省去了客户群体细分环节，将导致设计定位失误，营售重点不明，渠道构建错位，客户使用效果不佳等严重影响产品设计质量的问题。

除此之外，企业应建立设计质量管理通用平台，虽然对于产品而言，每个产品影响质量的因素不同，但对于同类产品来讲，其技术、结构原理、材料、生产工艺等具有通用性。如瓶罐玻璃制品的肩部设计、底部设计对其瓶身强度的影响是相对固定的，设计师可直接借鉴不必再花费大量的时间和精力进行深入探究。企业应根据产品实际情况，搭建设计质量管理平台，实现结构、经验、技术、工艺的有效通用转化。

2. 设计质量管理的指标体系

日用玻璃制品的设计管理指标体系，即将日用玻璃制品价值链、生产链中所有对最终产品质量产生影响的要素进行分析、整合、重构并形成一系列的细分指标，从而指导设计师进行系统设计与实践，以简化设计流程、降低企业生产成本、提高生产效率、综合提升产品的设计质量为目的进行体系构建。

根据日用玻璃制品的客户需求质量、创意质量、生产质量、营售质量、使用质量和环保质量等要素的构成特点，进行纵向的一级指标细分，形成 15 个一级指标、36 个二级指标和 141 个三级指标。通过调研，进一步对设计质量构成要素进行分解、延伸、拓展和补充，构建了日用玻璃制品较为完整的设计质量管理体系（见图 8）。表中所有指标并非单独的个体，而是呈现前后衔接、上下联动、相互递进、环环相扣的体系化内在逻辑，体现出较为严密的组织性、关联性、秩序性。

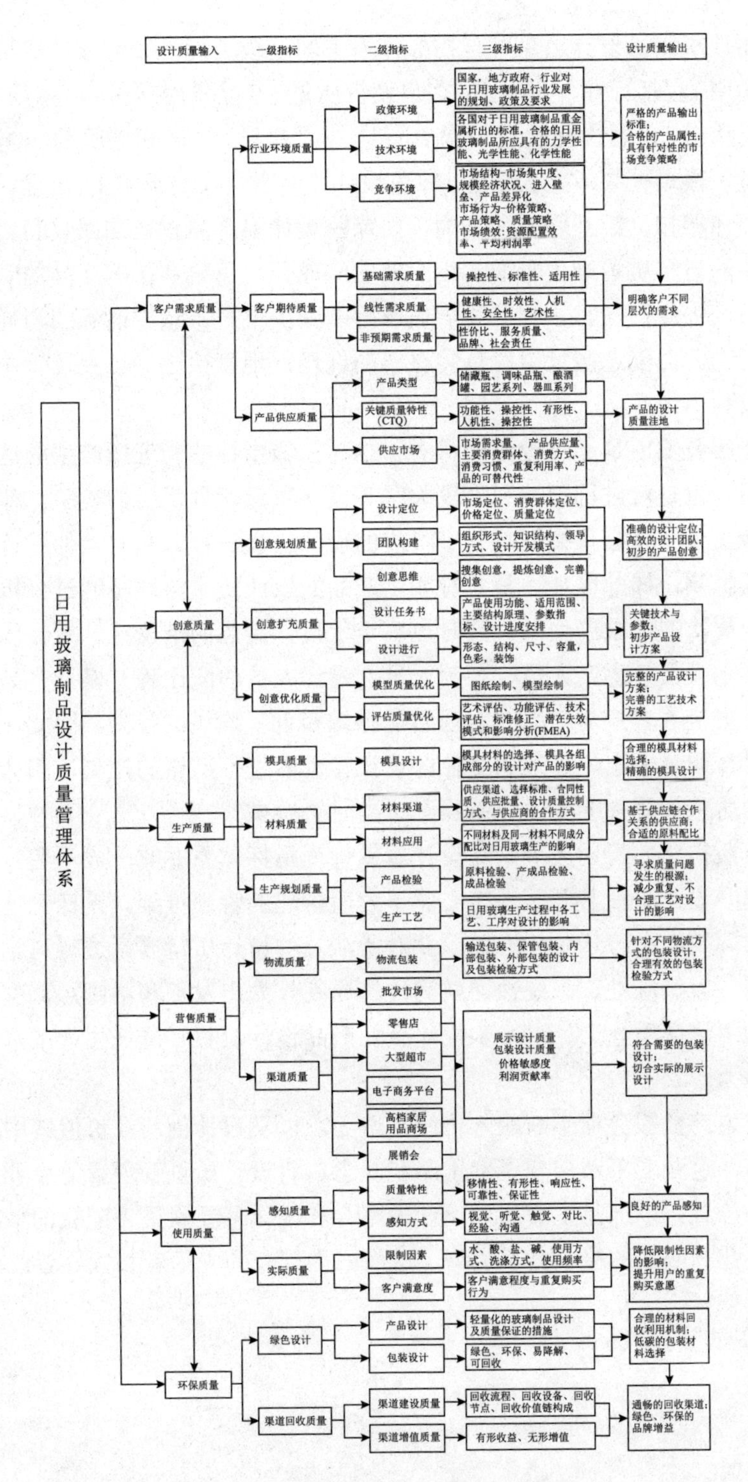

图 8　日用玻璃制品的设计质量管理指标体系

日用玻璃制品设计质量管理指标体系中的一级指标是针对设计质量输入的指向性说明，包括行业环境质量、客户期待质量、产品供应质量、创意规划质量、创意扩充质量、创意优化质量、材料质量、模具质量、生产规划质量、物流质量、渠道质量、感知质量、实际质量、绿色设计、渠道回收质量等 15 个设计指标，各指标环环相扣、相互联系和制约。如绿色设计中产品材料的回收利用，对生产质量中的材料质量产生影响，废旧玻璃的成分、色料会影响产品的颜色、缺陷、应力及强度；同时，利用废旧玻璃可以减少生产质量中能源的消耗，改变其原料配比。而创意质量中对包装材料的选择，则直接影响环保质量中包装材料的回收利用效率。

设计质量输出是通过设计师对一、二、三级指标的验证所产生的达成度和效度，同时也是对过程把控和阶段关联等设计质量管理优劣的检验，即上一阶段的设计质量结果会直接影响下一阶段的设计质量进程，且对其他设计进程产生关联性影响，如此循环往复。譬如，产品的设计质量洼地是通过分析、明确客户不同层次的需求产生的，同时也决定了设计定位的准确性、设计团队的组建（如技术人员、生产人员、营销人员、设计人员的配比等）以及产品创意的扩散，还影响着客户对产品的客观质量感知和重复购买的行为。因此，每一个阶段的设计质量输出，必须由企业的设计管理者进行严格的控制，因为任何一个阶段的质量失效都会导致一系列无法挽回的后果。

以上所构建的日用玻璃制品设计质量管理指标体系并非一成不变，它只是为企业提升设计质量甚至塑造核心竞争力所搭建的管理框架。设计管理者应根据企业实际情况进行增减、合并，并对所涉及的设计质量要素进行科学安排、灵活运用，以经济性、系统性、精简性的原则作为出发点和落脚点，变“生产质量”为“设计质量”，进一步优化企业产品设计流程、降低生产成本、增强市场竞争力。

随着生产性服务业不断融入传统制造业，以及设计创新在价值链中的位置不断前移，企业应不断转变经营思路和观念，将设计质量管理置于企业竞争战略的核心位置。以产品生命周期设计来整合和优化各要素质量配置的效率，从而确立企业和产品的核心竞争优势，进而成为行业的先行者和领导者。

闯五关：在企业创新中管理设计

目前，很多倡导创新立业的设计组织和企业CEO们都面临着两个经营困境：一是如何平衡设计创新行为与商业战略目标之间业已存在的挑战；二是如何创建和开发有利于设计快速响应市场所需的创新结构和管理规范。

设计创造市场是一个过程性行为，设计过程中存在着各种障碍和风险，包括对设计限制条件的挖掘和认知、将想法和概念转变为最终上市产品的技术挑战、说服客户支持和接受新想法的困难、选择与设计创新系统并成功应用到设计过程以规避风险等问题。毫无疑问，成功的设计不是偶然出现的，它是一个需要被有效管理的过程的结果。在通往成功设计的道路上，需要鼓足勇气突破五个“关卡”。

一、阶段关卡：管理设计就是管理流程

虽然设计创意具有“无限多”的思维特征，但真正可以弥补差距并具有商业价值的设计，只有在经过系统持续的沟通、筛选、调整、完善和管理后才能最终获得。设计从市场调研到创意发想再到商业化运作，大致要经过四个大的阶段，包括从概念设计、方案设计、扩初设计到图纸设计的创意阶段，从采购链、供应链、成本核算到生产、装配、打印、建造的成型阶段，从功能、性能、安全、质量到各种系统匹配关系的原型测试阶段，以及从渠道、广告、分销、运输、储存到市场、用户等的营售阶段。设计处在产品创新与商业化营运链条的前端，与以上四个阶段都直接或间接发生着某种关联，没有系统有效的管理，很容易产生设计创新带来的风险。经验告诉我们，产生大量的创意或想法是一件相对容易的事情，但产生具有商业价值的创意并保证其顺利通过整个创新流程是一个很大的挑战。

此外，从组织层面来看，绝大多数设计公司都习惯于按照项目进展的先后顺序来设计组织部门和HR功能。这样看似分工明确的做法，实际上很容易陷入阶段与阶段交接过程中的陷阱，如同接力比赛中交接棒时的“掉棒”情况。为避免这种情形，企业应当学会用整合管理的方式来组织设计活动，打破创新系统内按先后逻辑顺序组织设计的做法，从一开始就要将每个阶段的相关人员

（包括组织内、组织外人员）整合起来，构建出共享和合作的研发团队或设计小组，如采用类似于 SIM（结构化设计管理）的流程管理工具，就可打通设计流程中产生的“阶段关卡”。

二、时间关卡：管理设计就是管理时间

“大规模制造”是工业时代以生产为导向的规模化、标准化制造主流，“少量多样”与“大规模定制”则是信息时代以用户为导向的敏捷化制造主流。面对分众化市场的风起云涌，“弹性生产”与“快速响应”便成为市场制衡的关键。“快速响应（quick response，简称 QR）”[①] 是设计与生产的准时制，尤其在互联网消费背景下，抢夺时间成为最核心的竞争力之一，因为一旦不能快速响应市场需求，在存在可替代同类产品竞争时，就意味着流失掉大批量的用户。快速响应既决定着设计师、制造商、批发商和零售商之间的合作关系和供应时间，同时也决定着创意资源、消费者行为可视化和数据化的占有水平及整合能力，最终决定着产品库存水平的最小化。对快速响应认识深刻并操之有道的企业，往往能够以更低的成本增加销售和获利能力，并且更好地对产品进行定制化分类，以及向用户提供更加优质多样的设计服务。

但问题是，无论设计效率有多高，一天也只有 24 小时，既然时间从不为任何人停留，那最好的办法就是通过创新性的管理来提高组织快速响应市场的能力。在设计过程中，提高时间管理的方法有以下几种：一是针对不断变化的市场，建设基于用户需求的、高效的宽带通信和大数据信息资源应用库，将设计素材、消费行为、用户资源等进行分类数据化管理，随取随用。二是导入模组化设计管理模式，将设计和制造行为模块化、菜单化、组合化，为用户提供可选择、可参与、可体验的“无限多”设计方案库。三是量身定制一个合理的“压茬式”工作程序，并在任何设计项目中严格遵循这一工作原则，通过设计标准化工作程序来提高工作效率，从而有效控制大量无谓时间的支出。四是与客户或用户建立合伙关系，第一时间将成功的且与新设计项目相似的方案交给客户进行沟通确认，做到时刻与客户保持工作联系，努力倾听他们对设计的需求，必要时邀请他们一起工作，将设计风险化解在过程中。充分使客户认识到价格、价值和速度三要素对设计的影响，从而根据客户的最终要求开展工作。

---

① “快速响应（quick response，简称 QR）”是指制造业中的准时制。原是美国纺织服装业发展起来的供应链管理方法，它体现了技术支持的业务管理思想，即在供应链中，为了实现共同的目标，各环节间都应进行紧密合作。

当客户提出的时间期限不能支持设计项目时，不应拒绝客户，而应在第一时间对客户进行说明，并共同商讨一个更为合理的时间计划。五是设计项目开始前，要首先制定一个成熟、现实而严格的分阶段时间进程表，明确每个工作阶段所需的天数，并委派专人监察执行，使得设计团队与客户在项目进行中始终保持合作共享的工作状态。

三、创意关卡：管理设计就是管理知识

支撑创意过程的是包括设计师在内持有不同学术背景的团队成员之间展开的知识交叉。创意过程中最显而易见的是如何筛选、梳理、整合设计问题和创意方案之间存在的种种复杂的知识体系。每个设计师或设计小组的创新工作，从相同的任务起点出发肯定会得到不同的创意结果，并成功反映到相关项目上。设计限制的突破和设计问题的解决，往往依赖于设计师带给这个项目不同的、合理的知识。戈埃尔的研究表明，在“问题构成”“初步设计”“深化设计”和“细部设计”四个设计阶段中，设计师都是参与知识来源的主体。在“问题构成”阶段，大约有 50% 的知识来源于设计师的经验，后三个阶段甚至超过了 90%，这就非常明确地表明了解决创意问题的绝大多数知识是由设计师带入创意设计过程的（见图 1）。

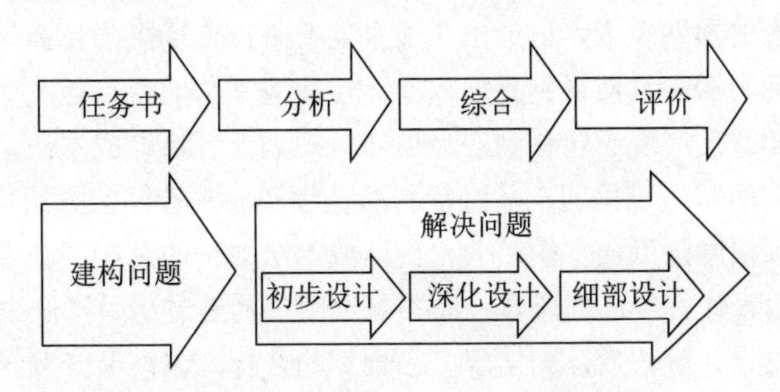

图 1　英国皇家建筑协会和戈埃尔的设计流程

设计师在创意过程中知识来源的类型可谓奇妙和复杂的。在整个创意过程中，设计师应尽量抛开个人观点而及时打开各种“知识仓库”，用可靠性知识喂养大脑，从而获得准确信息。经验表明，设计师的知识来源类型大致包括先例型知识、趋势型知识、反馈型知识、隐性知识、实践型知识、限制型知识、交流型知识和竞争性知识八类。可以说，这些知识的积累程度和交叉运用能力，反映了一个设计师的实力和水平。

与运用常规的艺术语言处理想法不同的是，设计师基于知识的创意必须与企业运营管理的知识需要相匹配。具体来讲，就是商业企业通过确认和利用已有的与可能获取的知识资源，对各种知识进行的连续管理过程，以满足开拓新市场、生成新业务的需要。因此，知识创意的出发点就是要求设计师能自觉将不同知识类型，融汇到从知识获取、知识加工、知识创新、知识可视化、知识交流以及知识交易的各个阶段并加以有效管理，最大限度地将信息与知识作为提高商业竞争力的关键。这样创意的可行性、有效性、市场性才能得以实现。

四、资金关卡：管理设计就是管理投资

对于市场而言，除了少数信奉“质优价高”的高端消费者之外，大多数消费者把“低价质优”和“廉价时髦”奉为圭臬。设计如何在平衡投资方、设计公司和消费者三者之间利益的夹缝中实现创新？的确是个不小的难题。对于设计投资方来说，每一项设计投资都蕴含着新的利润希望，同时，每一笔创新型投资也都面临着无尽的风险，一次投资失误也许就意味着企业的一蹶不振或破产倒闭。

目标成本法是一种以市场为导向，对有独立的制造过程的产品进行利润计划和成本管理的方法。它的出发点是以大量市场调查为基础，根据客户认可的价值和竞争者的预期反应，估计出在未来某一时点市场上的目标售价，然后减去企业的目标利润，从而得到目标成本。目标成本法的特点是改变了成本管理的出发点，即从生产现场转移到产品设计与规划上，目标成本法是一种以市场导向对有独立的制造过程的产品进行利润计划和成本管理的方法[①]。从源头抓起，它具有大幅度降低成本的功效。目标成本法的目的是在产品生命周期的研发及设计阶段设计好产品的成本，而不是试图在制造过程中降低成本。

进入开发设计阶段后，为实现产品规划的目标，以产品开发经理为中心，结合各部门加入的一些人员，组成跨职能的成本规划委员会，成员包括来自设计、生产技术、采购、业务、管理、会计等部门的人员，是一个超越职能领域的横向组织，开展具体的成本规划活动，共同合作以达到目标。成本规划活动目标分解到各设计部后，各设计部就可以从事产品价值和价值工程分析。先根据产品规划书设计出产品原型；再结合原型把成本降低的目标分解到各个产品构件上；然后，在分析各构件是否能满足性能的基础上，运用价值工程降低成

---

① 鹿丽：《对战略管理会计的几点认识》，载《哈尔滨商业大学学报》（社会科学版），2004（4），32页。

本。如果成本的降低能够达到目标成本的要求，就可以转入基本设计阶段，否则还需要运用价值工程重新加以调整，以达到要求。进入基本设计阶段，运用同样的方法挤压成本，转入详细设计，最后进入工序设计。在工序设计阶段，成本降低额达到后，挤压成本暂时告一段落，可以转入试生产。一旦在试生产阶段发现产品成本超过目标成本要求，就得重新返回设计阶段，运用价值工程进行再次改进。只有在达到目标成本的前提下，才能进入最后的生产。①

目标成本的定位应是未来市场，而非目前的市场。供应链成员企业间的合作关系不同，所选择的目标成本法也不一样。一般来说，目标成本法主要有三种形式，即基于价格的目标成本法、基于价值的目标成本法和基于作业成本管理的目标成本法。②

五、沟通关卡：管理设计就是管理冲突

在商业设计的过程中，无论是设计CEO、设计师还是客户，因设计事务造成的观点相左、创意分歧或矛盾对立的抱怨现象普遍存在，甚至每天都在发生。这是设计本身出了问题还是设计相关方的观念出了问题？

来自设计师的抱怨通常表现在：

- 自己感觉“非常棒”的设计，为什么在客户或老板那里却分文不值？而当按照客户思路进行设计时，老板又批评缺乏想象？
- 到处都是庞杂繁多的手头活儿，几乎每天都处在无边无际的加班状态，工作的乐趣在哪里？
- 为什么业务部门天天不用按时上下班薪水还很高，而设计部门天天加班却还要遭受批评？
- 相比起来，虽然收入还算可以，但为什么总是感觉付出的多，回报的少呢？
- 公司口口声声支持创新，为什么绩效考核和评估标准只看结果的成败而忽略设计创新的过程？

而来自客户无休止的抱怨通常表现在：

- 我们在出钱做设计，为什么他们总喜欢在别人面前表现出自命不凡和自我炫耀呢？
- 为什么设计师们总是按照自己的眼光做设计，却很少有人来主动询问我们应该怎么做？

---

① 刘丹：《目标成本法在企业应用研究》，载《中外企业家》，2013（9），71页。

② 冯伟：《供应链成本管理及其方法初探》，东北财经大学硕士论文，20页。

- 我们需要购买和使用符合我们身份和眼光的设计，为什么市场上总是提供那些流水线上的过时产品呢？
- 为什么设计师不能及时对市场的变化和设计目标做出快速而准确的反应呢？
- 为什么设计师自认为他们和我们关系很近，而我们却感觉在被他们误导和利用呢？
- 为什么设计公司总关注产品的外观和功能，却对设计产品的使用便利性、安全性、体验性等置若罔闻呢？
- 我们渴望购买超越我们预料的东西，为什么现在连基本需求都无法得到满足呢？

这些都是矛盾与冲突产生的共性问题。归纳起来，其原因就是在设计师与客户之间存在着一种互为悖论的惯性认知。对于设计师而言，“我们究竟是设计客户想要的，还是设计我们认为客户想要的”；而对于客户来说，“我们究竟是消费设计师最拿手的，还是消费我们认为设计师最拿手的”。双方沟通的不畅，才是造成“设计冲突”和“创意分歧”的主因。如何避免和有效管理这些冲突与分歧，是对专业设计师职业能力高低的考验。

第一，要以良好的人际关系构建为基础，平衡有分歧的创意观点。千万不要把客户设定为难缠的、愚蠢的、顽固的和贪得无厌的。很多客户无暇全身心地投入某个特定的设计项目，他们只关注设计结果；也有很多客户认为自己就是设计师（事实上在“人人设计”的时代，这种看法很正常），在交付设计项目时，他们头脑中已经有了初步的设计概念，只是希望将这些想法变成可视的效果图。遇到这种情况，不要用自己的看法简单粗暴地否定客户的想法，而是先尝试鼓励赞美客户，然后为客户提供三种方案：一种是来源于他的设计方案；一种是你的设计方案；还有一种是折中的设计方案。相信客户十有八九不会再选择和坚持他最初的想法。在设计交流过程中，不要正面发生冲突，而应利用创新的工作方法、工作态度和客户构建良好的人际关系，然后去化解设计观点带来的分歧。

第二，设计前，要确定客户真正的设计需求，并善于通过针对性市场调查、消费观察、集体讨论和模型创建等方式，来验证和纠偏客户需求的真实性和方向性。为他们认真准备一份有吸引力的设计摘要或市场调查报告，以此来博得客户对接下来工作的信任与依赖。

第三，将设计公司定位于一个与客户结盟、具有“伙伴关系”的服务机构，而非一种纯粹具有契约关系的甲乙双方交易关系。此外，设计师在与客户或公司领导进行有关设计会谈时，应充分立足于市场和商业现实，尽量避免讨论不切实际的设计理论。因为对于绝大多数公司领导和客户而言，他们希望得到的不是优秀的设计，而是如何通过设计来满足企业经营策略、适应商业模式变化，以及如何改变投资回报、利润机会、市场份额、创新迭代和缩短销售周期等实际问题。

第四，最大化地设计、利用各种会议和互联网技术，构建客户服务数据库，关注细节，贴近服务，提高沟通能力。

高等设计教育应关注的创新议题

我国高等设计教育系统基本分为三种类型：第一类是综合性的研究型大学，主要以设计基础学科和应用学科的基本理论为主，研究高深学问，培养拔尖创新人才；第二类是多科性或单科性的专业型大学或学院，以各行各业的专门知识为主，培养设计应用型高级专门人才；第三类是多科性或单科性的职业技术院校，以各行各业实用性知识为主，培养生产、管理、服务第一线的设计专门人才。这三种类型中，本应该各从其志，各得其宜，各领风骚，但现实是，大家罔顾现实，一哄而上，千校一面。高等设计教育缺乏办学特色，缺乏精准施策，缺乏与问题接轨，缺乏与社会呼应。

究其原因，是一代代从“美术”体制生产线上培养出来的人才，已经固化为“独此一家、别无分店”的内质化结构，“内卷”化思维让很多从业者几乎丧失了对设计概念的基本判断。不客气地讲，有些人对“design”的理解至今甚至还停留在1786年出版的《大不列颠百科全书》中。230多年过去了，设计早已跳出“文艺复兴”时期美术概念的藩篱，虽依然保留美学的属性和提升大众审美的任务，但设计已经更多地融入经济、社会、文化、生态的创新范围，走向更宽阔的知识综合和专业交叉，并站到了下一个经济社会转型发展的风口上。

一、设计教育面临的窘境

从“设计是什么”的源发性角度来看，不同属性的高校之间缺乏整体规划和分类布局，缺乏特色定位，学科专业从众跟风现象明显，专业设置及人才培养同质化问题十分严重；综合优势较弱，传统学科改造、新兴学科发展和特色学科培育的动力不足，条件不够；人才培养多倾向于单一的“美术”或“艺术”概念，不同程度地存在“培养路径窄化”“培养路径拥堵”和“培养路径依赖”三大问题，专业化与专门化程度较低，与区域经济社会发展不相契合；学科单极化程度明显，跨学科协同发展支撑条件与能力不足。

从设计的价值尺度来看，设计人才的供给与国家产业转型发展的现实需求相脱节；人才培养任务与民生公共服务以及社会责任的需求相脱节；人才培养模式与引领大众审美生活提升的需求相脱节；人才培养规格与强化国家本土意识、传承民族优秀文化和融入国际化等方面的需求相脱节。

从设计的实践属性来看，将设计等同于创意，导致创意无法落地为创新，“好看不中用”“好用不中看”现象普遍存在；习惯性强化“右脑思维”而忽略“左脑思维”，知识的获取普遍片面化，为解决实际问题而急需补强的“系统化思维”“集成创新”和动手能力普遍缺乏；“技术”“市场”“设计”三种创新驱动模式的协同化研究与实践能力明显不足。

目前，应用型高校艺术学科必须重塑设计在国家创新经济领域的重要价值。过去几十年，管理学领域出现了有关“创新”的两大突破性理论：一种是借助于技术突破，实现产品性能的飞跃；另一种是借助于深入分析消费者需求，提高消费市场对产品或服务的满意率。从创新类型而言，前者表现为产品主导、技术驱动的颠覆式创新，后者则表现为用户主导、市场驱动的渐进式创新。传统管理学一个根深蒂固的理论，就是引导人们普遍宣传和认同一个极为错误的观念，即创新主要是指技术上的改进和突破，致使工科等教育类型得以前所未有地发展。它完全忽略了消费者与产品（或服务）因情感因素、心理因素及社会因素形成共情力的内在意义，而产品或服务的内在意义往往是左右消费者深层次选择的隐形力量，必须通过强化设计驱动式创新加以实现。苹果、宝马、阿特米德、星巴克、阿莱西、斯沃琪、三星、宜家、华为等国际品牌都是通过设计驱动创新的模式，完美地诠释了产品或服务的内在意义，在高淘汰率的市场中创造了经久不衰的产品和服务。

目前，中国经济已进入增长速度换挡期、结构调整阵痛期和新旧动能转换期三期叠加阶段，基于产品或服务内在意义进行设计驱动式创新的时代已经来临。高校应突破传统管理学理论教条的束缚，重视“技术”“市场”“设计”三种创新驱动模式的协同化研究，将设计教育视为塑造个人知识体系和获取竞争优势的重点。中国在推进供给侧结构性改革的过程中，必须将设计供给嵌入研发创新的关键部位，针对消费者赋予产品或服务的内在意义进行颠覆式创新，在挖掘消费者深层次需求的同时，从性能、品质、外观到内在意义提高产品的档次与价值。社会转型期需要这样高端、新型的设计师，这也是高等教育主管部门和高校实施设计教育必须面对和担当的责任。

设计教育从业者应高度关注全球创新经济发展为设计学科带来的挑战和机遇，重新定位和理清新发展阶段设计领域出现的种种变化，主动将变化、需求以及社会责任准确对接到新型设计师培养中，为经济、社会、文化、生态可持续发展提供卓越的设计创新人才。

二、产业性设计议题：让设计照亮每个产业

1. “设计农业”

城镇化与可持续食物体系的完美融合是21世纪城市生活品质提升的条件之一。“设计农业”的战略是将健康的食物和种养之美重新引入城市生活，推动更健康的可持续生活方式。这种设计策略对时下兴盛的工业化农业和规模化食品体系提出了挑战，工业化农业种养、生产体系主张将居民与食物资源隔离，这与“设计农业”战略背道而驰。因此，如何通过系统化设计思维，整合当前城市概念化、碎片化的设计与规划，在“城市种养者”与“公共环境美学改造”的巨大潜在需求中，寻找新型农业与新农村、城市发展的设计连接点，是未来城乡设计协同创新发展的关键突破口。

对于处在产业链末端的农业种养而言，随着土地、肥料、人工等生产要素成本的不断走高，依靠单纯地扩大规模已经越来越不是培育良性竞争的唯一选项。相反，以设计创意为主导形成的新型农业转换力，已经开始在全球范围内强劲地融入城乡民众生产、生活和生态的需求结构中，高质化、高商品率和高附加值俨然成为“精致农业”“景观农业”“楼宇农业”“阳台农业”“贴牌农业”① 向新发展的核心要素。

近几年，由庞大的“城市种养者”集团需求拉动的体验式都市农业，在世界各地的城市生活和城市建筑领域风起云涌。美国布鲁克林的“屋顶农场”和底特律市的“生长力农场”、丹麦罗多弗雷的“空中村庄”、中国重庆市的“橙香生态社区”和柳州市的“垂直森林城”、新加坡的“垂直农场”②，等等，都在社区改造、屋顶造田、墙体美化、阳台绿化等领域，拓宽了城市“设计农业”的创新视野。同时，由“公共环境美学改造”带动的城市生态建设需求，也催生着传统种植业快速延伸到城市“绿色雕塑”“活态公共景观”“可食用景观”等生活美学领域中。

将设计学方法运用到“模块化种植”“分散式种养”系统中，充分调动农业科技的力量，发展传统人文生活智慧对“设计农业”的涵养作用，当是未来都市农业发展与设计教育所应关注的优质选项。

---

① “精致农业”“景观农业”“楼宇农业”“阳台农业”和“贴牌农业”等概念的提出和实践，是传统农业经过功能与审美的理念化改造而融入城市体系的多元化尝试。在这一过程中，设计起到协调传统农业种养体系与城市生态体系、食品健康体系混融的重要作用。

② “垂直农场”这一概念最早由美国哥伦比亚大学教授迪克逊·德斯帕米尔提出。德斯帕米尔希望在由玻璃和钢筋建成的光线充足的建筑物里种植本地食物。

2. 柔性制造助推设计提升

纵观国内市场，从汽车、服装、日用品到机械设备、原材料，各行各业的制造柔性化进程都在加速，企业面临的多品种、小批量的订单越来越多，交货期也从月变为周，设计创新及生产制造的速度也都在加快，势必倒逼很多行业的生产模式发生转变。在未来的中国，以规模化、大批量、低成本取胜的劳动密集型产业将进入大规模生产制造模式的改造期和优化期，过剩产能将进一步分解消化。以“虚拟化、小批量、定制化、优设计、多品类、快制造”为表征的柔性、弹性制造模式，将逐渐替代规模化刚性生产模式，订单决定产量、设计决定需求的市场将大规模兴起。

柔性生产模式的创新必将反推设计创新水平的提升，而设计创新的完美实现又必须依赖科技创新的实力。换句话讲，一个国家科技创新的实力决定着设计创新与生产模式创新的广度和深度。因此，要推进“中国制造2025”战略的顺利实施，生产模式创新是基础，设计创新是条件，科技创新是根本，三者缺一不可。可以说，三者集成创新的程度决定着中国制造业新一轮转型发展的速度和质量。

将设计集成到柔性制造和技术创新中开发新产品的观点，正逐渐被越来越多的产业和企业所认可。拆开来看，设计与柔性制造两者的关系，具体体现在包括“精益生产（LP）”“并行工程（CE）”“工业工程（IE）”“敏捷制造（AM）”和“智能制造（IM）”五种柔性制造方式在内的连接关系上。五种柔性制造方式虽各有侧重，但都将设计价值放在特殊且必要的环节加以融合渗透。“精益生产（LP）”强调设计与生产、营售主要环节的高质量连接；“并行工程（CE）”突出产品链上游设计阶段与下游供应链各阶段功能的协同效能和可追溯功能；“工业工程（IE）”注重产品设计开发过程与工程技术、工作系统标准的有效对接；“敏捷制造（AM）”强调设计创新与适应各种变化的快速要求的匹配性，并以动态灵活的组织结构和充分发挥技术、与设计有关人员的高度柔性集成为主导；“智能制造（IM）”则强调智能技术和创新专家共同构成的人因系统在工程设计、工艺过程设计、体验设计、故障诊断等方面实现智能化制造。

此外，设计与科技创新两者的关系属于“一枚硬币的两个面”，谁也离不开谁。目前，科技创新的方式和速度对于促进设计语言、新兴业态多元化起到了决定性作用。例如，信息技术领域中的集成电路、云计算、柔性显示、车联网、物联网、智能终端、可穿戴、机器人等技术，带来了人工智能、无人汽车、可穿戴设备、日常用品智能化设计，以及由此催生出各类智能创新产业；清洁能源领域中对太阳能、风能、生物质能、智能电网等可再生能源的民主化进程，带来了零耗能建筑、新能源汽车、绿色设计、生态设计以及裂变出可持续发展产业；新材料领域中的纳米、碳纤维、高性能纤维、膜材料、石墨烯等，带来了建筑、产品、展览等各类设计，以及由此衍生出各种新材料主导的新兴产业等。

基于此，世界很多知名大学都在更新和改进设计教育理念，并付诸行动。美国麻省理工学院媒体设计实验室是全球智能硬件的策源地，知名的可穿戴设备谷歌眼镜就诞生于此。其教学特别注重在科技、设计与用户颠覆性创新方面的交叉引导，倡导技术与设计的人性化探索，产品设计研发更加注重智能硬件研发与挖掘用户需求以及体验设计的协同性。日本九州大学为保持制造业活力，着手在原有的以性能、信赖度、价格为产品价值轴的教学基础上，提出用户“创造感性价值”理念并贯穿于课程体系建设与实践中。宁波诺丁汉大学进驻中国短短几年，其设计教学强调对日常生活现象进行观察，以及将设计思维融入对问题从发现、推理、验证到解决的能力锤炼，赢得了学生的好评。2015 年，该校工业设计专业的 13 名学生在美国国际设计大奖赛和意大利 A 设计大奖赛两项国际顶尖设计大赛中横扫 12 项大奖，其中一名学生个人独揽 5 金 2 银 1 铜。新加坡高度重视设计与科技对国家竞争力的影响，刚成立的新加坡科技设计大学（简称 SUTD），与美国的麻省理工学院和中国的浙江大学一起合作办学，设有工艺与可持续设计、工程产品开发、工程系统与设计以及信息系统技术与设计四个系。其专业结构、课程设置都着重于设计、工程技术与实践应用的高度结合，迎合了当下与未来世界创新发展的方向，与其他大学形成强烈对比。

3. 服务设计

调查表明，欧美发达国家服务业占 GDP 的比重超过 70%；而在中国也已经超过 40%，并保持着快速增长的势头。在服务经济时代，工作空间、办公环境等被融入体现顾客花费在每一个触点和行为构成的价值系统中，并被赋予了新的设计意义。服务设计是一种基于服务顾客价值链需求的可让渡设计系统，又称为服务价值让渡设计系统。具体而言，就是围绕顾客需求这个中心，通过改善设计使顾客价值链上的每一个因素优化成为顾客让渡价值增加的驱动因素（见图 1）。服务价值让渡设计是传统设计领域在后工业时代的新拓展，是设计概念的全方位实现。服务价值让渡设计的本体属性是人、物、行为、环境、社会之间关系的跨专业协作和系统整合，其目的在于为顾客创造有用、好用且希望拥有以及为组织创造有效、高效且与众不同的服务，进而营造更好的体验，传递更积极的价值。

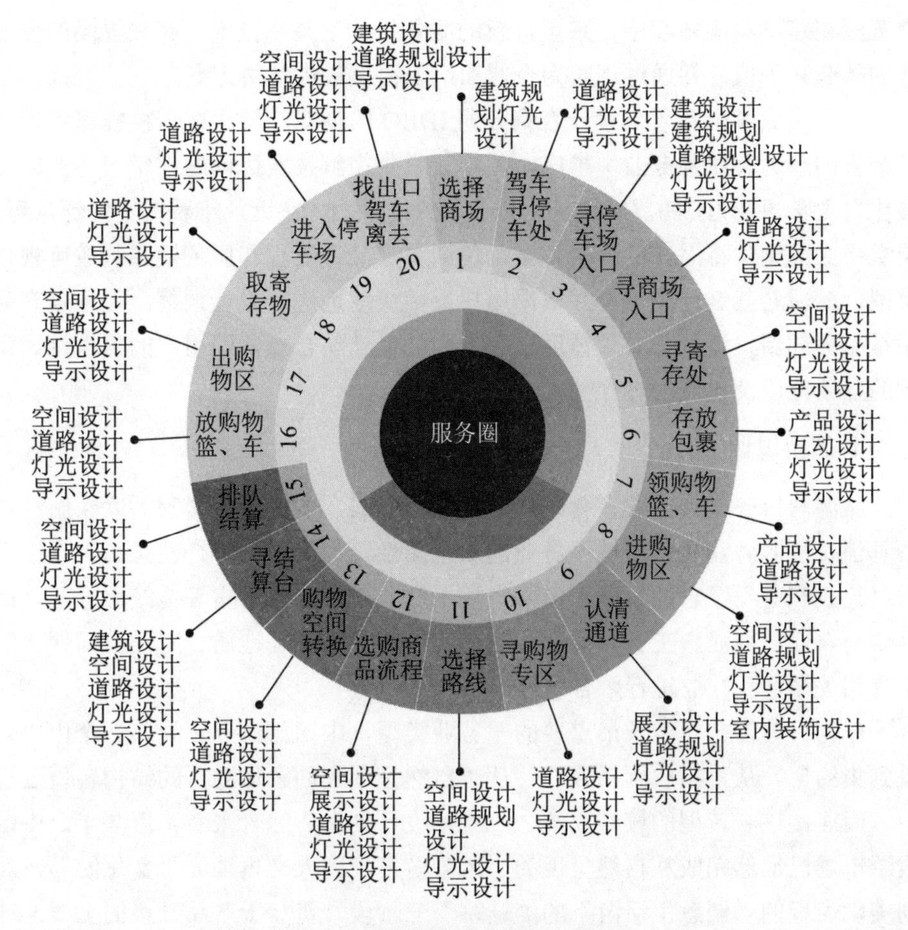

图 1　山东省济南市银座商城服务设计的流程

服务价值让渡设计致力于为终端用户提供全局性的服务系统和流程，既是设计、管理、程序、工程技术等的知识综合体，又是视觉、空间、环境、产品、数字媒体等门类的设计集合体。服务价值让渡设计研究和实践前沿的一个突出特点是服务设计理念在城市社区治理以及社会公共事务管理中的应用，所涉及的领域包括零售、通讯、银行、交通、能源、信息、科技以及政府公共服务、医疗卫生，等等。服务价值让渡设计系统包括五个维度的研究内容，即空间环境价值让渡设计、产品价值让渡设计、流程价值让渡设计、情境美学价值让渡设计和品牌形象价值让渡设计。只有提供和实施富有差异化、竞争性的服务价值让渡系统解决方案，设计才能变得更加卓有成效。

服务行业占英国经济的 75% 左右，英国皇家艺术学院适时推出了跨学科的服务设计课程，它包括为期两年的硕士课程以及相关博士课程。学生可以完全沉浸在跨学科的环境中，掌握最新的服务设计工具和技术，有效提高改变服务的体验和价值，并通过调研为企业和组织提供最优解决方案。

斯坦福大学借鉴著名设计咨询公司 IDEO 的创新经验，在全校提出“设计思维”的理念并在各专业中推广，倡导让学生在解决实际问题中学习，并以此强化自主学习能力、跨界合作能力以及同理心教育，在近几年获得了广泛认可。课堂中鼓励学生将潜在的解决方案，包括将产品、流程和服务模式制成可视化模型，然后对其进行测试，并根据用户反馈快速地进行设计调整。无论是产品还是服务创新，课程都必须体现三个方面的最佳结合点，即用户的需求性、商业的延续性以及科技的可行性。

4. 旅游设计

旅游与每一个人的衣、食、住、行、用、娱、购等生活紧密关联。旅游业兼具消费性服务业和生产性服务业的双重属性，作为一个综合性强、关联度高的“集成产业”，它的发展不仅要依托于商业、交通、食宿等传统服务业，而且要与农业、林业、工业、商业、文化、体育、水利、地质、海洋、环保、气象等相关产业和行业进行融合发展。

作为扩内需、保增长最重要的服务业类型，中国旅游业正处在一个由“规模到集约”、从“粗放到精致”、从“自然呈现到创意体验”的结构转型过程中，而连接这一转型的核心要素之一就是设计创意。综合来看，近些年，中国旅游市场已悄然完成从自然呈现的“风景游”，到人文再现的“文化游”，再到美学表现的“创意生活游”的“蛙跳”三阶段。贯穿于产品升级的主线，就是自然形态、文化形态、生活形态与创意形态的相互融合。

目前，全球各式各样的文化形态正以创意的、有形化的形式不停地转移到世界各地，快速地走进不同的生活空间。文化只有在不同物质空间中被压缩打包，并通过文化创意和展示设计的手段呈现出来，旅游的消费价值才能得以彰显。当今的文化展示不再局限于美术馆、博物馆或其他专用展览渠道，文化的内在意义已被包装成各种吸引人的“故事”，并通过规划和设计载入风景区、街巷、建筑、城乡景观、公共设施、屏幕、商品以及各类艺术或工艺商品中。文化的流转反映了人们对文化消费的渴望和对品质生活的追求，而满足高品质生活需求的唯一手段就是设计。

体验经济学认为，消费者进行消费时，购买的是一种精神文化生活体验，它们来自企业提供或打造的特殊氛围下的一系列值得回忆的环节，而不仅仅是单纯的产品或者服务。近几年，在中国台湾兴起的创意生活产业，就是这样一种围绕一定的主题主线，将以传统旅游业为主体的不同产业形态融进创意生活产业领域，突出设计的统领作用，通过创意设计的提升与形象的重塑，使传统旅游产业脱胎换骨，以消费者的深度体验与高品质审美感受为产业界新的追求目标。创意生活产业强调传统文化的重要性和地方资源的依赖度，重视设计创意与日常生活紧密对接所呈现出的文化特色和品质生活，为现代人提供具有深度体验及高质美感的产业形态。设计创意与文化生活的紧密对接，是实现由“风景游”初级产品，到“文化游”中间产品，再到“创意生活游”终端产品发展的必由之路。

从产业经济领域发生的深刻变化，以及设计推动这些变化所发挥的新的功能与价值来看，高等设计教育都必须沉下心来，正视经济领域变革给知识创新、知识传播以及人才培养所带来的渠道重组、流程改造和模式创新，并以此推动高校组织结构、资源分配、条件保障和社会网络等各方面的变革与优化。例如，根据产业链拉推与集聚的特点，单科院校是否可按产业链布局专业群，形成上下游集聚、联系、流动的“知识蓄水池”，将各类机构、人、知识、信息等资源进行整合、重组与分配，构建机构可抱团、专业可群组、教师可合作、学生可选择的开放型知识管理新格局。同时，面对行业、产业越来越细分的现实，应用型和研究型高校设计专业应找准并聚焦可服务的产业门类、研究对象，实施“缝隙化战略”[①]，变“大而全”为“灵而专”，形成着眼细分、聚焦差异、打造特色的学科专业发展格局。

三、包容性设计议题：为 90% 的人而设计

设计为谁服务？管理学中常提及的“二八铁律”[②]，当映射到一个国家的社会财富结构上时，往往被描述为：20% 的富人掌控着 80% 的社会财富，而 80% 的平民却只占有 20% 的社会财富。但近些年，随着全球边缘政治抬头以及经济衰退、分配不公和权力贪腐等社会影响因素的加剧，“二八铁律”的基础已经松动，全球呈现出较为严重的“一九定律”。90% 的社会财富开始集中

---

① “缝隙化战略”出自哈佛大学教授迈克尔·波特的“五力竞争理论”，主要是指企业要主攻某个特殊的顾客群、某产品线的一个细分区段或某一地区市场。传统的大而全、小而全的企业在竞争中很难发展，要学会放弃某些增值环节，从自身的比较优势出发，选择若干环节培养并增强其核心竞争力。

② 其由 19 世纪末 20 世纪初意大利经济学家巴莱多发现。他认为，在任何一组东西中，最重要的只占其中一小部分，约 20%，其余 80% 尽管是多数，却是次要的，因此称之为“二八铁律”，应用范围较广。

到 10% 的富人口袋里，距离理想化的“橄榄型社会”越来越远。当全球 95% 的设计师都竭尽所能在为全球最富有的 10% 的人服务时，有多少人关注过另外 90%（包括特殊群体）的平民对设计的需求？中国高校中的设计教育应该有更多为社会和民众谋福祉的责任担当，主动去寻找、破解处在中国经济社会转型期，那些被忽略的大多数的受众群体（包括特殊群体）的需要，为他们提供更贴心、更温暖的包容性设计创新路径。

1. 设计减贫与扶困

设计的最高目标是为了改善、满足和丰富人类物质生活与精神生活，在提高生存、生活质量方面提供切实可行的解决方案。对于生活在边远地区物质贫乏的人来说，设计的重点不在于产品外观的美化，而应首先考虑的是性能、人本和价格。

2015 年 8 月，联合国 193 个会员国的代表就“2015 年至 2030 年可持续发展议程”达成 17 个方面的目标共识，标志着人类社会第一次就发展的概念达成了共识，具有划时代的意义。从内容上看，它可以归结为五大类，即人、地球、繁荣、和平和合作伙伴，是一张旨在结束全球贫困、为所有人构建尊严生活且不让一个人被落下的路线图。中国政府也提出在第一个 100 年到来之时，要让 7 000 多万的贫困人口全部脱贫。

我们在反思这些以减贫为目标而采取的国家行动时，不由得对设计的社会价值趋向产生深度追问。比如，如何运用设计参与区域性扶困减贫活动？如何运用设计参与粮食安全、改善营养和促进可持续农业？如何通过设计提升健康的生活方式、促进各年龄段人的福祉？如何确保包容性和开放的设计教育供给，促进社区享有学习机会？如何提供清洁用水及与环境卫生有关的产品和建筑方案？如何通过设计提供负担得起、可靠和可持续的新能源解决方案？如何设计开发具有包容性、安全、复原力、归属感和可持续的城市和平民居住区？如何保护、恢复和促进可持续利用文化生态系统以及传统文化资产，通过设计遏制文化多样性的丧失？如何对包括残障群体、弱势群体和边缘人群在内的特殊人群进行设计关怀？如何通过设计来探索参与应对气候变化及其影响的行动？等等。①

人口减贫是一件需要长期坚持的事情，发现问题并想办法解决是设计学科的使命。那么，这些沉甸甸的国家承诺和全人类共同的行动纲领，究竟应不应

① 参见《2030 年可持续发展议程》，该议程由联合国 193 个会员国在 2015 年 9 月举行的历史性首脑会议上通过，主要任务是在未来 15 年实现 17 项可持续发展目标。

该成为高校设计教育新的课题和新的发展定位呢？在设计学科建设和专业交叉研究中，又有多少高校去真正认真思考这些问题并拿出具体行动方案了呢？

另外，频繁发生的自然和人为灾害也成为全球普遍关注的焦点，它使人类更加关注自身的生存环境与生命安全，“设计减灾”的命题同样值得高等设计教育对其进行深入的思考与研究。无论是地震、洪水等引发的自然灾害，还是战争、瘟疫等引发的人为灾害，在一个灾害常发的地区，设计教育应该放下花架子，认真思考防灾减灾对社会、社区和每一个公民所产生的重要意义，将防灾减灾的研究成果与建筑、产品、服装等设计意图保持紧密的联系，通过跨学科研究来提供解决问题的方案，让设计方案干预从灾前预防、灾中救援到灾后重建、恢复的全过程。

2. 设计带动就业

设计本身是人类特有的、有预见的、合目的性的、合规律性的价值创造活动，它通过构思和解决问题使原有的事物得以更新、增值和发展。设计公司的小型化、参与性、成长性和广泛性的特点，给社会带来了大量的就业机会。同时，设计与科技及其他产业的高融入性和高嵌入性是加速新业态催生和裂变的根源，促使产业结构与产品结构的调整，并不断带来新一轮的劳动力流动。设计需求和创新速度的加快，致使大量劳动力以较低的成本，沿着一个个设计创新带来的机会，不断向新的生产领域或者生产率高的区域进行流动。流动过程中，劳动力的职业、技能与知识水平得以锤炼提升，并不断从传统产业部门向高科技、高技术、高知识水平的融合产业部门流动，在一定程度上实现了劳动者素质和就业结构的升级。近几年，在国家扶持、推动中小企业创新创业发展的进程中，以设计创意、设计咨询、设计制作、设计推广、设计管理为业务主导的中小型创新公司如雨后春笋般涌现。尤其在设计产业与其他产业融合发展方面，设计跨界服务型企业更是星罗棋布、漫山遍野地成长起来，极大地推动了相关产业的发展和新市场的形成，产生更多的就业岗位来吸纳从各行业释放出来的劳动力。

2016年8月，笔者去藏南调研设在地广人稀的藏区小村里的诺乐（Nortlha）公司。在这个以牦牛绒手工设计为主的国外独资企业，聘请了多位手纺工艺匠人和欧洲时尚设计师进行产品捆绑式创新，雇佣当地人进行加工生产并参与管理，开发的服装、围巾、鞋帽、饰品统一贴牌销售，服务于像爱马仕等这样的国际大牌。这在不增加草原负担的前提下，为当地藏民提供了一个可持续性的就业机会，帮助藏民在增加收入的同时，开阔了视野，提高了技能，也改变了他们原始游牧的生活状态。

3. 设计预防犯罪

1971年，C. 雷・杰福勒在他的《通过环境设计预防犯罪》一书中首次提出了“通过环境设计预防犯罪（CPTED）”的观点。其要义是妥善设计和合理利用建筑物环境能够降低对犯罪的恐惧和犯罪的发生，提高人们的生活质量。[①]近年来，地铁性骚扰、盗窃、暴力等犯罪逐年增多，成为严重的社会问题，也引发了市民的不安，韩国首尔市政府为了遏制犯罪势头，首次在公共交通领域引入“通过环境设计预防犯罪”的设计手法。根据该设计，等候地铁的双侧站台将各建一个长5m、宽2m的安全区，安全区内安装电视墙、报警电话、紧急报警器、大型镜子和监控器，犯罪发生时不但能予以迅速处理，还可以从心理角度遏制犯罪。在行人稀少的夜间和清晨乘坐地铁的市民会从心理上减轻对安全的担忧，并对犯罪分子起到震慑、预防的心理作用。此前，首尔市特意在单身女性和外国人密集地区，以及传统市场和公园等地也成功运用了犯罪预防设计，取得了良好效果，大大提升了城市安全、文明的形象。

在预防犯罪领域，设计学与法学、犯罪学、心理学的交叉越来越多，设计预防犯罪的宗旨是将预防手段前置，通过建筑规划、智能产品、公共产品、广告以及安全系统、报警系统和监控系统等的设计研发，限制、克服各种犯罪诱因，及时消除各种不安定因素。目前，这一前沿学科在欧洲高等设计教育中发展迅速，但在中国仍是空白。

4. 益老设计

《世界人口展望（2019年修订版）》的数据显示，到2050年，全世界每6人中，就有1人年龄在65岁（16%）以上，而这一数字在2019年为11人（9%）；到2050年，在欧洲和北美，每4人中就有1人年龄在65岁或以上。与上述发达国家“先富后老”的境况相反，中国是“未富先老”，这是我们社会发展的现实。2020年，中国65岁及以上的老年人约有1.8亿人，约占总人口的13%。2025年“十四五”规划完成时，65岁及以上的老年人将超过2.1亿人，约占总人口数的15%。如果按照65岁来算，西方老龄化程度为2.1%，中国老龄化程度为3.3%。目前中国65岁及以上的老年人占全国人口总数的11.5%，也就是说，在100个人里面就有接近12个是老人，是名副其实的老龄化国家。

---

① 崔海英：《以美国校园暴力防控为视角解读环境设计预防犯罪》，载《青少年犯罪问题》，2011（3），67页。

因此，中国接近两个亿的老人，为设计师打开了一扇充满机遇的大门。老年产业及其派生出的消费品市场是非常大的，可以计算一下，一名老人假设一年消费 6 000 元，那么，到 2025 年，中国大约有 12 000 多亿元的消费空间需要设计师去引导和开发。

社会是教育的镜子，教育是社会的影子。作为高等设计教育的规划者和执行者，不能将人才培养置身于社会生活的动态变化之外，或者不能简单地将设计教育理解为瞄准就业和盈利能力提升的功利趋向，应当时刻将“满足需求，而不是满足欲望”作为高等设计教育的责任坐标。增强基于社会责任的设计教育，不仅是培养设计师情怀和参与社会能力的抓手，而且能通过鼓励学科专业跨界交叉，进行人文社科研究并付诸教学实践，解决社会民生关注的问题。使得设计教育始终与社会生活保持鲜活的连接关系，激活设计专业新的增长点和学科活力，为形塑高校特色办学、差异化教育和可持续发展提供战略支撑。

四、约束性设计议题：倡导“从摇篮到摇篮”① 的协同设计

毫无疑问，全世界都在关注我们所生活的地球上正在发生的变化，例如，气候变化、资源枯竭和水资源缺乏，可持续性设计已成为越来越多的设计师和教育机构所采用的先进理念。今天，坚持节约资源和保护环境的基本国策，坚持可持续发展，推进美丽中国建设，俨然成为时代发展的最强音。安德鲁·达尔顿将可持续生活定义为：在不耗尽任何自然资源、不违背任何伦理考量、不威胁任何可持续生活方式发展的基础上，解决人类的基本需求——住房、服装、食品、医疗、教育、能源、交通和休闲。可持续设计是一种构建及开发可持续解决方案的策略设计活动，可从点、线、面、体四个方面加以解释。

可持续设计的“点”是指产品的功能、材料、质量、开发周期和成本，将其在制造过程中对环境的总体负面影响减到最小，使产品的各项指标符合环保要求的“绿色设计”；可持续设计的“线”是指在产品设计的初始阶段，就要与生产制造、供应链、运输、储存、分销、用户使用、维修、报废回收等相适配，将产品的生态质量纳入生命周期的闭环中，体现“循环设计”的特点；可持续设计的“面”是指产品在生命周期循环的每一个动态环节，都要均衡考虑与经济、环境、伦理、社会等因素相契合的“生态设计”；可持续设计的“体”

① “从摇篮到摇篮”设计方案是设计和生产活动完成生态效率到生态效益转变的典范。由学者迈克尔·布朗嘉和威廉·麦唐纳在《从摇篮到摇篮：绿色经济的设计提案》一书中提出，对许多设计师的思想产生了深远影响。

是指在协调人、地球、利润三者之间相互依赖、相辅相成过程中的可持续创造活动。今后，创造既能满足人们的需求，又能兼顾资源稀缺和环境问题的产品将成为卓越的标志。高校设计教育应在可持续设计方面尽早找到专业发展坐标，而不是仅仅限于理念或课程。

体现在绿色循环设计方面的可持续性设计，其设计重点表现在产品的全生命周期和生产链上。产品生产链设计贯穿于产品设计开发的始终，主要包括市场调研、规划、设计、生产、装备、运输、储存、营销、用户使用、回收等环节。产品生产链需要通过对产品设计的整体规划，将绿色的指标量化体系放置到生产的每一个环节中。产品生产链中每一个环节的操作都可能会对环境和社会造成负面影响，因此需要在设计前端就进行全产品链的系统化约束，形成生态质量可回溯的设计体系管理。

体现在生态设计方面的可持续性设计，其设计重点表现在生态设计的基本内涵与策略方面。在工艺、设备、产品及包装物等的设计中，应综合考虑资源和环境要素，尽量减少资源消耗和环境影响，增加废弃物再利用和资源化的可能性。通常采取的生态设计策略主要有循环设计策略、模块化设计策略及节简设计策略等。循环设计策略就是利用相关产品的最终废弃物为原料重新设计新产品的方法，其关键是产品废弃物的回收再利用问题。模块化设计策略其实就是将产品设计标准化，易于拆卸、易于组装，使产品的一部分组成可以延长产品生命周期，另一部分换新后仍可与未报废的部分配合使用。例如，圆珠笔就是模块化设计的典型例子，笔杆可以长期使用，笔芯的设计则是标准化的。模块化设计可以延长产品的使用寿命，既节省了能源和资源，又可以减少最终废弃物[①]。节简设计策略，顾名思义就是将节能意识纳入产品设计的理念之中，设计之初，尽可能简化设计外观样式，减少不必要的功能、零部件数量和复杂工艺，减轻产品重量，产品设计不因片面追求时髦而浪费资源。

五、差异性设计议题：让生活美学之花开遍“设计山坡”

在中国经济社会进入新一轮换挡发展期，我们需要跳出物质文化单向研究的藩篱，更加注重风格、商业、品牌和个性认知之间的相互关系。在经济和社会领域，公众已经开始把注意力转向诸如创造艺术美感、渴望情感交互、富有教化的故事编叙、寻找快乐的共情力、探求生活意义与理想化等高感性文化心

---

① 徐可：《生态设计：营销的致胜法宝》，载《环境》，2001（1），1页。

理的愉悦和满足。以高品质生活价值为根本架构起的日用美学体系，已经冲破了传统艺术哲学意义上的概念边界，走向运用一切综合创新来创造感觉反应的文化。事实上，通过文化类型、元素重组发生的化学反应，正是今天感觉辨识度、美学多元化和生活多样化的来源保证。文化不再是艺术创作本身狭隘的专指，而是在美学多元化时代，对生活、工作与感官乐趣以及体验意义之间关系的形塑。美学的运用领域不再局限于社会、经济或高端艺术领域，也不再局限于一些场合或行业，或者仅仅为了宣扬权力、影响或者财富进行设计。新的生活价值系统离不开文化资源的持续输入，并与各类产品、服务的生产输出组织紧密连接，只有将文化与设计策略的制定、商业模式的创新相融合，才能彰显出产品或服务的特色与活力。

文化资源是创意设计的基础。城乡战略规划或设计策略的制定必须重视在地文化与城乡特色的打造。城乡作为人口的生产生活空间，其功能已经由单一的生产制造发展为多元的文化体验。城乡中语言、风俗、习惯、信仰、生产生活方式等文化异质的多样性，以及创造文化精神产品的自然、生境、思想、观念、审美、道德等文化情境的多元性特征，是城乡脱离同质化形貌和标准化改造，协同产业融合发展，提升现代服务业品质的重要战略资源。当城乡中的产品、服务或是生活空间、公共空间等成为承载一个地域特色文化的特殊载体时，不仅有助于塑造城乡的个性、主题、品牌以及美学价值，还能吸引公众进行特色体验和个性消费。这种体现城乡在地文化特色的产品或服务，在强化公众对居住地文化自信和认同的同时，也实现了撬动当地经济的作用。

我们认为，文化观念是设计的基础，设计是文化的物质与精神、智力与情感等的外在表现，它通常是指受文化支配所产生的意图成果或实践成就，是文化得以保护、转化、再生、传承（播）的重要力量。文化深刻地影响着设计的发展，它决定了设计的方向、设计的样式、设计的风格、设计的观念，以及设计价值、设计政策、设计战略、设计领导力等诸多内容，而设计的程度也不同程度地影响着文化的支配力量。毋庸置疑，设计问题就是文化问题，一个国家的设计综合能力越强，其文化的实力也就越强。因此，从价值属性上来说，国家文化软实力是设计软实力的“母体”和“坐标”，而设计软实力则代表和决定着国家文化软实力的整体形象和话语水平。

下篇

设计产业管理

投资设计：对设计企业并购潮现象的思考（2008—2015年）

设计企业的频繁并购现象出现在2008年金融危机以后，全球经济无论是发达国家还是新兴市场国家均面临着结构性改革与转型的压力。发达国家吸取了经济过度虚拟化的教训，力图重振制造业，向价值链上游环节寻求突破，追求附加价值和品牌效应。新兴经济体则力图通过产业升级和对外直接投资，横向扩展、纵向延伸产业链，从而突破传统国际产业分工秩序对产业发展空间的约束。[①]在危机、科技以及创新需求的共同作用下，设计在价值链中的地位和作用日益突出，设计企业一改过去由单一提供设计服务，到开始形成“前端设计＋后端制造”全产业链服务，深刻影响了设计行为、设计业务和设计组织结构，设计逐渐成长为驱动创新发展的重要因素。一些国家和地区也开始把设计纳入国家创新战略体系中，将设计创新视为国家竞争力的组成部分，并出台了诸多支持设计产业发展的政策。

在此影响和推动下，国际社会开始普遍转变对设计的看法，并得到资本市场的认可，被制造业、科技业巨头收购似乎成为设计企业的最佳选择。前田约翰（John Maeda）的《技术设计报告2019》显示，2004年到2019年期间，全球有100多家设计相关公司被收购，其中60%的设计相关公司是自2015年以来被收购的。通过资本资源重新配置来推动企业的创新战略与设计机制，能够主动地应对不断变化的商业环境。

一、设计企业并购的总体概况

企业创新要素从传统的以技术为主，逐渐转向包括设计、科技与资本运作等多种要素在内的综合创新体系。在这个过程中，企业认识到设计处于产业链的上游高端位置，不仅具有高知识性、高增值性和低能耗、低污染等特征，而且对于提升产品或服务品质、增加附加值、塑造品牌与提升市场竞争力都具有战略价值。随着企业对设计的关注度和依赖度不断提升，设计企业成为资本市场的热点，其兼并、收购、重组事件在业界不断“上演”。

---

① 刘世锦、余斌、陈昌盛：《金融危机后世界经济格局调整与变化趋势》，载《中国发展观察》，2014（2），19页。

这里所指的设计企业，特指独立设计服务企业，即提供设计咨询、工业设计、产品设计、建筑设计、景观设计等服务的组织部门。

根据清科数据库、前瞻网数据库、投资中国数据库、Morning Whistle、投资潮数据库和讯网等渠道，共整理出符合要求的195个案例，虽然不能形成完全统计，但也基本反映了2008年金融危机以后，行业企业与设计企业、设计工作室间实施并购的基本趋势。从图1中可以看出，2008—2015年间，设计企业并购呈现逐年上升的态势，其中2008年5例，2009年6例，2010年8例，2011年16例，2012年19例，2013年34例，2014年52例，2015年55例。

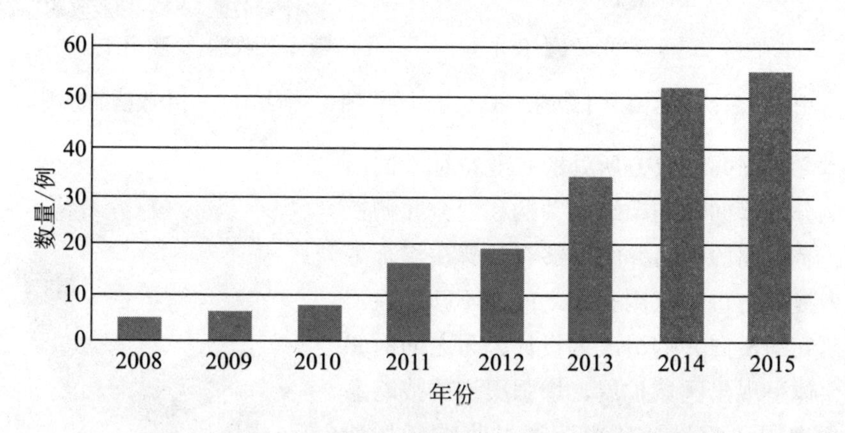

图1　所统计案例中2008—2015年设计企业并购的数量

从并购的形式上看（见图2），采取兼并形式的共有27例，占所有案例的14%；采取合并形式的共有2例，占所有案例的1%；采取收购形式的共有166例，占所有案例的85%，是设计企业并购的主要形式。收购中全部收购的有77例，占收购总数的46%；控股收购的有63例，占收购总数的38%；参股收购的有16例，占收购总数的10%；收购形式不详的有10例，占收购总数的6%（见图3）。

从并购的类型上看（见图4），采取横向并购方式的共有38例，占所有案例的19%。采取纵向并购的方式共有93例，占所有案例的48%，说明纵向产业链上的整合是企业并购的主要类型。其中，前方性纵向并购为20例，占纵向并购案例总数的22%；后方性纵向并购为73例，占纵向并购案例总数的78%。采取混合并购方式的共有64例，占所有案例的33%，属于其他类型企业通过并购设计企业进入设计市场，说明体现“轻资产”价值的设计公司正在被资本市场所认可与接受。

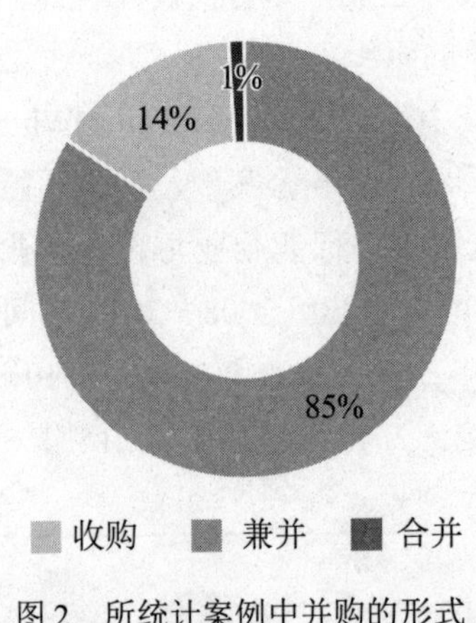

图 2 所统计案例中并购的形式

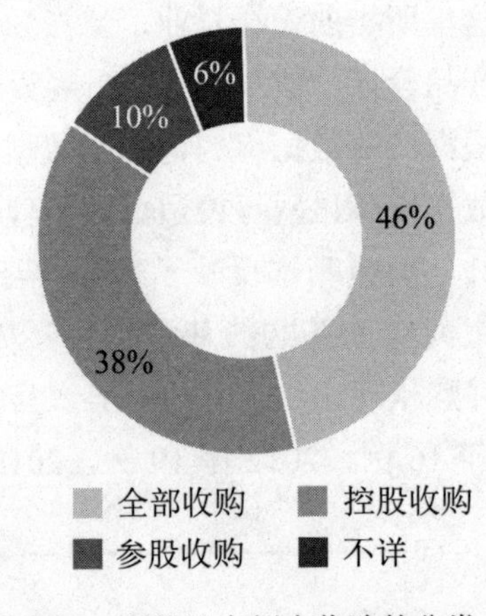

图 3 所统计案例中收购的分类

本文依据并购双方所处的行业特征不同，将并购分为横向并购、纵向并购和混合并购三大类。企业间的横向并购能够有效解决综合生产能力提高与市场范围狭窄之间的不匹配性。本文研究的横向并购情况为设计公司之间的并购，整体呈现出区域扩展、增强渠道的战略意图。如中国建筑设计研究院通过收购新加坡 CPG 集团，既可以获得其设计人员和设计资产，也可以为自身国际化业务的开拓提供新的平台。

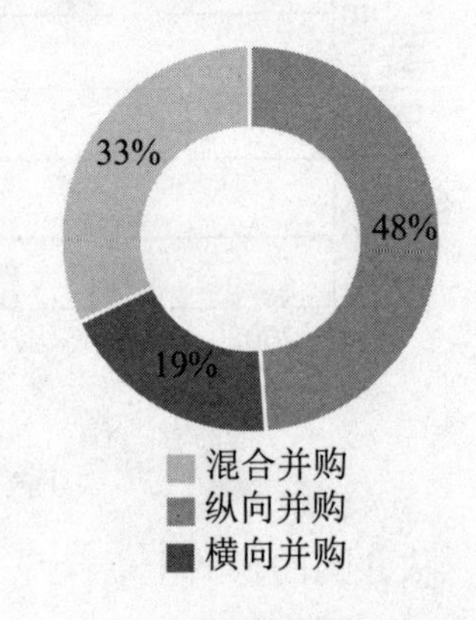

图 4 所统计案例中并购的分类

纵向并购是双方企业分处于产业链或价值链的上下游，存在着纵向间的协作关系。发生纵向并购的主要目的在于扩大自身的经营范围，完善产业链条，加速产业集聚，同时免受产业链或价值链上的垄断性控制和竞争威胁。向企业的产品或服务的下游方向（最终需求者方向）并购，如设计企业或工作室并购施工、生产企业，称为“前方性纵向并购”。向企业产品或服务的上游方向（原料阶段方向）并购，如施工、生产企业并购设计企业或工作室，称为“后方性纵向并购”。以园林企业为例，棕榈园林收购贝尔高林国际（香港）有限公司、东方园林收购上海尼塔建筑景观设计公司都是纵向并购产业链上游的设计类资产，以拓展自身的设计业务。

混合并购是指产品、服务的性质和种类都不同的企业双方进行的并购行为，其中目标公司与并购主体既不是同一行业，又不存在纵向间产业链上的协作关系。混合并购将在原材料、生产技术或市场需求方面不具有共同成分的生产不同产品的公司结合在一起，置于同一领导集团的管理下。大多数的混合并购发生在大公司或大企业，其多角化经营策略尤其为跨国公司所青睐。如江苏东光微电子股份有限公司收购北京弘高建筑装饰设计工程有限公司就是形式上的混合并购。

其实，在产业融合逐渐成为常态、企业聚焦资源整合的背景下，并购双方的产业特征和边缘愈发模糊，企业从原来的单边链条关系演化为多边网状关系，横向、纵向或是混合并购并不容易界定。

从传统的视角来看，设计企业属于“轻资产”，主要利用智力资源提供产品和服务。但随着经济结构的逐步调整和竞争压力的不断加大，设计被逐步提高到战略层次。从未来企业管理发展的角度来看，无论是选择规模化的道路还是选择专门化的道路，都离不开资金的支撑。走规模化发展道路“做大做强”的设计企业，在品牌建设、资源整合、信息化、产业拓展等领域需要投入大量的资金；而走专门化发展道路“做精做强”的设计企业，则需要对专业研究、技术研发、品牌建设、人才储备等进行资本投入。[①] 因此，设计企业也很难再持续沿用“作坊式”的乙方管理方式发展，资本将成为设计企业可持续发展不可或缺的竞争要素。

综合来看，并购重组的设计类企业形态主要包括：第一，独立设计服务企业，即提供设计咨询、工业设计、产品设计、建筑设计、景观设计等服务的组织部门。例如，北京蓝色光标品牌管理顾问股份有限公司收购的美国 FUSE PROJECT 设计公司。第二，包含设计服务的企业。此类公司以设计为导向，采用“设计＋生产”或“设计＋施工”等模式，同时设计又作为企业内一项主要的业务存在。例如，前述案例中的中国建筑设计研究院收购新加坡 CPG 公司。同时，包含设计服务的广告公司也属于这个范围，但不包含单纯提供媒介运营、公关传播、促销活动的广告企业。第三，设计品牌或设计师品牌。例如，投资公司 Interluxe 收购的设计师品牌 Jason Wu。第四，设计相关社区。并购后，设计类组织扩展的形态主要表现为进入投资集团、产业集团、建设集团、设计集团、非相关集团等。从企业进入的集团的隶属关系来划分，它主要包括国有集团、民营集团、外资集团等。

设计类组织的集团化融入，是实现“智本”与“资本”联组、“量产”与“定制”协同、“线性供应链”与“环形供应链”重组的创新举动，设计组织

① 龙革：《工程勘察设计行业资本运作意识觉醒》，载《建筑设计管理》，2012（9），18页。

能够以此获得资金等资源的巨大投入，有机会进入新的业务领域，开拓新的业务市场。

进入不同属性的集团，对设计类组织的发展也各有优劣。国有集团在政府、资金、市场、品牌等方面资源沉淀较为丰厚，设计类组织进入国有集团，可以整合这些有效资源，为自身的业务发展服务；但同时也面临业绩考核压力大、可能被再次整合、企业发展自主性不强等问题。设计类组织进入民营性质的集团，其内部管理与经营机制相对比较灵活，企业发展的主动性也较强；但不可避免的是，业务市场开拓压力也较大。设计类组织进入外资集团，可利用外资集团的国外资源进行国际市场业务的开拓，引进国外企业先进的管理经验，提高企业管理水平，并能够吸引国际型人才，提升企业核心竞争力；但也可能面临文化理念、工作方式差异等问题。

二、设计企业并购的分类研究

设计类企业并购先于不同产业业态之间的融合，从而对企业业务和市场创新产生影响，进而为企业管理机制创新提供可能。并购行为产生新的商业逻辑，新的商业逻辑又反过来带动市场资源的加快整合，以期实现更优质的发展。

（一）基于产业业态融合的并购

从本质上讲，设计产业是设计劳动的商品化和社会化，并引导设计走向了规模化和产业化。作为中间智力产业，设计产业在产业链结构中应重点关注设计对传统产业的拉动和刺激效应，并通过产业融合，催生新的产业业态的出现。设计产业不仅与传统的农业、工业进行纵向交叉，而且与文化产业、体育产业、旅游业等生活性服务业，以及与金融业、运输业、高技术等生产性服务业进行横向交叉，提供生产性服务。设计对国民经济各产业的渗透和融入，能快速增加产品附加值，大幅提升产品竞争力，推动产业结构的调整和优化升级，为其他延伸产业创造新的价值。

工业时代的设计指的是18世纪欧洲工业革命之后产生的设计，以瓦特蒸汽机和珍妮纺纱机的发明为标志，使生产制造工艺产生了巨大的变化。随着技术革命和经济全球化，工业时代的设计在发展中逐步形成了视觉传达设计、建筑设计、环境艺术设计、工业设计、服装设计等现代设计分支。进入信息化时代后，工业的格局随之发生改变，信息技术、计算机、互联网和移动通信等新兴产业和高技术产业形成了知识经济时代的生力军，逐步取代了石油化工、钢铁、汽车、建筑和机械等传统产业的优势地位，苹果、Google、微软、IBM和思科等IT业巨头的发展如日中天。因此，设计的范围和方向也进一步调整，逐步由传统的工业制品转向以计算机为代表的高新技术产品和服务。新的设计载体和设计门类催生了信息设计、交互设计等新设计领域和新业态，以动漫、游戏、影视和互联网媒体等为核心的数字内容产业得以蓬勃发展（见表1）。时至今日，设计已经不是过去理解的只能解决产品的审美、造型功能和人的使用问题，它已经在致力于解决人和人的关系以及通过服务设计解决社会秩序等问题。

表1 设计服务的行业对照表

序号	服务的行业（以ISIC4.0为基础）	平面设计	视觉传达设计	工业设计	陶瓷设计	工艺品及饰品设计	建筑及环艺设计	服装设计	数字内容设计	影视设计与制作	动画设计	交互设计	信息设计
1	181印刷和与印刷有关的服务活动	★	★										★
2	C制造业	★	★	★	★	★		★		★	★	★	
3	F建筑业	★		★			★		★	★	★		
4	G批发及零售业	★	★	★					★	★			
5	H运输和储存	★	★							★			
6	I食宿服务活动	★							★			★	
7	J信息和通信	★	★						★	★	★	★	★
8	58出版活动	★	★						★		★	★	★
9	59电影、录像和电视节目的制作、录音及音乐作品出版活动	★	★						★	★	★		

续表

序号	服务的行业（以ISIC4.0为基础）	平面设计	视觉传达设计	工业设计	陶瓷设计	工艺品及饰品设计	建筑及环艺设计	服装设计	数字内容设计	影视设计与制作	动画设计	交互设计	信息设计
10	60广播和节目制作活动								★	★			
11	62计算机程序设计、咨询及有关活动	★	★						★		★	★	★
12	K金融和保险	★	★									★	★
13	L房地产活动	★	★				★		★	★	★	★	★
14	M专业、科学和技术活动	★	★						★		★	★	★
15	731广告业	★	★			★			★	★	★	★	★
16	791旅行社和旅游业经营者的活动	★	★						★	★			
17	P教育		★						★	★	★		★
18	Q人体健康和社会工作活动		★							★		★	
19	R艺术、娱乐和文娱活动	★							★	★	★	★	★
20	S其他服务活动	★	★							★		★	★
21	T国际组织和机构的活动		★						★	★			★

1. 设计类企业与第一产业间的并购重组

党的十八大以来，国家把生态文明建设提到了重要战略层面，城市环境改造、美丽乡村建设、垂直楼宇营造、大型文旅体育活动、国家公园与园林区建设以及绿色消费观念的推崇等，都对生态系统设计以及绿色产品品质提出了更高要求，产生了更加旺盛的设计需求。

以传统苗木种植业为例，在设计企业与苗木业的并购案例中，无一例外都是采用的参股收购形式，最终是为了长期地整合上下游资源，衔接产业链条，为客户提供“苗木花卉种植－规划－园林设计－园林施工”一体化全产业链服务，从而提升项目的总承包能力。

从并购双方的关系来看，如北京东方园林股份有限公司（以下简称东方园林）并购易地斯埃东方环境景观设计研究院有限公司、上海尼塔建筑景观设计有限公司、东联设计集团，棕榈园林股份有限公司（以下简称棕榈园林）并购贝尔高林国际（香港）有限公司，普邦园林股份有限公司并购泛亚国际景观设计有限公司，博大绿泽国际有限公司并购浙江尼塔园林景观发展有限公司，博大绿泽并购东江设计，棕榈园林收购筑韵天成的案例，均属于苗木业公司与设计企业间的并购，属于纵向一体化的类型，是苗木业公司向上游设计公司的并购，借用设计公司的智力资源，进一步强化设计施工一体化。总体收购的目的都是为了向价值链上游发展激活设计动能，以设计驱动为先导，变“线性供应链”为“环形供应链”，实现从策略到管理的全链条、多层次的整合，资源的使用效率将大大提高，规模效应将充分显现，并真正转化为服务优势和竞争优势。随着中国城市化进程的加快，国外设计企业也更加注重中国市场。宁波星荷园林景观发展有限公司具有国家园林绿化二级施工资质和园林景观设计资质，荷兰NITA设计集团收购宁波星荷园林既可以直接获得国内设计资质，从而获得中国市场的准入门槛，同时也可以获得国内设计市场和人才。

2015年1月，棕榈园林股份有限公司出资5.7亿港币通过香港子公司收购贝尔高林国际（香港）有限公司50%股权。贝尔高林作为全球五大规划设计品牌之一，限于国内资质与渠道门槛，国内业务绝大部分以高端房地产与酒店为主。此次并购完成后，棕榈香港将成为其控股股东。棕榈园林股份有限公司最初是棕榈苗圃场，业务比较单一，资本运作及资源整合能力不够，经营品牌能力不足，需要提高专业整合能力、运营管理能力和品牌建设能力。传统型苗木企业的弊端显然制约了新市场环境下的企业发展。此外，市场需求对设计专业综合能力的要求日益提高，业务模式也急待升级，一方面要内部变革，提高管理能力和技术核心竞争力；另一方面要加强资本运作、并购整合、品牌推广能力。为了促进主营业务的发展，延伸公司业务的产业链条，提升公司业务的总承包能力，完善设计业务结构，为客户提供专业化的一站式服务，棕榈园林在2012年3月成立了全资子公司——棕榈设计有限公司。该子公司采用多专业整合的“一站式综合解决方案”业务模式，建立多业务合作的综合服务平台，为公司实现规划设计、建筑设计、景观设计和深化实施四位一体的全方位设计业务组合，使设计业务成为企业在园林行业全产业链中的核心竞争优势业务，从源头驱动整个产业链，旨在依托新的棕榈设计平台，通过兼并整合等方式，快速扩张、全面覆盖市场，逐步建立品牌知名度。①

2013年，棕榈园林开始谋划向生态城镇综合服务商的升级转型，公司围绕该转型方向，转型为轻资产平台。一方面，在收购贝尔高林（香港）以后，棕榈园林将生态城镇和国际化战略协同发展。依托棕榈园林现有的客户及资质平台，以贝尔高林（香港）作为泛规划设计业务的整合平台，整合棕榈园林旗下的设计资源，为生态城镇建设提供顶层设计。另一方面，棕榈园林将以贝尔高林（香港）全球客户和分支网络为支点，以景观规划和设计业务为先导，带动棕榈园林传统工程以及生态城镇战略业务的海外布局，最终实现棕榈园林的国际化战略。贝尔高林（香港）将配合棕榈园林进行整体战略部署，加大海外业务的拓展步伐与力度。在原来已建立的亚太区基础之上，棕榈园林加快了越南、印度、印度尼西亚、菲律宾以及中亚、中东等新兴经济体的业务落地，布局“一带一路”，以设计为先导，着力打造“中欧设计平台”，大量引进欧洲知名的设计公司作为合作伙伴。在规划方面引入奥地利HKE以及贝尔高林（香港），在建筑规划方面引入德国三家设计公司，在建设子项目田汉大剧院时引入了英国阿特金斯等顶级的设计单位。

棕榈园林与贝尔高林(香港)的联姻既是前者的国际化，又是后者的中国化，双方都获得了广阔的市场。而发展设计力量、占有设计力量、控制设计力量都成为苗木业与设计紧密结合的具体体现。发展至今，棕榈园林的业务格局业已发展成为包括棕榈设计（规划、建筑、景观）、园林工程、苗木产销等三大业务板块，建立起从苗木到设计施工、从研发到成果应用的完整产业链服务平台。

2. 设计类企业与第二产业间的并购重组

（1）服务型制造。目前，全球多数发达国家和发展中国家将推进工业设

① 谈健：《设计行业将进入产业升级活跃期——访棕榈设计有限公司建筑规划设计院院长王晓川》，载《广东建设报》，第A05版，2014-04-10。

计的产业化发展纳入国家战略，将其视为占据国际制造业分工链条上游高附加值区域的重要手段，以此构建全产业链发展、价值链高端延伸的现代制造业体系，提高产业国际竞争力。加快发展工业设计，既有利于我国企业提高自主创新能力，通过整合制造来降低成本，通过创新与服务来提升产品附加值，实现品牌国际化，延伸产业链，提升客户满意度并开拓新的盈利增长点，也是中国制造企业突破竞争红海市场的重要选择。有数据显示，产品设计成本虽占产品总成本的10%左右，却决定了产品制造成本的70%~80%；在产品质量事故中，约有50%是由于不良设计所造成的。另外，日本日立设计的统计数据显示，每增加1 000万日元的销售收入中，来自工业设计的贡献占52%，来自技术改进的贡献仅占21%。三星在其发展的三大战略中，把“重视设计的价值”作为其中之一，并且把“重视设计的价值”作为“树立全球化观念”的一个重要手段，还把“重视设计的价值”应用于“改进企业管理层”中，运用世界最先进的设计管理系统，大大增加了工业设计师在产品开发、营销等领域的参与度。在三星中，工业设计被提高到了一个核心的高度。

现阶段，我国大部分制造业企业对于长期以来秉持的“引进—消化”思路下的模仿性、抄袭性设计产生了高度依赖，在产品开发阶段的工业设计研发投入存在明显不足，缺少在产品设计原型、品牌服务体系、消费者生活方式研究等方面的深度研发与储备。单一的“技术指标”和“营销反馈”等数据性诉求长期主导我国制造业企业的产品战略，企业管理者尚未深入认识到在服务与体验型消费模式下，工业设计对于提升产品附加值以及培育新兴消费市场的重要价值。此外，领军性的设计驱动型制造业企业还未大量出现。①

设计类企业在与制造业企业的并购行为中，大部分都是制造业企业获得绝对控股权，类似于奥迪汽车、海普制鞋分多次收购了目标企业的全部股权。这说明制造商对设计、品牌日益重视，纷纷开始打造自己的设计团队，将设计力量与自身的品牌相整合。

按照并购目的，设计与制造业间的并购主要分为两类，即寻求设计力量和收购设计品牌。印度图泰克集团（Tooltech）收购Aspinova汽车设计公司、Idéteknik汽车设计公司，奥迪公司收购意大利乔治·亚罗设计公司、专业汽车设计公司CSI集团、专业机构PSW汽车设计公司，上海佳豪科技收购上海美度沙公司，博罗士纸业集团有限公司收购鹤山明诺包装有限公司，西班牙艾普拉斯·伊狄达汽车技术服务有限公司（Applus IDIADA）收购中国汽车设计工

① 李昂：《推进工业设计产业化发展 加速制造业转型升级》，载《中国经济时报》，第005版，2015-11-11。

作室上海 EDI 汽车技术公司，天晟新材收购常州艾福斯车辆设计公司，天津长荣印刷收购深圳力群印务，上海绿新包装材料收购大理美登印务，印度马恒达集团（M&M）收购宾尼法利纳，宁波拓普集团股份有限公司收购宁波中创服饰设计均为纵向收购，属于制造业向产业链上游的延伸，通过收购、控股设计公司来强化本公司的设计力量。

鞋类集团 Steven Madden Ltd. 收购设计师鞋履品牌 Brian Atwood、Topson Downs 宣布收购设计师品牌 Rachel Roy、山东如意科技集团收购日本 RENOWN 公司、上海纺织收购丹麦 Metropol 集团、星期六鞋业有限公司收购海普（天津）制鞋有限公司、山东韩都衣舍服饰有限公司收购设计师品牌素缕服饰都是为了获得设计主导的品牌，利用设计优势，进行销售渠道的整合共享；中国仁济医疗集团有限公司收购 Redsun Developments Ltd.、国际箱包品牌新秀丽收购 Speck 设计公司、宁波拓普集团股份有限公司收购宁波中创服饰设计开发有限公司均为混合收购类型，主要以丰富产品线为目的。

2010 年 5 月，山东如意集团收购日本 RENOWN 公司 41.53% 股权，从而成为第一大股东。由于国内的服装企业原来以制造为主，而制造行业产能已经十分过剩，利润率也很低，通过此项并购，山东如意集团逐步向利润率比较高的产品设计研发及零售方面转移，并获得了一系列关键性资源和能力：获得了 30 多个知名服装品牌，包括 D'urban、雅格狮丹等世界顶级品牌。山东如意集团挑选了 RENOWN 旗下的 7 个品牌，尝试开拓中国市场；获得了国际一流服装企业的设计和研发能力；获得了覆盖日本高端市场的分销网络，直接打入日本服装市场；获得了国际一流的服装企业管理模式、质量标准、门店维护、物流体系和广告传播经验等；获得了人才队伍和员工培训体系，包括全国的 3 000 多位销售人才、本部的 600 多位设计师队伍。① RENOWN 也期望利用山东如意集团在中国的销售网等加速在华发展。

（2）服务型建筑。我们看到，城市化与建筑之间已不是一种必然的因果关系，除了建筑价值之外，两者之间存在的人文价值、经济价值、空间价值和生态价值是一个完整的有机综合体，即“服务型建筑”，而并非传统意义上所指的“空间或功能建筑”。其思维旨在推动城镇规划和建设从经济决定型向综合协调型转型，从空间扩展导向型向整体效益提升型转型。

基于此，建筑行业已经从原来的价格竞争、资质竞争变为以设计水平为代表的综合实力的竞争，这种转变也引发了行业市场格局逐渐从条块化向一体化

① 李攻：《山东如意科技集团低价收购日本 RENOWN 公司》，载《第一财经日报》，第 B05 版，2010-05-25。

的转变。一方面，对于传统建筑相关企业来说，业务过于单一已经适应不了市场的需求，对品牌的经营和推广都不到位；另一方面，建设投资主体对设计综合能力要求的提升，迫使设计公司必须具备多元的业务服务模块和综合的输出能力。在这种情况下，建筑企业必然要通过资本运作进行并购，整合业务资源、增强业务服务能力和质量，不断完善自身产业链。行业内原本单一的业务模式正在向覆盖建筑产业链全过程的设计、咨询、项目管理、总承包等多元业务模式升级。国内主要的建筑、装饰和规划企业均已开始进行提升设计档次，并大力投资建设设计中心，打造高端价值链，树立行业标准和标杆，提升在建筑行业中的自主创新能力和核心竞争力。

在建筑与室内设计领域，我国企业总体并购目的是增强自身设计优势。实行“设计到施工一体化”，可以通过设计、施工的有效分工和合作，在设计、施工环节形成交叉、互动、互补、优化的工作机制，达到缩短工期、确保工程质量、降低投资、提高项目技术含量等目的。有数据表明，设计能够有效带动施工，例如，金螳螂设计业务的45%是设计部门自行承接的，2013年，公司设计带来的施工比例为39%，主动提供有效施工信息的占比为32.88%。“设计到施工一体化”在国外的应用非常普遍，但由于我国建筑业的市场环境、政策配套、企业实践等方面的原因，设计、施工一体化建造模式推广缓慢，值得各方关注、研究并推动。设计与施工分别招标实现设计、施工一体化建造的方式，主要由既有设计能力又有施工能力的大型集团公司实现。通过整合集团内部的资源，在设计和施工招标前，共同参与施工图设计。一方面，设计和施工企业充分合作，设计中标后，在施工投标时会有一定的优先优势，通过优化施工图设计，带动施工业务的发展；另一方面，设计和施工环节在招投标前就进行充分合作，能最大限度地实现融合，可以大幅降低成本。①

设计、施工一体化建造，不但要求设计专业人员熟悉施工专业知识，施工专业人员掌握相应的设计专业知识，而且要求专业人员具备较高的经济管理和项目管理知识，能就设计、施工过程中出现的问题进行有效、合理沟通。建筑企业过去在向国外大型工程企业学习的过程中，过多地倾向技术而忽略了技术管理，造成在大量技术人才的团队中找不到真正的综合管理人才。伟大集团收购株洲市城乡建筑设计院、中铁二十三局集团收购达州建筑设计研究院、中铁一院收购山东际高建筑设计院、上海实业发展股份有限公司收购上海众鑫建筑设计研究院、长江精工钢结构（集团）股份有限公司收购青岛城乡建筑设计院，

① 李德全，郑翔：《我国建筑业设计施工一体化发展研究》，载《建筑》，2009（7），31页。

都属于企业与原国有设计院之间的并购，属于产研融合的范畴。

上海世富环保节能科技收购上海鼎邑幕墙设计咨询有限公司、上海同珏建筑规划设计有限公司，工业MITEK集团（MITEK）收购本森实业有限责任公司，ARCADIS集团（阿凯笛思）收购美国凯里森建筑设计事务所，海南海岛建设收购天津博瑞易筑建筑设计有限公司，深圳蓝波绿建收购苏州彼慕建筑设计咨询有限公司，亚厦股份并购炫维网络，江河创建集团股份有限公司收购梁志天设计师有限公司，深圳华控赛格收购北京中环世纪，上海广申建筑设计股份有限公司收购上海煊境网络，东易日盛家居装饰集团收购深圳象限家居设计，国都建设集团收购北京筑合建筑设计事务所，都属于向产业链上游的并购，以完善和发展设计驱动的建筑产业链；而深圳广田装饰集团股份有限公司收购南京柏森实业有限责任公司，神州长城国际工程有限公司收购深圳雅田装饰，东易日盛装饰集团收购集艾设计，中衡设计集团股份有限公司收购重庆卓创国际、苏州华造建筑，则都属于产业链上的横向并购，以增强企业在其他地域的设计业务渗透能力。

2015年4月，宝鹰建设与深圳高文安设计有限公司股东高文安共同签署了《股权转让协议》。根据协议，宝鹰建设受让高文安持有的深圳高文安设计有限公司60%股权。通过收购深圳高文安设计的部分股权，有助于宝鹰建设发挥设计龙头作用，实现“设计带动施工”的一体化发展策略，进一步提升宝鹰建设在高端设计、装饰施工上的领先优势。同时，宝鹰建设可以引进深圳高文安设计先进的设计理念和设计方法，培训和提升公司整体设计能力，将整体设计水平推升到国际水平，增强品牌影响力和市场竞争力。

3. 设计类企业与第三产业间的并购重组

（1）服务内容的收购。约瑟夫·派恩①在其著作《体验经济》中指出：“从产品经济到服务经济之后，将是体验经济的时代。”当下以互联网技术、智能制造、大数据、云计算为代表的新一代信息技术蓬勃发展，加快了与制造业、消费工业和设计产业的融合，催生了经济增长的新业态，带来了新投资需求和消费需求。在“互联网＋”的时代，消费者的个性化需求凸显，科技、商业与设计紧密融合，用户体验成为产品和服务的核心。设计创新要能为用户带来独一无二的情感体验，同时，跨媒介设计兴起，人、媒介、物体和场景的边界将

---

① 约瑟夫·派恩（B. Joseph Pine Ⅱ）是美国经济学家，毕业于MIT斯隆管理学院，与詹姆斯·吉尔摩（James H. Gilmore）于1999年共同出版了《体验经济》（*The Experience Economy*）一书，提出了人们正迈向体验经济时代。

开始模糊成一种无缝体验，科技和服务的更加人性化、交互化、高感化将成为无形的工具，推动与改变着每个用户的选择。

科技和互联网企业并购设计企业无疑是一种传统思维上的转变。在最成功的国际技术业务中，设计能力将决定未来的增长。由设计主导的公司可以迅速实现自己的目标，更快地判断能否获得成功，以及对产品和服务进行测试、研究、迭代和原型开发，这将推动公司盈利能力和规模的增长。科技与互联网公司不再依赖于工业时代的实体产品，而是更加关注人与人、人与科技场景之间的互动质量，设计和技术关系的日趋紧密，都将转化为更频繁的投资、收购行为。印度科技巨头威普罗 WIPRO 公司以 8 500 万欧元收购丹麦创新设计公司 Designit，创造了行业中已披露的规模最大的一笔收购。诸如谷歌、Facebook 等以技术为驱动的互联网巨头开始思考设计产生的价值。Facebook 并购了 Hot Studio、博尔特・皮特斯（Bolt Peters）和 Teehan ＋ Lac 等设计公司，这些公司中的大部分原有业务将关闭，原有设计人才将加入 Facebook 产品设计团队；谷歌并购了 Pixate，以协助其开发新的设计和原型产品工具。

传统信息巨头缺乏内在创造力，以投资设计或者并购设计公司的方式进行战略转型，从而加强用户体验、优化产品设计，以期在新兴市场竞争中获取优势。2013 年 11 月，IBM 斥资 1 亿美元建立了设计工作室，并招聘 1 000 名设计师，作为企业大型设计组织的一部分。IBM 全球企业服务副总裁布里奇特・范卡灵根（Bridget van Kralingen ）说：“如今企业战略越来越等同于‘设计用户体验’。”2011—2015 年，硅谷的科技公司已经收购了超过 25 家由设计师作为联合创始人的公司，以及 13 家创意机构。我国一些设计驱动型的企业已经建立了对应的专业设计部门，如腾讯设立的用户研究与体验设计中心（CDC）等。这一趋势正越来越明显，越来越多的大公司正在收购设计工作室以及以设计为导向的科技公司。在这些企业中，设计思维不再是锦上添花的装饰品，而是企业的核心竞争力。

从技术、市场、资源的角度来看，互联网和科技企业全资并购更有利于自身企业价值的提升。因此，在互联网企业并购中，使被并购企业成为自己企业的全资子公司的比例较高。境内和境外的互联网、科技公司与设计企业的融合方式略有不同，由于发达国家互联网与科技行业已经有多年的发展历史，企业规模一般较大，在并购方式上一般会采取兼并创业公司的方式，根本目的是获取设计人才和团队。而我国的企业还是多以整合产业链上下游资源为主要目的。

2015 年 2 月，小米公司宣布全资收购专注于互联网行业的用户体验设计公司 RIGO Design[1]。RIGO Design 多年来为国内外多家 IT 企业与移动互联网公司，提供了产品体验与商业价值并重的设计解决方案。作为一家主要服务于互联网行业的设计公司，RIGO Design 为国内外多家 IT 企业与移动互联网公司提供了设计方案，曾协助小米设计出 MIUIV5、V6 以及小米电视等产品，还设计过联想旗下的乐 Phone、Skylight、eBox 体感游戏机，以及创新工场旗下的点心手机操纵系统 UI、金山旗下的手机毒霸 UI 等产品。小米公司一直难以摆脱产品设计“抄袭”的舆论指责，通过收购 RIGO Design 设计公司，加强自身在产品设计上的实力，也是对小米公司自身短板的有力弥补。

今天，RIGO Design 设计公司对于小米公司来说，已经不是外包团队了，而是作为一个独立部门嵌在小米科技的整条创新链中。在消费品服务业中强化用户体验设计和交互设计，将会成为互联网与科技公司寻求差异化竞争的必要途径，对于积极实施国际化战略的小米公司来说，提升产品设计能力和互动质量，保持对设计的持续投资是不可缺少的重要决策之一。

（2）营销服务的收购。在销售服务环节，数字营销正在深刻改变着中国广告业的竞争格局。中国广告营销市场正在进入以资本并购和联合为主要特征的新一轮产业扩张，大型营销传播集团为了提升在数字营销代理方面的能力，通过并购和联合等资本运作方式，向数字营销领域拓展。随着越来越多的广告主将营销预算向新媒体广告倾斜，广告的数字化、在线化成为不可避免的趋势。近年来，中国广告行业的并购案大多集中在数字营销领域。设计公司拥有将概念化、抽象化的创意落地化的能力，能够搭建策略、设计、数字广告和技术的桥梁，对提高数字营销服务的质量起到了非常重要的作用。而收购设计公司也正是顺应产业融合发展趋势，利用资本优势实现整合营销传播转型。广告营销企业积极向整合营销传播企业转型，通过资本并购来完善产业价值链，以及提升整合营销传播代理能力，这是产业融合的必然趋势。目前，国内一批优秀的上市广告企业通过资本并购和整合经营，提升了市场效益和公司影响力。

2014 年 7 月，蓝色光标收购 Fuse Project 公司 75% 成员权益。采取的收购方式是北京蓝色光标品牌管理顾问股份有限公司通过全资子公司蓝色光标国际传播有限公司在美国注册的全资子公司 Bluefocus Communication Group of America, Inc.，以自筹资金的方式收购 Fuse Project 75% 成员权益。

---

① RIGO Design 由当初就职于微软亚洲设计中心的设计主管朱印（Robin）创立于 2008 年。它是国内知名的用户体验设计公司，通过高质量的设计解决方案来塑造和提升产品用户体验与品牌竞争力。它于 2015 年 2 月 3 日被小米全资收购，成为小米的一个独立部门。

Fuse Project 公司的主要业务是为众多行业的客户提供全方位的设计服务，包括工业设计、品牌、用户界面及用户体验等服务，产品涉及科技、时尚、家具和日用消费品等多个领域。蓝色光标本次海外投资是其实施营销传播服务行业"全产业链"布局的重要举措，收购 Fuse Project 公司权益与蓝色光标公司的"全产业链"布局及其国际化的发展战略规划深度契合。收购 Fuse Project 公司使得蓝色光标业务链条可延伸到产品定义的最前端，以建立完整的端到端服务闭环。对于蓝色光标而言，公司服务范围中加入了产品创意，可以与公司提供的公关、广告、创意等服务有机结合，从产品设计的高度帮助客户提升营销效果，提升产品品质。此举进一步拉近了客户与公司的关系，有助于公司提升对客户的全案服务能力。

（3）咨询服务的收购。不仅限于行业巨头，大型战略咨询机构也在收购领先的设计机构。在过去短短数年间，德勤收购了 Doblin，麦肯锡收购了 Lunar design，这也表明咨询企业希望把设计提升至战略层面的趋势。

设计思维越来越成为企业不可或缺的商业创新工具，来为咨询企业创造竞争优势。埃森哲收购了伦敦服务设计咨询公司 Fjord，同时在美国和其他国家成立了工作室，并启动了新的设计专家招聘项目，向设计部门的新老员工提供培训。收购加强了埃森哲在数字技术及营销方面的能力，使该公司可以帮助客户创造独特的用户体验，也给埃森哲核心的系统集成业务带来了可观的收入。Fjord 公司的创始人奥乐孚·斯伯格森（Olof Schybergson）认为，设计思维带来的消费者同理心是商业成功的基础。他指出："直接面对消费者将成为颠覆性创新。我们有新的机遇来收集数据和消费者的行为习惯以及他们的好恶。那些拥有数据并勇于创新的人将在竞争中崛起。"这些收购证明设计已变为咨询服务中必备的业务，它将成为大型咨询机构取胜的筹码。

随着消费者需求的碎片化以及竞争边界的打破，传统战略咨询或者市场研究的一些基础假设（市场机会清晰定义、消费者标签）的边际作用在递减。咨询企业需要运用新方法解决战略性的问题，设计思维就变成了一个强有力的武器，由于对人的洞察和更加落地的创新能力，以及设计与传统的战略咨询属于不同的思维方式，因而收购设计公司可以很好地补齐短板。同时，各类服务公司比以往任何时候都注重"用户体验"四个字，就连传统观念上与设计关联不多的企业，诸如美国银行业巨头 Capital One 也收购了领先的体验战略和设计公司 Adaptive Path，西班牙外换银行 BBVA 收购了设计公司 Spring Studio。咨询公司为了迎合客户需要，在能力板块中加入设计顺应了时代要求，将设计思维充分融入传统战略工具中，开发出一套全新的管理咨询工具。North

Highland 收购 Spark Grove 之后的一系列新方法与新工具，是目前融合管理咨询与设计思维比较成功的也是最好的一套工具体系。

4. 设计类企业间的横向并购

设计类企业间的横向并购更倾向于收购对方的品牌或是进入其他区域市场。集成控股收购日本服装设计公司 Stream Graphix、中国建筑设计研究院收购新加坡 CPG 公司、CCDI 悉地国际收购澳大利亚 Peddle Thorp & Walker（PTW）、苏州金螳螂建筑装饰股份有限公司收购美国 HBA 公司、上海现代建筑设计集团收购美国威尔逊室内设计公司等，都属于公司"设计走出去"战略，利用全球化的资源平台，实现全球化战略。AECOM 并购 URS、都林国际设计，以及奥飞动漫的两起并购都是针对同领域的竞争对手，不同的是，Aecom 并购都林国际设计更多的是为了在中国市场布局。

2012 年 11 月，苏州金螳螂建筑装饰股份有限公司（以下简称"金螳螂"）与美国 HBA International（以下简称"HBA"）公司及其 11 名股东签订了《股权购买协议》，金螳螂收购 HBA 70% 的股权，本次交易的成交价格为 7 500 万美元。本次收购由金螳螂通过其在新加坡设立的全资子公司执行，收购完成后，金螳螂的新加坡全资子公司将持有 HBA 70% 的股权。收购 HBA 的控股权后，金螳螂可以充分利用 HBA 和众多国际著名酒店管理集团保持的良好合作关系，充分发挥设计龙头作用，进一步提升和巩固其在高端酒店设计、装饰施工上的领先优势。[①] 金螳螂将充分利用 HBA 在全球范围内拥有 24 个子公司和 6 个代表处的布局优势，发挥 HBA 的全球化平台作用，开拓国际业务，服务公司"走出去"战略；充分引进 HBA 先进的设计理念和设计方法，培训和提升公司整体设计能力，将公司的整体设计水平由国内顶级推升到国际顶级，以进一步增强公司的品牌影响力和市场竞争力。金螳螂将充分利用自身在中国市场的强大营销网络帮助 HBA 进一步占领更多的国内市场份额。金螳螂还将帮助 HBA 在中国完成深化设计，以进一步降低其设计成本，提升行业竞争力。

近年来，更多的设计企业开始考虑企业的整体资本运作，而上市无疑能加速设计公司的发展，资本可以帮助设计公司完成战略上的转型，建立更专业、更强大的设计团队，从而扩大规模以承接更复杂、更大型的项目。设计企业实现上市的方式通常有首发上市和借壳上市两种，其中借壳上市的操作程序更为

---

① 王峥：《签 7 500 万美元跨国收购协议 金螳螂购入海外顶级设计公司》，载《证券日报》，第 D3 版，2012-11-20。

简便。设计企业上市可以达到三个主要目的，首先，完善公司治理结构。设计企业整体上市后，介入了外部股东、多元股东，在治理上就有了保证，形成合理的治理结构。其次，对公司价值进行合理的评价。社会股东对公司价值的评价更具有公正性。最后，对经营层有更强的监督性与约束性。因为外部股东从个人利益出发，对经营层的要求会更规范，从而促进股东与经营层责权利有效统一，避免产生经营层控制的现象。上市还有利于企业经营的规范运作，加强经营管理，转换经营机制，完善治理结构，实现公司体制上的升级；同时也能提高企业在社会中的知名度和在市场中的影响力，有利于吸引和留住优秀人才，提高企业的人才竞争优势，从而更有利于业务目标的实现（见表2）。江苏东光微电子股份有限公司收购北京弘高建筑装饰设计工程有限公司，东光微电子公司的主业将变更为建筑装饰设计，弘高设计将实现借壳上市就是成功上市的案例。①

表2　设计公司上市情况（2015—2021年）

上市企业	交易所	所属行业	筹资金额 / 亿元	上市时间
利昂设计	新三板	建筑业	非公开	2015-04
安道设计	新三板	其他	非公开	2015-06
易兰设计	新三板	其他	非公开	2015-07
龙创设计	新三板	其他	非公开	2015-08
同济设计	新三板	建筑业	非公开	2015-08
千年设计	新三板	其他	非公开	2015-09
观堂设计	新三板	专业技术服务业	非公开	2015-10
天鸿市政设计	新三板	专业技术服务业	非公开	2015-10
山鼎设计	深圳创业板	其他	RMB 1.4	2015-12
景森设计	新三板	专业技术服务业	非公开	2015-12
浩丰设计	新三板	专业技术服务业	非公开	2016-01
苏州设计	深圳创业板	建筑业	RMB 3.1	2016-02
禾筑设计	新三板	专业技术服务业	非公开	2016-03
杰恩设计	深圳证券交易所	专业技术服务业	1.91	2017-06
设计总院	上海证券交易所	交通运输业	7.97	2017-08

① 沈琦：《上市对中国海诚发展的意义》，载《建筑时报》，第003版，2007-04-23。

续表

上市企业	交易所	所属行业	筹资金额 / 亿元	上市时间
交设股份	新三板	交通运输业	非公开	2018-03
汉嘉设计	深圳证券交易所	建筑业	2.38 亿	2018-05
华阳国际	深圳证券交易所	建筑业	4.71 亿	2019-02
筑博设计	深圳证券交易所	建筑业	5.12 亿	2019-10
测绘股份	深圳创业板	专业技术服务业	4.03 亿	2020-04
地铁设计	深圳证券交易所	交通运输业	4.88 亿	2020-10
奥雅设计	深圳证券交易所	专业技术服务业	7.15 亿	2021-02
尤安设计	深圳创业板	建筑业	22.67 亿	2021-04
建研设计	深圳创业板	建筑业	4.68 亿	2021-12

（二）基于企业业务创新的并购

企业并购的效率理论认为，企业并购和资产再配置的其他形式通过企业管理层改进效率和形成协同效应对整个社会产生潜在收益。所谓的协同效应，指的是两个企业组成一个企业之后，其产出比原先两个企业产出之和还要大的情形，即俗称的“1 + 1 > 2”效应。其中业务协同效应是指企业生产经营活动改变了习得效率，提高了效率和效益，它的产生主要是通过规模经济和范围经济来实现的。

基于不同的需求，设计企业的横向并购、纵向并购以及混合并购都造成了并购后企业业务类型以及范围的变化。设计企业的横向并购主要体现在规模效应上，集中于设计业务的拓展；纵向并购集中在产业链上下游的整合效应上，聚焦于全产业链的连通；而混合并购则多反映在业务创新上，关注于多角化经营。

1. 横向并购

横向并购更多的是提供相同或相似服务市场上的设计企业间的联合，并购主体一般是业内有竞争优势的大中型设计企业，并购双方在业务类型和结构上都有很高的协同性。其主要动因有三点：一是获取战略性资源，有助于自身布局市场；二是形成优势互补，获得目前设计业务板块内不具备的空白专项，以获取高端业务与品牌效应；三是整合设计力量，扩大现有业务的规模，形成协同效应。这三种都有助于形成协同效应之下的规模成本优势。

横向并购的发展势必带来设计行业格局的变化，区域市场的分割、行业的障碍将逐渐被打破，不同所有制形式设计企业的传统运作模式将逐步淡化，取而代之的是高、中、低端行业内的机构区分。由于横向并购更多的是行业内同类业务的体量叠加，并不解决整体市场容量大小的问题，市场业务都进一步聚集到有核心竞争力与创新能力的设计机构中，设计市场的洗牌和市场资源的再分配将导致同质化、低水平的设计企业遭到淘汰。

（1）外资进入内地是为了获取资质与市场。国外企业收购中国设计企业，主要集中在建筑设计和广告营销方面，并购对象都是行业中具有优势的设计企业。由于外资建筑设计企业通常不具备住房和城乡建设部批准的甲级资质证明，按照有关标准，具有甲级资质的设计企业所承担建筑设计项目的范围不受限制，资质的缺失导致外资设计机构在国内业务拓展困难，于是并购变成了进入中国建筑设计市场普遍采用的方式之一。并购国内设计公司既可以直接获得相关设计资质，又可以获得国内设计人才和市场；而对于国内被并购方而言，被并购后将具备更多的设计资质，可承担的设计业务和技术服务业务的范围将大大增加，同时，还可引进国际公司先进的技术和管理模式，利用其影响力开拓国际市场。近几年，许多外资设计机构都通过并购方式突破了设计资质门槛，例如，拥有德国资质的五合国际通过并购华特设计院，获得了建筑设计甲级资质，可承担的业务范围得到了拓展。

全球第一设计集团 Aecom 陆续收购了深圳城脉设计、上海都林国际设计公司。从地域影响力的角度来衡量，城脉设计的业务多在华南地区，都林设计则主要集中在华东地区。整合后，Aecom 中国区的建筑业务板块就由原 Aecom 上海办公室、原城脉上海分公司、原都林上海分公司三个部分重组而成。从业务类型来考虑，城脉和都林都拥有建筑设计甲级资质，城脉的设计类别涵盖超高层办公楼、星级酒店、商业及零售建筑、居住建筑、科教建筑五大方面，都林的设计类别涵盖城市设计、大型公建、企业园区、政府办公、文教建筑、大型社区等领域。收购城脉和都林使 Aecom 在中国的建筑设计业务有了更丰富的参与层面，有利于布局中国规划及建筑设计的战略市场。

相对于建筑设计企业，市场营销类企业主要是为了布局中国市场，加入最新的设计与数字传播业务。例如，法国阳狮集团在中国陆续收购了维传凯普、最美时、中国网帆、帝麦创意等公司，在获取市场规模的同时，进行业务战略转型，转向数字广告与营销发展。

（2）境外并购是为了寻求高端业务与品牌效应。近年来，境外设计机构大量进入中国市场，在提升国内设计水平的同时也加剧了国内设计市场竞争。据不完全统计，全球最大的 200 家国际设计公司中，目前已有约 70% 在中国设立分支机构或有业务活动。在国内高端市场的前期方案竞标中，有许多项目被境外设计机构收入囊中，如上海中心的设计者是美国 GENSLER 建筑设计事务所，东方艺术中心的设计者是法国设计师保罗·安德鲁，等等。统计资料显示，外国设计师从上海大型项目设计中拿走的方案设计费，要占全部设计费的近 1/3。激烈的竞争压力促使本土设计企业在加强自身设计力量的同时，也开始开辟国外市场，增强自身在高端设计业务上的实力。总体来说，中国设计企业去境外寻求并购主要为了寻求品牌效应、市场和设计人才，以填补价值链和产业链高端业务的空白，并借此进入发达国家市场。

除设计师之外，设计机构的品牌价值也是设计企业并购过程中看重的关键资产。例如，2012 年，中国建筑设计研究院收购新加坡 CPG 集团全部股权后，在业务上进行交叉互补，中国建筑设计研究院能够借此承接机场设计业务，并购后 CPG 品牌保持独立运作，借助其成熟的高端业务拓展平台，有效提升了中国建筑设计研究院的国际化水平，并延伸完善了其在世界建筑设计市场上的业务链。

通过并购国外设计企业，很多国内企业将业务拓展到了设计业务的高端位置，并与自身业务形成协同，进入发达国家市场。2012 年 12 月，作为国内最大的室内设计机构，苏州金螳螂股份有限公司收购 HBA 控股权后，借助 HBA 在白金及超白金奢华酒店和度假村等高端室内设计领域的影响力，提高了在中国高端市场的占有率和影响力。同时将 HBA 作为全球化平台，利用 HBA 全球范围内的 24 个子公司和 6 个代表处的布局优势，进行资源共享，实现从设计到施工全产业链服务。仅 2013 年上半年，金螳螂的设计业务就实现营收 63 954.92 万元，同比增长 149%。

中国设计企业境外并购的业务协同还体现在设计业务之间的优势互补方面。以高端酒店建筑设计知名的上海现代设计集团通过并购美国威尔逊建筑设计公司，实现了高端建筑设计和室内设计业务类型的优势互补。威尔逊室内建筑设计公司专注于酒店、度假村、高级餐厅、豪华交通设施、高档住宅等场所的高端室内设计，是国际室内设计的高端品牌。并购后，上海现代设计集团提高了业务总量，扩大了业务规模，增加了市场话语权，拓宽了国内外市场品牌影响力。同时，这次并购丰富了上海现代设计集团海外业务拓展的渠道，直接进入美国、新加坡、迪拜等发达国家海外建筑设计市场，加速了国际化战略的实施。威尔逊室内建筑设计公司则依托上海现代设计集团建筑设计的优势，进一步布局中国市场，并开拓公共建筑的高端室内设计业务，提升整体设计品质，从而获得更大的发展平台和更广阔的市场。

（3）内地设计企业间的并购。内地设计企业间的并购主要是为了扩大自身业务的地域范围，并且布局不同区域和层次的市场。针对设计企业目前已经涉足的业务板块，通过收购业务运作良好、能填补空白或强化弱势细分业务、有一定区域优势的设计企业，可以进一步提高既有业务的规模效应，获取稳定客户资源，充实设计业务的规模和优势。诸如东易日盛收购集艾设计，集艾设计的业务集中在经济发达的一、二线城市，并且积累了一批大型、长期、稳定的房地产战略合作伙伴。通过收购，转型互联网家装的东易日盛可以获得较多开发商资源，有利于未来以 B2B2C 的模式加强互联网家装业务发展。收购有助于东易日盛完善和发展设计产业链，增强其在上海、长三角地区的业务能力，提升公司规模与竞争力。

2. 纵向并购

纵向并购是发生在产业链上高度关联的上下游设计企业之间的并购，双方存在前后端的协作关系。设计企业纵向并购活动的主要动因有两点：一是提高产业链控制力，通过上下游延伸强化对产业链条的话语权，建立更有利的产业位势，谋求更大的行业垄断地位；二是建立成本优势，打通上下游产业环节，有助于降低客户转移成本和项目成本。[①] 纵向并购分为两种情况，第一种是设计企业作为主体，主动并购下游企业，也称为“前方纵向并购”；第二种是下游企业作为主体，并购设计企业，也称为“后方纵向并购”。考虑到设计企业的规模和绝对产值，多数情况下，设计企业一般作为并购客体被整合进各类集团。无论是何种情况，纵向并购都能够实现产业链的纵向垂直一体化和产业链的两端延伸，实现产业链条上业务类型的整合，并且反向推动产业的融合和商业边界的消除。客户对服务的需求越来越趋于多样化和一体化，单纯在某个领域提供服务已不能满足市场的需求，通过资本运作重构行业格局，组成行业的主导企业，提供以设计定制化、设计资本化为特征的新型业务，打造从策划、设计到后期运营的全产业链服务型公司已成为行业趋势。

（1）前方纵向并购。单一型的设计企业在被大型公司并购之后，虽然获得了资金、市场和业务，但同时也丧失了自身发展的独立性。因此，在国内设计业发达的长三角、珠三角地区，有些设计企业也开始主动出击，以自身为主体整合产业链上下游，转型为“设计制造型”企业。虽然现有案例不多，但可以预见，由设计公司转型为全产业链服务公司，再通过并购重组整合为规模化、

---

① 陆余华：《从内生式发展到外延式发展——浅议工程设计企业的战略性并购活动》，载《中国勘察设计》，2014（7），47页。

多元化的综合服务企业的情况会越来越多。在这个过程中，企业需要认清自己在产业链条中的定位，注重营造自身的核心竞争力。美盛文化创意股份有限公司原本专注于动漫衍生品的开发设计，近年来不断向产业链上下游拓展和延伸，通过收购控股缔顺科技（85.82% 股权）、星梦工坊（51.06% 股权）、上海纯真年代（70% 股权）、天津酷米（40.10% 股权），目前转型由上游原创动漫设计开发、中游生产制造到下游终端销售的全产业链战略布局。一系列并购完成后，美盛文化的业务范围涉及动漫原创、游戏制作、网络平台、国内外终端销售、儿童剧演艺、影视制作、发行等，以动画影视设计为基础，支撑服饰、饰物等衍生品的运营销售，以产业链后端的销售盈利反哺产业链前端的创作投入，形成产业链无缝连接的优良生态闭环。产业链各环节得到了有效的结合，逐步体现了产业布局一体化的优势。美盛文化公司 2014 年 1—9 月净利增长 48.4%，公司全年净利润为 0.97 亿元，净利润增长 132.45%，达到几年来的峰值。

（2）后向纵向并购。以园林公司为例，下游施工单位的毛利率通常为 30% 左右，而设计的毛利率能达到 60% 左右，设计单位的产值效率高于工程公司 1 倍。上游设计与下游施工一体化整合带来的高利润，促使下游企业并购上游设计公司成为普遍现象。并购后的业务类型并不是“传统企业＋设计企业”简单的业务累加，而是在业务结构、业务类型和业务布局上实现新的可能。例如，东方园林并购尼塔设计（上海）后，在增强设计实力，拓展休闲度假、生态湿地设计等新业务，提升东方园林全产业链综合服务实力的同时，加强了在华东、华南地区的设计布局，推动了业务结构与市场区域的双拓展。

对于设计公司而言，依托于并购方的优势资源与资金支持，可以快速提高综合设计能力，衍生出更多的专业细分领域。尼塔设计（上海）蜕变为东联设计集团后，以加入东方园林为契机，业务迅速延展到产业的上下游并全面联动，向上延展到研发方面，向下发展到技术落地。同时，东联设计集团从原本以景观设计为主的 100 多人团队，延伸到了建筑、规划、文旅等不同领域，并且取得了建筑设计甲级、旅游规划设计乙级资质。在实体经济产业再细分差异化的背景下，东联设计集团也从单纯的建筑设计与景观设计延伸出生态设计，打造了水生态、水环境、水治理三位一体的生态设计院。随后，东联设计集团又成立了文创艺术中心，从单一的设计品牌变成复合型的综合团队，打造了 LAC 景观综合体（见图 5）。

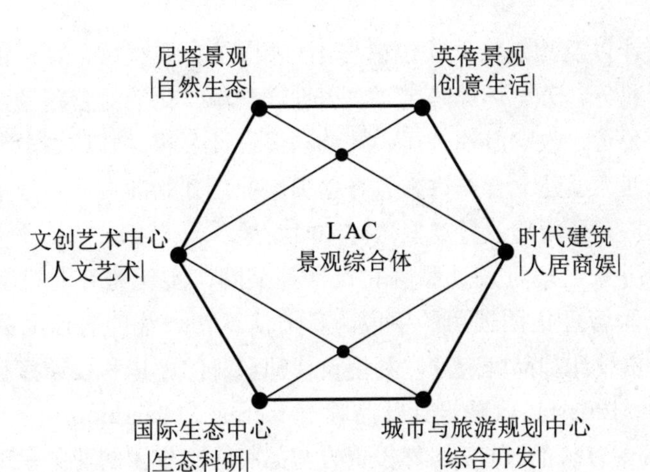

图 5　LAC 景观设计综合体

综上分析，对于国内设计类企业而言，在行业和市场环境的深刻变化下，目前正通过向全产业链整合、向多元业务领域延伸、向海外市场拓展等方式，积极谋求业务布局的结构性调整和经营战略转型，但由于内部现有资源能力和条件的制约，未必能够满足提供支撑转型条件的需要。并购等资本整合手段是帮助设计企业实现自身发展的重要方式，也符合整个行业未来的发展趋势。

3. 混合并购

混合并购是公司发展到一定阶段，为寻求长远发展而采取的一种成长或扩张行为。设计企业混合并购的主要动因有四点：一是实现规模扩张，通过投资进入设计行业，扩展企业的经营范围，获取更广泛的市场和利润，分散因本行业的竞争或市场波动所带来的经营风险；二是获取资本投资收益，跨行业投资设计企业、设计品牌，利用资本杠杆实现资本收益回报；三是在企业原有业务基础上增加设计业务，主要目的在于增强用户体验和产品品质；四是设计人才与团队收购，补充自身设计能力的不足，但此种不会引起业务类型质的转变。设计企业混合并购的主要动机不再只是分散风险，而是更大范围的业务整合以及业务创新。

同横向并购产生垄断、纵向并购产生寡头垄断不同，混合并购可以产生业务多角化的企业集团。由于设计产业的快速发展，大量企业也希望通过并购的形式进入设计行业，在融资、抗拒市场风险方面，具有不可比拟的优势。2015年 6 月，房地产商苏宁环球收购韩国动漫唯一上市公司 Red Rover 20.17% 的股权。Red Rover 的主营业务是动漫设计制作，同时还经营文化展示业务，主要以企划、设计以及构筑特殊映像馆与4D映像馆、展览馆、宣传馆、博物馆等空间为主要业务。苏宁环球确定了“去地产”单一化的经营路径，相继成立苏宁环球文化公司、收购游戏公司、并购动漫设计公司，并计划与韩国以动漫设计闻名的东西大学建立合作进入教育培训产业，开始向文体、健康和金融三大产业转型，扩充全新的业务类型。

通过混合并购，投资设计品牌和设计师品牌，实现跨行业投资回报，是投资集团与品牌管理集团惯用的手段。目前活跃在一线的奢侈品品牌，之前很多都是从投资设计师品牌起家，利用设计师自身的才华和设计撑起了整个行业品牌。例如，Bluestar 收购设计师品牌 Catherine Malandrino，开云集团收购 Christopher Kane 51% 的股权，虽然投资方与品牌管理集团的业务呈现多元化，但不同业务往往是在同一运作平台（相同的客户资源系统或同一销售渠道等）上开展的，从而相互之间具有某种互补性。这种互补性使得企业加强了对原有供应商、销售渠道的控制，从而提高他们对主要产品市场的控制。①

同样，混合并购也能帮助企业在原有基础上增加更成熟的设计业务。随着消费和服务质量要求的不断提升，很多与设计关联不多的金融、咨询等服务公司，也都比以往任何时候更注重用户体验和交互质量对公司业务的影响，也参与到并购设计的领域。诸如美国银行业巨头 Capital One 收购知名的体验战略和设计公司 Adaptive Path、西班牙外换银行 BBVA 收购设计公司 Spring Sstudio，以及传统战略咨询公司麦肯锡将设计思维充分融入传统战略工具中，通过收购设计公司 Lunar Design，麦肯锡可为其用户提供多种形式的设计服务，既可以专注于某一项产品的用户体验设计，也可以为用户提供不断兴起的设计战略咨询服务。

三、企业并购后的设计管理模式

设计企业的并购行为带来了经营类型与范围的变化，而这些变化也会引发管理和组织方面的调整。

1. 组织管理层与战略调整

董事会是企业主要的战略决策力量，其规模和权力分配决定了企业的信息处理能力，进而影响企业的整体决策。企业并购后，其股权结构变动后的首要任务便是董事会改组与管理层调整，而这种变动也将会带来目标企业战略与

① 周振华：《信息化与产业融合中的公司结构分析》，载《经济学家》，2004（3），70页。

策略方面的变化。兼并情况多为实力较强的优势企业兼并一个或多个相对规模较小或初创设计企业，利用设计公司的资源完成原有业务中某个环节的工作，以实现专业化分工效果。兼并后的管理调整相对简单，目标企业被整合进母企业的某个部门，原有结构微动或不变，置于母企业的统一领导下，组织战略也随之依附于并购方。一般情况下，设计公司规模较小，通常作为被兼并方，而收购方都是类似于Google、苹果等规模较大的企业，主要目的是收购设计人才加入自身的产品设计团队，优化产品的用户体验。像Facebook收购设计公司时均针对50人以下的初创公司，而大多数被收购的公司和核心团队在并入Facebook之后，会关闭原有的业务与产品线，设计人才被安排在具备核心优势的领域。如文件分享网站Drop.io创始人Samlessin，就在Facebook负责公司的用户页面设计等。

合并形式往往是一个企业与规模相对均等的企业之间的组合，它们之间更多的是强强联合的典型代表，其目的往往是增强某一业务或整体在行业中的市场份额，扩大规模效益，降低边际成本。由于企业本身就拥有较为成熟的董事会治理结构，其框架一般无须因为并购而产生剧烈变动，重点在于如何平衡实力均等的并购双方在合并后的企业中的关系，修改与设定新的战略目标。一般来说，在这类并购中，实力规模较大、占主动权的一方作为并购的优势方占据董事会的多数席位，并由其最高管理者担任董事会主席，而另一方担任其他高管职位并在过渡期内保持对以前管理范围的延续性管理。

收购情况下的调整结果也不尽相同，分为全部收购、控股收购与参股收购三种情况，一般都由收购方的人员进入目标公司管理层，配合主体公司的发展战略。这三种情况的区别在于话语权与执行力度的不同。

公司被全部收购后通常会作为收购方的子公司运作，考虑到设计业更有价值的资产是“人”，所以一般公司在被全部收购后都会选择让原有管理层留任，负责子公司或子品牌的运作，这时被收购公司的组织战略完全依附于母公司。2015年2月，小米公司全资收购设计公司RIGO Design后，将RIGO Design作为小米公司的一个独立运营部门，RIGO Design创始人朱印担任首席设计师，出任该部门的负责人。RIGO Design加入小米后不再承接外部业务，而是专注于小米产品设计及用户体验，主要跟MIUI的设计团队对接，也经常直接参与项目。RIGO Design独立运营可以减少与其他部门沟通产生的干扰，不会用短期的目标来限制自身发展。

控股收购情况下，收购方会委派董事进入目标公司管理层，并占据多数席位，借助设计公司作为平台开拓业务，完成全产业链的布局。被并购方一般设计的品牌价值较高，并购后配合并购方的战略调整。为了激励原有管理层，通常会留给原管理层部分股份。2013 年 1 月，苏州金螳螂建筑装饰股份有限公司收购全球最大的酒店室内设计公司美国 HBA International 70% 股权。HBA 管理层有 11 名自然人股东，交易结构为 HBA 每一位股东向金螳螂出售自己所持有股份的 70%。并购后董事会由 5 名董事组成，其中 3 名由金螳螂委派，2 名由少数股东共同委派。金螳螂有权委派 1 名金螳螂董事担任董事长。同时，双方在 HBA 未来 3 年的净利润目标上达成了约定，将 30% 留给原管理层、保留董事会席位并设定净利润目标，这些都是捆绑利益权力下放的手段，目的是消除整合中的障碍，以激励和压力并重的方式使原管理层继续为公司工作。

参股收购是对并购方业务能力的延伸和强化，主要促进与设计公司的合作，通常不对被并购方战略构成变动。上海实业发展股份有限公司收购上海众鑫建筑设计研究院 15% 股份，众鑫设计董事会设 7 人，上海实业派出 1 名董事，以增进项目设计过程中的沟通与协调，为上海实业旗下其他业务板块及新兴业务发展等提供支持服务。

2. 组织结构与管理模式调整

企业并购的直接后果是企业规模和体量的增大，沟通成本和管理成本相对提升。从管理模式的角度来看，传统的工业化思维注重按照管理职能设立组织部门，以层级结构管理企业的内部运行，构建“金字塔式”的结构模式，强调管理组织等级分明与企业业务“大而全”，难以满足市场对产品的多样化需求。同时，设计企业作为创新型组织，传统的、陈旧的管理模式难以发挥其最大效益。在强调开放、协作与分享的互联网时代，企业要求提升管理的灵活性、柔性和创造性，管理成功的目标将锁定为是否能更有效地整合资源。管理模式没有固定标准，真正衡量的角度是看是否适合企业发展，但总的趋势是转向扁平化、网络化、无边界化方向发展。由于设计企业是人力资源与项目任务驱动型企业，因而必须不断减少管理层级才能最大程度地提升工作效率，发挥设计师群体的特性。企业组织扁平化是并购后提升工作效率的保证，打破科层组织的官僚和僵化，使运营和决策更加高效、更加贴近客户和市场，更快速地响应客户需求和市场变化。企业组织网络化是通过克服内在和外在障碍，在不同职能之间、地区之间发展协同效应以提高合作力度。企业组织无边界化是跨越部门或职务界限的问题，比单独工作的人更有可能产生高质量的决策，协调跨部门资源建立项目制的团队，形成面向前端、反应灵敏的小单位的结构，并配套以鼓励团队创新和求胜的机制，特别是解决无序问题时，可以建立直接面对顾客的、快速响应的服务团队（见图6、表3）。①

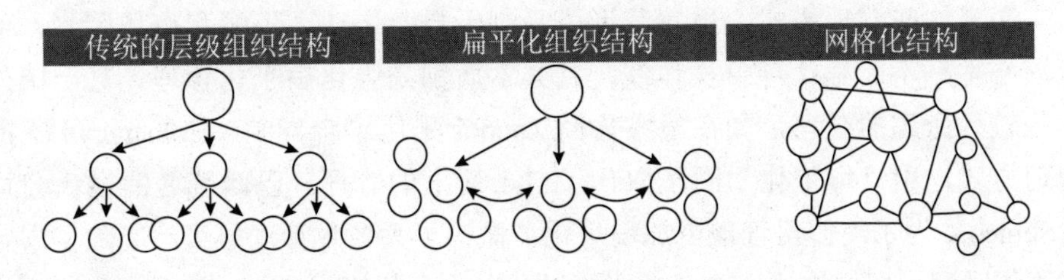

图6 传统组织结构、扁平化组织结构和网络化组织结构

表3 科层制组织与扁平化组织之间的比较

比较项目 / 组织类型	科层制组织	扁平化组织
层次与幅度	层次多、幅度窄	层次少、幅度宽
权力结构	较集中、等级	分散、多样化
等级差异（权力、待遇）	不同等级差异大	不同等级差异较大
沟通方式	上下级之间，沟通距离长	上下级之间，平级斜向沟通
职责	附加于具体的职能部门	很多成员分担
通讯方式	传统通讯方式	现代网络化通讯方式
协调	通过等级结构很明确的规定管理程序	手段多样，注重人员间的直接沟通
持久性	倾向于固定不变	持续地高速以适应最新情况
适用环境	较稳定	快速变化
企业驱动力	高层管理者驱动	市场需求驱动

设计企业并购后，各企业结合自身发展资源与定位，在管理体系上选择不同模式。第一种是设计子公司或是设计事业部模式，保留原有架构，强调原创设计，保证统一的设计思想、风格、规范以及对所有产品或服务的统一理解。第二种是多设计团队模式，打散原有体系，将设计人才分散到各个事业部或是产品线，以应对单个产品承载的越来越复杂的需求，以及产品线服务的越来越复杂的客户。第三种是事业部和项目部交织而成的矩阵式模式，这种模式在国外成熟的规模化公司中较为常见，管理层根据具体项目的特点选择项目经理，然后项目经理负责从事业部挑选不同业务部门的成员组成项目部，项目结束后团队随即解散。其主要优势是项目部人员和规模由具体项目决定，不会出现人浮于事的情况，每名员工可以同时服务于两个或者更多的项目，有利于公司的

① 陈丽珍、郭海明：《兼并企业的企业文化与组织变革关系探讨》，载《商业时代》，2011（11），145页。

集中管理和调配资源。

深究这些管理模式，虽然其形成受制于自身历史、资源和市场因素，但其核心都是不断强化项目操作线，且其本质都是强化扁平化管理。甚至国外一些较为激进的公司，如在线零售商 Zappos 采用了合弄制（Holacracy）[①] 的管理方式，用“扁平化”圈子取代了自上而下的管理。巴西著名的塞氏公司（Semco）为了使公司管理更加扁平化，撤销了大多数管理层级，废除了固定的工作时间、职位描述、永久性职位以及人力资源部。该公司甚至没有制定一个 5 年商业计划，而所有这一切都旨在提高员工的自主性和权力。全球第一设计公司 AECOM 经过不断地扩张并购，业务遍布全球 125 个国家，共有 4 万多名员工，大约有 60% 的业务来自美国以外的地区。目前，AECOM 有建筑师、工程师、设计师、规划师、科学家等专业人员 87 000 名，为分布于七大洲 150 多个国家的公私部门客户提供设计 & 咨询（DCS）、项目管理（MS）、建筑服务（CS）和投资（ACAP）四大板块的服务。2011 年至 2018 年，AECOM 的营业收入整体呈增长趋势，且从 2015 年开始，公司的营业收入相比之前翻番，2018 年营业收入达 201.56 亿美元，成为世界上营业收入最高的工程设计公司。无论是营业收入占比还是新增营业收入贡献率，设计 & 咨询和建筑服务两大业务板块均超过 80%，可谓公司的核心业务。

3. 总部轻质化

并购后的企业管理模式整合过程中，许多企业尝试进行总部轻质化改造，将总部定位为战略引导、资源整合和顶层设计，由设计单元构成生产、经营、管理一体的独立业务单元，总部作为管理服务平台，对业务单元的人力、质量、项目、财务等重点模块进行管理支持。[②] 从西方成熟的大型企业并购管理的经验来看，企业总部主要负责财务、法律、设计、人力资源、品牌等公共和风险防控的职能。例如，法国阳狮集团经过不断的并购拓展，业务遍布全球超过 80 个国家，阳狮集团的子公司进行自主业务管理，总部以区域为板块设置资源管理中心（SSC），负责区域子公司的后勤业务，如财务、IT、采购、法律等，其设置的目的是要提高总体效率，实现管理协同以降低成本，进一步支持各子公司的主营业务。资源管理中心由 SSC 董事总经理领导，下设财务总监（CAO）、

---

① 合弄制（Holacracy）由美国 Ternary 软件公司的创始人 Brian Robertson 创建。合弄制是由角色来承担工作的管理系统，一项工作被看作一个“角色”，同一个人可以选择承担不同角色，并和其他人配合完成工作，按照角色分配权力，其本质是解决现代组织的管理问题。

② 龙革、董艺：《云中漫步——国际并购与上市背景下的设计企业管理创新思考》，载《建筑设计管理》，2015（9），21 页。

资金部、IT 部、法律部、人事部、采购部等职能部门。

结合国内实际情况，不少企业也采取在总部层面设置服务、研究、技术或设计职能的团队等方式，对企业整体技术储备、设计、新产业孵化等起到强化作用。金螳螂设计研究总院体系下设有技术管理中心和综合管理中心，旨在弱化表面的管控、强化支撑和服务，以打造更好的服务平台。同时总部还成立了新材料、新技术研发推广部门，并建立了现代化信息技术共享平台，积极开展新材料研发和资源整合工作，提供业务支撑和服务配套。

四、企业并购后的运营管理

1. 机构运营品牌化

设计企业的关键就在于人力资源价值与积累的技术和品牌价值。最初，设计企业的核心人员通过个人作品累积影响力，个人的气质在很大程度上影响了企业设计的品质、业务的来源和服务的领域。个人影响力的最大化，一方面，帮助企业招揽了更多的生意；另一方面也使得企业的兴衰与核心人员紧密相关。同时受经济形态与产业结构制约，个人主导的设计企业一般以中小规模为主，发展到一定程度很容易进入瓶颈状态。整个市场环境面临经营模式、业务形态、竞争力要素的深刻转变，在这个转化的过程中，虽然人力资源依旧是设计企业最主要的资源，但设计机构整体品牌价值成为引领设计企业转型变革的重要力量。一个拥有强大品牌价值和商业号召力的企业，市场化程度越高，自身所代表的品质与服务优势越明显。品牌化的企业对内不断吸引人才，发展壮大内部创新与生产实力，对外有优质的产品打基础、良好的声誉做支撑，借助于声誉、影响力、资本、渠道、人才优势，嫁接和整合自身资源优势，更有助于构建差异化竞争力进而实现模式创新。

依托于成熟的运行管理模式，配套化的系列产业流程，稳定的销售渠道，固定和源源不断的潜在客户源，品牌化的设计企业更容易受到资本的青睐。当前许多知名设计企业被收购，背后的因素错综复杂，但是其中非常重要的一点原因就在于品牌效应。例如，苏州金螳螂建筑装饰股份有限公司收购全球最大的酒店室内设计公司美国 HBA International 70% 股权，有部分原因是金螳螂占有较大的装饰市场份额，但在全球范围内及高端市场不具备强有力的品牌，通过嫁接 HBA 的品牌，就具备了更多的谈判筹码。江河创建集团收购梁志天设计师有限公司 70% 股权，也有部分原因是基于这样的考虑，江河创建本身是大型的设计及工程公司，但在设计形象上比较欠缺，正是借助梁志天设计师有限公司将设计做到另外一个层面，以此带动施工策略。中国本土公关公司蓝色光标收购美国著名设计公司 Fuse Project 75% 股份，蓝色光标的财报显示，Fuse Project 的资产值仅为 1.35 亿元人民币，2014 年度其利润为 350 万元左右。Fuse Project 并不能为蓝色光标带来多少利润，蓝色光标考虑更多的还是产业链布局与 Fuse Project 的品牌效应与公关影响力。

并购后，母企业应当充分评估被并购企业的品牌价值，并在此基础上选择整合方式与治理结构，这种情况尤其是在母企业并购知名企业时应当进行充分考虑。被并购企业品牌的去与留都具有各自的优劣势，统一整合品牌可以集中资源，保证品牌形象一致性，但需要更多的沟通成本与大量宣传资金，公司的目标、愿景、政策也都需要协同管理与整合。不同于整合的做法，部分企业选择让被并购企业保持相对独立，充分利用被并购企业在业务领域的品牌价值，进入新的业务领域和市场，发挥协同效应。

这两种不同的方法都应该基于对母企业与子企业的品牌价值进行充分评估，如果母企业全方位的品牌价值明显远高于子企业，那么统一整合品牌是更适合企业发展的选择。最为著名的案例应当是 2009 年 AECOM 的品牌统一措施，全球第一设计公司 AECOM 的品牌价值明显高于在其他国家和地区收购的子公司，当然也包括中国深圳城脉、上海都林以及市政西北院，AECOM 选择取消所有并购的子品牌，将不同专业的相关设计公司整合到一起，统一采用 AECOM 的品牌标示，对人事、财务等管理制度也进行全面统一。AECOM 强有力的并购和品牌整合能力使其在短短 20 年内成为国际标杆的关键因素之一。

如果母企业的品牌价值在设计领域或是目标市场不如子企业，那么保持子企业的独立性或许更适合企业发展。考虑到著名设计企业的品牌效应，收购知名设计公司后，母公司一般会采取相对独立的运营方式。中国建筑设计研究院收购新加坡 CPG 集团，借助 CPG 的影响力进入发达国家市场，有效克服了中国企业在海外战略实施过程中当地法律法规的阻碍以及缺乏国际性人才等问题，并有效带动了中国建筑设计研究院的品牌影响力。

当前情况下，我国多数企业并购后把设计品牌作为占据市场的手段，而没有真正从品牌的整体效应着手推进。被收购企业的品牌效应当然会促进市场拓展，但是市场拓展仅是品牌效应的优势之一。在当前企业纷纷布局全产业链的情况下，更进一步的发展需要企业形成与被并购企业的协同效应，带动整体企业品牌影响力发展，建设更完备的体系，发挥出整合后的企业整体品牌效应。此外，企业并购后也应当预先考虑品牌构架的延展性，并与企业发展战略和组织架构规划相吻合，对品牌发展预留接口，以便在企业发生重大收购后，品牌层面可以及时跟进和有序调整。

2. 设计平台化

企业资本运作及资源整合也引发了运营模式的不断升级，以规模市场为基础，利用各项资源连接用户资源、连接后端业务、连接项目合作、带动产业链业务运作的“设计＋”服务平台已经初现端倪。设计企业并购完成后，最重要的是要从本质上脱离小团队的工作模式，发挥集团军的作用，避免大公司组织内部的分化和瓦解。因此，许多企业选择将设计单元保持相对独立，进行平台化运作。在实际的运作过程中，并不是将设计业务完全独立于后端环节，而是设计企业从总公司中分化出来，成为相对独立的设计工作室、设计研发中心或者设计院，例如，北京弘高创意建筑设计股份有限公司将施工公司作为设计公司的子公司，北京港源装饰工程有限公司将设计公司与施工公司分离等。同时，将设计与其他专业服务提升在一起，通过资本的植入，产生更高的技术壁垒。

设计平台由设计服务提供者转变为资源整合者，设计的高附加值、产业融入性等特点，通过设计平台能够有效延伸到其他业务，并与之相融合。各个公司的设计平台功能略有不同，但总体是向着“资源整合”的方向发展。例如，东方园林并购尼塔设计后，成立了东联设计集团，连接研发方向与技术落地，连接产业链上下游业务，由景观设计为主业务专门化团队，延伸到建筑、规划、旅游，又从建筑与景观设计延伸出生态设计、循环设计、可持续设计，建立了水生态、水环境、水治理三位一体的生态设计院，随后成立了文创艺术中心。棕榈设计收购贝尔高林（香港）以后，建立了设计整合平台，实现规划设计、建筑设计、景观设计和深化实施四位一体的全方位设计业务组合，使设计业务成为企业在园林行业全产业链中的核心竞争优势业务，从源头驱动整个产业链，形成自身的核心竞争力。依托新的棕榈设计平台，以贝尔高林（香港）的全球客户和分支网络为支点，带动棕榈园林传统工程以及生态城镇战略业务进行海外布局，最终实现棕榈园林的国际化战略。棕榈设计旨在建设一个品牌化、全球化、开放性的整合平台，以贝尔高林（香港）为核心，充分发挥其品牌聚合效应，通过战略合作或定向收购整合不同细分专业、不同地域的最优秀设计师或设计机构，做大做强泛规划设计平台，真正推动设计走向全球化设计集团。

3. 盈利模式拓展

企业盈利模式是指通过自身以及相关利益者资源的整合，而形成的一种实现价值创造、价值获取、利益分配的组织机制。它是一个系统，由不同部分之间的联系及其互动机制组成。企业盈利模式的变化与企业并购行为密不可分，企业并购也是企业盈利模式改善的有效途径。随着企业并购行为的不断加速，并购后企业的业务类型、管理与运营层面都发生了变化，盈利模式随之也发生了改变。设计企业并购后盈利模式的变化主要表现在盈利方式的拓展方面。

设计企业的横向并购引发了盈利模式的横向拓展，企业整合设计力量，获取了设计业务板块内不具备的空白专项，并购后的企业设计业务有了更丰富的参与层面，同时借助于规模效应，盈利方式可延展到设计的更多层次。诸如上海现代设计集团并购美国威尔逊建筑设计公司，实现了高端酒店的建筑设计和室内设计的综合，便于企业实行业务协同，实现酒店一体化设计进而拓宽了盈利渠道；棕榈设计收购贝尔高林（香港），实现了规划设计、建筑设计、景观设计的业务拓展，也是实现了盈利模式的横向拓展。

设计企业的纵向并购引发了盈利模式的纵向拓展，企业通过上下游延伸来强化对产业链的控制力，将其业务向前延伸至设计，向后延伸至生产、加工等业务领域，提供更完善的“全过程服务”。设计的利润率更高，但绝对产值并不占优势，布局全产业链后，企业以设计作为引领和转化的平台，以后端业务反哺设计，形成了更健康、更良性的循环，同时也增加了更多的收入。2013年，金螳螂设计业务的45%由设计部门自行承接，同时设计带来的施工比例为39%，主动提供有效施工信息的占比为32.88%。以蓝色光标为例，收购的Fuse Project公司的服务范围中加入了产品创意，可以与公司现有提供的公关、广告、创意等服务有机结合，从产品设计的高度帮助客户提升营销效果。

设计企业的混合并购带来了盈利模式的多角化拓展，部分企业看中了设计行业的轻资产化、高附加值的特点，通过跨行业并购进入设计行业，从而增加设计业务，以获取高额的资本收益回报。私募股权集团Investindustrial看到了设计产业的巨大潜力，先后收购意大利灯具设计品牌Flos和家具设计品牌B&B Italia SPA的多数股权，从多角度拓宽盈利模式，致力于打造设计产业的LVMH；苏宁环球也采取了类似的思路，收购韩国动漫设计公司Red Rover20.17%股权后，去地产单一化，开始向文体、健康和金融三大产业转型，全面拓展新的盈利模式。

4. 团队配置多元化

随着设计企业并购重组的不断提速，许多并购后的企业不但拥有前期设计能力，同时也能提供市场研究、消费者调查、人机学研究、方案执行与后期落地等诸方面的服务，部分企业还具有全球性活动的能力。企业由业务单一型、人员单一型逐渐向高端综合设计服务、团队配置多元化转变，在获得智力资源的同时，企业团队实现了多专业人员的结盟合作。

技术的频繁升级使得复杂项目的设计与运作更需要多元化的团队，不同的教育背景、工作经历、知识技能、思维模式，以及不同的性别、年龄、籍贯，不同的客户群体构成、偏好和需求的团队，可以更好地完成复杂的项目。例如，迪士尼梦工厂跨领域多专业人员的结盟工作，完全满足了从迪士尼动画片的设计制作到迪士尼主题公园建设的创新需要，只有在策划创意、动画设计、建筑设计、室内设计、展示设计、商业设计等不同门类的设计人才，以及高科技技术人员、工程人员、营销人员等几百甚至数千人的配合下，才能最终完成一项复杂的设计管理项目；又如，美国好莱坞一部时长160分钟的电影大片《阿凡达》，其生产需要协调48家专业公司、1 858位专业创作设计人员，这些公司涵盖了澳洲、日本、美国等跨洋的协调，互联网的不断进化使得这种产业链内部的分工势必愈发成为可能。

企业并购将不同地域、文化背景的专业人员置于同一工作平台，针对项目展开全球范围内的协同合作。联想“创新设计中心”是拥有200名成员，涉及10多个专业领域，全球化多专业协同运作的国际设计团队。在“创新设计中心”的主导下，联想形成“SET”创新模型，即基于社会文化、经济发展趋势和技术发展趋势交汇点上的创新研究。这一创新模型的最大价值在于，形成的多专业协同的工作机制使工程技术、材料应用、销售和管理等方面的专业人士协同作业，设计师则担当起多专业协同的重要纽带。[①] 随着设计方法和流程的进一步调整，联想在原有设计流程基础上延展出预研机制（PES），提出用户体验（UE）的概念，使多专业协同的用户研究贯穿于前期调研、概念、计划、发展、深化直至产品推出的整个流程，并使成果成为下一个产品项目研发的源泉，形成两年一个循环的闭合流程。

① 陈旭、蔡军：《通过设计提升客户价值——以联想为例》，载《清华管理评论》，2012（6），56页。

谈成长型市场中设计策略的运用

在现实的商业环境中，一项创新和设计可能会迅速被竞争者模仿，从而失去竞争优势。同样，在创新道路上不思进取的企业将在竞争者的不断追逐之下迅速丧失市场份额和领先地位。随着经济全球化的进程、信息通信技术革命的推动和日益激烈的商业竞争，这一情形已经变得尤为突出。设计是创新的核心，设计不能独立存在，它是企业在市场中的重要生存手段，设计应是产业链中的重要一环。企业要想有效地运用设计优化产业链，就必须制定切实可行的设计策略，并将设计放在一个大的富有创新的产业环境中来看待。

设计策略与企业的发展息息相关。如同人类的生命周期要经历生、老、病、死一样，企业发展同样也要经历从孕育、起步、成长到成熟、衰败和死亡的不同阶段。企业生命周期的不同阶段都面临着不同的风险和挑战，同时也存在着各不相同的设计要求和创新机会。对应于企业发展各个阶段的设计不是固定不变的“模式”，而应是优化企业价值、符合企业整体战略框架下变通的设计策略。设计及创新战略的类型是多样的，关键是如何理解和正确选择适合其所处情势的策略类型，并巧妙地加以运用，以创造与其竞争对手之间的绝对差距。

处在成长阶段的企业既要密切把握市场变化引发的产品革新战略的实施，同时又要密切关注来自竞争者的产品发展计划及产品开发资本预算带来的市场风险。因此，成长阶段既是企业创新产品、资本积累、市场扩张及形象树立的关键发展阶段，又是企业面临创新挑战、清除发展障碍和规避市场风险的重要谋划阶段。可以说，这一阶段是产品或服务创新竞争的基础阶段，任何企业或组织首选的价值核心应是正确选择设计战略类型以保证产品或服务领先，以及如何通过合理、科学的设计投入和承担重大的市场创新风险，来获取产品或服务的市场竞争优势。

围绕产品或服务实施的设计策略是企业整体战略框架下的重要资源。负责设计业务的管理者要始终运用产业研讨、市场定位、核心竞争力组合、价值创造模式等方面的战略总体分析，来规划符合企业和产品利益的设计策略，从而合理配置设计资源、明晰设计思路、确定设计手段，以帮助企业在成长期奠定持续的竞争地位，并以较低的成本创造客户及利润价值。当然，投资回报不仅仅包括已经获得的销售额，更需要通过赢得新的顾客来获得持续的潜在销售额。

因此，这一阶段设计策略关注的重点首先是帮助企业盈利，然后才是将利润最大化。

处在经营系统和产业链中的设计与美学意义上的设计的不同之处在于，前者经常受到企业产品计划、市场研究、竞争者分析和预算控制等商业问题的影响。如产品市场份额的下降，可能引起对产品组合的思考，从而导致设计改良和促销活动的发生，以刺激销售。因此，成长型市场中的设计策略在谋划时必须有明确的市场目标，要根据不同的市场变化制定与之对应的设计策略类型。例如，“公司试图第一次在市场上推出某种产品”“公司试图增加产品的市场投放”或“公司试图重新获得失去的市场份额”等企业目标，都应根据市场需求实际有目的地选择设计策略类型。

成长型市场中通常使用的设计策略包括突破性设计、原创性设计、改良性设 计和平台设计四种类型。

第一，突破性设计。突破性设计任务直面新颖的产品和新型的市场。一项突破性设计可以对企业的商业模式和技术同时产生双重影响，并从根本上改变行业的竞争环境。由于突破性设计是所有设计策略类型中风险和挑战最大的创新，所以它只能用于高收益项目。并且，这种设计策略类型的目标市场的规模和发展潜力都必须足够大，必须能为企业带来持久的竞争优势，只有这样才能有效地规避风险，创造出足够的风险收益。20 世纪 70 年代，瑞典一家公司设计推出的一次性婴儿尿片就是一个运用突破性设计策略成功的案例。它利用木材中可吸水的柔软物质设计成了具有无须洗涤、易用性强且易销售的一次性尿片，从而取代了传统的布制尿片洗涤服务的商业模式。这一技术和商业模式的设计创新也从根本上改变了家庭育儿方式。同样，SONY 公司在 20 世纪将“做别人所未做的”创业精神成功地贯彻到新产品设计上。“随身听（Walkman）”[①] 系列产品的问世，不仅快速地垄断了音乐电子产品市场，创造了销售神话，而且成为年轻人追求时尚的主要标志性消费品。

突破性设计的特点是“风险性收益”（投入大、风险大、回报大）。除非突破性设计真正符合企业的利益，否则就会造成极大的设计浪费。

第二，原创性设计。原创性设计与突破性设计最大的不同是，在突破性设计中无论是产品还是市场，一开始都是不存在的。而原创性设计关注的是如何在现有市场中推出一个全新的、具有创造性的设计解决方案。通过对市场上的

---

① 随身听（Walkman）是指体积小、重量轻且便于随身携带进行收、录、放声音的器具。30 年前第一台随身听诞生于 Sony 公司，从此标志着便携式音乐理念的诞生。而“随身听”一词也从此成了便携式音乐播放器的代名词。

某种产品进行重大改进，以迅雷不及掩耳之势迅速去占据主要的市场份额。企业根本没必要主动寻找客户，也没必要改变配送渠道，他们能做的所有事情就是提供新产品，证明新的设计能解决顾客问题，然后就站在一边收钱。BMW AG的设计师斯蒂芬•奥古斯汀面对全球紧缺的水资源现状和市场对集水产品的急需，结合太阳能和凝结原理，经过反复的设计和实验，终于生产出一种简单、好用以及富于原创的设计——锥形状储水器。这种储水器的锥体、集水槽、流口造型、功能以及所选用材料都充分考虑了人道主义、生态和经济问题，它的独特性设计满足了发展中国家人们对饮用水最基本的需求。

第三，改良性设计。改良性设计是利用市场中已存在的产品，对它的某个或某些方面进行创新设计，而不是全部推倒重来。这种类型的设计是设计工作中最为普遍和常见的。出现这样的情况并非由于设计师的创造力不足，而是顾客迫切需求的反映。为了甩掉仿制品的追逐，寻找到MSTER LOCK住宅及庭院用锁芯的设计改良方法，DESIGN CONTINUUM[①]设计公司做了大量客户调研工作。通过深入分析，他们发现大多数人认为锁会被撬锁工具打开。因此，锁套暴露得越少就越会让消费者感到安全。另外，调查还发现，人们不太好意思把放在门外的东西用锁锁上。因为这样带有明显的防范，意味着对邻居的不信任，这暗示着客户需要一种外观“不像锁”的锁。DESIGN CONTINUUM的设计师们依据这样的调查并经过与多个市场同类产品的反复比较，在原来挂锁设计的基础上，设计出了钛系列住宅及庭院用锁具。一经上市，产品就受到了客户的青睐，销量也较以前翻了1倍。

通常，消费者总是希望产品能够适应他们目前的生活方式和风格潮流。在这种方式和潮流的限制下，消费者确立了自己的产品观念。为适应消费者的需求观念，设计师选择改良设计以确保产品具有良好的商业利润，这是改良设计占据设计主导地位的最主要原因。

第四，平台设计。成长型市场中除了采用上述设计策略突出产品或服务竞争领先外，如何整合设计资源，沟通设计团队，协调人力资源以确保设计的准确实施也是至关重要的设计策略。平台设计解决的问题主要是设计团队的合理组建以及设计资源的有效配置。由于在企业组织结构中工作分工都按专业和劳动性质的差异而定，作业的方式也都是从集权到分权，然后分级逐层进行，这势必会造成组织各部门之间各自为政、业务脱节、合作意识薄弱、人心涣散的情况发生。

---

① Design Continuum由Gianfranco Zaccai成立于1983年，总部位于美国波士顿。其设计的领域包括健康医疗、金融服务、消费品、教育、零售和住宿。

优秀的平台设计会用整合的方式来组织设计资源，组织内部和外部相关人员不是以顺序的方式介入设计，而是从项目设计的一开始就将所有不同职能及知识背景的人整合起来，组成设计或开发团队，构建出共享和合作的概念。协同一致的平台对企业和管理设计过程是非常重要的，较早考虑这一点，就能减少设计策略执行过程中出现的各种问题。

成长型市场的健康发展对于任何倡导的创新为主的企业来说都是十分关键的阶段，正确认识和科学统筹设计策略无疑会帮助企业减少创新风险，提升企业在产品或服务创新方面的竞争优势。但必须指出的是，设计是贯穿整个产业链的重要竞争资源，它分布在产品或服务开发的各个阶段。在企业或产品成长期的不同阶段，要因势利导，针对不同的市场目标、产品计划及竞争情况，有选择地进行设计策略的制定和组合，以期产品价值最大化。

从“伊斯特林悖论”看传统工艺的当代社会价值

社会和文化在转型时期的一个显著特点就是提高人的全面发展。传统工艺具有促进经济和社会价值感提升的双重功能，体现了最广泛的幸福价值。大量的田野调研表明，在中国广大乡村，传统工艺所暗含的生存智慧和生活价值仍是一把没有生锈的钥匙，只要在发展中加以新的利用，它仍然是打开中国“三农”问题的主要工具。

一、传统手工文化中蕴藏的社会价值

目前，对传统手工文化社会价值课题的关注与研究有待深入。这里所指的手工艺，并不仅仅被看作某种物质或物化形式的创造性产出，它不但是一种文化的产品，还是一种文化的过程。文化过程包含两个指向：一是包括道德、行为、信仰、价值观、风俗等在内的两个或多个社会群体之间的差异，具有文化人类学的特点。二是作为有创造性的精英为促使凝聚力及归属感的生成而在社群内部进行文化观念的扩散，以通过垄断文化来获得权力和地位，它具有文化等级化的特点①。因此，我们回过头来看手工艺的概念，至少既包含了人类学和等级化意义上的文化过程，又包含了文献学意义上的文化产品的特性，它既代表一个民族一整套生活方式的演进，同时也代表少数群体的情感或天分。直到今天，公共美术馆或博物馆仍习惯用艺术品或产品的形式分等级地进行展示。

手工艺的文化意义，使之成为代表整个人类文化最典型的形态。正如文化人类学奠基人泰勒在1871年对手工艺的描述，“一个包含了知识、信仰、艺术、道德法律、习俗，以及作为社会一员的人获得的所有其他能力和习惯的复杂整体”②。手工艺的触角延伸到社会肌体的各个神经，体现了最广泛的社会价值。因此，无论是体现生产或生活功能的手工艺、体现艺术精神功

---

① 参考伊曼纽尔·沃勒斯坦对“文化”的定义，类似于中国将工艺美术分为民间工艺、宫廷工艺等。同时参见［英］贝拉·迪克斯：《被展示的文化：当代“可参观性”的生产》，冯悦译，27页，北京，北京大学出版社，2012。

② E B Tylor，Primitive Culture 转引自 Burns 1999。

能的手工艺，还是体现非遗保护功能的手工艺，都呈现出极其广泛和完整的社会价值体系。

较之工业文明，手工业文明更能寄托人类的情感和共有价值，集中体现了中华民族共同持有的生活美学认知、主观幸福感、人伦道德追求和社会价值判断。就手工文化的价值主体而言，其个体情感和群体价值基本嵌套在工作（劳作）与生活两大领域之中。基于工作（劳作）类的手工艺主要指向工具、器具和用具方面，大致包括用来制造器物的基本工具（如开矿、采石、制铁、打铜等）、农业工具、制衣工具、食物工具、建筑工具、运输工具和手工业工具等，涉及的工具和器物几乎涵盖了民众所有的生活与生产所用。同时，基于生活类的手工艺则更多指向具有人文关怀和精神寄托的艺术化手工艺，包括各种塑作类、剪纸类、编织类、绘制类、印染类、刺绣类等，涉及的图案、符号、形态、样式也已渗透到百姓生活现场的方方面面。无论是器物化手工艺还是艺术化手工艺，两者反映到物质产出、精神产出、制度规范、自然环境以及工匠等价值客体方面，都表现出普遍的一致性，形成非常典型的社会化“工具型价值观”。如在手工艺物质产出层面，为实现生活生计利益或经济收入最大化，体现出对物品实用性、差异性、乐用性、高质量、工艺技术、市场化程度、交易效能、收入等价值的追求；在手工艺精神产出层面，体现出对遗产性、身份感、历史感、审美性、意义感、仪式感、自然经济体验感等价值的追捧；在手工艺制度规范层面，体现出对礼法、道德、伦理、信仰、秩序、俗信以及习惯、公众舆论等价值的认同；在手工艺自然环境层面，体现出对聚落修复、取材、规划等方面持有的群体感、尊重感、约束性、永续性以及自给自足生活等价值的保护；而在工匠个体以及利益相关者层面，则体现出对聚合、卓越、完美、精致、身份、耐心、坚持、敬业、自律、可靠、诚实等价值观的倡导。

若按照罗克奇价值系统理论的观点，“工具型价值观”主要围绕“事物”或“器物”的客体层面审视人、自然、社会所形成的价值判断，但这只是体现一个事物的表象或一个造物行为的过程，并不代表主体的最终价值归宿，即“终极型价值观”。而“终极型价值观”指向的不是实现事物的演进和造物过程的“工具性”，而是挖掘隐藏在“工具性”背后的“感觉”或通过“工具性”的手段，去实现一种带有理想色彩的个体与群体性的终极价值。它包括通过手工文化的创造、传播和使用，来实现拥有稳定、舒适、富足的生活，以及获得感、成就感、追求艺术与自然之美、道德感、利他主义、内在和谐、机会均等、社会承认和心灵自由等终极价值（见表1）。如果用一句话来概括这些构成终极价值观的要素，就是我们常说的“主观幸福感”[①]。中国传统手工文明正是从追求主体价值观完善的愿望，到通过造物行为模塑多种客体价值观的形成，再回到以“主观幸福感”为表征的终极价值观的升华与完善，在稳固而又不断运转的共有价值系统中，推动几千年的中华文明绵延不绝，历久弥新。

表1 传统手工艺蕴含的“工具型价值观”与“终极型价值观”部分要素

<table>
<tr><th>价值客体</th><th>工具型价值观</th><th>终极型价值观</th></tr>
<tr><td>物质产出</td><td>实用性、差异性、乐用性、高质量、技艺、市场化、交易效能、收入等</td><td rowspan="5">稳定、舒适、富足的生活，以及获得感、成就感、追求艺术与自然之美、道德感、利他主义、内在和谐、机会均等、社会承认、心灵自由等</td></tr>
<tr><td>精神产出</td><td>遗产性、身份感、历史感、审美性、意义感、仪式感、自然经济体验感等</td></tr>
<tr><td>制度规范</td><td>礼法、道德、伦理、信仰、秩序、俗信、思维、习惯、公共舆论等</td></tr>
<tr><td>自然环境</td><td>群体意识、尊重感、约束性、永续性、自给自足的生活</td></tr>
<tr><td>人</td><td>聚合、卓越、完美、身份、耐心、坚持、敬业、自律、可靠、诚实等</td></tr>
</table>

二、“伊斯特林悖论”与中国“工艺之砣”

在政策领域，主观幸福感作为除了人均GDP之外用来衡量幸福的因素正在得到国际社会的重视。从经济和社会学角度来研究主观幸福感的典范，当下应属美国著名经济学家理查德·A. 伊斯特林。他早在1974年出版的著作《经济增长可以在多大程度上提高人们的快乐》中，就否定了多数人持有的“经济增长将增加人们的幸福感，并且经济增长率越高，人们增加的幸福感就越多”的观点。根据伊斯特林的研究发现，收入的增长在一定饱和程度上确实能够提高一个人的幸福感，但在基本生活需求得到满足之后，财富的增加便无法继续提高幸福感，反而会降低一个人的幸福感。基于此，他提出了“收入增加并不一定导致快乐增加”的反论，即所谓的“伊斯特林悖论（Easterlin Paradox）”。

同时，伊斯特林等人还针对中国居民的社会价值进行了调查分析。研究人员指出：“1990年至2010年，中国的GDP增长3倍，但根据6项不同的

① 主观幸福感的研究源自1958年“生活质量（quality of life）”概念的提出。生活质量的本质是一种主观体验，它包括个人对于一生遭遇的满意程度、内在的知足感，以及在社会中自我实现的体会。此概念提出后，受到了社会学、心理学、经济学等多个学科研究者的关注和研究，逐步分化为两大研究取向，即客观生活质量研究和主观生活质量研究。主观生活质量研究侧重于对人的态度、期望、感受、欲望、价值等方面的考察，着眼于人们的幸福体验，即所谓的“主观幸福感”研究。

自评幸福感调查，中国人的幸福感与财富增长不成比例。在经历了长达 20 年的经济快速增长之后，中国居民的幸福感与 20 年前相比并没有大幅提高（见图 1）。”为了验证“伊斯特林悖论”在中国社会转型中的准确性，他通过数据分析进一步指出，“以 GDP 衡量的方法记录了中国人物质生活环境的改善，然而生活满意度调查表明，对于普通群众，特别是那些低收入、低教育程度的群体，他们的生活满意度却在下降”①。

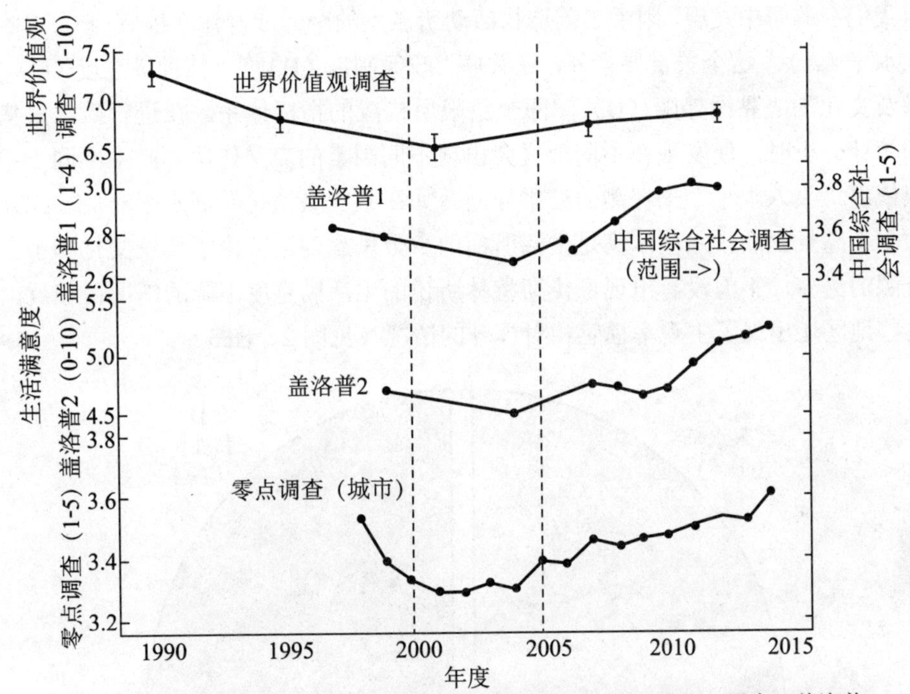

注：零点调查系列是1997—2015年度数据的三年移动平均值，居中；盖洛普2，2004年之后，是2006—2015年度数据的三年移动平均值，居中；中国综合社会调查是技术框1中给出的日期的三项移动平均值。答复选项为1-4或1-5的系列在绘制时，其范围是答复选项为1-10或0-10的系列的两倍。

图 1　伊斯特林研究小组 1990—2015 年在中国进行调查得出的生活满意度曲线

不过，通过近 4 年我们对中国社会转型中部分乡村（尤其是一些具有传统工艺和民间艺术特质的乡村）调研的情况来看，“伊斯特林悖论”并非一个伪命题，其将“长期经济增长并不必然会持续提高人们幸福感”作为核心结论的情况确实存在。但就中国乡村具体现状而言，我们认为在理论观点和研究方法

① 《东方早报·上海经济评论》，郑景昕译，2012 年 5 月；转载自理查德·伊斯特林：《中国生活满意度研究（1990—2010）》，载《美国国家科学研究院学报》（*PNAS*）。

等方面仍然存在值得商榷与完善的地方，主要集中在两个方面。第一，在调查范围选择及解释其变动趋势方面，尽管进行了很多城乡收入对比方面的研究，但其收入水平与社会幸福价值数据的采集主要基于城市而非乡村。由于中国城乡社会具有极强的二元分割与贫富差异的显著特征，同一国家不同地区和同一地区不同乡村之间均存在不同程度的异质性变动，因此，基于城市或城乡对比得出的研究结论，未必全部适用于复杂多变的中国乡村的发展现实。第二，在决定主观幸福价值感的要素方面，经济收入状况当然是评测幸福感的主要指标，但我们在调研中发现，因手工艺造物活动所滋生的个体或群体幸福感，除了“收入水平（A）”这个关键要素外，还关联“政策制度（B）”“精神满意度（C）”以及文化的“黏性伴随（D）”四个象限所构成的指标体系。在进行数据采集和统计分析时，便发现在不同地区会出现不同因素的交叉作用，产生不同于单纯依靠“收入水平”来评测的结果导向。如在某些城镇化发展水平滞后、GDP水平不高且民众收入基本满足生活所需的少数民族地区，由于传统文化和手工资源的滋养，不但没有出现像伊斯特林所说的生活满意度下降的情况；相反，这些地区还出现了主观幸福感相对提升的情况（见图 2、图 3）。

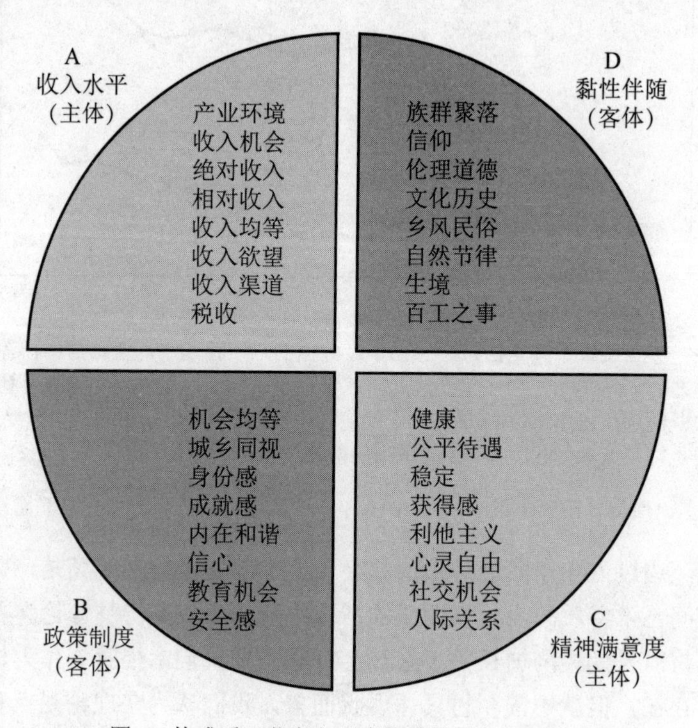

图 2 构成手工艺者主观幸福感的四象限要素

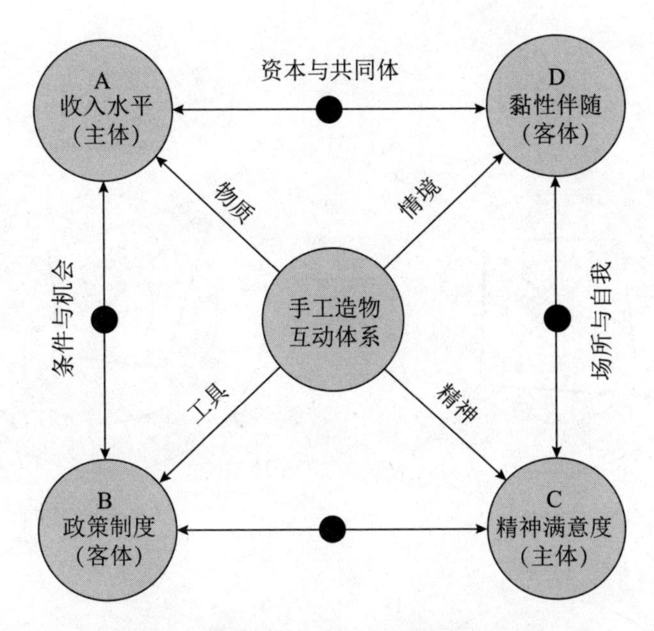

图 3　四要素在手工造物过程中的情感交互

经过大量一手田野调研的数据统计显示，处在经济社会转型和文化变迁背景下的中国乡村社会，从总体上看，大致存在四种基于“增长－发展”[①] 维度的情形值得我们关注（见图 4、图 5）。第一种情形，A、B、C、D 四个象限值普遍较低，呈现无增长、无发展或负增长、负发展的共性特征。其表现为自然条件与环境较差、人口外流严重、资源配置程度低、收入来源差、农业牧业依赖性强、保护与传承无能为力、公共服务与扶持政策水平低、老龄化程度高、物质与精神生活贫乏、身份感缺乏、思维僵化等特征。此类乡村主要集中在生存环境与文化环境贫瘠的中部地区、西部山区及西南、东北地区等，我们称其为“生存型地区”。

第二种情形，A、B 象限值明显偏低，C 象限值适中，但 D 象限值比例较高。表现为行政思维固化、乱作为干预过多、用于经营的可支配收入低、泛旅游化、创新与产权保护意识低、公共服务与扶持政策水平低、教育机会欠缺、身份感缺失等。此类乡村主要集中在生存环境较差，但文化资源禀赋较为丰富的中部、中西部、西南部与南部少数民族地区以及西北边远地区等，我们称其为“内卷

① 本文中所有提到的“增长”概念是指包括城镇化、工业化以及手工艺产业在内的经济收入的数量问题；“发展”的概念不仅指经济发展，更多的是指向人的全面发展，即“社会价值观”或“主观幸福感”。

化地区”①。

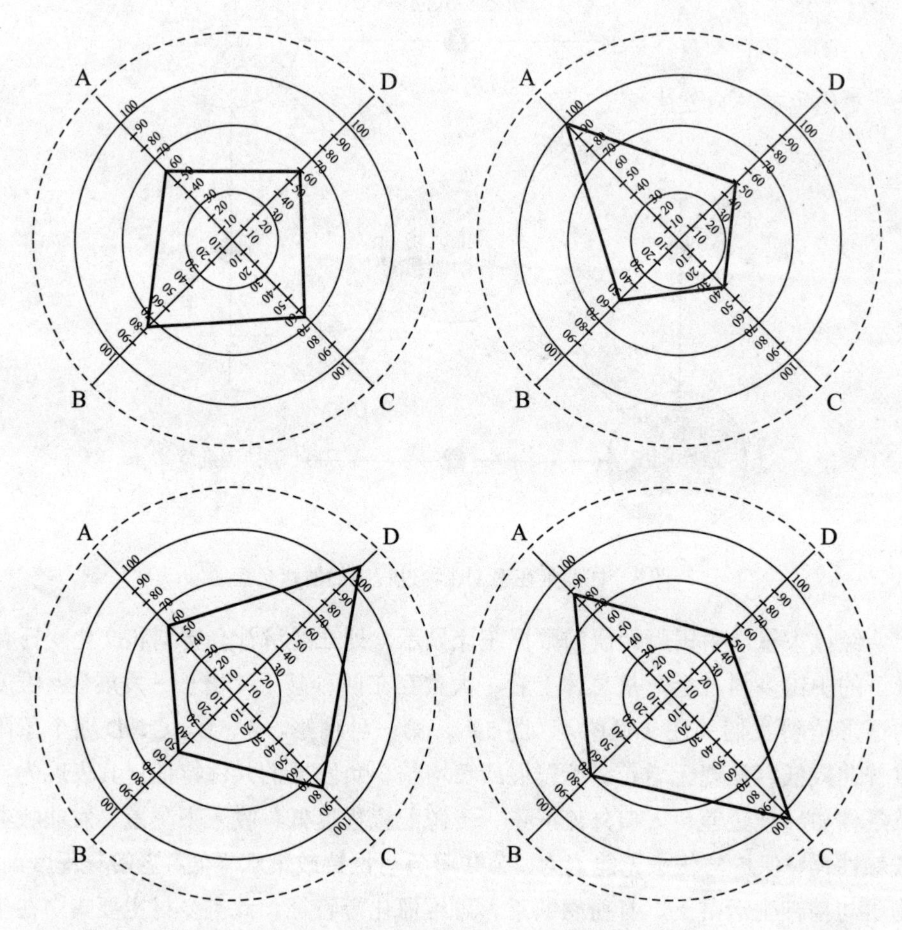

图4　四类手工艺个案地区主观幸福感满意指数抽样调查示意图（2014—2017）

（左上：生存型地区，右上：阈值型地区，左下：内卷化地区，右下：包容型地区）

第三种情形，A象限值明显偏高，但B、D象限值偏低，尤其是C象限值更低，呈现无发展、低发展或负发展的共性特征。此类地区多为“伊斯特林悖论”覆盖地区。当然，这里所提及的A象限值也包含一部分边远地区通过国家扶贫专项资金的输入，而出现的间歇性收入增加。同时，此类地区要么存在先天性文化资源基础条件不足，要么存在原有文化资源条件较好，但由于不重

① “内卷化”一词源于美国人类学家亚历山大·戈登威泽（Alexander Coldenweise）。他用这一概念描述一类文化模式，即当一种文化模式达到了某种最终的形态以后，它既没有办法稳定下来，也没有办法使自身转变到新的形态，而是不断地在内部变得更加复杂化。吉尔茨借鉴戈登威泽的概念来描述“由于内部细节过分的精细而使得形态本身获得了刚性”的形态。

视或存在“资源诅咒”而形成的下降现象。多表现为金钱主导的思维过重、过度，以及失控性增长明显、增长“工具化”、单一资源“过密化”、文化附庸经济、传统文化“挤出”效应明显、人力资本流失严重、乡村归属感和认同度低、文化生态与自然生境遭破坏，等等。此类乡村涵盖的范围较广，中、东部地区相对较为集中，我们称其为“阈值型地区”。

第四种情形，A、C 象限值较高，B、D 象限值上升态势明显，这是一种最为理想的发展模式，但存量不足且分布不平衡。其问题通常表现为保持增长与发展长期稳定性的机制、乡村的产业与文化活力的保持、传承人社会地位以及分类传承的困境、市场对美学的殖民化、文化再生的持久性、泛旅游化和展示化给文化生态带来的破坏、创新生产与消费转移的能力以及环境生态位的平衡等。此类乡村在全国呈分散式布局，我们称其为“包容型地区”。

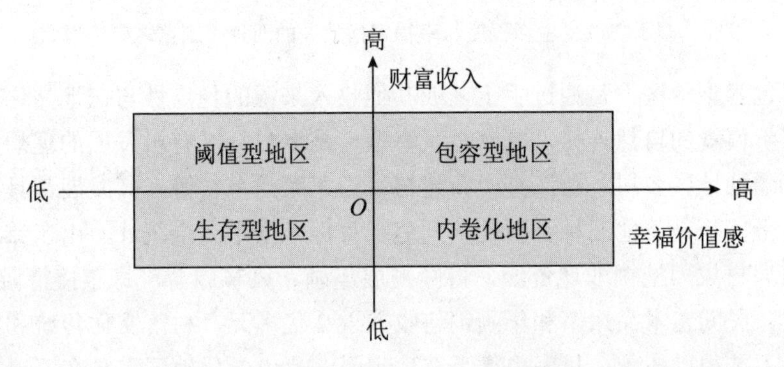

图 5　基于“财富－幸福感”关系的传统工艺四种发展类型矩阵

研究认为，“生存型地区”“内卷化地区”“阈值型地区”和“包容型地区”类型的划分，是建立在四个象限协同等级与手工艺“工具型价值观”和“终极型价值观”匹配基础上的。它们之间既存在明显的边界和现状层级，又形成各自增长与发展的对应关系。为了弄清四种类型之间的边界关系以及衡量它们各自发展的质量，笔者拿民间生活司空见惯的传统工艺“杆秤”形象做比喻，并用“秤不离砣”来寓意收入与价值观的依存关系。“准星刻度”分为“贫困”“温饱”“小康”和“富裕”四个等级，分别表示收入改变生活的程度，用“秤砣”表示传统工艺及其背景文化生成的主观幸福感水平，我们称其为“工艺之砣”。要衡量某个地区“增长－发展”的质量，只需将调研数据统计到“工艺之砣”模型上，定位其位置，便可发现这个地区或乡村的发展是否处于平衡的状态（见图 6）。

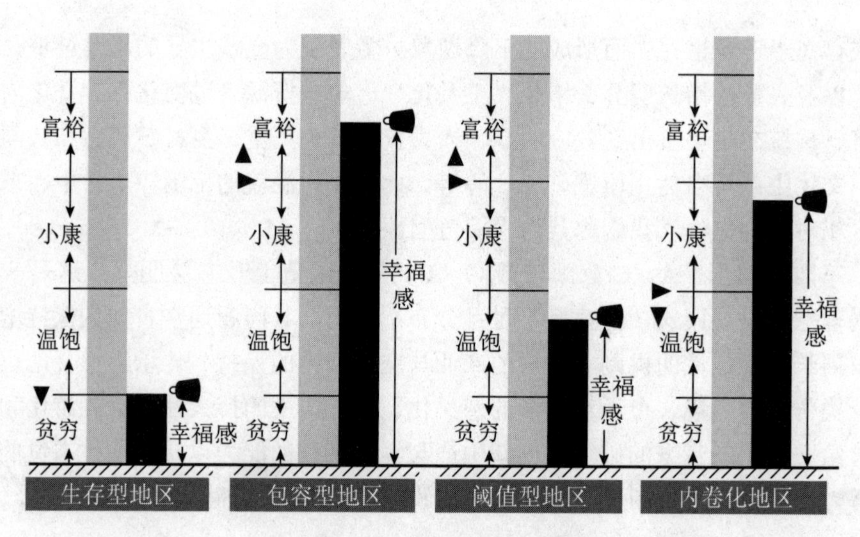

图 6　基于“改变生活程度与幸福感指数”的四种“工艺之砼”现状

“包容型地区”是通过手工艺或其他收入来源的稳定性与在地文化系统以及共有价值观的自然连接，既富足又幸福，是乡村社区有机发展的理想典范。如广东潮汕地区乡村、浙江舟山新建村、山东莱州乡村等，其发展都具有极好的质量平衡，是其他三种类型的共同追求目标。据不完全统计，山东潍坊寒亭区杨家埠村大力挖掘非遗资源，持续发展年画、风筝旅游，每年接待游客 100 万人次，民间艺术品风筝和年画销售收入近 2 亿多元。村落文化传统和特色保住了，手艺得以传承，村民也靠手艺致富了。“内卷化地区”是在不追求过快经济收入增长的同时，较为倾向于展示在地丰富的手工艺和民间文化资源的精神享受，“宁可不挣钱也要唱山歌”，满足于对传统工艺生产过密化、遗产系统内部精细化和复杂化的依赖、追求与传承，是仅次于包容型地区的较为理想的乡村发展模式。如贵州黔东南苗族侗族自治州村寨、阿坝藏族羌族自治州乡村、陕西凤翔六营村等，也是值得“生存型地区”和“阈值型地区”借鉴的发展路径。“阈值型地区”过度重视经济收入增长数据，忽略了传统工艺与民间文化系统的保护、传承与转换发展，乡村衰落严重，“收入富足，精神饥荒”，民众幸福价值感和生活满意度较低，与“内卷化地区”形成互补关系。“生存型地区”更是客观条件差、主观不努力，“人走村空”“文化抽空”“价值移空”现象普遍，民众群体性孤独与压倒性不安的情绪蔓延，与“包容型地区”形成两极分化的对立关系。

在经济社会转型和文化变迁过程中，以上四种情形在中国乡村聚落地理分布上无法做出明确的规律性的划分，既相对集中又相对分散，不同地区甚至同一地区不同乡村之间都同时存在这几种类型，只是相对优劣程度和数量分布有所差别而已。

三、传统工艺社会价值体系面临的主要问题及其原因

整体上看，目前中国广大乡村社区存在的基本状态大致分为上述四种类型。但如果站在“人的城镇化”发展的角度，将四种“工艺之砣”按照相对发展优势和关联群体规模进行比对排序的话，可以看到，“包容型地区”相对优势最强，但乡村群体规模存量最小、占比最少；“内卷化地区”相对优势次之，乡村规模存量较小、占比较少；“阈值型地区”相对优势较弱，乡村规模存量较大、占比较大；而“生存型地区”相对优势最差，乡村规模存量最大、占比也最大。四种“工艺之砣”呈明显的金字塔形状，越往塔尖发展机会越少，越往塔底发展动力的传导性越差，并且对于处在社会转型发展期的中国来说，这种趋势还有愈演愈烈之势。究其原因，主要包括三个方面。

第一，速度成为断裂的根源。快速的全球化、城镇化、工业化加速了社会的流动，在迅速提高收入的同时也快速掏空了乡村的物理空间和文化内存，乡村聚落固有的“共同体”[①]结构遭到瓦解，传统价值体系和道德体系被打散，社会竞争加剧。由流动性与虚拟性带来的不确定性，冲击着乡村最基本的生存状况和固有的价值观念，一方面，内心被拉向留恋人性与自然相契的乡村生活方式；另一方面，身体又不得不被拉向现代化、高福利的城市生活，人们在朝前和向后两种拉力中，只能“用乡村和城市的对比来证实本能冲动之间的一种无法解释的分裂和冲突”来面对现实。[②]

乡村聚落与人，是手工艺等传统文化与社会生活赖以寄生、传承的两大载体。但两大载体频繁地流动、分离，模糊性和不确定性因素不断增加，导致人们在参与手工活动和社会生活中的目标感缺失，安全感和归属感丧失，情感开始匮乏，吸附其上的文化性也迅速瓦解，价值认同和主观幸福感成了严重的社会问题。多数年轻人已经与乡村隔绝，与伴生的根部文化决裂，传统造物文脉在他们个性与身份塑造中的烙印已经消解。失去与土地联系的大多数人的文化品质，如同培养液里靠人工培植的水生植物，尽管外表繁荣，实则心无所依。

---

① [德]斐迪南·滕尼斯：《共同体与社会》，林荣远译，2页，北京，商务印书馆，1999。

② [英]雷蒙·威廉斯：《乡村与城市》，韩子满、刘戈、徐珊珊译，298页，北京，中国商务出版社，2013。

第二，GDP 实践的全方位植入。长期以来，提升中国城乡经济增速与质量主要是依赖西方传统经济学的理论框架，过度关注经济学意义上的收入和分配，虽然可在短时间内实现经济增长的目的，但也会导致社会进入唯利是图的单极化发展路径，对人的发展极为不利。比如，以西方传统经济学和发展经验为参照，在全国范围内推行城镇化，其主要目的是拉动全民消费，增加城乡投资，壮大 GDP 经济指数。但需要搞清楚的是，我们不是为了增加 GDP 而去刺激城镇化，而是为了促进人的城镇化才去创造 GDP。城镇化本来是发展目的，现在却变成了增收的手段。为了追求 GDP 而城镇化，目的和手段都完全颠倒了。

虽然逐利需求带来的人口流动并不是构成传统工艺品种减少的唯一原因，但乡村共同体中固有的多元“信仰体系”“民俗体系”“道德体系”和“生活美学体系”等文化系统，正因全民逐利和拜金的腐蚀而逐渐消解是不争的事实。社会隔阂、价值迷离、迷信、信仰混乱、道德冷漠、留守儿童、低俗娱乐、空巢老人、赌博、自杀等“精神饥荒”问题层出不穷，相互交织。文化体系的抛离构成了中国乡村社会价值倒退的一大图景。

第三，政策调节与纠偏力的路径阻碍。经过 20 多年实践的《传统工艺美术保护条例》，在分类保护、传承和创新机制以及体系化建构方面明显存有漏洞，与现实状况不适合。如认定标准没有架构到传承人，从“年龄－从业年限－资助激励”的模型中无法形成分类认定、分类保护、分类奖励、层层相扣的“保护链”；没有充分考虑由“工艺传人－工艺大师－民间国宝”构成的层级制，以及单向传承、家族传承、链轨式传承、沉锚式传承以及平台式传承的不同特点，不能形成符合中国传统工艺特点的“传承链”；没有将传统工艺的“工具型价值”、传播价值、审美价值与产品的产权、品质等要素纳入“创新链”中。

当然，除了针对传统工艺“物”的政策保护和创新传承呈现过密化、碎片化、重复化之外，针对传统工艺与其在风俗、道德、信仰、环境与生活美学等文化体系修复，以及与文化、教育、维稳、扶贫、互联网、消费等不同领域的社会性关联等方面，缺乏从顶层价值观设计到社会文化多元应用，再到器物文化生产供给的体系化政策支撑逻辑，不利于政府与民间、个体与社会价值观的融合、传播与凝聚。在人人“见礼知政，闻乐知德”的先秦时代，从对顶层教化体系“礼乐文化”的设计，发展到“制礼作乐”的制度安排和活动规划，再到“藏礼于器”和“尚象制器”原则指导下的手工艺设计与制作，最终产生大量不同种类、不同规制、不同场合使用的“列鼎彝器”，成就了一个伟大的青铜时代（见图 7）。这就是历史上通过政策性礼制体系建设，并经礼器用具等工艺的生产、流通、使用，实现个体与社会价值高度统一的极好佐证。

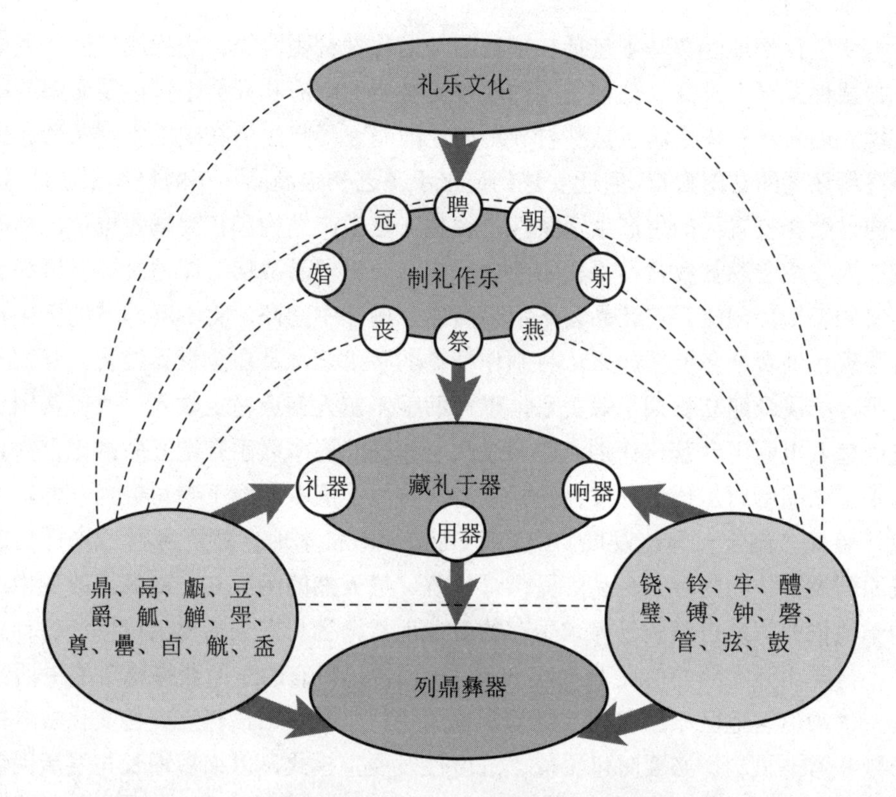

图 7　先秦时期青铜工艺制作与传播的文化逻辑系统

此外，很多与非遗保护相关的政策都多多少少地出现重经轻文的路径依赖问题，致使在执行这些决策时，出现一刀切式的“遗产产业化”“文化泛旅游化”等现象。在一个消费裹挟的世俗化时代，非遗和传统工艺的命运转变成一种被展示的消费品，而不再是一种相伴于人们生活之中的必需品。在遍布全国的乡村旅游开发中，以游客为主而不是以村民为主的状况十分普遍，一些原本自然、庄重、神圣的节庆礼俗、民间艺术、民间祭祀等仪式已经趋于表演化、低俗化和逐利化，稀释了共有价值观，文化完全被当作为了一时充饥而需要的快餐。

四、重构传统工艺当代社会价值的发展路径

保持适度增长的经济，提高主观幸福感与社会价值系统的融入度，改变原来经济增长“一刀切”为经济与文化价值“双轮驱动”的发展目标，必然成为主流。统筹规划、双轮驱动、分类施策、多元发展，才是有效防止和解决“伊斯特林悖论”现象，塑造良性“工艺之砣”的解药。在分类发展问题上，不同类型的地区对应不同的发展方式。

“生存型地区”基本包括长期贫困与退化性贫困两类。为摆脱贫困而采取“必要性发展”模式，这种发展的取得需必要的政府和社会干预以及必要的商业模式创新。具体措施包括整村异地搬迁战略，即将生活在缺乏生存条件、生产资料地区的贫困人口，搬迁安置到便于手工艺初级商品加工的材料来源地区，并通过改善安置区的生产生活条件，调整工艺生产结构和拓展增收渠道，帮助搬迁人口逐步脱贫致富；“去中间化”实施公平贸易战略，即通过国际组织和政府的干预，创建手工艺品公平贸易商店，抛开中间商，将不同地域的历史村落与现代消费社会连接起来，将制作精良的手工艺产品在全世界销售，强调与生产地的民众建立长期平等关系，以帮助手工艺人创造稳定收入，改善贫困状况；植入电商平台营售计划，即通过政府和民间资本联手打造互联网平台，建立手工艺品网店，适度开发体验式旅游，将线上服务和线下参与融为一体，形成体验式“淘宝村”；发展 OEM 或 ODM，即将本地自然资源通过来样仿制或原创设计，为国际知名品牌提供最传统、最天然的手工艺定制品。改变生产的单纯依赖本地自然资源谋求生存的就业现状，为村民生活提供可持续生计。在不需要离开家园的前提下，可在家门口以自己特有的东西获得稳定的生活。

“阈值型地区”应发挥政策与资本调控、引导作用，建立支持文化发展的长效和常态机制，必要时可采取“过度性发展”模式，以缩短增长与发展两者之间的鸿沟。具体措施包括开展精细化、精准化传统工艺与民间文化普查工作，确定并扩大保护对象和保护范围，同时启动厚赏重罚的文化“固基”工程，一方面，厚赏保护、传承传统文化的对象和乡村，另一方面，对破坏文化生态以及低俗活动进行重惩；实施“一村一品”“一社一艺”“一乡一业”的传统工艺与民间文化落地策略，形成包罗万象、铺天盖地的局面，并以政策和资本杠杆予以培育支持，做到既能活化乡村又能涵养精神；改变单一资源“过密化”的发展思维，注重产业链的文化含量，改善人文环境，积极开发工业遗产、矿区遗产、乡土景观并反哺民众，遏制“资源诅咒”的蔓延；将在地传统工艺及本土文化融入各类学校教育和社会培训中，培育乡土情感，推动接续传承；全民开展“经济搭台，文化唱戏”，通过乡村文化大院、聚落规划、宗祠修缮、礼俗恢复、道德教化等文化体系的重建，增加价值认同，形塑文化归属。

“内卷化地区”一般表现为适度增长或低增长、高发展或“乌托邦”式发展的共性特征，是站在“伊斯特林悖论”反面的一种中国式发展模式，应值得保护和推广。基于保护精细化农耕经济带来的过密化精神生产的优势，反对“一刀切”的“经济增长论”和“发展速度论”，推广基于主观幸福感和社会价值融入的多样性发展模式，可在相关地区复制“慢发展”理念。慢发展、慢经济倡导不追求对经济的过度需求，在收入满足人的基本需求或适度需求的同时，恢复对大自然的敬畏，放大传统手工文化的精神满足感和内在的道德约束感，重塑乡村共同的价值理想与社会理想。此措施包括强化政府公共政策与行业服务的引导，防止搞经济发展“一刀切”、文化附庸经济以及乱行政干预，尊重生产的风俗与民众集体选择；按文学、音乐、美术、工艺、曲艺、建筑、美食、设施等不同主题，在全国构建分布广泛的“非遗小镇”“工艺之家”以及“民艺主题村”站点网络，致力于发挥文化创意产业对民间文艺的推动作用，促进这些分散的工艺文化站点之间在保护与传承、设计开发、创意产业发展、教育与培训、文化产品共享和建立创意产品国际销售渠道等方面的交流合作。

“包容型地区”一般表现为既有增长又有发展，增长与发展相互促进、相互补充、相互协调的共性特征，是最理想的增长与发展模式。为保持传统工艺文化在带动经济增长和滋养精神两方面协同发展的内生性与持久性，植入“反思性发展”模式，可以在成长支撑与风险化解方面保持决策的前瞻性和包容性。

具体措施包括构建恢复乡村“价值共同体”愿景的常态机制，梳理、规划乡村节事、农事、礼俗、宗祠神庙等文化空间，组织日常“炕头手艺”“工艺之家”等群体性文化活动，并将手工艺精神生产体系高度嵌入。乡村共同体不仅是血缘、地缘宗族等要素相互联系后的汇总，而且是原始地、有机地、浑然地、持久地生长在一起的文化整体，表现出共同居住、共同生活、共同劳动和共同关爱的共有价值，是保持主观幸福感和群体价值观的“天然氧吧”。强化与高校及相关机构的联系与合作，通过设计与品牌、工艺与科技的融合，塑造与定制消费相契、与生活现场对接的手工艺创意体系。在区域整体上构建合理趋适的“传统工艺生态位”，以确保传统工艺的基因得以完好地保存与传承。寄生在文化生态系统和聚落生境中的手工艺，既能表现生存空间的文化特性，也能包括生活在其中的生物性特性，如材料来源、时间、行为以及与生产的文化基底的关系等。一个地区不同手工艺的原始生态位与不同区域同一种手工的重叠生态位，都应遵循生活地原有的趋势、平衡原则来对待，确保传统手工文化的本色和原生态，在这方面，政策尚存在盲点。同时，强化风险调控机制是这一地区实施保护与开发的关键。应厘清“大众遗产产业化”与“平民遗产传承化”，“过度旅游”“泛娱乐”与尊重地方习俗，文化趋同化与文化多样性，市场标准化与美学本地化等概念的边界，分类规划、科学发展。

目前，无论是站在历史还是未来的角度，传统工艺在中国乡村有着最广泛的生存与发展基础，是完善人的精神存在与推动乡村社区永续发展的可靠资源。中国人经过 5 000 多年的生存体验和生活筛选，保留下来的农耕文明体系自然有它自身存在的经验、智慧和哲理，我们应有足够的文化自信，创造更多适合它们生存与发展需要的路径，以便更好地加以保护、传承和弘扬。

五、结语

“伊斯特林悖论”给处在经济社会转型期的中国提了一个醒，过度的城镇化、工业化并不是推动中国发展的唯一驱动力。在广大乡村社区，传统的自给自足的自然经济所暗含的生存智慧和生活价值仍是一把没有生锈的钥匙，只要在发展中加以新的利用，它仍然是打开中国“三农”问题的主要工具。

作为伴生在中国悠久的农业社会、农村经济和农民生活中并扮演着主导性角色的传统手工文化，造物过程所折射出的“工具型价值观”和“终极型价值观”，始终是连接人与物、人与人、人与社会、人与自然最本质的和谐关系的保障。对传统工艺物质与精神两方面资源的科学整合和分类规划，将有助于形成中国乡村经济增长多元化、文化生态多样性和幸福价值多极化相统一的发展新动力。

高质量源于设计而非制造

作为新提法、新要求，“高质量发展”[①] 接下来如何实现，2017 年中央经济工作会议给出了明确指示：“推动高质量发展，是保持经济持续健康发展的必然要求，是适应我国社会主要矛盾变化和全面建成小康社会、全面建设社会主义现代化国家的必然要求，是遵循经济规律发展的必然要求。推动高质量发展是当前和今后一个时期确定发展思路、制定经济政策、实施宏观调控的根本要求，必须加快形成推动高质量发展的指标体系、政策体系、标准体系、统计体系、绩效评价、政绩考核，创建和完善制度环境，推动我国经济在实现高质量发展上不断取得新进展。”高质量发展的新提法，根本在需求，关键在设计，重点在管理。

质量是衡量一个企业和国家竞争力的核心资源。近年来，西方主要经济发达体不断宣布制造业回归本土，如德国的工业 4.0[②]、美国的“再工业化”[③]、韩国的“制造业创新 3.0”[④] 等。这种制造业的回归并不是简单的低成本、低质量的回归，而是通过再设计提升设计水平及科技含量的高附加值、高质量的回归。世界著名的质量管理大师约瑟夫·M. 朱兰曾预言：“21 世纪是质量的世纪。”制造出消费者乐意购买并愿意持续购买的质量过硬的产品和服务，越来越成为企业在竞争性市场上取得成功的关键因素。目前，产品层次低和产品质量的有效供给不足，是中国产品缺乏市场竞争力的主要原因，而设计与质量的分离，则是供给不足普遍存在的通病。

---

① 2017 年，中国共产党第十九次全国代表大会首次提出“高质量发展”。党的十九大报告中提出的“建立健全绿色低碳循环发展的经济体系”为新时代下的高质量发展指明了方向，同时也提出了一个极为重要的时代课题。

② 德国工业 4.0 是指利用物联信息系统（cyber-physical system，简称 CPS）将生产中的供应、制造、销售信息数据化、智慧化，最后达到快速、有效、个人化的产品供应。

③ “再工业化”是西方学者基于工业在各产业中的地位不断降低、工业品在国际市场上的竞争力相对下降、大量工业性投资移师海外而国内投资相对不足的状况提出的一种“回归”战略，即重回实体经济。

④ 韩国《制造业创新 3.0 策略》是通过信息技术（information technology）、软件（software，简称 SW）、物联网（Internet of things，简称 IoT）等新兴技术的整合，导入智能生产概念并预计至 2020 年投入 972 百万美元，达成 1 万家制造业智能工厂（smart plant）的建置。

一、产品质量与创新供给能力不充分是消费需求得不到满足的主因

凯恩斯主义经济学习惯将消费视为投资手段而非供给目的，通过拓展消费路径来拉动大规模生产和投资，势必会造成市场容积率过高，形成产能过剩、产品积压和高库存。在传统供求模式指导下，国民多元化消费的目的长时间被漠视，甚至出现一些日常用品，如马桶盖、奶粉、电饭煲等，还要搭上高成本去国外购买，更不用说节假日那些在国外商场里排队消费的中产阶级了。事实证明，中国作为世界上中等收入存量最大的群体，并非没有消费愿望和能力，他们对中高端的、差异化的、高感度的、质量过硬的产品或服务更加青睐，但这些新需求无法在国内市场满足。

讲得现实一点，在物质主义盛行时期，我们的消费大多固定在拥有更多的产品、更大的住宅和更远的旅程等“硬需求”方面；而现在，人们的消费需求开始转向买蓝天、买生态、买乡愁、买体验、买文化、买自我价值实现等“软需求”方面，可这些东西在中国又如何能买到？在中国，现在确实很难买到这些“软需求”，这就出现了一个现实的矛盾：国民需要的，国内企业难以提供；国民不太需要的，国内又生产过剩。因此，供求关系错位，创新供给不足，生产质量不尽如人意等结构性问题，都需要由内到外进行“根本性调整”。

在全球消费市场上，中国游客被称为“行走的钱包”。商务部的数据显示，2015 年，中国游客在境外消费约 1.2 万亿元，继续保持世界主要旅游消费群体的态势。财富品质研究院根据品牌库中 2 万多个品牌的营业收入估算发现，2015 年，中国消费者全球奢侈品消费达到 1 168 亿美元，全年中国人买走全球 46% 的奢侈品，其中 910 亿美元在国外发生，占到总额的 78%。[①]这也就意味着，中国人近八成的奢侈品消费是从“海外淘货”的。

日本咨询公司 Hottolink Consulting 通过中国网民在新浪微博、腾讯微博和微信上的发言进行了抽样调查，发现从 2015 年 2 月 18 日至 24 日的 7 天，有关在日本购物的发言总数达到约 26.5 万条。根据其中有关已购商品的内容，Hottolink Consulting 汇总了“春节期间访日中国人在日爱购商品”的排行榜。在这份汇总结果中，上榜的除了排在最前的医药品、化妆品，紧随其后的是卫洗丽（马桶盖）、电饭煲，还有食品、纸尿裤、保健品、保温杯、数码产品、奶粉等（见图 1）。

---

① 任兴洲、王青：《“互联网＋流通”创新实践、成效与政策》，10 页，北京，中国发展出版社，2016。

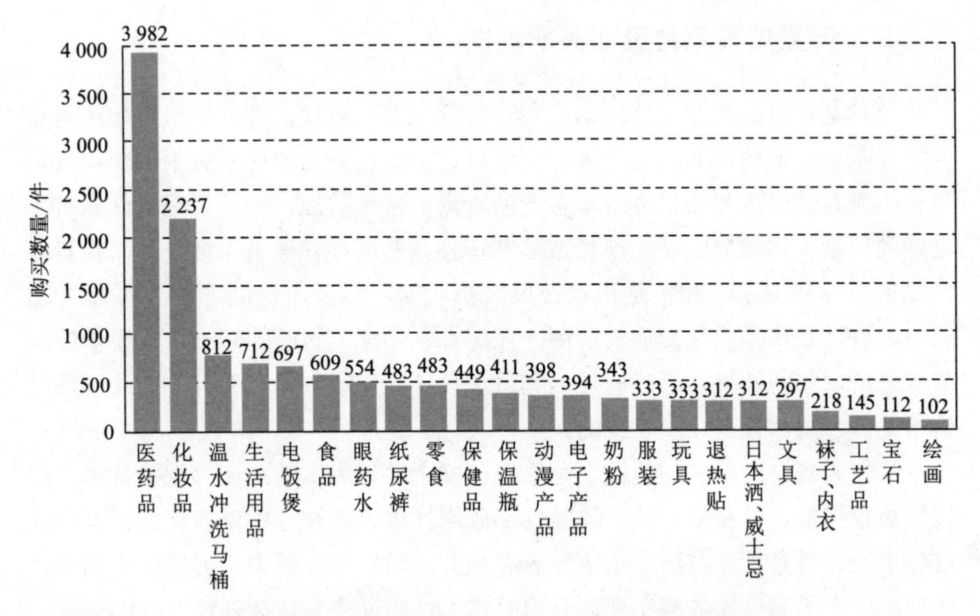

图1　2015年春节期间访日中国人在日购买商品的排行榜

根据消费者的调查数据，有品位的包装、人性化的设计、产品质量过硬是国民对国外日用品情有独钟的主要原因。

事实证明，与“去产能，去库存、去杠杆”不同，增加过硬的产品质量和提供多元化的创新供给，才是中国供给侧结构性改革中最大的难点。“消费是目的”是基于对消费者改善现有生存、生活质量而提出的终极假设，它的中心就是人的价值最大化；而“消费是手段”则是基于将消费介于“投资—收益”的中间环节，它的出发点就是价格和利润的最大化。因此，两者之间存在本质的概念区别。将“人的价值最大化”放在拉动消费的中心，就是要把不同阶层消费者利益前置到生产的前端，把关注多元化需求、关注个人价值实现、关注产品或服务质量、关注生态安全等，看作满足和引导消费的终极目标。将“投资的利润最大化”放在拉动消费的中心，就是把资本利益前置到生产的前端，把关注投资回报、关注政府干预、关注市场规模、关注消费份额、关注增长速度等，当作拉动消费兑现的手段。通过分析比较不难看出，前者注重消费者利益，长期且可持续，后者则注重消费变现的手段，短期且不可持续。因此，“质量与创新供给”的提出与实现，是针对“人的消费价值最大化”进行的决策倒逼，这也完全符合我国社会主义市场经济体系的建设要求。

二、产品质量源自设计而非制造

无论是在产品工业时代还是在用户价值至尊的时代，产品质量都始终是企业经营唯一不变的话题。近年来，由于设计创新在制造业产业链中的作用得以重视，尤其是供给侧结构性改革对产品质量的倍加关注，经营管理者开始将决定产品质量优劣的成因从生产制造环节转移到前端设计环节。据统计，在最终产品的质量问题中，80% 是由设计原因引起的，而设计还决定了 70% 的产品成本。设计是产品质量形成的根源。在配件、生产、检验等环节进行质量控制和改进所取得的效果，远没有控制和改进设计质量所取得效果好，而这一环节恰恰是国内大部分企业所忽视的。①

我们看到，产品的功能性、可靠性、安全性、成本效益和可维护性等“硬性”质量指标，以及参与性、体验性、效用性等“软性”质量指标，都与设计过程中设计质量管理方法的集成度息息相关。在日常生活中，因设计不当导致的问题层出不穷，如啤酒瓶瓶盖开启时伤人，内嵌式易拉罐开口卫生的问题，加锁的消防栓在使用时不能及时打开，城市电线线路设计不合理导致视觉污染，饮水机托盘设计无法适用不同型号的杯子，等等，在设计阶段出现问题，对最终产品质量的影响几乎是致命的。反之，严格控制设计开发阶段的质量，是提高产品质量水平的重中之重。并且，通过深入研究，我们还会发现，产品设计质量不仅影响最终产品，还会影响制造工艺和生产环节。因为设计方案决定了生产计划的制订、原材料的采购、零部件的选用、加工设备的调配、加工工序的安排、加工精度的确立，以及质量等级的高低等，设计环节控制管理得不严，很容易造成后续工作一系列的“后患”。

日本质量管理专家田口玄一曾说：“产品质量首先是设计出来的，然后才是生产出来的。”② 这个管理理论告诉了我们两点：一是决定产品质量优劣的首先选项是设计而非生产制造；二是决定产品质量优劣的，既包括市场调研、设计研发等上游环节，也包括生产组装、工艺程序等中游环节以及市场营售、产品使用维修等下游环节在内的全部质量，设计行为涵盖产品价值链和供应链的每一个环节。

---

① 朱辉杰：《设计方法与精益研发质量管理》，载《CAD/CAM 与制造业信息化》，2008（8），15 页。

② 王安麟、姜涛、刘广军编著：《现代设计方法》，1 页，武汉，华中科技大学出版社，2010。

在新时代的经济发展阶段，“产品质量设计论”就为传统的“产品质量生产论”提供了新的发展思路。事实证明，产品的有效和中高端供给取决于其设计质量是否过硬。一种新产品从开始提出设计要求直到投产再到使用的整个运营过程，包括市场调研、方案制定、产品设计、采购、生产制造、测试、装配、销售、使用、维修和回收等，形成了一个完整、互动的质量指挥链。相对于狭义的图纸设计，设计质量是指上述各阶段的质量总和。设计过程中任何一个环节的质量问题都可能影响产品的最终创新质量。因此，只有对整个运营过程实施有效管理和创新，才能确保设计质量的真正突破。

目前，中国制造业仍然偏重于生产制造环节，与设计分离现状明显，在全球产业链分工体系中，处于中低端。不断提升以设计为核心的创新管理和以质量为核心的市场营销，将成为下一步中国制造业发展制胜的关键。因此，要提升中国工业设计和产品质量等方面的供给水平，首先要做的是将制造业与设计业分离的状态进行整合优化。

多年来，依靠设计服务拉动的“服务型制造”已经成为西方发达国家经济结构中增长最快的领域。在 OECD 国家中，设计研发、金融、物流以及经营服务等生产性服务业的增加值占国内生产总值的比重超过了 1/3。为确保产品质量，在美、日、德等发达国家，制造业中投入设计服务所占的比重不断升高，设计投入的增长速度明显快于实物投入的增长速度。[①]可以说，制造业和设计服务业相互融合发展的趋势日渐明显，很多原有的制造型企业通过大规模的进入或兼并设计服务业来整合原有的业务，以保持产品质量的国际竞争性。这些做法非常值得我们借鉴学习。

按照“微笑曲线（smiling curve）”理论[②]的解释，在产业链中，中间是组装制造，左边是研发设计，属于全球性的竞争，右边是营销，主要是当地性的竞争。高附加值更多体现在研发设计和市场销售两端，而处于中间环节的制造的附加值最低（见图 2）。引导制造业从单纯生产组装向研发设计和市场营售等生产性服务业两端融合延伸，是解决当前制造业投入高、附加值低的最有效方法，同时也为中高端产品的有效供给和打造精益企业的实践探索提供了可能。

---

① 赵成柏：《生产性服务业对经济增长贡献分析——以江苏为例》，载《当代经济管理》，2008（1），51 页。

② “微笑曲线”理论是宏碁集团创办人施振荣先生在 1992 年提出的。

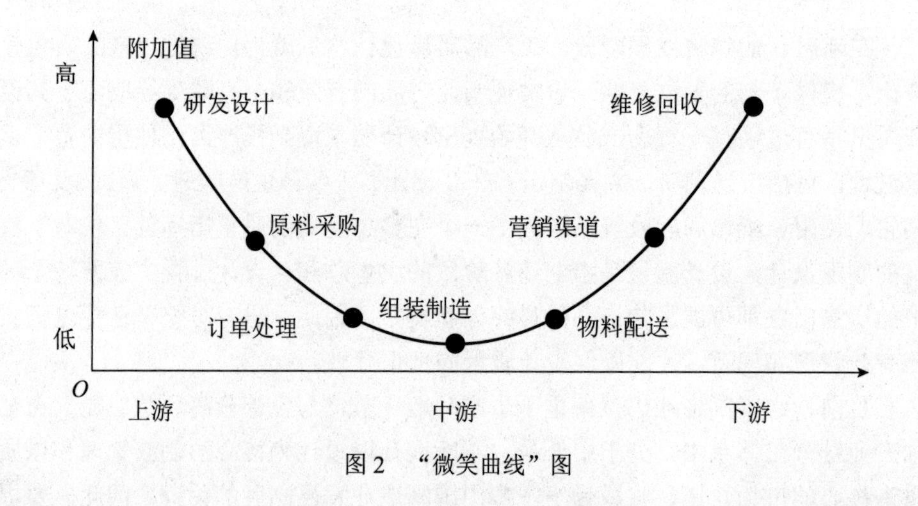

图 2 “微笑曲线”图

三、全面设计质量管理：根本在需求，关键在设计，重点在管理

笔者认为，用户需求、设计管理与产品品质是构成质量系统最重要的三个要素，三者前后衔接、相互影响、不可分割。用户需求是产品设计目标、设计开发与管理以及产品品质定位的标尺；产品品质是通过设计管理达到满足明确与隐含需求的能力和特性的程度；设计管理则是为达到需求和品质目标，而对设计的整个技术运作过程、工作过程进行分析、决策、计划、控制、评价和修正的管理行为。简单来讲，产品质量的提高，根本在需求，关键在设计，重点在管理。

第一次将满意与不满意标准引入质量管理领域的人是日本质量管理专家狩野纪昭（Noriaki Kano）。以他的名字命名的 Kano 模型（见图 3），最先定义了用户需求与产品质量相互对应的三个层次，即“基本型需求－理所当然质量（实际质量）”“期望型需求－一元质量（期望质量）”以及“兴奋型需求－魅力质量”。其中，“基本型需求－理所当然质量（实际质量）”是用户认为产品“必须有”和“应该有”的通用属性和质量。当其特性与实际质量不能满足用户需求时，用户很不满意；当其特性与实际质量满足用户需求时，无所谓满意不满意，用户反应平淡，认为顺理成章、理所当然。“期望型需求－一元质量（期望质量）”要求提供的产品或服务质量比较优秀，但并不是“必须”的产品 / 服务通用属性和质量，有些期望型需求连用户自己都不太清楚，却是他们内心希望得到的。在现实中，用户谈论最多的是期望型需求，期望型需求在产品设计开发中实现得越多，产品期望质量就越高，用户就越满意；反之，就越不满意。“兴奋型需求—魅力质量”要求提供给用户一些完全出乎意料的产品/服务属性和质量，使用户产生意外的惊喜。当其产品特性不充足并且是无关紧要的特性时，则用户反映无所谓，当产品提供了这类需求中的服务时，产品魅力质量就越高，用户就会对产品非常满意，从而提高用户的忠诚度。①

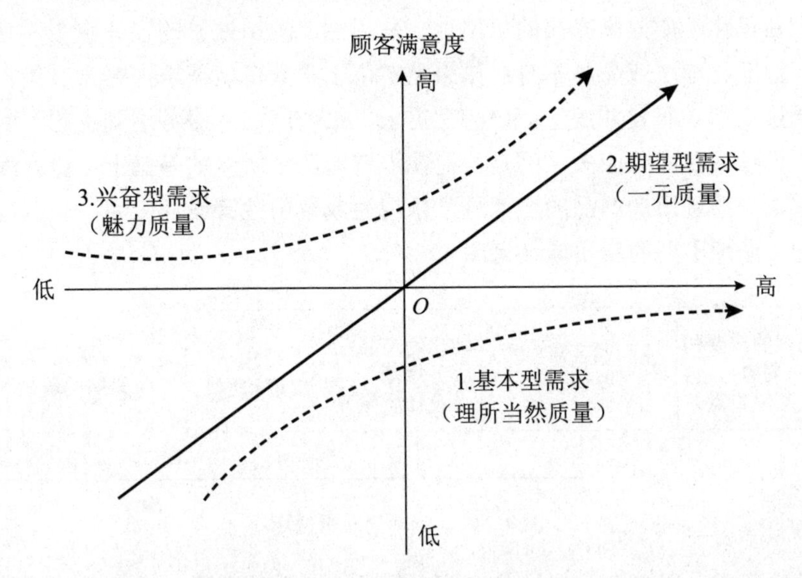

图 3　Kano 模型（用户需求与产品质量的对应关系）

从以上分析中不难看出，用户的满意程度和质量感知，取决于他们对企业所提供的产品或服务的事前期待与实际效果之间的对比。也就是说，如果用户购后在实际消费中的实际效果与事前期待相符合，质量感知愉悦，则感到满意；超过事前期待，质量感知就趋于兴奋，则很满意；未能达到事前期待，质量感知弱或差，则不满意或很不满意。实际效果与事前期待差距越大，质量感知的程度就越趋于负面，不满意的程度也就越大；反之亦然。②用户购后的满意程度和感知质量，决定了其是否重复购买这种产品或服务，也决定了今后对这种产品或服务的态度，并且还会影响其他消费者，这对企业实施设计质量管理工程提供了可及性思考。

Kano 模型需求与质量的正向关系，为产品设计质量管理的供给理论研究

① 张根保、李玲、纪富义：《基于成分数据动态指数平滑的用户需求变化趋势预测模型》，载《统计与决策》，2010（14），32 页。

② 郑碧仙：《试论企业经营中顾客的满意度》，载《闽西职业技术学院学报》，2006（3），33 页。

提供了新的拓展可能。在产品设计管理中，如果是定位于“基本型需求－实际质量”，就要保证基本设计管理质量特性符合通用规格、标准与程序，满足用户的基本要求，设计项目团队应集中在怎样增加产品通用、耐用性能或降低故障出现率上；如果是定位于“期望型需求－期望质量”，设计项目团队关心的就不是是否符合规格、标准的问题，而是怎样通过设计、工作程序以及管理过程的创新优化，如提高产品的可用性、易用性、耐用性等的设计水平，来提高规格、标准、程序或品质本身；如果是定位于“兴奋型需求－魅力质量”，则需要通过识别、研发并满足用户潜在需求，来使产品或服务达到意想不到的新质量，设计项目团队应关注的是如何在维持前两个质量的基础上，探究深度用户需求，如通过增加产品的交互性、乐用性或效用性等设计应用，来创造新产品和增加意想不到的新质量（见图4）。

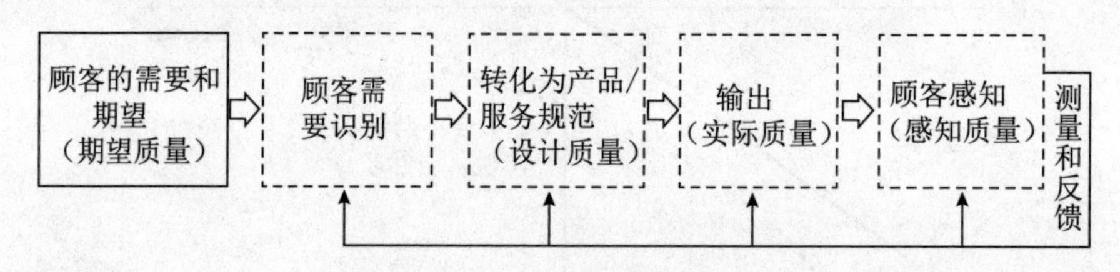

图4　顾客驱动的质量循环

总体而言，用户可接受性是追溯产品设计质量的准绳，设计质量就是根据用户所需，使产品具有技术上的先进性、管理上的准确性以及经济上的合理性。在设计中积极采用新技术、新工艺、新材料的创新成果提高产品质量档次[①]；在管理上更加注重采用先进的技术与方法并加以规范和控制；在用户需求方面，使加工制造更加便利、制造成本不断降低、环保风险不断减少、经济和社会效益不断提高。

① 王磊：《制造网络质量保证体系构建方法研究》，天津大学博士论文，2006，26页。

新消费视域下的设计管理研究

设计管理是一门基于艺术学与管理学理论，系统研究设计创新活动的基本规律和经营管理的新型交叉学科。应当说，决策理论、运营管理、系统理论和控制理论以及统计方法、大数据和3D技术的普及和应用，为设计管理的发展创造了先决条件。但随着中国社会由生产主导型社会（production-orientedsociety）向消费主导型社会（consumption-oriented-society）的全面转变，消费问题越来越受到学界的关注，设计管理研究面临着新的变化与挑战（见表1）。

表1 生产主导型社会与消费主导型社会特征间的比较

生产主导型社会	消费主导型社会
资产基准/生产更好的产品	用户基准/提供更满意的消费
物质生产与交换	符号生产与交换
价格导向	价值导向
产品线/产品设计	定制化/一站式解决方案
获利思维	获客思维
设计师需求确认	用户消费状态
单一关系	结盟关系
设计与商业模式分离/设计满足	设计与商业模式并轨/设计引导
制造质量	设计质量
祛魅	赋魅

当代社会之所以被称为消费社会，很大程度上是由于消费已经逐渐取代生产，由纯粹物质化交换行为演变成一种集体性的和主观意识的文化行为，并关联着道德坐标、意识形态、价值体系以及交往系统的方方面面，成为占据社会生活的主导力量。换言之，社会的重心正在从物质生产转向带有文化色彩的精神消费。正如让·波德里亚所说："消费是一种维系符号运作和群体团结的系统，它同时是一种约定，一种道德，一种制度。它是一种彻头彻尾的价值系统，它蕴涵着群体团结和社会控制。"①

一件物品（或服务）在消费过程中至少蕴藏着三重含义：一方面，意味着

① [法]让·波德里亚：《符号政治经济学批判》，118页，圣路易斯，圣路易斯大学出版社，1981。

“研发”和“使用”；另一方面，意味着“实现”，分别对应物品（或服务）的创造性、实用性和象征性。消费特征体现出一件物品（或服务）与消费者之间存在的系统交互性。在“物质匮乏”时期，物品的使用功能占据了主导位置，企业的规模化与生产线的标准化成为优先选项。这一时期设计管理的首要任务是通过流程再造、组织集权和标准化设计，来确保企业良好的规模效应和生产效率，这是一个“为物而物”的消费时期。在“物质饱和”和“物质过剩”时期，物品的“研发”与“实现”功能占据主导位置，物品的成本、质量、设计与口碑等要素成为企业赢得市场竞争的根本。这一时期设计管理的重要任务则是通过深耕价值链、供应链和创新链，来满足消费者对物品“低价、美观、质优、附加值高”的需求，这是一个“为美而物”和“为智而物”的消费时期。

无论是“为物而物”的设计管理模式，还是“为美而物”“为智而物”的设计管理模式，其目的都是以物品生产为中心来满足消费者不同阶段的物质需求。

一、来自新消费价值观的挑战

进入后物质时代，一些赋予物品显性的物质消费观正在发生根本性变化，消费者亟待建构起与物质生活相匹配的价值观，即一种与财富没有紧密联系以及强调精神的坚守、文化的自觉、共情的意义以及自我选择的新型价值观。这些隐性的新型价值观都不由自主地将消费的意义指向对文化的渴求。

1. 炫耀性消费

实际上，随着中国经济社会进入较为成熟的发展期，美学经济、体验经济、感性消费、乐活主义、伦理价值等新的消费意识形态开始萌芽，文化力量正在迅速崛起并渗透到传统物质消费观念中，驱动传统消费社会形态的时代转型。炫耀性消费在“物质匮乏”时期往往将其目的定位于财富和社会地位，通过消费高价物品向他人标榜和夸示购买者的富有和地位，以及这种地位所带来的荣耀、声望和名誉。这种基于价格的消费目的并不仅仅是为了获得直接的物质满足与享受，而是在更大程度上为了获得一种社会心理上的满足。

“担心被认为是穷人”的从众效应和“希望被认为是富人”的势利效应产生的根源，在于人们错误地将生活幸福等同于物质充裕。因此，作为一般等价物的货币就被当作生活幸福的源泉，这势必导致拜金主义思想盛行，金钱至上的观念泛滥。在“物质过剩”时期，从对金钱和地位的单一膜拜开始走向多元，更多地转向为了一种兴趣、一种理性的生存感受，或者保持一种与身份相契的教养和尊严，而不是腰缠万贯、肥马轻裘的小农暴发户心态。消费标榜的内容也从拥有更多的产品、更大的住宅和更远的旅程等物质享受上，开始转向拥有健康、娱乐、生态、乡愁、品质、风格、品味、安全、自我价值实现等文化意义的追求上（见图 1）。

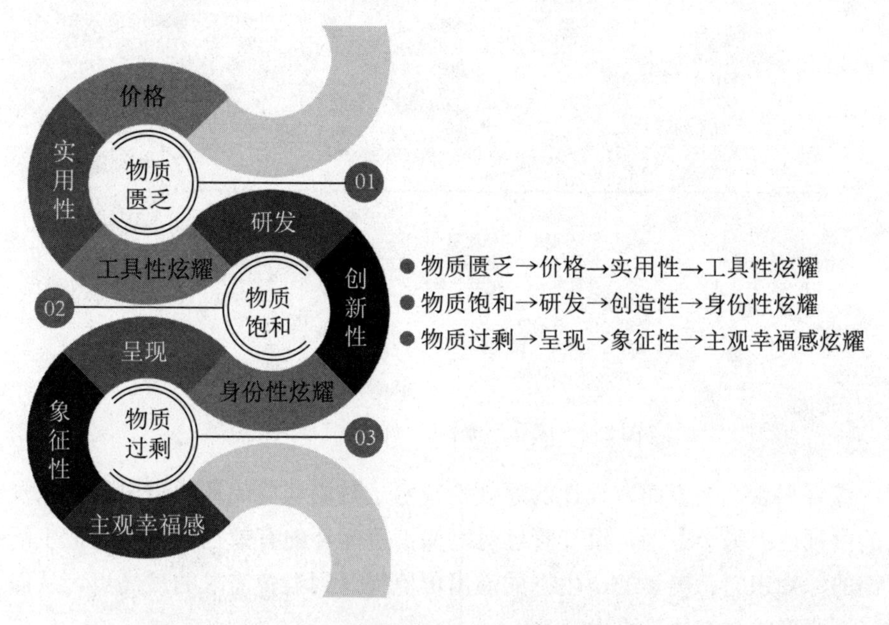

图 1　炫耀性消费的三种表现形式

2. 时尚消费

在时尚消费领域，行业时尚的制造者与潮流的引领者，开始关注传统与现代、本土与异质文化的本质和真义，借此提升物品或服务的审美、品位、意义与个性。对行业普遍性与个人性文化意识的强化，有助于引导消费社会从深陷的物质主义消费泥潭中抽身，从而重获和恢复精神特权的理智。

研究时尚消费在现代生活风格转变中所扮演的角色，仍然脱离不开格奥尔格·齐美尔[①]对时尚“双功能”的讨论，一种是“对既有标准的模仿”，满足个体适应社会普遍性的需要；另一种是透过内容上差异性的变动，突显个体性的持久。时尚消费“示同”与“示异”的双重功能，构成了一种相互对照、不可分离的逻辑关系，一方成为另一方实现的条件，这便自然形成一个从“制造

① 格奥尔格·齐美尔（Georg Simmel），德国社会学家、哲学家，19 世纪末、20 世纪初反实证主义社会学思潮的主要代表之一。他提出“理解”概念，认为研究者难免带上主观的价值取向，其知识也具有主观的和相对的性质；并创立了小群体的形式研究；从社会交往的复杂性出发，提出冲突的存在和作用。

风格、引领风尚、跟进模仿、汇集潮流”到再制造新的风格等循环往复的消费闭环，尤其是当来自大众对时尚模仿的寻求与小众对时尚新奇的向往达到临界点时，对文化要素和设计原创的需求都会达到峰值（见图2）。

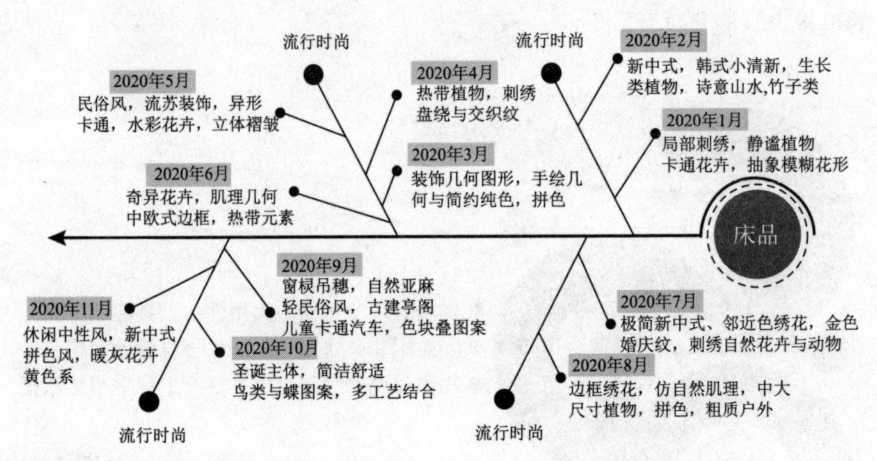

图2 “床品”流行时尚的年度推演图

综合来看，一方面，设计的原创性决定了时尚消费闭环的溢出价值以及行业的引领性；另一方面，设计管理对时尚消费闭环的有效控制，可能把生活中道德的、知识的、美学的、生态的溢出价值提升到消费需求的最高点，从而对时尚消费形成强大的吸引力。

3. 图式化消费

互联网和移动通信技术社会化的普及，带动了社交生活剧本化、场景化、仪式化和象征化等要素在消费领域的兴起。研究发现，人在社会交往中，对物及环境的反应往往是通过头脑中预设的“图式驱动（schema-driven）”而非“数据驱动（data-driven）”，是以反应型而非学习型触动消费动机、介入消费过程的。

社会交往图式的形成总是寄生于个人经历的巢窠中。个人在成长和社会化过程中不断与人、事、物和环境发生联系，所获取的客体经验往往以图式化的方式形成个人头脑中的认知结构，产生特定的行为模式。这些行为模式储存在记忆中又成为新的图式，并呈现出个体间图式在性质、功能等方面的差异性。它包括概念、个人、自我、角色、情景、程式、策略和情感等在内的不同图式类型，表现出个体对人、事、物或环境的特点以及这些特点之间相互关系的认识。

这些不同类型的图式并非孤立存在，它们之间是相互联系、按逻辑排序、共同作用的，呈现出交叉重叠的“图式塔”现象，不同的图式可以构成相互联系的“图式塔”（见图3），以布为例，形成的消费图式塔。又比如，在对“茶”

的认知中，“茶”的概念可能和“咖啡”“果汁”或“葡萄酒”等相联系形成“饮料”的概念，“饮料”又可能进一步和“生活方式”等抽象的文化活动相关联。

以“茶”为例，无论是消费者还是设计师，其行为的逻辑关系通常表现为，首先根据需要从记忆中搜寻一个甚至几个有关“茶饮”的情景图式，然后假设提出一个要实现的目标是开设一家“茶学馆”。当“茶学馆”目标确定以后，又会进一步寻求完成这一目标的策略图式，如开设“茶史学”“茶艺学”“茶美学”“茶农学”“茶文学”“茶社会学”，来对应“以茶行道”“以茶敬意”“以茶兴礼”“以茶雅心”“以茶载艺”“以茶促贸”的文化内涵。而这种策略图式不仅要和情景图式相关，而且要和自我图式、角色图式以及其他图式相关联。

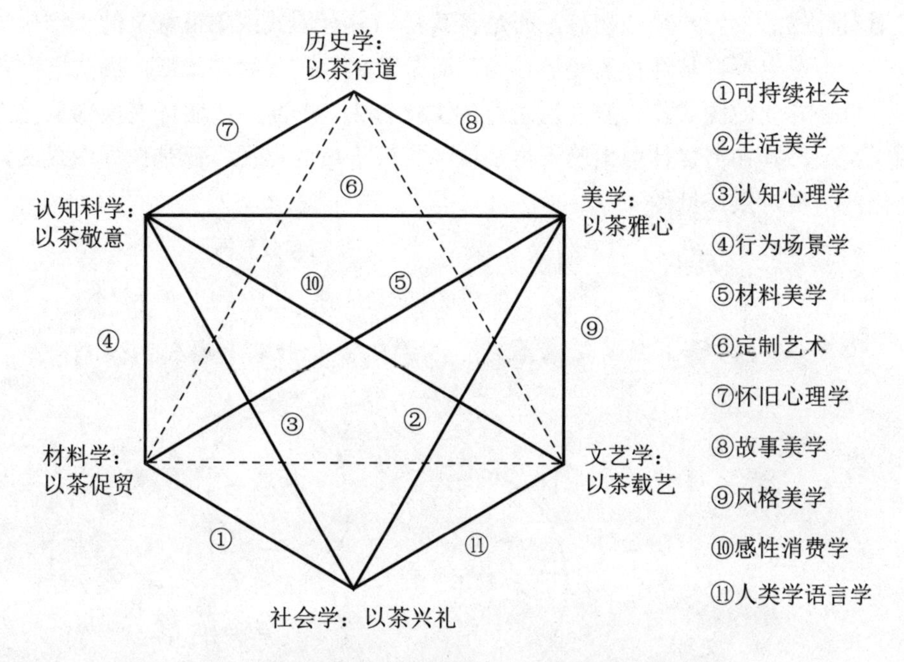

图3 与产品有关的学科间融合产生的图式消费诉求点

当策略图式选定之后，程序图式将会提供一系列的行为步骤指导策划、设计与管理的行动。并且，在进行具体设计活动的过程中，设计师又会进一步判断情况，选择“器物－文化－环境”相辅相成的图式匹配关系，以最大程度地满足消费者对“茶文化”的内在需求。当然，从“饮品生成”到“饮用的方式与环境”再到“物化的体系”，这是一种基于“图式塔”逻辑关系的集成式设计管理方法。实际上，在这一过程中，每一个创意、策略、计划或需求，都被抽象化为某种图示或“图式塔”，最终被消费的不再是物品，而是与文化相关的图式或关系本身。

毋庸置疑，“物”在当代日常生活中的组织结构已经扩容，开始与文化相关的因素关联在一起，走向一种具有话语认同的集成式“物化的体系”。物品与各种文化图式并构成一种认同体系，它同时“连接于甚至是附属于一些其他的体系，诸如手势、仪式、典礼、语言、诞生礼、道德价值符码等”。“物”的设计与生产正在由功能化、同质化、人工化、碎片化和缺乏深度，走向表现性的、主观性的、集成化的、怀旧的和装饰性的设计路径，并深度依附于某种特定文化的“图式塔”式的设计创新模式。

总之，图式消费是一种理念的实践，也就是说被消费的是理念，而不是物品，消费所涉及的乃是图式与文化间的交互关系。在这种情况下，消费者不再将消费性物品视为纯粹的物品，而是将其视为具有图式或象征意义的“物化体系”，消费也不再是纯粹的经济行为，而是转化为在某种图式或“图式塔”之下，以差异化的图式作为媒介所进行的文化行为。① 商品或服务交换物象化为图式交换，其在消费社会中已不再是单纯货币价值的存在，而是作为图式成为文化的消费对象（见图 4）。

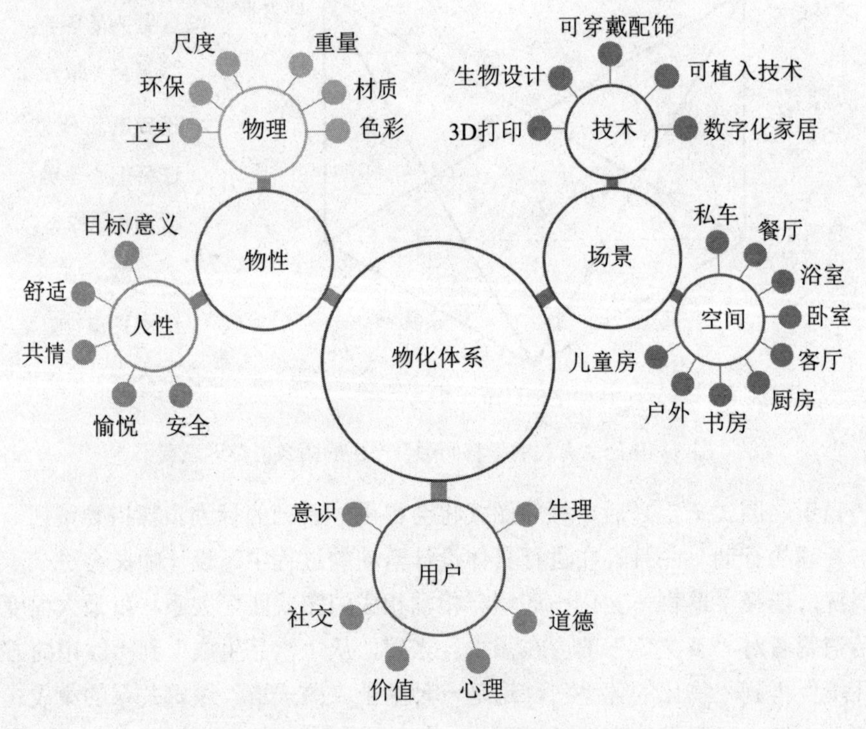

图 4　符号消费背后的“物化体系”

① 李昕：《符号消费——文化资本与非物质文化遗产》，载《西南民族大学学报》（人文社会科学版），2008（8），113 页。

4. 场景消费

“存有即场有，万物依场而有。”无论是作为客观存在的“物理场”，还是作为主观存在的“心理场”，有关“场论”的主客之辩，西方自19世纪中叶以来，就始终没有停止过。自爱因斯坦的“场是相互依存事实的整体”[①]观点提出后，从库尔特·考夫卡的“行为环境论”[②]到库尔特·勒温的“生活空间论”[③]，都是把心理学研究成果注入客观环境分析中，强调主体的调节作用。皮埃尔·布尔迪厄提出的“场域理论”则是从社会消费和人类学的维度考量场域产生的成因以及各自缠斗所形成的运行逻辑。他甚至大胆提出设计就是生产场域的逻辑与消费场域的逻辑相遇之后，两者产生共振的产物这一观点。场域创造者们“一方面遵循生产场域特有的运行逻辑和控制策略；另一方面又以消费场域的合法趣味为依据向消费者提供了样式极为丰富的文化商品等级序列，此类商品序列能满足各种品味消费者的需求”。

与此同时，消费者则通过对场所文化商品的选择，构筑起自身的生活方式体系，并在商品的选择过程中呈现出自己的选择与品味[④]。很显然，皮埃尔·布尔迪厄[⑤]在其“场域理论”中，已经意识到文化资本在生产与消费场域运行逻辑中的作用，但没有从根本上解决文化内容内驱力对于场域间力量分配、调节以及场域活力保持等发展问题。

在全球文化保护、生产、流动、转型和重塑的当下，能从消费社会角度分析文化内涵与价值的，当属美国芝加哥大学特里·N. 克拉克教授提出的“场景理论”。该理论重视文化在城市经济创新和发展中的先导作用，强调文化生产、文化消费、生活文化设施、多元文化精神、多样化人群互动等因素对集聚城市发展动力、保持城市活力的独有价值。在这一理论的推动下，不同场域的重新定位与划界、重叠与融合开始成为主流方向。消费者更关注场域之间应该

---

① Schellengberg J.Masters of Social Psychology. London:Oxford University Press,1978:70.

② 库尔特·考夫卡（Kurt Koffka），美籍德裔心理学家，格式塔心理学的代表人物之一。关于“行为环境论”考夫卡认为，行为产生于行为的环境，受行为环境的调节。考夫卡的行为环境论影响了后来的勒温的心理学观点。

③ 库尔特·勒温（Kurt Lewin），德裔美国心理学家，拓朴心理学的创始人，实验社会心理学的先驱，格式塔心理学的后期代表人，最早研究群体动力学和组织发展。生活空间（life space）亦称为“心理场（psychological field）”，是勒温的学习场论中的一个基本概念。

④ 朱伟珏：《权力与时尚再生产 布迪厄文化消费理论再考察》，载《社会》，2012（1），98页。

⑤ 皮埃尔·布尔迪厄（Pierre Bourdieu），当代法国最具国际影响力的思想大师之一，法兰西学院院士。其主要成就：不断尝试在理论上克服具有社会理论特征的对立性，系统地阐述了对社会生活的反观性探讨；主要体现了三个基本概念，即“惯习（habitus）”“资本（capital）”“场域（field）”。

如何沟通与交流，更加希望可以打破彼此的壁垒，从而寻找不同场域之间可传释、可交流、可沟通、可展示、可访问的景观价值和体验价值，同时又能保持各自场域自身的自主性与独特性。

在商业领域，这些文化赋能的观念开始进入诸如城市商业综合体、都市家、工作区、博物馆、街道、主题公园、室内主题乐园、特色商店、图书馆、餐馆、艺术画廊、特效影院、剧场、竞技场，以及田园综合体、度假村、“农家乐”，甚至进入候机厅、金融机构、医院、学校、加油站、厕所等公共空间，变成与旅游、休闲、设计、房地产等生产性服务业紧密相关的系统化、模块化“场所景观”。使用价值的下架与文化价值的上位，使得故事的原创性与真实性、环境的沉浸感、娱乐的创意性、造型图案的象征性、动线流程的体验性、视听体验的愉悦感、物品与道具的温度感、场景文化的关联性及神秘感等价值，开始成为一种具有时尚意义的场景消费，成为文化展示与辅助消费的主流。

场景消费的概念指向“历史对位”和“价值复活”，更加突出了文化的在地性、亲民性、流动性、娱乐性和展示性。场景消费正是通过“经济上通过外来游客，文化上通过内部记忆”来进行消费价值提取和生产的。

二、对设计管理研究的前瞻性思考

相对于工业制造型社会，设计管理的研究更多聚焦在企业内部创新资源的整合上。它至少贡献了三大成果，即设计流程再造、商业逻辑以及设计与生产效率的提升。但当基本解决了全社会的温饱，尤其在进入新型消费社会之后，随着人均收入的不断提高，中国社会正由偏向物质消费的总体小康向偏向文化消费的全面小康转型。物质炫耀将逐渐失去其优势，取而代之的是人们为了渴望得到承认而在技能、品味、精神等文化消费方面的炫耀和竞争，并开始呈现出主流化和多样化趋势。外部消费环境的巨大变化，势必会反作用于企业内部，导致组织形态、企业战略、业务流程、核心竞争力、商业模式等经营管理要素发生改变。

经验告诉我们，产生大量创意是一件相对容易的事，但产生具有商业价值的创意并保证其符合外部多样化消费市场的要求，将是一个很大的挑战。

1. 竞争战略：五类成功配型

消费需求的生命周期理论揭示了随着创新、时间、环境、科技、收入、人口等要素的变化，用户的消费态度和决策会出现阶段性的迭代改变，导致企业在所处商业环境的可预测性、可识别性、可变通性和可重塑性方面变得异常复杂。商业环境日益加剧的不确定性和动态变化，使得企业管理者和商界领袖都面临着制定有效战略方式以应对种种挑战。实际上，没有任何一种MBA教科书中罗列的战略工具可以解决任何问题。从那些基业长青和知名品牌企业的成功经验中可以发现，它们成功的秘密在于将设计视为一种制胜的战略方法和竞争手段，并将其融入企业、经营和执行的管理过程中。因此，无论是处于学步期、青春期、盛年期的企业，还是处于风险期、下滑期的企业，在面对不同的消费环境和阶段性消费趋向制定整体战略框架时，都要找到与之对应的设计策略方法，并将其分别贯穿于企业、经营和执行的各级层面（见图5）。

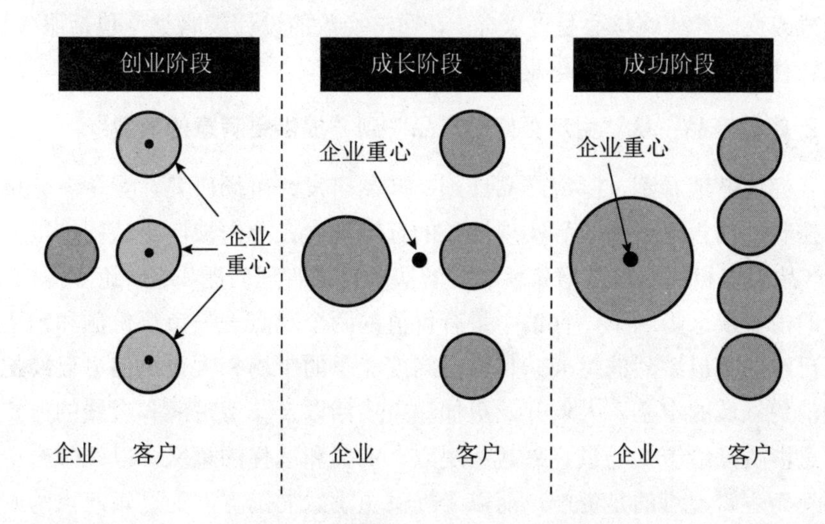

图5　企业不同生命周期的重心变动

大致而言，处于“学步期”的初创型企业，在消费环境无法预测且不易改变的情况下，应通过快速的设计投入以及吸引大量消费者的创意来夺取产品或服务的市场话语权，以迅雷不及掩耳之势甩开竞争者，快速占据主要的市场份额。其战略核心是“以快制慢”，匹配的设计策略通常包括原创型、众包型和免费型等。

处于“青春期”的成长型企业，在竞争基础稳固、行业基础稳定且可预测的市场环境中，应通过拓展产品线、改良设计、客户分层等途径进一步巩固优势，扩大市场知名度，确保产品具有较大的市场规模和良好的盈利能力。其战略核心是“做大”，通常可以选择产品线延伸化、改良化、集成化、长尾化等设计策略类型。

处于“盛年期”的成熟型企业，在消费环境可以预测且有能力改变的情况下，只有抓住最佳时机，通过率先创造新的细分市场或颠覆旧市场规则才能取胜。其战略核心是“先发制人”，多采用突破型、分布式、成本削弱化以及概念化等设计策略。

处于“风险期”的稳重型企业，在高度可塑却又无法预测的市场环境中，企业要想成功，最好的办法就是与他人合作进行企业再造，协同创建既有规模又有灵活度的创新平台，共担创新风险。其战略核心是“协同整合”，可选择增强型、价值工程、重组化等设计策略。

处于“下滑期”的衰退型企业，应及早发现价值链所有环节中被侵蚀的环节，同时保护好那些目前不被看好的稀缺资源，在关键时候做出设计创新或商业模式改变。其战略核心是“求存”，通常挽救的设计策略类型包括服务设计、价值转移设计和新一轮的商业模式设计等。

2. 超越产品：从“生产更好的产品”到“提供更满意的消费”

我们遗憾地看到，围绕产品计划、产品研发、市场研究、竞争者分析以及预算控制、销售渠道拓展等实现增长的行销观念在业内被广泛认同，很多企业对“产品销售和利润数量增长就能够解决所有的管理问题”这一论点深信不疑。在新的消费观念影响下，行销中最有价值的两个观点——市场份额和销售数量增长已经面临最激烈的挑战。目前，高度竞争的市场和大量的信息已经把客户推到消费领域的中心，人们开始更加注重生活以及花费时间和金钱的方式，更加在意消费品给予的场景、兴趣、观点、审美和选择的意义。以“生产更好的产品”为逻辑起点的是资产，而以“提供更满意的消费”为逻辑起点的则是用户（见图 6）。

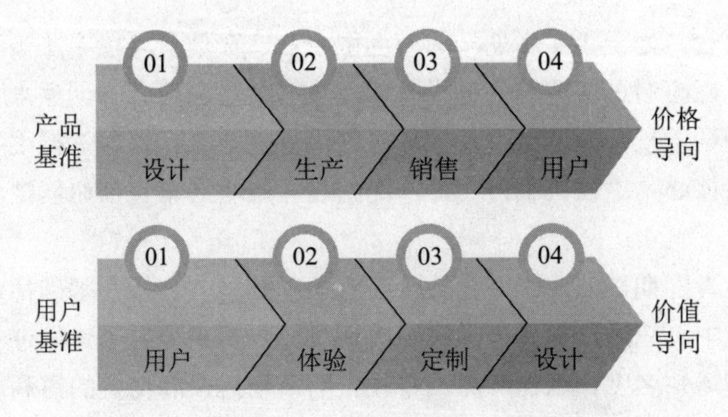

图 6　以产品为本和以人为本的产品路线对比

这种变化势必会对过去企业单纯以“产品为中心”的设计管理模式提出挑

战。衡量一个企业是否具有发展能力，往往看其能否以用户为中心进行思考，并认识到客户的关键需求以及以新的设计来满足这种需求。表现在企业层面，就是设计管理者应在“确认需求”“可接受”和“默认一致性”三个层级开展工作。设计之前，必须首先确定该设计是“用户想要的”还是“我认为用户想要的”这两个问题。真正的需求确认，不是取决于设计师，而是取决于用户现实消费状态和渴望消费状态之间的矛盾大小，矛盾越大产生的需求愿望越高。确认了消费需求，就要围绕用户情况，通过设计、工作程序以及管理过程的创新优化，来提高可用性、易用性、鲁棒性、品质化、情感化等的设计水平以及用户的可接受性和满意度。最高端的用户关系管理基准，往往呈现出用户与产品之间相互了解的程度、交往的经验、传心的感觉以及保持的默认一致性。

在经营与设计执行层面，设计管理的重点是将设计活动定位于一个与用户结盟的伙伴关系，而非一种单纯的服务关系。与用户的伙伴关系要求设计师改变只为“大客户”服务的习惯，要始终站在“用户的用户”的角度去思考设计，即站在甲方的角度共同解决终端用户的设计问题。伙伴关系的目标是通过设计服务的提供使产品对各方的价值达到最大化，也借此在业务方向上建立起超越竞争对手的竞争优势，留住那些与公司业务领域相匹配的真正需要的关键用户（见图 7）。

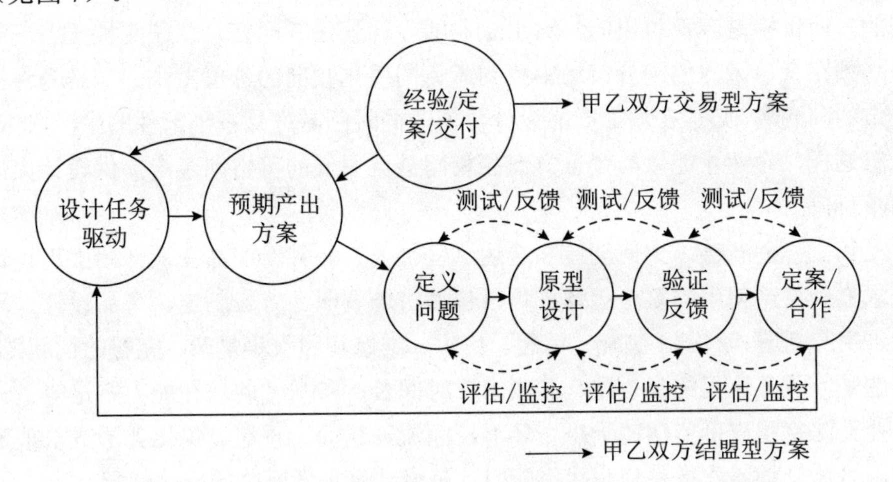

图 7　基于目标与成果的逆向创新

3. 价值涌流：设计与商业模式的整合

实践证明，消费者的价值观与消费态度有关系。与消费态度相同的是，价值观代表了用户对生活方式和社会行为的信念；不同的是，它以个人结构为中心，超出消费事件本身，并比消费态度更持久。个人价值观反映了个人从自己所见的众多不同价值观或价值系统中的选择。个人价值观的不同孕育着新的消费动机和需求，它以个人隐性的方式储藏。设计管理者的工作就是如何发现和挖掘这些潜在的个体价值，并通过可视化沟通和显性化设计，将用户“价值最大化”放在企业价值链的中心，把不同阶层消费者利益扩展到价值链的上游和下游，形成具有竞争性的、具有涌流状态的商业模式构型（见图 8）。

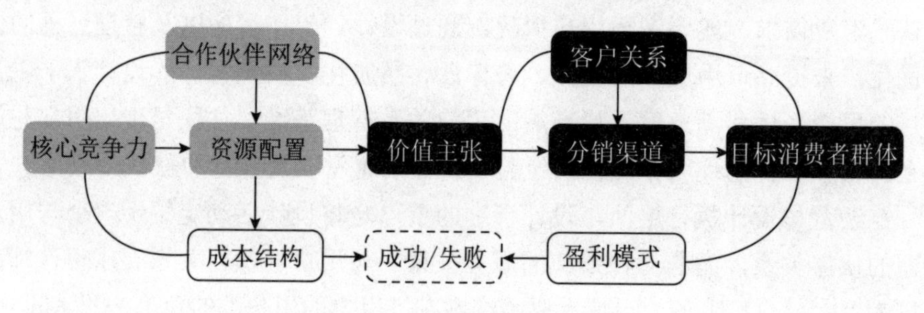

图 8 商业模式的九要素①

业绩良好的企业都是既开发新的商业模式又改进技术和设计的企业。一个成功的商业模式应该很好地解决三个问题。

第一，价值主张。应向市场销售和送达什么价值？价值是客户从企业中得到的，而价格是客户付出的。对于企业的设计管理者而言，存在两种压力：一是必须在竞争激烈的细分市场中找到避免同质化倾向的价值主张；二是为保持一定的利润率，必须在增加产品设计价值的同时削减产品基础部件的生产成本，只有这样，企业才能以与竞争方商品相同甚至更低的价格向客户提供设计突出的新价值。

第二，创新链。如何创造和送达这些价值？一种新产品在从开始提出设计要求直到投产使用的整个运营过程，包括市场调研、方案制定、产品设计、采购、生产制造、测试、装配、销售、使用、维修和回收等复杂、完整的创新链。问题是，业务流程的复杂性、高成本、时间长、参与者的认知能力不足等，让企业无法将用户价值熔铸于每一环节，而流程精简、重组、优化并形成价值涌流，以提升渠道质量和利润回报能力，是设计管理者面临的重大课题。

第三，目标用户。为什么样的用户送达价值？不同的消费者有不同的价值观，不同的价值观主导不同的消费决策，不同的消费决策又倒逼不同的价值创造、传播与交付。目前，很多企业针对产品或服务进行的设计与商业模式创新还在各自为政，要想紧跟市场变化的节奏，两种创新必须整合到一起。

① 资料来源：Alex Osterwälder。

4. 设计进化：建立开放的动力场景

毋庸置疑，今天对设计的理解正在发生巨大的转变，公司创新的能力不再表现在单一的设计技巧上，而是更多地体现在激发设计生成和满足消费多元化的文化资源存量与流量上，文化资源成为企业在细分市场中发现并实施“精益消费”的关键生产力。

第一，分众定制化设计。互联网网格化结构打破了从设计到生产、营售与消费的传统线性结构，设计师、企业、用户三者的边界关系被拆解，使UGC（用户自主参与设计）模式大行其道，同时也为PGC（专业原创设计）带来更精益化的创意要求。这就为企业经营管理带来两个方面的变化，一方面，提供很多设计选项供非设计师重新创造并生产；另一方面，可能是企业与用户共同设计、完成产品或服务。

第二，价值转移化设计。一种不预先设定好目标而为用户提供广阔的自由设计空间，几乎全盘否定了教科书式的设计观念和专业设计师的创造价值。它倡导出售给用户未完成的原型设计产品，让消费者自己完成设计或制造工作，赋予产品不同的生命力价值，从而达到与产品的互动仪式和共情意义。这就使创意常态化、端点沟通化、流程缩短化和版权互动化成为可能，许多决策以及对设计过程的限制超出了企业和设计师的控制范围。

第三，场景系统化设计。近几年，国内兴起的诸如恒大海花岛、青岛海上嘉年华、绍兴山水馆、万达长白山魔法森林、重庆动漫大观园、汉中蜀道乐园、万达茂等室内室外文旅主题乐园，将IP、创意、科技、体验等要素融入系统设计和消费关系中，形成不可复制的场景消费体。创造并管理这些由IP存量与流量构成的系统，对于设计师、技术工作者、产品生产商和商业领导者来说是一项全新的挑战。

场景系统的设计管理必须关注三个构成要件，即要素、连接关系和目标。对场景系统中要素的设计与管理，不能只见树木、不见森林，要通过一对一、一对多、多对多等方式，深入挖掘影响消费者形成交流速度、交际能力、交往范围和交互质量的各种关系，并与场景系统产生传心、价值与利润的总目标对应，实现“精益供给”和“精益消费”。

5. 关联关系：数据拓宽设计范围

大数据已经穿透组织内外的壁垒，广泛渗透到每一个行业、企业和业务职能领域，成为重要的创新与生产因素。大数据对于消费者行为的判断、设计研发分析、产品销售预测、精确的设计关联范围以及设计结果测试等已经得到全面的改善与优化。其定量数据、定性数据、战略利益、用户利益、网络利益和商业利益，都成为设计决策管理重要的研究课题。

大数据是一种资源，也是一种工具，它告知信息但不解释信息。将预测变为现实答案的只能依靠设计。设计已经开始在很大程度上从对因果关系的创新追求中解脱出来，转而将关注点投放到“人－物－场景”关系的发现和应用上。只有发现不同事物的行为之间存在显著关系或典型意义，才有可能通过设计创造巨大的经济或社会效益。建立在关联关系和典型意义数据分析基础上的消费预测，将隐性的关联关系进行可视化呈现，目前逐渐发展成为设计业务拓展的核心，改变着人们对设计概念的重新定义。如亚马逊“个性推荐系统”的设计、日本先进工业技术研究所的“坐姿数据量化研究与汽车防盗系统、身份识别和警示系统设计”、塔吉特的“怀孕预测与孕品设计”等，当这些相关关系转化成数据后，就能孕育出一些切实可行的服务、知识市场和前景光明的新业态。

设计管理可通过数据进行原型、模拟、分析、综合、优化和重复的迭代循环，从设计研发到最终对这种设计进行测试，这一循环过程会随着大数据的使用而逐渐缩短。庞大的数据催生的消费市场，复杂性高且充满变化，使得中国成为世界上最复杂的大数据国家。解决这种由大规模数据引发的企业设计管理问题，探索以大数据为基础的设计解决方案，是中国产业升级、效率提高的重要手段。

三、结语

目前，中国经济的结构与增长方式已经发生了质的变化。新型消费经济的引领必将为设计管理学研究提供更多全新的课题，如设计经济时代对内容资产的生产与管理、信息共享体系对设计业务的拓展与管理、泛娱乐背景下的创意团队管理与领导力的培育、智能化产品的创意研究与开发、虚拟组织与蜂巢型组织的创新管理等，都将更多地借鉴设计学、经济学、管理学、人类学、心理学、社会学、信息学、工程学等学科发展的最新成果，并在设计管理方法上表现出与这些学科发展更紧密结合的特征。

设计指数：沿海城市创新转型发展诊断书

进入21世纪以来，“创意城市”成为全球诸多城市发展软实力的战略目标。一些公认的世界城市已经越来越注重创意产业所发挥的推动作用，进而站在城市文化软实力的角度上提出城市设计竞争力的发展目标与战略。设计可以将创意城市所倡导与弘扬的地域文化内化到生产、生活的各个方面，并赋予其新的生命力。

设计指数建构的目的就是评估城市设计力的整体发展情况，进而锚定城市可持续创新力的发展方向。每个城市的特色长处与弱点短板都不同，综合来看，沿海城市设计力的发展似乎都离不开文化资源、创意能力、科学技术、设计管理以及市场需求这五个要素。其中每个要素中都有可放大的特色来成为沿海城市设计力创新发展的启动因素，应通过设计的介入充分发挥其长处，避免不必要的建设资源浪费。塑造区别于其他城市的特性才是设计指数建立的初衷，而不是将一切与设计有关的因素和环节指标化、数字化。

设计指数体系的形成单靠官方数据无法全面、客观地反映当前沿海城市设计力发展的现实情况。如设计带动就业、设计市场、设计力在工商界的应用，以及城市居民对设计本身的了解程度与接受程度等，都需要进行一定程度的访谈调查来深入调研分析，应通过大量统计采访样本并结合官方数据，来综合考量沿海城市设计力现状以引导城市转型发展的战略规划。

一、研究现状与存在的问题

为了应对传统城市发展模式带来的文化缺失、资源浪费、产业趋同、环境污染、就业紧张等种种矛盾，调动艺术、文化等方面的创意产出，带动城市空间使用方式的革新和有机发展，国内外纷纷建立了相应发展策略进行城市的创意设计转型。创意城市的发展路径各有特色但都需要衡量发展程度的指标，因此“创意指数”应运而生。现有研究多为以理查德·佛罗里达教授所提出的3T指标评测体系[①]为基础而加以延展的诸如欧洲创意指数、瑞典国家创意指数以及中国的香港创意指数、上海创意指数、深圳创意指数等，研究角度主要集中于衡量城市发展创意产业的情况，并没有把设计提到其应有的高度（见表1），其中香港创意指数运用“5C创意指数体系”[②]作为指数建立的思维模型，研究的侧重点在于评估香港的创意产业的整体经济贡献以及发展环境与生命力。[③]研究报告中对设计也有专门提及，但是作为创意产业的子产业，对设计力的多元化融合方面并没有触及，关注点在于城市创意经济的发展状况。虽然香港的设计业也属于报告所提及的一部分，但创意经济的整体发展才是主要的关注事项，所以设计的重要性仍然被低估了，因此有必要强化和完善有关设计产业的信息缺口。虽然香港特区政府随后提出了其自身的“香港设计指数”，这也是我国第一个提出设计指数的城市，但仍摆脱不了其“5C创意指数体系”的思维模式，无法从设计与城市互动发展的角度入手，对比设计指数体系，立足于城市自身发展的特色有差异化地制定发展策略。其余各城市也是用3T指数为思维原型进行扩充建构，这就意味着标准相似，发展模式也趋同，导致城市发展或没有设计指数的评估引导，或标准趋同导致城市发展过程中出现“千城一面”的现象。从国内外创意指数的内容，并结合我国沿海城市发展的特征、内涵以及趋势来看，创意城市的指数设计方面主要存在以下问题：第一，缺少独立设计指数评测体系引导；第二，现有的创意指数评测体系评估标准呈现同质化趋向，缺乏城市的特色识别和品牌影响力；第三，目前已有的城市设计指数评测体系的构建并不完整，尤其是设计要素有待于进一步完善。

---

① 理查德·佛罗里达（Richard Florida），多伦多大学罗特曼管理学院商业与创意教授，创意阶层集团和华盛顿特区全球智库的创始人。2002年提出了3T理论，即一个城市要吸引创意阶层、产生创意和刺激经济发展，必须具备三个基础条件，即技术（technology）、人才（talent）、宽容（tolerance）。Florida R.Cities and the Creative Class[M].New York：Rouledge, 2005.

② 2004年香港特区政府委托香港大学文化政策研究中心为香港创意指数设计一个框架。2004年11月，有关成果以《香港创意指数研究》为题发表，其最大亮点是“5C”模型，即创意的成果、结构及制度资本、人力资本、社会资本和文化资本。

③ 香港大学文化政策研究中心受香港特别行政区中央政策组委托——《香港创意产业基线研究》（2003年）；香港大学文化政策研究中心受香港特别行政区政府民政事务局委托——《创意指数研究》（2006年）。

表 1 主要创意指标汇总[①]

	兰德利创意城市指数	美国创意指数	欧洲创意指数	全球创造力指数	国家创意指数（瑞典）	香港 5C 体系	上海创意指数	深圳中国城市创意指数 CCCI	MEPIS 城市文化力发展指数
产业化发展									
直接经济效益		√				√	√	√	√
间接经济效益						√			√
市场需求							√	√	
创意创新能力									
R&D 投入		√	√	√			√	√	
研发成果		√	√	√	√		√	√	
促进创意的要素									
基础设施									
交通可达性	√								
资讯联通性	√					√	√	√	√
文化艺术场馆						√	√	√	√
人力资源									
高等教育	√	√	√	√		√			√

① 资料来源：联合国教科文组织国际创意与可持续发展中心主编：《创意经济与城市更新（2019—2020）》，20~21 页，北京，社会科学文献出版社，2021 年。

续表

	兰德利创意城市指数	美国创意指数	欧洲创意指数	全球创造力指数	国家创意指数（瑞典）	香港 5C 体系	上海创意指数	深圳中国城市创意指数 CCCI	MEPIS 城市文化力发展指数
专业化比例	√	√	√	√		√		√	
人才流动	√					√			
社会资源									
社会包容度	√	√	√	√	√	√			
社会互信度	√				√	√			
社会安全性							√		
文化多样性	√	√	√	√					
制度资源									
法律保障					√	√			
政策支持	√							√	√
金融体系支持						√			
文化资源									
历史文化遗产									√
文化活动参与度						√		√	
地方感营造	√								
文化交流活动							√	√	√

续表

	兰德利创意城市指数	美国创意指数	欧洲创意指数	全球创造力指数	国家创意指数（瑞典）	香港5C体系	上海创意指数	深圳中国城市创意指数CCCI	MEPIS城市文化力发展指数
环境资源									
宜居性	√					√			
整体福祉	√					√			

资料来源：联合国教科文组织国际创意与可持续发展中心研究制作。

本文旨在探讨设计与沿海城市可持续发展过程中文化、经济、社会、制度等各方面的互动关系，结合实际调研，站在设计管理的角度，提出从文化资源禀赋、科学技术、创意能力、设计管理以及消费需求五个方面进行核心指标建构，并对创建一个怎样的设计指数进行深入阐述。其目的并不是形成统一标准，而是将设计指数作为一个衡量城市设计力发展状况的观点或工具，让城市通过设计指数的建构和引导，强化身份识别和品牌影响力，进而找到一条以可持续发展为突破口进行良性发展的路径。

二、国际相关文献研究及实践

自2004年联合国教科文组织发布实施“创意城市网络”倡议以来，创意产业的集聚发展与部分沿海城市的产业转型实践不谋而合。沿海城市本身的地理环境、文化禀赋、产业特色、社会资本和人力资源优势刺激着设计创新、生产、分配、传播和消费的快速发展。同时，创意产业也反哺着城市不断产出新的经济创造力，尤其在改善劳动力认知水平、提高产品的经济附加值、优化传统产业结构、树立城市文化品牌等方面作用明显。

一段时间以来，创意城市的发展成为全世界共同关注的话题，并进入西方主流城市经济学家的研究视野，如霍尔①、兰德利②、佛罗里达③、浩斯泊④、

① Sir peter Hall, Creative cities and Economic Development. Urban Studies, Vol.37,No.4. 2000: 639-649.

② Charles Landry, the creative city: A Toolkit for Urban Innovators. London: Earthscan Publications, 2000.

③ [美]理查德·佛罗里达：《创意经济》，北京，中国人民大学出版社，2006。

④ Gert-Jan Hospers, Creative Cities: Breeding Places in the Knowledge Economy. Knowledge, Technology and Policy, Vol.16, No.3, 2003: 143-162。

格拉瑟[①]等均从不同的角度对创意城市进行了多方面研究，关于核心要素，学术界有“3T”[②]与“3S”[③]学说，同时“三因素”[④]与“七要素”[⑤]理论也被广泛运用。这些学说探讨了创意城市的发展方向，开阔了创意城市的发展思路，同时也提供了指导设计指数构建的不同路径与方法论。目前，在衡量一个城市产业和经济发展状况时，学术界普遍认为需要把城市的创造潜力和创意水平作为考量的重要指标，但在诸如GDP、年经济增长、品牌力、就业率、失业率等纯粹经济指标设置上，很难准确反映一个城市的创新创意状况。因此，一些学者提出使用创意指数来衡量一个城市或地区的创意产业成效和评估创意城市的竞争力、影响力。

虽然单纯的设计指数研究成果相对匮乏，但国际上对创意指数的研究成果比较丰富，最早涉及创意指数概念的学者是美国的理查德·佛罗里达（Richard Florida）教授在《创意阶层的崛起》（*The Rise of Creative Class*）一书中提出了3T指数体系，即创意经济的三个关键因素——技术（technology）指数、人才（talent）指数和宽容度（tolerance）指数（见表2）。

在3T指数中，“高科技指数”与“创新指数”共同构成了技术指数。“高科技指数”来自米肯研究院的TECH-POLE指数，主要以年平均专利量增长状况来评估地区的创新指数；“人才指数”根据劳工统计局2001年的职业和就业调查，用创意阶层的比例来衡量；“宽容度指数”用以下反映多元化或宽容度的指数来衡量：同性恋指数、波希米亚指数（艺术家、音乐家和艺人的相对集中程度）、熔炉指数（外国移民在总人数中的比例）。

佛罗里达教授认为，一个地区的开放程度以及对文化的包容程度都能够通过“同性恋指数”间接反映出来；“熔炉指数”则是以外来人口为媒介来评估一个城市或地区的开放程度的标准；作为创意指数体系，其中“波西米亚指数”代表一个地区有关艺术、创意或文化的生产者的规模。

---

① Glaeser E, Book Review of Florida’s The Rise of the Creative Class［EB/OL］. http://post,economics.harvard.edu/faculty/glaeser/papers.html,2004.

② Florida（2003）认为，技术（technology）、人才（talent）与包容度（tolerance）是构建创意城市的关键要素。

③ Glaeser（2004）认为，技能（skills）、阳光（sun）和城市蔓延（sprawl）是创意城市真正有效的因素。

④ Hospers（2003）认为，集中性（concentration）、多样性（diversity）和非稳定性（instability）三个要素能够增加城市创意形成的机会。

⑤ Landry（2000）认为，创意城市的基础是建立在人员的品质与意志、领导素质、人力的多样性与各种人才的发展机会、组织文化、地方认同、都市空间与设施、网络动力关系七大要素上。

表 2　理查德·佛罗里达教授提出的 3T 创意指数

3T 创意指数	
一般指标	衡量标准
人才指数	创意阶级在就业人口中的比例
	每人平均专利数
高科技指数	使用美国米肯机构的技术标杆指数
宽容度指数	同性恋指数：地区同性恋人口比例
	熔炉指数：移民或在国外出生者占总人口的比例
	波西米亚指数：从事艺术创作的相对人口

随后，理查德·佛罗里达教授与艾琳·泰内格莉将 3T 创意指数体系研究架构引入欧洲地区，并结合欧洲的部分实际情况做出调整，在《2004 年创意时代的欧洲》（*Europe in the Creative Age，2004*）报告中所采用的“欧洲创意指数”，是目前对全球创意产业衡量具有较大指导作用的指标体系。“欧洲创意指数”由三个指数构成，即人才指数、技术指数和包容性指数（见表 3）。

表 3　欧洲创意指数①

欧洲创意指数		
一般指数	二级指数	衡量依据
欧洲人才指数 talent	创意阶层 人力资本	创意从业人数占整个从业人数的百分比； 25~64 岁人群中拥有学士或以上学位的人数比例
	科技人才	每千名工人所拥有的从事研究性工作的科学家与工程师的数量
欧洲技术指数 technology	创新指数	每百万人拥有的专利申请量
	高科技创新指数	每百万人拥有的在生物技术、信息技术、制药以及航空等高科技领域的专利数
	研发指数	研发支出占 GDP 的比重
政府包容指数 tolerance	态度指数	对少数族群持包容态度的人数占总人数的比例
	价值指数	一个国家将传统视为反现代或世俗价值观的程度（问卷调查，包括对上帝、宗教、民族、权威、家庭、妇女权利、离婚、堕胎等的态度）
	自我表达指数	一个民族对个人权利和自我表达的重视程度（问卷调查，包括对自我表达、生活质量、民主、科技、休闲、环境、信任、政治异议、同性恋、移民等的态度）

① 资料来源：Richard Florida，Irene Tingli，2004：42-44。有关欧洲创意指数的详尽资料及分析，可参阅 Richard Florida 与 Irene Tinagli 合著的 *Europe in the Creative Age* 第 11-12、16、20、26-28 及 40-41 页。

3Ts 指数中的所有指数取值范围为 0~15 分，发展及呈现情况最优的国家为 15 分。以最优国家为衡量指标，其余国家通过与最优国家进行对比，分析得出与最优国家的差距并量化表现为分数上的差距，且通过 3Ts 指数框架中"人才指数""科技指数""包容指数"三个一级指数的综合得分除以最高得分 15 分得出欧洲创意指数。

理查德·佛罗里达和艾琳·泰内格莉将 3T 架构应用于欧洲地区，并在分析架构的基础上对中欧、北欧的 14 个国家与美国进行了比较，提出了"欧洲创意指数"（ECI）。尽管对欧洲国家 3T 研究中所运用的指标与在《创意阶层的崛起》中的表述有所不同，但研究宗旨始终不变，即一个国家的竞争力取决于其吸引、保留和发展创意人口的能力。

针对城市设计能力本体的评估还有英国的《国际设计能力的初始指标》，以及由芬兰赫尔辛基艺术和设计大学的设计创新中心 Designium 发布的 2008 年全球设计观察报告等研究成果。英国的《国际设计积分表》从国家高度将设计力视为一个系统，此系统由有利条件、资源投入、产出和成果四个环节组成，这个系统为衡量国家设计能力的主要框架。它旨在利用现有可获得的统计数据对国家及国家间的设计能力进行初步的对比分析，通过来自不同国家的数据比较找出现存设计力发展的不足与挑战，并为还未收集的统计数据进行方向性的框架制定。指数内容可分为支持设计的公共投资总额、设计的推广力度、世界知识产权组织有关设计的注册总数、商标注册总数、设计公司总数、设计服务领域的营业总额、设计服务行业的就业情况。《国际设计积分表》指数体系的评估方式分为绝对计算与相对计算。相对指标可反映一个国家设计能力的相对强度，比如，每百万人口中设计毕业生的数量；绝对指数则反映出一个国家的整体设计能力，如设计毕业生的总人数，相对指数与绝对指数共同衡量一个国家的设计能力情况。

芬兰《全球设计观察报告》以世界经济论坛（WEF）《全球竞争力报告》中与设计力相关的统计数据为基准，以此为依据衡量比较拟定出设计力竞争排名。2007 年，设计竞争力排名标准以四个方面作为衡量依据，即竞争力要素生产过程的状态、产品设计的影响、营销和售后服务、出口企业的国际竞争力及其在价值链中的位置。用于排名的指数有企业对研究和发展的投入、竞争优势的性质、价值链所在、创意包容力、生产过程先进程度、市场范围以及顾客导向程度。

三、国内相关研究及实践

我国对于城市创意转型发展路径的探索从未止步，发展创意产业和设计经济对于沿海城市的转型与复兴作用受到理论和实践的广泛支持。目前，我国沿海地区创意产业带大致划分为环渤海创意设计产业带、长江三角洲创意设计产业带以及珠江三角洲创意设计产业带。这三个创意经济隆起带位于我国东部沿海位置，大都以沿海城市为经济带的头部城市带动周边城市集聚式发展。其中，北京、上海、深圳已经分别于 2012 年、2010 年以及 2008 年以设计为主题正式加入联合国教科文组织（UNESCO）“全球创意城市网络”，成为名副其实的全球“设计之都”[①]；杭州、苏州、景德镇作为“民间艺术与手工艺之都”也入选其中（见表 4）。此外，中国香港、中国台湾等地区也在设计力与城市发展的理论与实践等方面有诸多经验值得分析借鉴。

表 4　“设计之都”城市网络成员（2005—2022）[②]

联合国教科文组织	城　市	获选时间
设计之都（cities of design）	布宜诺斯艾利斯（Buenos Aires，阿根廷）	2005
	柏林《Berlin，德国）	2005
	蒙特利尔（Montreal，加拿大）	2006
	名古屋（Nagoya，日本）	2008
	神户（Kobe，日本）	2008
	深圳（Shenzhen，中国）	2008
	上海（Shanghai，中国）	2010
	首尔（Seoul，韩国）	2010
	圣埃蒂安（saint-Etienne，法国）	2010
	格拉茨（Graz，奥地利）	2011
	北京（Beijing，中国）	2012

① 国际上有两个广为认可的“设计之都”称号。一个是联合国教科文组织（UNESCO）2004 年成立的“全球创意城市网络”，以设计为主题加入该网络的城市，则被授予“设计之都（CITY OF DESIGN, UNESCO）”称号，截至 2021 年年底，全球已经有 43 座城市获得“设计之都”称号；二是国际工业设计联合会（ICSID）于 2007 年发起，以国际工业设计联盟（IDA）的名义在全球范围内竞选“世界设计之都（world design city）”称号，截至 2021 年年底，全球已经有 8 座城市分别获得不同年度的“世界设计之都”称号。

② 资料来源：联合国教科文组织官网. http://mtlunescodesign.com/en/UNESCO-cities-design. http://www. world-designcapital.com，2014-12-10。

续表

联合国教科文组织	城　市	获选时间
设计之都（Cities of Design）	毕尔巴鄂（Bilbao，西班牙）	2014
	库里提巴（Curitiba，巴西）	2014
	邓迪（Dundee，大不列颠及北爱尔兰联合王国）	2014
	赫尔辛基（Helsinki，芬兰）	2014
	都灵（Torino，意大利）	2014
	万隆（Bandung，印度尼西亚）	2015
	考纳斯（Kaunas，立陶宛）	2015
	普埃布拉（Puebla，墨西哥）	2015
	布达佩斯（Covilhã，比利时）	2015
	新加坡（Singapore，新加坡共和国）	2015
	底特律（Detroit，美国）	2015
	科灵（Kolding，丹麦）	2017
	吉朗（Geelong，澳大利亚）	2017
	科特赖克（Kortrijk，比利时）	2017
	伊斯坦布尔（lstanbul，土耳其）	2017
	墨西哥城（Mexico City，墨西哥）	2017
	迪拜（Dubai，阿联酋）	2017
	武汉（Wuhan，中国）	2017
	开普敦（Cape Town，南非）	2017
	巴西利亚（Brasilia，巴西）	2017
	圣何塞（San José，哥斯达黎加共和国）	2019
	克雷塔罗（Querétaro，墨西哥）	2019
	曼谷（Bangkok，泰国）	2019
	穆哈拉格（Muharraq，巴林）	2019
	福塔莱萨（Fortaleza，巴西）	2019
	宿务（Cebu，菲律宾）	2019
	河内（Hanoi，越南）	2019
	旭川（Asahigawa，日本）	2019
	巴库（Baku，阿塞拜疆）	2019
	多哈（Doha，卡塔尔）	2021
	科维良（Covilhã，葡萄牙）	2021
	旺格努伊（Whanganui，新西兰）	2021

续表

国际设计联盟	城　市	称号年度
世界设计之都（World Design Capital）	都灵（Città di Torino，意大利）	2008
	首尔（Seoul，韩国）	2010
	赫尔辛基（Helsinki，芬兰）	2012
	开普敦（Cape Town，南非）	2014
	台北（Taipei，中国）	2016
	墨西哥城（Mexico City，墨西哥合众国）	2018
	里尔欧洲都市圈（Métropole Européenne de Lille，法国）	2020
	瓦伦西亚（Valencia，西班牙）	2022

国内对创意指数的研究主要以香港、上海、北京和深圳等头部城市为主。香港以其独特的国际视野成为国内第一个先后构建了“香港5C创意指数”和“香港设计指数”的城市。香港特区政府首先于2004年委托香港大学文化政策研究中心为香港创意指数设计了一个指标框架，随即形成并发表了《香港创意指数研究》。香港创意指数借鉴目前国际上具有前沿性的相关指数体系的构架，特别吸纳了理查德·佛罗里达创立的3Ts指数模型，以及其应用成果“欧洲创意指数”的部分内容，结合香港的自身经济文化状况构建了5C模型。香港创意指数的主要框架结构为“创意成果或产出”（outputs/outcomes of creativity）和决定其增长因素的四种资本，分别是“结构或制度资本（structural/institutional capital）”“人力资本（human capital）”“社会资本（social capital）”和“文化资本（cultural capital）”[①]，这四种资本要素相互影响、相互作用产生 $1+1>2$ 的积累效应，其成果通过创意成果 / 产出这一项传达，可通过数据化的形式表现出来。

香港设计指数的构建分为七个部分，分别是人力资本、投资、知识产权环境、产业架构、市场需求、社会及文化环境以及商业环境。每个范畴的因素相互关联和影响，既能全方位反映出城市设计力现状，又能推动设计业产业的良性独立发展，有一定的借鉴意义（见图1）。香港设计指数建立的价值与目的在于它使得城市发展与设计力产生了一次直面对话。设计指数本身成为推广和传播设计文化的一种有效方法，在激活城市声誉的同时，设计也成为被公众所认知与实践的重要城市资源。

① 资料来源：HK. Baseline Study on Hong Kong’s Creative Industries—A Study on Hong Kong Creativity Index. 2004。

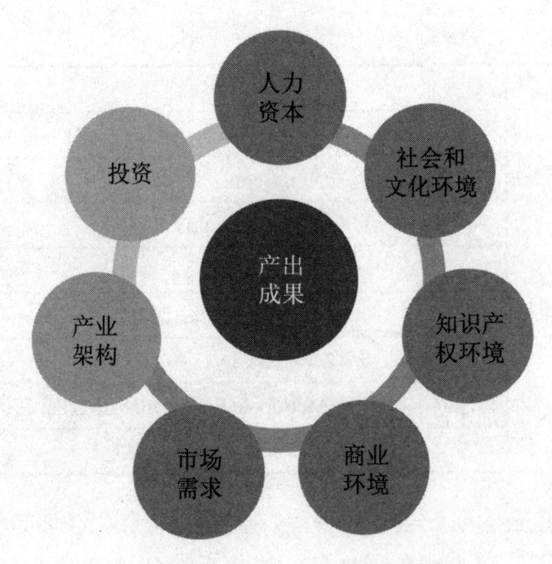

图 1　香港设计指数的概念范畴模型

四、设计指数核心要素的分类构建

联合国教科文组织“创意城市网络”中有关“设计之都”的评选需要满足如下几个条件：拥有相当规模的设计业；拥有以设计和现代建筑为主要元素的文化景观；拥有典型的城市设计；拥有前卫的设计流派；拥有设计人员和设计者团体；拥有各类专门的设计博览会、活动和设计展；为本土设计者和城市规划人员提供机会，使之能够利用当地的材料和各种城市自然条件的优势从事创作活动；拥有为设计领域的收藏家开办的市场；拥有根据详细的城市设计和发展规划建立起来的城市；拥有以设计作为主要推动力的创意型产业，如珠宝、家具、服装、室内装饰等。

由于“创意”与“设计”在概念上的差异以及它们的内容有较大的重叠性，加之设计活动的特殊性，因而对设计活动的量化研究有一定的难度。通过查阅已有的关于创意和设计产业指数的文献资料和实际调研，尤其对设计力成果量化研究的整理，我们最终将文化资源禀赋、科学技术、创意能力、设计管理以及消费需求五个要素确定为设计指数构建的一级指标方向。

1. 文化资源禀赋指数

20 世纪 80 年代以来，联合国教科文组织对“文化”的定义和内涵进行了延扩，在世界文化政策会议（1982 年）、世界文化和发展委员会会议（1995 年）、政府间文化政策促进发展会议（1998 年）等国际会议上，都将“文化”视为“某个社会群体特有的精神与物质，智力与情感方面的不同特点之总和。除了文学和艺术外，文化还包括生活方式、共处的方式、价值观体系、传统和信仰”，其结论得到了普遍认可。

“每个人都降生于先于他所存在的文化环境中，当他一来到世界，文化就统治着他，伴随着他成长。文化赋予他语言、习俗、信仰、工具等。总之，文化向他提供了作为人类一员的行为方式和内容。”文化的多样性创造了一个多姿多彩的世界，它使人类有了更多的选择，得以提高自己的能力和形成价值观，并因此成为各社区、各民族和各国可持续发展的一股主要推动力，一个城市的文化资源禀赋不仅仅存在于物化的建筑、园林等方面，同时也经过历史的积淀融入居民的生活方式和生活理念中形成无形的力量。文化深刻地影响着设计的发展，它决定了设计的方向、设计的样式、设计的风格、设计的观念以及设计价值、设计政策、设计战略、设计领导力等诸多内容，而设计的水平也不同程度地影响文化的支配力量。毋庸置疑，设计问题就是文化问题，一个城市的设计综合能力越强，其文化的实力也就越强。

沿海城市的文化生命力和活力来源于其居民对本地文化的自信、认同感、尊重以及对文化声誉的自觉维护。通常表现为，除去内化的文化身份认同、对于本地文化的记忆、本地传统习俗的生存状态外，还有能够表现沿海城市个性特色的公共文化设施、传统手工艺等人工物或艺术品。因此，在设计指数框架设计中，要首先体现对城市文化的资本投入情况，也就是从资本的支出量来反映对文化的保护以及利用情况，具体数据可由当年财政支出获取信息；其次，可以从文化公共设施的营建中体现，比如，公共景观、公园空间、艺术馆、博物馆等场所空间的建造及维护情况，以及图书馆中对设计类相关休闲时尚、学术性书籍的所有量及追加情况都可以体现。

毋庸置疑，在物质文化以外，非物质文化作为城市一种稀缺的无形资产，也是衡量设计力指标的重要一环。文化禀赋与转化水平，既是代表一个城市无形资产的丰歉（数量）和创新（质量）程度，更是衡量其向价值创造型经济转变的重要尺度。“文化活动、产品与服务”是指从其具有的特殊属性、用途或目的进行考虑，体现或传达的文化表现形式的活动、产品与服务，无论它们是否具有商业价值。文化活动可能以自身为目的，也可能是为文化产品与服务的生产提供帮助。[①] 其本身是没有直接经济价值的，但如果通过设计的转化则可

① 资料来源：联合国教科文组织 2005 年公约：《保护和促进文化表现形式多样性公约》，13 页，2011。

形成价值创造型经济的城市特质。譬如，当地民俗活动资源可为设计提供灵感来源，实现沿海城市文化旅游价值，并推动周边产业的同步发展；地方文学可通过设计提取视觉元素转化为动漫、IP 衍生设计等多次元产品；传统手工艺作为一种活态的文化资源，也可通过设计转化进入当代时尚生活。以上文化资源情况都可通过相关部门已有的数据或调研走访得到的有效数据信息，来诠释设计指数中文化资源禀赋指数的情况。

2. 科学技术指数

以设计为核心的创意型城市不是单纯的文化智力型创意城市，这类城市与技术创新型城市有一定的不同，更加侧重于对创意智力资源的利用，以及设计智力资源与科学技术手段的结合。技术创新型城市一般作为新型技术的发起地或者主要发展地区，多为不甘心于目前产业现状的企业家们发起，与技术创新工作者进行合作从而形成整座城市的技术创新动力与创新氛围。这种类型的城市大多以科技创新为基本战略，通过优化创新环境，加大科技研发投入，加强科技创新基础设施建设，大幅度提高科技创新能力，形成日益强大的竞争优势的城市。通常可以使用发明专利数量、研发投入占 GDP 的比重等指标来衡量一个城市的科技创新能力。而以设计力助推型的创意城市则同时兼顾技术创新与文化创意两种发展模式的动力特征，科学与文化共同发展为目前所谓的“创意产业”。相应地，霍尔（Hall，2003）也曾经提出“艺术与技术的联姻”，并认为：“这种类型的创意城市将是 21 世纪的发展趋势，将互联网、多媒体技术与文化睿智地融合在一起，属于文化技术型城市，而这类城市将会有一个黄金般美好的未来。”全球创新指数（GII）2020 年度报告似乎印证了霍尔的看法，排名前 100 位的集群分别位于 26 个经济体，美国仍然是拥有集群数量最多的国家（25 个），其次是中国（17 个）、德国（10 个）和日本（5 个）。2020 年，以设计闻名的东京－横滨城市群再次成为表现最好的科技创新集群，然后是深圳－香港－广州、首尔、北京、圣何塞－旧金山（见表 5）。

表 5　2020 年各经济体或跨境地区排名前列的科学技术集群[①]

GII 集群排名	集群名称	经济体	2019—2020 年 GII 的排名变化
1	东京—横滨	日本	0
2	深圳—香港—广州	中国	0
3	首尔	韩国	0

① 资料来源：产权组织统计数据库，2020 年 3 月。

续表

GII 集群排名	集群名称	经济体	2019—2020 年 GII 的排名变化
4	北京	中国	0
5	加利福尼亚州圣何塞—旧金山	美国	0
10	巴黎	法国	−1
15	伦敦	联合王国	0
18	阿姆斯特丹—鹿特丹	荷兰	0
19	科隆	德国	1
24	特拉维夫—耶路撒冷	以色列	−1
27	台北新竹	中国台湾	16
28	新加坡	新加坡	0
32	莫斯科	俄罗斯	1
33	斯德哥尔摩	瑞典	−1
34	埃因霍温	比利时 / 荷兰	−3
35	墨尔本	澳大利亚	0
39	安大略省多伦多	加拿大	0
41	布鲁塞尔	比利时 / 荷兰	−1
43	德黑兰	伊朗	3
45	马德里	西班牙	−3
48	米兰	意大利	0
49	苏黎世	瑞士 / 德国	1
51	伊斯坦布尔	土耳其	3
54	哥本哈根	丹麦	1
60	班加罗尔	印度	5
61	圣保罗	巴西	−2
68	赫尔辛基	芬兰	0
70	维也纳	奥地利	−1
89	洛桑	瑞士 / 法国	−3
95	巴塞尔	瑞士 / 德国 / 法国	−4
99	华沙	波兰	1

在构成沿海城市设计指数的五个一级指标中，最基础也是最不可缺少的一环便是科学技术指数。首先，从现有创意指数体系来看，无论是 3T 理论、欧洲创意指数，还是香港、上海、北京等创意指数，都对科学技术指数的建构有所涉猎。其次，政府及企业年科技研发投入总额、高终端技术生产占比、生产企业中技术中心数量、每 100 万人拥有的专利数（包括技术以及设计外观）等

指标，都作为城市科学技术发展的基础数据支撑，数据信息也较为容易获取。最后，近几年，中国在城市科技创新以及技术支撑设计产出等方面都取得了长足进展，数据指标令人信服。例如，全球创新指数（GII）发布的年度报告显示，中国2019年在创新产出次级指数方面取得了令人瞩目的进步，跻身全球第5位。在知识和技术产出方面，中国在知识的影响方面上升了一个位次，重回世界第一，还保持了其在知识创造（第4位）和知识传播（第22位）方面的名次。在设计产出方面，中国在两项分支的位次有所提升，即创意产品和设计服务（第15位，上升了13位）以及网络创意（第79位，上升了5位）。中国在创意设计等无形资产方面稳居世界第1位，在外观设计申请量和创意产品出口方面仍然名列前茅，并在今年的商标申请量排名中荣登榜首。中国还连续第7年在中等收入经济体中保持创新质量排名第一。①

此外，设计与科技的交叉融合目前正在形成新一轮的创新浪潮，诸如大数据、元宇宙、智能技术、云技术、可穿戴技术、移动终端以及净碳技术、工程技术等已经与设计进行了紧密结合，形成了能够服务于智慧城市生产生活的新发展动能。设计指数中对此类可为设计提供技术支持的内容也应给予体现。比如，个人智能手机拥有率、能够为居民提供更便捷服务的科学技术、体验经济的相关技术、移动终端技术等科技转化利用率等，都是现有创意指数体系中没有涉及的。

3. 创意能力指数

理查德·佛罗里达（Richard Florida）在其著作《创意阶层的崛起》中表示，在全球发展设计的浪潮中，美国由于其前瞻性的设计创新发展经验影响了全球多个国家的学习与借鉴：日本在设计管理方面举国家之力进行推动，并致力于在现代设计形式中融入日本民族独有的设计美学；后起国家印度的设计发展重心集中在服务于美国信息产业的IT领域。与此同时，由于国家政策原因以及国际环境的变化，美国全球的设计霸主地位已经逐渐松动，设计相关创意人才不再单纯追求早期美国所能提供的发展便利条件与机会，在全球信息化背景下，创意设计人才更多的是寻求适合其生活与工作的城市氛围来进行居住。

佛罗里达认为，这种现象体现了当前时代背景下创意人才“文化悬浮”的生活、工作的状态：具有创新能力的人才不再固守同一个工作职位与工作环境，

① 资料来源：康奈尔大学、欧洲工商管理学院以及世界知识产权组织联合发布的《2019年全球创新指数：打造健康生活－医学创新的未来》。

他们具有一定的自由性与流动性。追求新的多元文化刺激，生活方式也不再墨守成规，他们可能在一个城市生活，工作却在另一个城市，信息技术的发展已经将这部分人在一定程度上从空间的枷锁中解放出来。在当代城市中，能够吸引创意设计相关人才不再局限于薪资高低与政策环境，创意设计人才对生活、工作环境比过去更加敏感，更多影响优秀创意设计人才的因素集中于对生活方式与文化氛围的追求上（见图 2）。

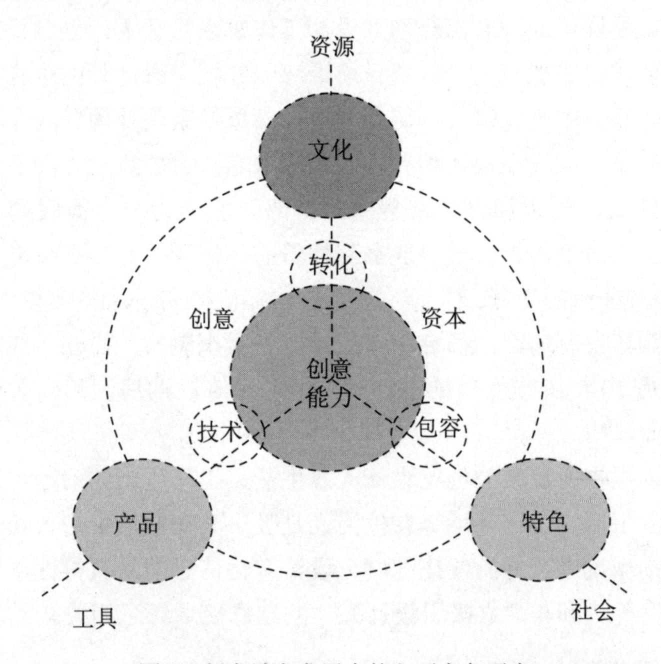

图 2　创意城市发展中的主要竞争要素

创意能力归根结底是设计发展过程中对人力资本的利用。一方面，创意能力体现在一个城市的设计教育潜力发展指数上。借鉴已有指标体系的建构经验并结合设计产业的自身特色，将原有创意指数人才教育相关指数进行细化，得出适合设计指数应用的设计教育潜力指数。细化方向可初步明确为与创意设计相关的在读学生人数、毕业生人数、毕业生就业率以及就业方向、高校与设计相关课程情况、高校从事设计教学工作教师人数、高校设计相关工作室情况，以及设计类高校产学研结合过程中的项目情况等多项细化指标，可直接反映出创意设计在当今高校教育中的发展情况以及受重视程度。

另一方面，具有创意能力的设计人才走向社会后也需要一系列指标反映其服务行业发展的情况。因此，与教育潜力指数同等重要的还有行业潜力发展指数。如设计相关从业人员总数，以及提供专业设计服务的设计人才所占比例、从事相关支持领域的人才所占比例，都能够反映出设计行业整体的发展情况。具体来看，沿海城市制造业、服务业中驻厂设计师数量以及自由设计师数量也能够反映当地创意设计人才服务行业的情况。从创业角度来看，申请注册设计相关公司所需的时间、已有设计公司数量以及设计师平均收入等都可以纳入设计指数的评测中。

此外，对于适合于设计创新的环境营造也是创意能力指数中一项柔性指标。由于沿海城市发展迅速，对部分创意设计工作需求量较大，创意设计人才生存压力较其他从业者更加巨大，单从目前沿海一线城市设计师的生存状态就可反映出一定的问题。中国建筑装饰协会与建设部原勘察设计司曾对全国室内设计市场的调研显示，加班在设计相关行业相当普遍，大多数设计师节假日加班无补贴、无加班费，周末加班非常普遍，少部分加班会在其他假期，元旦和春节加班非常少。黄金周加班很少能拿到翻倍的加班费，也即很少能拿到前 3 天 300%、后 4 天 200% 的工资。对于二线及更小城市来讲，入行 5 年以上的设计师，多数都已经购置自有房产，都会由自己设计并组织装修。而在一线城市，近几年中，即使是 10 年工作经历的设计师，很多都难以购房，部分人选择到内陆二线城市置业。[①]

通过以上报告所反映的创意设计人才生活、工作压力的问题可以看出，创意设计人才的生活、工作环境等软性因素是吸引其在城市中是否长久发展的重要因素，包括城市中交通的便捷程度、设计文化信息的易获得性、生活环境的舒适健康程度等，都与建立吸引设计人才的创意磁场息息相关。

4. 设计管理指数

传统的设计管理包括对设计师的管理和对设计项目的管理两个方面，即对人和业务自身进行管理。而“管理是生产力发展到一定阶段的产物，管理的广度和深度也是生产力发展水平所决定的”，设计管理也是设计发展到一定水平时才会产生的一种必要环节与科学诉求。设计管理是对设计行为进行的再设计，是在以科学管理为基础的组织调配下使设计行为在面向目标时更加理性化、合理化。需要说明的是，设计管理能够为设计增益，但设计管理并不是设计本身，也不可能取代设计，它负责保证设计作为一项以创新活动为第一要义的行为能更有效率、更可持续地发展。

在沿海城市快速发展过程中，设计管理应升级到一个更大的概念范围中

---

① 资料来源：二三线城市环境设计师生存现状调研 . 中装新网，http://www.cbda.cn/special/tuibian/。

去认识，将之视为凝聚设计和文化的力量，成为推动可持续发展和城市复兴的驱动力以及跨文化对话的磁场。设计管理介入城市可表现为政府支持设计产业的发展、市政建设与文化景观、深厚的文化底蕴和多样性、设计资源集中、设计机会多、多元化创意设计人才存量、举办地区或国家级设计活动的经验、为设计师提供良好的发展平台、以设计推动其他相关产业发展，以及城市声誉管理等。

一个城市的声誉有力影响着其内部和外部民众对它的思考和行为，影响着城市生产的产品、文化联系和投资推广。城市领导者需要了解外部世界怎样知觉自己的城市，需要设计出一种管理这种知觉的文化战略。其核心是努力建构公正、真实、强大、富于吸引力，为城市制造共鸣，塑造对经济、价值观和社会目标真正有用的设计管理体系。这些都需要具有设计思维的高端管理型人才的融入，在设计管理指数中强化这方面人才的信息数据对于沿海城市转型发展具有重要价值。

另外，我国部分沿海城市已经具有一定的设计智力储备以及设计成果，此种情况导致了对设计力转化成果的抄袭、盗用等诸多行业问题，管理指数中对于涉及行业规范的管理也是必不可少的一环。将文化资产和设计创新等知识产权视为立法的共同责任和义务，以保护实体世界和网络上的文化资产和设计产权，以及将因设计抄袭而带来的声誉问题纳入研究范畴。比如，在香港设计指数中注册商标、设计和专利的数目、人均支付的版权费用等，都是对设计行业本身进行规范管理的体现。从事包括知识产权领域业务的律师行所数目、触犯版权条例的案件数目等信息，也能够从相关法律角度侧面反映城市对于设计行业的知识产权重视与保护程度，以及从事设计力相关行业的人才对于自我知识产权的保护意识。

与此同时，沿海城市发展过程中普遍显现的诸如交通问题、生态问题、公共服务问题等都是可以借助设计管理思维去改善的。从上文的分析中可以看出，设计管理是一种系统提升效率与改善问题的有效创新途径，不仅仅存在于制造业的产业链中，同时也能够切实地投入针对沿海城市社会问题的解决进程中去。

5. 消费需求指数

消费环节是发展沿海城市设计力无法忽视的一环，消费者则是沿海城市消费活动中不可或缺的主体之一，是设计力所创造的成果与市场、产业间的桥梁。这就意味着，设计产品或服务能够得到沿海城市居民的消费青睐就是一次成功的设计活动。

数据显示，2013 年，我国居民储蓄达到 40 万亿元，消费品零售总额为 16 万亿元，据官方数据预测，2025 年这一数据将增至 150 万亿元。2022 年我国富裕阶层的人数在 1.5 亿人左右，2025 年将增至 1.6 亿人。2014 年上半年，内需拉动经济增长 7.5%，其中零售消费拉动 3.4%，占整体的 50%，表明内需消费已成为我国经济增长的首要推动力；前三季度，消费对全国 GDP 增长的贡献率为 45.9%。①

《小康》杂志联合触动传媒在北京、上海、广州、深圳这四大沿海经济圈一线城市的38 000辆出租车上的调查结果发现，一线城市的消费者更看重品牌，在参与调查的 95 499 名乘客中，共有 18 295 人表示自己的购买行为会受到品牌因素影响，品牌在影响一线沿海城市消费者的购买行为因素中排名第三，排在前两位的因素是价格和质量。②

从这一调查数据反映的情况来看，居民的消费行为与设计力的拉动密不可分，融入设计力的产品与服务更容易获得沿海城市居民的消费青睐。另外，设计力不仅从沿海城市的实体制造业与服务业入手，也可以作为精神文化触点丰富居民的精神文化消费内容。

对于设计指数中消费需求指数的建构是多元化的，居民的消费需求也可从多个侧面体现。例如，居民对设计产品的消费需求指数，首先，不同地区的消费群体毋庸置疑是存在差异的，同时同一地区的消费群体也存在不同之处。由于沿海城市经济发展繁荣、物质生产力发展水平较高、贸易发达、人口组成成分相对多元化、对新文化的包容度与接受度也相对较高，相应地，可供消费群体选择的与设计力相关的产品也较为丰富。对设计产品的消费也分为生产性消费与居民个人的生活性消费，需要区别对待。举例说明，作为设计指数中应具体体现出本地生产型企业对于设计研发年投入资本等针对生产性制造业中的数据，用来反映生产性消费中的消费程度；个人消费群体的消费指数则要通过大量调查问卷来采集获取居民对服装、电子产品、日用品的更新情况等所反映的一个城市的居民个人消费水平。

与之相对应的还有居民对于服务的消费需求指数。在生产力相对落后的时期，居民的恩格尔系数较高，消费方向主要聚焦于吃、住、用、穿等生存基础的物质层面。随着生产力的提高与社会的发展，居民对于消费的需求也发生了拓展，不再单纯满足于对产品的消费，在此基础上也更加重视生活质量与精神

---

① 数据来源：全球设计网. http://www.70.com/news/，设计中国、IMCAN 联合发布，2014，9.7。

② 数据来源：鄂璠.《中国消费小康指数年入 4 万~6 万者最多. 中国人挣的钱都吃了 ?》. 载《小康》，2014-01-01。

需求。面对同等质量的设计产品时更能体现出品牌文化的消费价值；功能相近的产品，其设计中所含的精神以及文化层面因素才是打动消费者的重点；相对于把多余资金存进银行，居民更倾向于拿出部分资金享受旅游服务以及休闲服务。在消费体验营销设计中，贝恩特·施密特认为，体验设计应站在消费者的感官（sense）、情感（feel）、思考（think）、行动（act）、关联（relate）五个方面，重新定义设计的思考方式。每个地方的消费文化以及消费习惯都是存在差异的，对于设计服务的消费需求也是多元化的，应结合各地方情况差异化看待。在设计服务需求方面，指标体系中可由设计类服务企业注册数量以及增长速度来体现，同时相关主题文化服务项目诸如旅游等也可反映城市居民对设计服务消费的热衷程度。

在此基础上也要通过调研来采集沿海城市居民对新兴设计理念的接受程度，因为不同消费水平的群体所能接受的程度不同。在日趋追求消费个性化、差异化的今天，设计力的文化内涵成为设计产品与服务的重要消费价值载体。生产结构、收入水平、资金储蓄情况都反映出城市居民对设计文化的接受程度。对于设计力的消费也不局限于满足生产、生活的需要，而是一种对时尚潮流、对生活质量的追求。一个地区居民对时尚文化的关注度也可以通过一个城市对设计文化的易获得性来予以体现。例如，以设计或时尚相关书籍年销售量、时尚产业与相关展会活动数量、媒体相关节目数量，甚至移动终端App应用率来侧面反映。

由上可以看出，设计指数体系的建构初步可分为文化资源禀赋指数、科学技术指数、创意能力指数、设计管理指数以及消费需求指数五个方面，五个方面环环相扣，既各司其职又通过设计力这一介质相互联系。它们的有机结合可变化出每个沿海城市所特有的以设计力为核心的创新发展模式，从而达到差异性、个性化发展（见表6）。

表6　设计指数中5个一级指标的建构

设计指数初步一级指标	构建指标目的	细化二级指标方向
文化资源禀赋指数	衡量城市可通过设计力转化的本地文化资源数量及可转化水平	可利用城市本土建筑景观、文物遗迹等情况； 可通过设计转化再创新的传统手工艺； 可为设计借鉴的传统民俗、传说、神话的情况已有相关公共文化设施情况

续表

设计指数初步一级指标	构建指标目的	细化二级指标方向
科学技术指数	评估城市创新科研能力，同时统计可为设计力所结合的科研成果	政府及企业科技研发投入； 科技中心数量； 万人专利数量； 可为设计利用的新技术使用率； 智能技术研发； 信息媒体技术研发
创意能力指数	评估城市创新设计人才的发展潜力，包括教育水平与就业情况	高校及培训机构的设计力教育水平； 设计力相关人才创业及从业情况； 市场对设计力人才的需求程度； 适于创新的环境的营造
设计管理指数	客观反映城市设计产业中的设计管理水平	社会各领域对设计力的宣传与重视程度； 设计业的现有规模与状况； 相关业务系统的效率与衔接； 知识产权保护情况
消费需求指数	消费需求反映了居民消费者以及企业在设计力（设计产品或涉及服务）方面投入的需求程度，从而反映设计力的市场价值	获得设计文化的难易程度； 居民对设计产品的消费需求指数； 居民对服务的消费需求指数； 居民对新兴设计理念的接受程度

五、我国沿海城市设计指数体系创建的实践价值

1. 设计力如何利用差异性文化资源禀赋

从本地优秀传统文化符号中提取可为设计力所利用的素材并进行创新设计，进而将本地传统文化元素融合于文化产品与服务当中，开发出本地居民喜闻乐见的文化产品及服务。既能丰富居民的精神文化生活，又能扩大城市文化消费；既能保障居民的基本文化权益，又能增强文化凝聚力，在潜移默化中实现城市特色文化品牌的塑造，植根于自己脚下的土壤，走自己的文化道路，形成自己的风格特色，体现一个城市自信与成熟的文化氛围。

每个城市的文化积淀都是有所不同的，如何发挥城市的文化性格就需要设计力有针对性地挖掘与重塑。文化资源禀赋指数在设计指数中作为一个重要的资源要素可以成为一个城市创新发展的设计力突破口，设计加上本地文化可以

形成一种不可复制的文化氛围，从而塑造一个城市的文化性格以及城市品牌。例如，杭州是一座历史文化名城，也是一座山水城市，它有传统人文资源、自然风光资源和生活的品质，这个资源叫作“在地化”，处于“微笑曲线”左上端；杭州所独有的精细坚韧、柔美飘逸的江南文化特性使得杭州的文化基调既带有老庄哲学的天意合一，又有一种温婉的诗性，这是这座城市所独有的城市文化，发展设计力也是杭州所提倡的一种途径，两者有机结合就会产生有趣的化学反应。城市中随处可见的供人歇脚的椅子、带有良渚文化元素的景观装置、经过精心设计的公交与自行车系统，杭州文化性格中惬意悠闲的“慢性子”总能透过设计细微又准确地传达出来，使得居民与游人切身感受到扑面而来的杭州气息，这也是杭州为何能作为中国第一批旅游城市的原因之一。

杭州2012年当选为工艺和民间艺术之都，加入联合国教科文组织评选“全球创意城市网络”中，可见杭州已经意识到传统手工艺作为城市的文化资源能够大力推动城市的创新发展进程。资源存在的意义就是等待发掘与利用，传统手工艺在当代也不能单纯地作为一种被传承与保护的对象，世界是变化的，不变就意味着死亡，为此设计力与传统手工艺结合，为老辈的手艺注入一剂能够焕发活力的强心针。如图3所示，传统的手工艺品已不再是最后的终端产品，城市文化与传统手工艺已经作为一种创意来源，经过设计力的介入，产生出新的活化设计方案，既保留原有的传统文化根基又考虑创新的时代诉求。这一过程经过设计管理力量的加入进行系统化、市场化、产业化，最后达到既保护传统文化又获得市场价值的双赢效果。

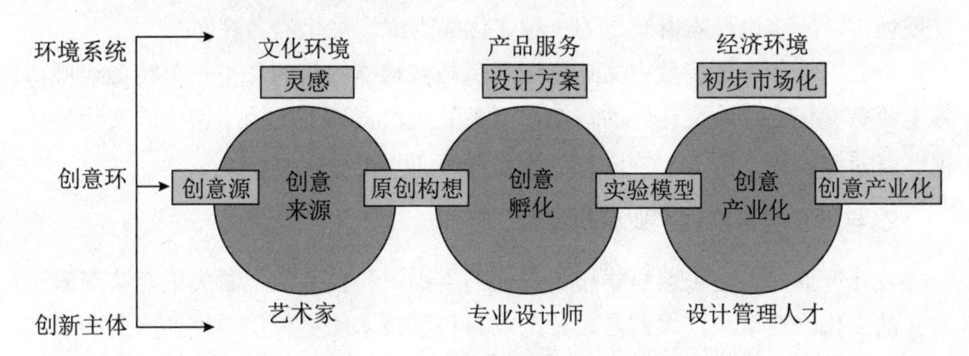

图3　设计介入工艺美术创意价值链的组织结构

当然，并不是每个城市的传统文化都可以作为城市创意发展的设计突破口。即使城市的设计指数中可利用的城市传统文化指数偏低，也并不意味着城市就不适合发展设计力，设计本身也是一种文化行为。作为一种有趣且易于参与的活动，社区设计活动也是提高城市设计文化氛围的好途径。作为设计之都，神户不仅由原初的时装设计产业拓展为一种社区设计，而且将设计融入市民的日常生活中。由于神户属于沿海港口城市，所以具有普遍的对外开放的文化氛围，神户积极引进西方国家的文化和先进技术，并在城市公民的日常生活中倡导一种积极进取的精神，从而形成神户所独有城市文化，表现在爵士乐、电影院、高尔夫球场和食品等各个方面。为了使神户能够为每个市民提供适合其个性的生活方式，神户市政府倡导的城市文化多样性，是每个市民都能在与杰出的设计作品的互动中获得精神陶冶的机会。在其倡导之下，市民们踊跃投入社区设计和日常生活设计的活动之中。用鲜花装饰城市民宅外部的方式增添了城市景观色彩，同时也体现了绿色生态的发展方向，这种市民与专业设计人才共同参与的设计行为在神户盛行已久。

作为“设计之城”的深圳，由于地理位置紧靠香港，所以深圳的发展特色十分明显。快速的城市化带给这座城市包容的文化态度、高度的发展眼界，同时人口与技术资本的流通性较高，这些都是深圳作为“设计之城”的发展基础。第一，深圳是一个年轻化的城市，相对于本地原住民，人口多为移民且普遍年轻化，较有创新与工作热情，也具有一定的购买力；第二，深圳本身的空间形态是带状城市，这就使得其城市中心的概念弱化，居民的居住环境、商业生活、文化休闲以及生产活动的分布地带也没有明确界限，分散于整个城市；第三，从城市文化环境来看，由于城市的基础组成单元为外来人口居多，所以深圳的地方文化也存在多元混合的特点，这使得深圳无法从城市本土的传统文化着手发展城市，所以设计本身就作为一种文化成为深圳文化的名牌。

由此可见，设计指数中文化资源禀赋指数构建的目的并不是单纯地给城市打上“有文化”“没文化”的标签，而是利用数据理性地揭示城市的文化发展现状并通过设计力塑造一种适合自己发展的文化途径。

2. 科学技术与设计产业有机结合

设计产业的发展依赖科学技术发展的支撑，科技上的不断突破能够带来一次次的文化产业新生，尤其是设计产业。科学技术的更新使得设计产业中原来不能实现的设计理念变为现实，使其有了落脚于现实的基础与途径，同时科技的更新速度也在很大程度上影响着设计力的成长速度与拓展方向。技术创新使得设计力的发展不仅仅局限于平面上的产业规模增长，而是通过技术联姻创意达到产业的创新升级，真正地促进设计产业的成长。

科技与设计在思维模式上都带有“创新性”，但这种创新性又存在着一定的不同。英国学者瑞切尔·库珀（Rachel Cooper））指出：“创新与设计的争议点在于，创新关注的是先进的技术，而设计则关注对技术的应用并开发出多样化的市场产品。”从设计的发展过程中可以看出，设计的进步始终与科学技术创新不可分割。城市的各产业在设计力与技术协同推动的基础上持续发展，甚至会拓展出新的产业业态。从创新文化产品的角度来看，每一种文化产品的市场流通有着与普通产品一样的规律，都有其一定的周期性，在初期萌芽与中期繁盛之后，由于市场同类产品同步发展，市场情况逐渐趋于饱和，原有的文化产品形态就会进入衰败阶段，进而被另一种产品或产品的另一种形态所代替。这就迫使在文化产业新业态发展的过程中，企业要么不停地进行技术与内容的创新，要么就只能成为时代的牺牲品，将会被时代所淘汰，被摘下“文化产业新业态”的头衔，沉没于历史长河之中。

科技创新可以构建全新的数字化设计产品、服务的消费平台。现代技术利用其数字化、全息化使得文化产品或服务能以数字信息的形式存储，而互联网的普及则让这些文化产品能够在最大范围内进行传播。如此一来，人们的文化消费方式也将发生一定改变。例如，2010 年，美国苹果公司发布销售的 iPad 平板电脑，就是一个文化消费数字终端载体，它不仅提供浏览互联网、收发邮件、观看电子书、播放音频或视频等多项功能，同时它还与苹果公司的 App Store（应用程序商店）捆绑，作为 App Store 的消费终端。除平板电脑外，大屏智能手机也具备文化消费的功能，如手机电子书、手机网络游戏等，如此一来，设计力可以借助这一技术媒介持续注入活力。

以软件设计为标志的高科技联姻设计智力的方式是深圳作为“设计之都”的亮点。软件产业不仅是深圳的新兴城市产业，而且成为深圳设计的基础性发展方向之一。《深圳市人民政府关于发展壮大战略性新兴产业集群和培育发展未来产业的意见》指出，2021 年，深圳软件与信息服务产业增加值为 2 300 亿元，软件业务收入、软件业务出口、软件著作权登记量均居全国前列。到 2025 年，深圳的软件与信息服务产业集群增加值将突破至 4 200 亿元，大数据、云计算、人工智能等若干细分领域成为新增长点。在优化产业结构方面，深圳将引进和培育一批具有核心竞争力的软件和信息服务企业，力争国家重点软件企业数量达 50 家以上，年营收超 100 亿元企业新增 5 家以上，年营收 10 亿 ~100 亿元企业新增 50 家以上。在嵌入式软件、互联网增值服务和软件在线游戏等领域，深圳的软件设计已处于中国内地的领军地位，出现了华为技术、中兴通信、腾讯、金蝶软件等著名软件企业。软件产业已成为城市的信息技术产业和装备制造业的核心，不但为医用器械、数码设备、电脑、数字电视提供电子设备，还为汽车、节能电子产品提供应用软件。

3. 营造提高创意能力的创意磁场

创意人才资源的丰富程度和聚集程度是决定创意城市建设与发展水平的关键因素之一。各个城市都对此倾注了极大的关注与力量，极为注意吸引、留住以及培养设计创意人才，充分发挥他们的创造力天赋和技能。创意人才聚集是创意城市的一大特点，也是设计力发展所必备的条件。几乎任何的创意城市都不约而同地将创意人才培养作为其城市建设必不可少的途径之一。沿海城市由于其天生的地理位置、贸易繁荣以及多元文化交汇等优势带来了对多元文化的认同、接受和巨大的消费市场。这种文化市场的繁荣则需要自由、开放而有知识产权保障的制度环境所营造的有序氛围来保证，进而留住大批量的设计创意人才参与到城市的创意发展活动中去。

通常而言，提高城市创意能力指数的一条途径就是营造一个适合创意人才发展的市场环境，巨大的消费市场、广泛的社会网络可以使得创意人才更容易得到市场认可，获得成功，从而激发创新动力形成“创意磁场”。比如，纽约、伦敦、东京、柏林、布宜诺斯艾利斯等城市都是在深厚的设计消费市场的基础上发展成为具有雄厚设计力城市的案例。

但城市发展情况各有不同，无法排除存在现有设计市场并不繁荣的情况，在此情况下，如何提高城市创意能力指数也是我国要发展设计力的部分城市想要解决的问题。针对这种城市情况，可以通过塑造一种较为包容、开放、鼓励、积极的创意氛围，充分利用其已有的条件，如本地高校或培训机构等教育资源实施创意人才培育措施，吸引和培育设计创意人才以凝聚设计力。又如，蒙特利尔、神户、名古屋等城市则提出提供给具有创新设计力的新秀人才以作品发表与才华展示的机遇。所以在城市中注重举办设计比赛、相关展会、国际创意交流论坛等活动，旨在挖掘并栽培本城市的设计力新生力量，也是提高其创新设计水平的手段。

由于创意人才的流动性以及追求自由的生活观念，所以城市在针对设计创新人才的学习、培训以及就业政策给予照顾的同时更应在创业方面集聚整合创新创业政策，大力发展众创空间等新型服务机构。所谓的众创空间，就是指对实际工作空间以及虚拟的网络空间的共享空间，有助于资源交流共享。目前沿海城市中已有的高校设计力创新资源、创新示范园区、大学科技园区等创意资本以及技术资本可以最大化地进行有机结合，对于现有的运营体制以及产业业态进一步完善，提供给设计力相关人才更加容易获得资源的交流服务平台，并进一步减少设计力人才的生活成本，提高其生活质量。进一步发扬设计力相关产业的资源优势与集聚效应，构建用户参与、互帮互助、创业辅导、金融支持的开放式创业生态系统。①

简而言之，政府在此应加大政策支持力度，通过重构产业体系，为城市可持续发展指明方向；通过为企业提供资金支持、各种服务以推动企业做大做强，保持城市的长久繁荣，为创意人才提供适合他们进行智慧投入的外部工作环境；通过减税免税，提供低廉的土地、基建、经营费用等减轻人才的创业负担；营造鼓励投资的商业环境；通过大力改善城市交通和环境状况，降低生活成本以吸引人才进驻。

建立专项人才联系制度和实施工程的同时，一方面，吸引国内外高端设计产业人才，进一步优化创业环境；另一方面，与当地及周边各大专院校形成合作桥接，既能为院校设计学生提供就业方向，又可获得持久的创新设计资源。在培养设计人才的过程中要完善设计人才评估机制，建立以政府奖励为导向、企事业单位和社会奖励为主体的创意人才激励体系，发挥经济效益和社会荣誉的双重激励。

4. 设计管理保障设计力良性发展

通常来说，设计管理是指在企业内部有序地组织相关的设计活动，以确保设计顺利实施。在此过程中，设计管理一方面针对设计过程本身进行协调管理；另一方面也承担着对整个企业各部门间协作进行设计活动的连接枢纽。作为城市创新发展过程中的设计管理环节，同样存在两种意思，一种是针对设计产业中的设计活动进行协调管理；另一种是针对与设计力相关的多个领域进行有序管理，并监督各环节顺利进行。

从设计行业本身出发，我国城市发展设计力普遍缺少设计管理人才。设计管理人才的缺乏主要表现在设计行业乃至整个文化产业从业人员的文化视野狭窄，对本地文化资源不够重视，缺乏鉴赏能力以及资源转化能力；现有的文化内容大多是对已有文化现象的模仿，普遍缺乏具有创新思维兼顾创意能力的高端设计管理人才；文化相关产品或服务与科技、在地文化发展脱节导致附加值不高，缺少具有区域影响力的代表性文化产品或服务。由此可见，高端的设计管理人才培养已经成为城市发展创意文化产业亟待解决的问题。比如，日本东京与英国伦敦都比较注重对创新人才的培养，提出了各自的培育计划：东京在

---

① 科技部 . 科技部召开发展众创空间推进大众创新创业电视电话会议 . http://www.most.gov.cn/tpxw/201503/t20150302_118349.htm，2015.03.05.

高校开设了“创意技术”的相关专业，伦敦对于人才提出定制化培养策略，目的都是为了培养出一批兼顾设计知识与管理知识，并且能够掌握一定市场规律的设计管理型人才。另外，政府还支持、鼓励设计师人才走出国门，提供海外进修、参展参赛等多种国内外交流学习的机会。

良好的政策制度保障与规范管理能够促进任何产业的稳步健康发展，从这一层面来看，对于设计力进行有序引导与规范管理是城市创新发展的重要一环。另外，我国部分沿海城市已集聚一定的设计相关智力、成果储备，在此情况下，知识产权也是城市发展设计力不可忽视的一部分。知识产权不仅是将设计力成果量化的重要载体，也是对设计力这一相对抽象的智力资产进行保护的措施，从生产上游的结构、外观设计专利到承载企业理念的商标都是需要知识产权保护的。有效地运用知识产权相关要素与配套服务是对设计力发展过程中多项活动的有效规范，不但有利于设计创意人才进行创业，而且有利于整个市场发展。

综上所述，政府应加强对设计相关产业进行宏观引导、公共服务产品供给和市场监管，营造公平、合理的市场竞争环境，以有效规范设计力的发展过程；企业与组织应引入设计管理观念，从生产的每一个环节去系统提升设计生产水平，树立独特的品牌文化，进而提升在行业中的竞争力。

六、结语

设计指数中五个核心要素分别从技术、资源、动力等方面入手，寻求设计力发展过程中的突破点，设计力也是运用这些已有优势元素的一种实践工具，促使城市在创新发展过程中将传统优势加以创新转化从而付诸实践。与此同时，在实践过程中，设计管理因素的介入对其他四项核心元素与设计力的相互融合进行协调统筹，并保障在设计力推动创新发展中的各环节能有序良性发展，减少资源损耗并从一定程度上避免风险。

沿海城市发展过程中，不一定满足指数中五项核心指标的每一项发展要求，但可以在经过大量调查研究后找出城市的发展优势，以强势突破点结合设计智力资源发展出个性化的创新发展途径，并带动其他发展短板方面共同协调发展，最终达到沿海城市的设计推动创新发展。

乡村振兴视域下的中国传统手工艺发展路径研究

乡土文化是乡村社会得以延续的核心。乡村文化作为一种最基本、最深沉、最持久的力量，以其原发性、活态性特点，为乡村社会可持续发展提供了精神激励、智慧支持和道德滋养。党的十九大报告提出实施乡村振兴战略，确立了“产业兴旺、生态宜居、乡风文明、治理有效、生活富裕”的总要求，开启了新时代走城乡融合发展、共同富裕、质量兴农、乡村绿色发展、乡村文化兴盛、乡村善治，以及走中国特色减贫的乡村振兴新征程。乡村振兴战略确立的每一个发展目标，其实都离不开文化建设这一根本。

可以说，没有文化的振兴就没有乡村的振兴。

一、乡村振兴带动民间文化生态变革

中央首次提出实施乡村振兴战略，其目的就是正视在工业化、城镇化进程中出现的乡村荒废、民风不淳、文化式微的现象，避免重蹈一些发达国家所经历的历史覆辙。乡村振兴就是要注入新时代的文化元素，把宜居宜业、记住乡愁的工作方式、生活方式与传统造物文化、历史文化、农耕文化、生态文化融为一体，提升为一种令人羡慕的理想的生存状态，最大可能地满足新时代大众对美好生活的追求。

1. 乡土文化的根性和遗产价值将释放民族传统文化的活力

聚落、村社、礼仪、民俗、节会、信仰、道德、生态等在内的“文化河床”，是一切民间造物文化和精神文化活动生发、创新、传播的源头活水。千百年来，人们在长期的乡村劳作和生产中积累和孕育的乡村族谱、家风家训、人文历史、乡风民俗、乡贤乡绅、百工之事等，无一不是得益于源头文化的滋养与浸润。

河水是形，河床是本。文化的河床是涵养、保护、滋生民间文化的基础，是民间文化创作主体意识和共同价值的信仰高地。民间文化主要是通过人、聚落、礼仪、自然节律和生境等活态载体进行寄生活动，任何一种载体的变化都可能对民间文化活动的存灭产生影响。传统手工艺往往也是将整个造物活动融入生产、生活现场，汲取文化的营养的，一旦脱离生产、生活活体就无法继续生存，绝大部分正在或已经消亡的传统工艺样式都属于这种情况。因此，重新审视乡土文化的根性和遗产价值，重构传统手工艺与乡村振兴双边互动关系将成为可能。这具体包括：修复传统手工艺的自然节律载体，还原和培育传统节日里丰富的手工艺内容，在当下生活空间中发展工艺文化活动；修复传统手工艺的人生礼仪载体，培育传统手工艺应用的文化空间；修复传统手工艺的社会聚落载体，推动传统村落保护，促进恢复传统民居以及生境景观营建；尊重民俗信仰，增强文化凝聚，恢复优秀的乡约民规；修复传统手工艺的传承人群载体，推动城乡民众双向交流，让更多传承人回归情感沃土和精神家园（见图1）。

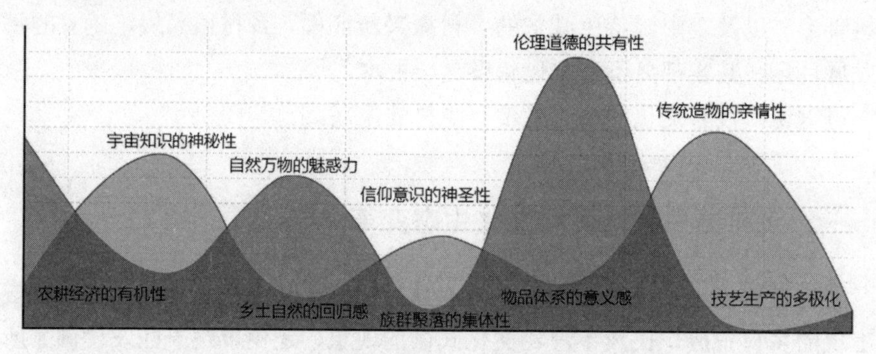

图1 一种人与自然乡土相契的反思框架

2. 乡村文化的涵化、濡化与创新将延展民族传统文化的功能

在当前全球化、城市化和互联科技迅猛发展的现实背景下，学校教育、传媒影像、消费催化、互联网社交、民族旅游等新兴起的族群（实体与虚拟）开始出现大规模接触，成为民族传统文化传播的常态，乡村已不可能回到以前封闭寂静的固化状态。为了满足外来者近距离文化理解与文化消费的要求，应驱使当地人在民族传统文化中融入新的元素，并借助多种形式进行文化包装和传播。如此一来，传统工艺因涵化与濡化带来文化接触及变迁的现象便不可避免。[①]

一段时期以来，由于缺乏文化自觉与自信，乡村文化受西方文化扩张而引起原有文化的涵化与变迁现象较为普遍，表现为接触、毁灭、宰制、抗拒、存续、适应与改变等不同生存状态，致使传统工艺美术在创作动机、

① 秦红增：《全球化时代民族文化传播中的涵化、濡化与创新——从广西龙州布傣“天琴文化”谈起》，载《思想战线》，2012（2），81页。

内容、样式以及表现形式上出现不伦不类、崇洋媚俗的文化症状。与中西方不同民族间横向交流引起的涵化情形不同，传统工艺的濡化现象是发生在同一文化内部的、垂直的传播过程，表示在特定文化中个体或群体继承和延续传统的过程，焦点是对于古今文化的习得与传承的态度与行为，也同样表现为毁灭、抗拒、同化、适应与改变等状态。无论是横向文化涵化，还是纵向文化濡化，两者相交产生的动力触点必将促成两种潜移默化的文化路径，即文化变迁和文化创新。文化变迁是一个渐行不息、对话交流的过程，既有对传统的萃取与摒弃，又有对外来文化的批判与吸收；文化创新是民族文化的自觉建构、吐故纳新的过程，既要有"拦河防洪"的文化抵御能力，又要有"蓄水发电"的文化传播能力。[①]正因为创新，传统工艺才能在文化变迁过程中树立以传承、建构而不是毁灭为导向的涵化与濡化创作观。当然，这一切都有一个前提条件，就是要最大程度地保持本原文化的原汁原味，不能伤筋动骨。

3. 乡村文化的创新与保持将成为民族传统文化发展的主流

乡村聚落是乡村居民生存、生产、生活、繁衍、发展的基本地理单元和重要的精神原乡。它既有社会组织功能和生产功能，也有精神和价值育化功能。从中国乡村聚落文化生态的角度来看，自古至今，无论遇到何等的异质文化冲击和人为破坏，它都能发展出一种强韧的文化适应性，并经过自我修复使得本土文化的基因得以传承和传播。经与外部文化接触产生的应激反应，往往传导给内部群体文化遗传基因，在通过与周围环境进行物质、能量、文化和信息的交换、加工之后，便会产生三种不同的乡村文化类型，即"变异性适应""应激性适应"和"免疫性适应"。

"变异性适应"使乡村文化体能够派生出新的形状，形成新的文化形态或物种以适应外部变化。"应激性适应"是乡村文化体内部对环境中某一刺激做出的短时间动态反应，通过调节自身的存在样式及造物行为，以适应环境的变化。不同手工艺面对同一刺激的反应是不一样的，因而会形成各不相同的形态、结构、功能和审美。"免疫性适应"是乡村文化体识别、排除外来的和内在的异质文化，以维持机体相对稳定的一种适应能力。它往往以自身强大的文化排斥与文化自信能力，让传统工艺的种群得以存续和发展。前两种的发展类型重创新、重改变，后一种发展类型重原型、重补充。当前，

① 郑丽勇、闵学勤：《融合与变迁国际视野下文化现代化及其启示》，载《中国出版》，2014(1)，12页。

乡村生产力水平的不断提高以及“自然、经济和社会等区域环境的不断更新变化，为处于不同阶段的乡村聚落提供了不同的发展机遇，乡村空间结构由分布上的同一性、职能上的同构性逐步向多样性和综合性方向发展”。乡村聚落空间及其自身文化的适应性必将大大增强，乡村功能也将由单纯的生产型分化为生产、消费、休闲、旅游、创意等多功能形态，本土文化将会变得更为开放、多元和兼收并蓄。

4. 乡村文化的消费与传播将唤醒民族传统文化的自信与自觉

当代社会之所以被称为消费社会，很大程度上是由于消费已经逐渐取代生产，由纯粹物质化交换行为演变成一种集体性的和主观意识的文化行为，并关联着道德坐标、意识形态、价值体系以及交往系统的方方面面，成为占据社会生活的主导力量，生活剧本化、情景化、仪式化、意义化、怀旧化和象征化等要素开始在消费领域兴起。北京大学社会学系郑也夫教授表示，在物质极大丰富、人们已跨过温饱的今天，物质炫耀将失去其优势，取而代之的是人们为了渴望得到承认而在技能、品位、精神等文化消费方面的炫耀和竞争。换言之，社会的重心正在从物质生产转向带有本原文化色彩的精神消费。从乡村文化母体中，自觉寻找和明确共有的历史记忆、情感维系、乡愁寄托及文化凝聚的精神内核与文化本原，并将之内化于心灵空间、工艺境界和生活现场，进而升华为一种标榜身份价值的文化自信。

对乡村本原文化的关注和消费，主要是基于人们习惯上将手工艺视为乡村文化的特殊标识和文化丛。根植于乡土社会的手工艺文化丛，往往在功能上与哲学、宗教、风俗习惯、文学、艺术、科技、环境、制度文化等文化质点发生一系列的连带关系，构成一连串的活动方式，并通过消费进行文化传播与扩散。与汉字的传播功能相似，手工艺既是各种文化的载体，同时又是文化传播的媒介。它一般通过两种方式进行文化传播：一种是同一文化内知识、观念、价值规范等的纵向传承与传播，如剪纸、刺绣、乡土建筑等；另一种是不同民族文化间的横向接触和传播，如手工草艺品、陶瓷、传统花炮技艺的焰火艺术转化等。纵向传播往往通过内群体共有的聚落、节日、场所、仪式、消费等载体，借助大众、电视、群体、人际等媒介进行文化传播与扩散。横向传播则一般通过政治事件、展览展演、公共文体活动、经贸活动等载体，借助现代化的文化艺术形式和现代文化传播手段进行跨国传播。乡土文化与传统手工艺蕴藏着一个民族的集体意识，铺陈着一种文化的共同底色，同时更是以文化创新形塑文化自信的最好抓手，处在人类现代化、全球化、信息化的转折点上，只有持续重视并深入挖掘民族本原文化潜藏的核心价值，才能塑造中国人的文化认同和身份认同，打造最持久、最深沉的文化自觉、文化自信和文化自强。

二、民族传统工艺的发展空间和路径

传统手工艺，可以解释为“一个包含了知识、信仰、艺术、道德法律、习俗，以及作为社会一员的人获得的所有其他能力和习惯的复杂整体”①。它既是乡村文化共同体中自然形成的一种具有话语认同的集体式“物化体系”，又是参与中华传统文化孕育、生成、发展、传播最为广泛的文化形态之一。无论是体现遗产价值的传统手工艺，还是体现生活活态价值的传统手工艺，其形态表现通常分为四种，即日用化、产品化、景观化和艺术化。这四种文化形态表现为既各立门户又相互重叠、相辅相成，关联相关产业业态，几乎涵盖了乡土中国创新发展的全部，形成一个个持有历史记忆、构成文化脉络和传播文化价值的基因密码，寄生于乡村振兴的每一个文化圈层中（见图 2、图 3）。

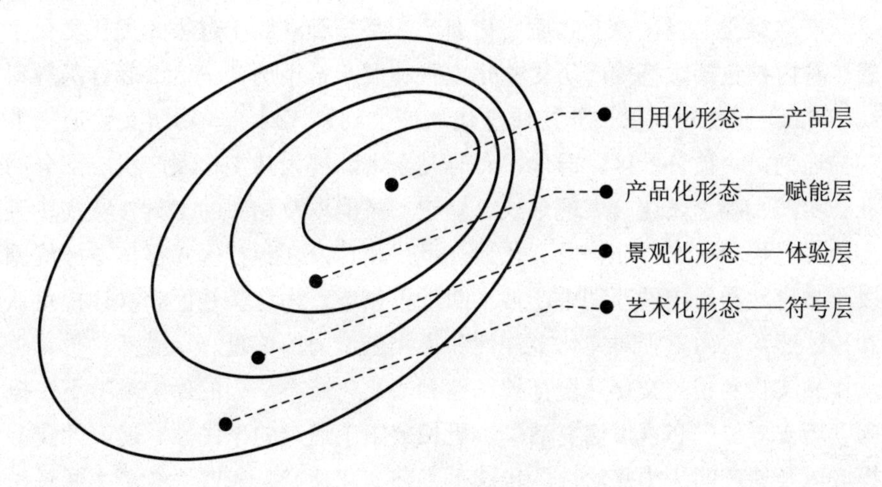

图 2　传统工艺振兴的四种文化形态及圈层

① E.B.Tylor, Primitive Culture, 转引自 Burns 1999。

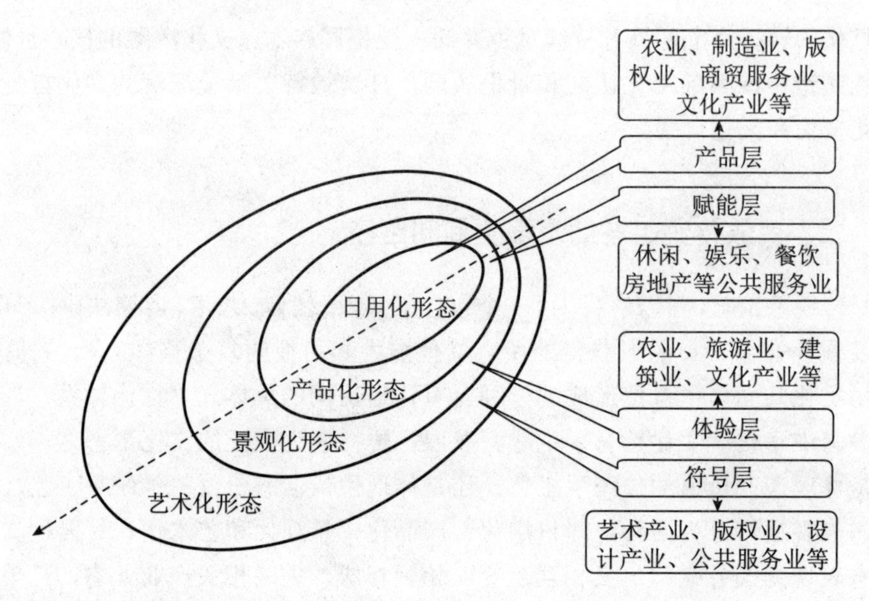

图 3 手工艺形态圈层与其相关产业的关联和波及关系

1. 手工艺遗产的景观化趋势

从严格意义上说，“非物质文化遗产”是一种求助于过去的现代文化生产模式，其内核包括颂扬推广历史文化主张和展示推销历史记忆。联合国教科文组织 2003 年通过的《保护非物质文化遗产公约》，对“非物质文化遗产”概念的描述为：“被各社区、群体，有时是个人，视为其文化遗产组成部分的各种社会实践、观念表述、表现形式、知识、技能以及相关的工具、实物、手工艺品和文化场所。这种非物质文化遗产世代相传，在各社区和群体适应周围环境以及与自然和历史的互动中，被不断地再创造，为这些社区和群体提供认同感和持续感，从而增强对文化多样性和人类创造力的尊重。”显然，传统手工艺从作品实物到相关文化环境都被统整到“文化遗产”大的保护框架下，概念指向“历史对位”和“价值复活”，更加突出了遗产的平民性、遗产的资源价值提取以及遗产的历史复活性。传统手工艺文化遗产是通过“经济上通过外来游客，文化上通过内部记忆”① 来进行遗产价值提取和生产的。

目前，就全世界范围来看，传统手工艺文化遗产的资源价值已经越来越为人们所重视，随着传统文化复兴和乡村振兴观念的深入人心，传统手工艺原有的使用价值、生产价值，正在大幅度地让位于可展示、可参观、可赏鉴、可教

① [英] 贝拉·迪克斯：《被展示的文化：当代“可参观性”的生产》，150 页，北京，北京大学出版社，2012。

育功能的景观价值和体验价值，进入城市商业综合体、博物馆、街道、主题酒店、特色商店、餐馆、艺术画廊以及乡村田园综合体、民宿、乡土博物馆、“农家乐”，甚至进入候机厅、金融机构、加油站、厕所等公共空间，变成与旅游、休闲、时尚等生产服务性产业紧密相关的“场所景观”。使用价值的下架与遗产价值的上位，使得传统手工艺选材用材的加工性、工具制作的原始性、造型图案的象征性、工艺过程的体验性、工艺质地的温度感、场所文化的关联性以及环境历史的神秘感等价值，开始成为一种具有时尚意义的符号消费，成为旅游展示与辅助消费的主流。乡村正变成传统手工艺“场所景观”的策源地，大量与手工艺有关的场所空间被生产和规划出来，如手工艺与传统农业种养及栽培系统、手工艺与传统农业灌溉系统、手工艺与传统聚落规划及建筑系统、手工艺与传统节日及生产习俗系统、手工艺与传统礼仪及礼俗系统、手工艺与民间信仰俗信系统、手工艺与传统表演及娱乐系统、手工艺与日常人伦及生活系统等。其新的价值被广泛赋能于“场所景观”，出现城乡场所的过密化生产、内容与空间叠置、体验意义的开发、高仿真技术的介入以及全球化扩散等发展趋势。

2. “美好生活观”主导下的手工艺创新发展模式

毋庸置疑，在“物质匮乏”时期，“担心被认为是穷人”的从众效应和“希望被认为是富人”的势利效应产生的根源，在于人们错误地将“美好生活”等同于物质充裕。在“物质过剩”时期，对金钱和地位的单一膜拜开始走向多元化，消费更多地转向拥有健康、娱乐、生态、乡愁、品质、风格、历史、品位、安全、自我价值实现等文化意义的追求上。消费中已不再是单纯货币价值的存在，而正由单纯的“物品”走向符号与文化交互的“理念”或“关系”价值上。在这种情况下，消费者不再将消费性物品视为纯粹的“物品”，而是将其视为具有符号象征意义的“物品体系”。受此影响，“物品”在当代日常生活中的组织结构必然出现扩容与分化，并与文化相关的因素紧密关联在一起。

面对新消费观日渐成为主流，庞大的手工艺品或具有手工附加值的工业化商品体系，单纯依靠自身商品的货币价值已经绠短汲深，强化质量意识、精品意识、品牌意识、分类意识和市场意识，结合现代生活需求，改进设计，改善材料，改良制作，提高传统手工艺产品的整体品质和市场竞争力已成必然。根据手工艺的自身价值和消费趋势，手工艺品体系可以分为日用手工艺品、知识手工艺品、创意手工艺品、奢侈手工艺品和艺术手工艺品五个类别，形成“贝壳”式结构的品类分布，分别对应不同的消费需求和创新需求。日用手工艺品重使用、重功能、重拥有、重体验，其内容多为满足衣、食、住、行、用等日常生产生活所需的工具及器物系统，在使用频率上多为频用、常用、偶用、不用的“活物”或暂时意义上的“死物”（可经过历史拉伸成为“文物”）；知识手工艺品重纪念、重场所、重利他、重生命，多指场所或群体适应周围环境以及在与自然、历史的互动中，形成与自然界和宇宙广泛联系的知识、观念、技艺、装饰、口诀等，并使之融入仪式、节庆等礼俗活动中，被不断地再创造，为这些场所和群体提供认同感和持续感的手工艺形态，如剪纸、年画、皮影、刺绣、唐卡等；创意手工艺品重想法、重思维、重创造、重衍生，表现为汲取传统手工文化的造物智慧、技艺手法和象征指向，言情体物，穷极工巧，把已知的、原有的要素打散并重新进行各种改造，整合形成新的物态；奢侈手工艺品重匠心、重品质、重品牌、重定制，多指那些采用独特、稀缺、珍奇的材料、工艺或手工艺大师等要素进行高端定制化设计、制作的非生活必需品，是手工价值、品质与魅力关系比值最高的产品；艺术手工艺品重观念、重审美、重个性、重收藏，注重提取传统工艺中有关材料、技艺、手工质感等具有高感美学的文化质点，并进行个性化创作与转移，传达一种非机械的手工智慧所深蕴的个体化审美意识、视觉经验或观念取向（见图4）。

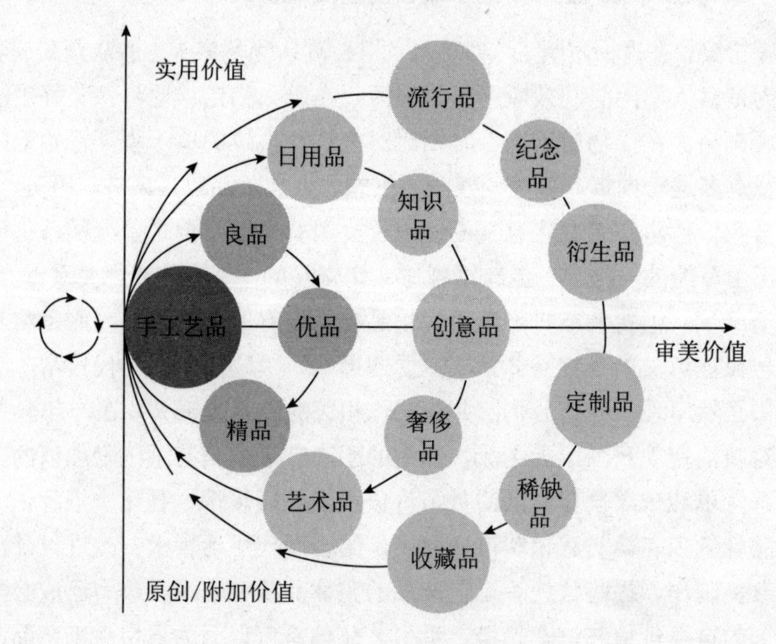

图4 基于“供给－消费”结构的手工艺品价值衍生全景图

在上述五类构成的“贝壳”式手工艺品结构体系中，越靠近壳首，距离造物和文化存续的现场越近，本土意识和本原文化的爆发性越强，手工艺品的使用价值和普及价值越高，场所意义和群体参与的呼声越高，群体性价值观和认同度也就越高；越靠近壳尾，距离造物和文化存续的现场越远，国际意识和多元文化的碰撞性越强，手工艺品的美学价值和拥有价值越高，场所意义和群体参与的程度越弱，群体性价值观和认同度也就越差。因此，面对"美好生活"新消费观的发展演进，对泛泛而谈的传统手工艺概念进行适当分类，并结合各自发展需要进行创新赋能，不仅必要而且可行。

3. 手工艺语义符号的阐释与延伸

与语言的认知和传播性质相似，手工艺也是一种具有语言阐述意义的符号创造行为。符号的本质是表达意义。将手工艺作为符号，主要侧重于符号的语义学和语用学方面的价值，即更加关注手工艺背后的意义与环境的所指，而非一般视觉感知方面的能指。如一张剪纸，不仅是对符形内容背后所关联的自然、宇宙和社会等奥秘的意义解码，更是对剪纸符形、符号对象以及符号情境之间关系的意义破译。前者阐释的是剪纸的语义符号学特征，描摹与感知自然宇宙之景，以景载物，拟物取象，既要"达物"又要"达意"；后者揭示的则是剪纸的语用符号学特征，在前者基础上强调"境生象外"，追求"物感于意而生于情"的工艺美学价值。综合来看，两者都体现了基于"意义表达"的造物观，区别就是前者重视意义的获取与呈现，后者则关注意义在时间与环境中的阐释。

传统手工艺在符号语义学方面的开发与创新，已经在当代艺术创作领域大量滋生和蔓延，这是工艺美学的最新转向。它主要表现为两种创作倾向，一种是"表层的符号语义"，主要汲取自然材料的形态、物象的态势、手工质感的痕迹等进行工艺的艺术化再造，如各种雕刻、器物的造型以及服装面料、建筑墙体的质感等，另一种是汲取传统手工艺中图案、符号、技艺等进行混搭的艺术创造，这些都表现为一种大众化"物质的审美化"创作与消费趋向。

对应而言，"深度的符号语义"体现的是一种"非物质的审美'液化'"创作过程。如同一汤匙砂糖，将糖溶于咖啡时，糖并未消失，相反，它却成为咖啡饮品中不可见但又根本存在的部分。因此，"深度的符号语义"虽然从表面看不出传统手工艺的影子，但本质上是其内容"液化"为某种新艺术形态的过程，它以时尚或流行的方式满足受众追求休闲、娱乐、猎奇和社交的目的。比如，传统花炮手工制作技艺与化学、文化、艺术的融合创新，其观念化、艺术化、美学化潜能得以释放，艺术反哺工艺，反过来又为传统花炮技艺的传承发展带来新的契机。国际艺术家蔡国强运用传统花炮工艺和文化内涵创作的作品“天梯”，用充满速度、力量和未知感的视觉语言，将古人对“火”的崇拜引向宇宙，通向神灵，转向大众内心对那些既抽象又具体的“消灾祈福”“吉祥如意”等精神寄托，从侧面体现了“后工艺”时期一种手艺艺术化的创作趋向。如果“表层的符号语义”更倾向于“物性”层面的审美意义追求的话，那么，“深度的符号语义”则更切近“心性”层面的审美意义追求。

除此之外，传统手工艺在符号语用学方面的活化与创新，也呈现出迅猛发展之势。无论是城市还是乡村，我们正在经历的是当代生活和艺术所发生的“审美泛化”倾向，即“审美的日常生活化”。如果说传统手工艺是以一种小众的“审美分化”的形式表现日常生活的话，那么，后现代时期的手工艺术则试图以一种大众的“审美下沉”的姿态，走向观念，走向景观，走向装置，走向环境，走向现代生活空间，进而走向审美的日常生活化。

4. 手工艺：以可持续生计为中心进行社会救助

在中国当前快速城镇化和城乡二元结构的背景下，推动以手工艺为抓手的“可持续生计”[①]研究，不仅对解决乡村贫困问题，而且对返乡创业以及促进居住在城市的大量半城镇化农民的市民化有重要的理论和现实意义。目前，中国大规模的扶贫工作正处于从注重减贫速度向更加注重稳定脱贫成效、保证脱贫质量和减少返贫数量的方向转变。手工艺介入可持续生计的发展策略，目前正日益发展为全球可持续性科学的重要研究范式和实践手段之一。

国际上现有的可持续生计分析框架，内容大致包括创造工作时间，减少贫困，幸福感和能力，适应性、脆弱性和恢复力，以及以自然资源为基础五个方面。综合来看，这五个方面的指向都非常符合手工艺的行业特点。堪称“中国竹子之乡”的贵州赤水市，因为当地经济实力差，村民对创意农业发展意识不强，积极性不高，所以丰富的竹资源一直未能得到充分利用与开发。联合国教科文组织通过竹艺可持续生计项目的介入，利用资金、设计、技术优势和当地丰富的竹资源，将生态设计及创意文化的能力培训、孵化项目带头人、制定项

---

① “可持续生计”概念最早见于20世纪80年代末世界环境和发展委员会的报告。1992年，联合国环境和发展大会将此概念引入行动议程，主张把稳定的生计作为消除贫困的主要目标。1995年，哥本哈根社会发展世界峰会在《哥本哈根宣言》中曾解释：“使所有的男人和妇女通过自由选择的生产性就业和工作，获得可靠而稳定的生计。”“可持续生计”框架提出的初衷，是希望推动发展工作者多从对象人群日常生产生活的角度来理解贫困生存与发展问题，并寻找适合本地情况、用好本地资源、符合当地人意愿的解决方法，而不是一味依靠外来者通过带入大量资源来解决本地问题。“可持续生计”对于我国社会救助政策的发展与完善有着积极的意义，它要求我们对现有的社会救助政策进行重新审视，对社会救助政策的设计和实施重新予以规划。

目发展规划纳入生计策略，通过创意设计和挖掘竹故事等方式探索增加居民的生计来源方式，在提高经济效益和减少贫困的同时，进一步加强环境、传统文化和手工技艺的保护意识与能力。2017 年，赤水市正式宣布脱贫摘帽，成为贵州省首个脱贫摘帽的县级市。

除此之外，提升扶贫质量的另一个有效做法就是实施公平贸易和推广“伦理消费”。公平贸易强调交易的透明度、公平的价格、来源渠道的可追溯以及原创人的公平待遇；“伦理消费”则关注顾客消费意识、消费动机、消费行为等在公平贸易中表现出的团结性、责任感、环保性和利他性。在扶贫对象和消费市场之间搭建公平贸易桥梁，减少中间环节，帮助少数民族地区以及贫困地区手艺人建立特定的销售网络，保护手艺人权益和作品原创，提高手艺收入，实现手艺脱贫致富，促进传统文化和工艺美术传承，是一条维护可持续生计有效的扶贫之路。中国少数民族地区以及贫困地区的传统工艺美术承载着丰富的文化信息，由于受地方经济发展的制约，未能发挥应有的文化、经济和社会价值，是国家最应该关注扶持的对象。可效仿国际公平贸易认证组织（FLO）、国际公平贸易协会（IFTA）以及欧洲世界商店连线（EFTA）等组织的做法，成立相关针对手工艺扶贫体系化的“公平贸易组织”，对经认证和贴标签的手工艺品，允许生产者在全国商店以及以外的地方进行销售，标签同时也能让消费者追踪手工艺品的来源，以确保让供应链另一端的手工生产者受益。2009 年，中国第一家致力于通过手工艺推动公平贸易的公益组织“乐创益”[①]，利用自己丰富的设计师资源组建志愿者团队，对少数民族和贫困地区的手工生产者进行培训，极大提高了受助者的生计能力。

5. 手工艺版权的立法与贸易

传统手工艺可持续发展必须坚持走自主创新和权益保护的路子，在互联网生产与电商交易大规模带动传统工艺发展的现实条件下，更显重要。如何通过实施创新和知识产权战略并重，解决市场不对等的交易现状，是整个行业必须认真思考的问题。

第一，应进一步加强传统手工艺知识产权保护与利用。对于具有“难开发、易复制”特点的传统手工艺而言，只有用更加完善的知识产权制度确认和保护

① “乐创益”是中国第一家致力于搭建创意类公平贸易产品平台的公益组织，专注于对创意手工产品的扶持，旨在通过对“公平贸易”和“创意市集 ”结合的探索，以可持续的“公益＋创意”的发展思路，倡导“公平贸易”和“创意支持公益”的社会环境；同时保障创作者和生产者的权益，建立起创作人和 NGO 团体、传统手工艺者、少数民族文化保持者及弱势群体的合作与帮扶机会，并逐步推出中国的创意类的公平贸易产品。

文化产品组织者与创造者的合法权益，才能保证其“原真性”存在并增强其核心竞争力。具体要重视针对手工艺特定行业知识产权保护的立法，重视立法在手工艺行业知识产权利用链条形成中的促进作用。要在国家知识产权制度框架下，进一步理顺知识产权管理体制，改变知识产权局、专利局、工商局、版权局等各职能部门条块分割的现状，提高针对乡村文化产业体系的知识产权管理效率。

第二，加快国家级手艺技术标准和设计规范的制定，实施产权保护和产权贸易。众所周知，一流企业卖标准、卖规范，二流企业卖品牌，三流企业卖产品，四流企业卖劳力。未来很长的一段时间，中国的工艺美术产业必须加快培育一批具有自主知识产权的主导产品和核心技术，尽快形成一批国家关于民间技艺的技术标准，形成“手艺产权”。进而开放在产权交易、产权国际交流服务、产权成果转化、资质认证、产权托管与拍卖、产权评估等方面的产权贸易，为农民增收提供新的交易渠道。

第三，原创和原生态是手艺的生命，知识产权是手工艺行业的核心资产。要鼓励设计原创、技术创新，加强手工艺设计市场保护，严厉打击盗版侵权行为，鼓励手工艺设计产权评价机构发展，制定手工艺产权成果转化机制，激活交易市场。具体在手工艺“产权银行”交易方面，可以在有条件的地区尝试建立以手工艺品为核心的“产权银行”，先行先试。通过工艺流程的知识交易、非物质遗产作品交易、工艺技术标准交易、创新专利及产权交易、出版交易、艺术授权等服务内容的设立，改变手工艺行业的单一增长方式，最大限度地传承、保护和发展传统手工艺术。

6. 互联网手工艺的大规模兴起

目前，中国已进入文化消费需求持续增长、文化消费结构加快升级、文化消费拉动经济作用明显增强的新时代。尤其是消费已随着互联网化生产与电商IP经营模式的大规模普及，从根本上拓展了传统手工艺传承与传播的空间范围，加速消费由过去追求“排浪式”、温饱型消费，向个性化、原真化、时尚化、品质化消费方向发展。“互联乡村”正成为城乡经济一体化架构下传统手工艺的“原创生产中心”，这是信息经济主导下对传统手工艺发展的普遍要求。

淘宝、京东等一批电商平台的出现，以“移动互联网 ＋ 社交 ＋ 大数据”为依托，重建大众日常生活方式，重构手工艺的多元化发展格局。“互联网 ＋ ”打通了生产价值链和消费价值链，传统手工艺人直接与市场对接，有效减少了中间环节，改变了传统手工艺品的产销模式，拓宽了手艺人的传统思维模式，易于传统手工艺突破信息传播局限的地域边界，向更为广阔的空间实现传承与传播，在获得倍数收益的基础上延展了传统手工艺保护与传承的新渠道。目前，如雨后春笋般兴起的原创手工艺电商平台 App，借助“互联网＋手艺”的平台商业模式，汇集各地手工艺人，或通过图文、视频、直播等方式展示艺人与作品进行社会化媒体传播，或通过图文、宽频优势助推网红手艺人，借助流量 IP 经营和粉丝体验互动，形成用户与良品美器以及品牌之间的良性循环。

三、结语

民族传统手工艺蕴含着乡土中国日常生产、生活以及艺术审美的活态文化，承载着民族造物智慧、审美意识、技术能力、伦理观念，积淀着中华民族独特的心理结构、精神诉求乃至集体记忆。同时，民族传统手工艺具有农业、制造业和信息经济内涵叠加的产业功能，关注工艺美术设计、生产、消费及品牌塑造的各个环节，实现传统手工艺资源的创造性转化和创新性发展以顺应当代生活美学复兴，推动工艺美术产业适应时代的多元化需求，是创造城乡高层次物质生活与精神生活的根基（见表 1）。

我们认为，乡村振兴战略的实施，必将催生一批新兴群体，汇聚一股新生力量，共同推动中国传统工艺的复兴和发展。

表 1　中国城镇化进程中传统手工艺现状与发展评估指标[①]

一级指标	二级指标	三级指标	四级指标	程度等级
文化要素禀赋程度	人文养成要素	手工艺 / 原住地的历史厚度	Ⅰ. 手工艺 / 原住地的传承历史	
			Ⅱ. 聚落变迁及兴衰程度	
			Ⅲ. 宗法制度维系的生活气息浓度	
			Ⅳ. 群体性礼乐文化价值的认同度	
			Ⅴ. 交化遗存的不可再生性	
			Ⅵ. 历史价值元素的丰歉程度	
		手工造物哲学观念的继承	Ⅰ. 对手艺文脉传承的重视程度	
			Ⅱ. 对手工造物人与自然一致性的重视程度	
			Ⅲ. 对手艺美善社会教化功能的重视程度	

① 资料来源：山东工艺美术学院设计策略研究中心。

续表

一级指标	二级指标	三级指标	四级指标	程度等级
文化要素禀赋程度	人文养成要素	手工造物哲学观念的继承	Ⅳ. 对表现对象的精神特质、创作主体的情感体验与审美追求的重视程度	
			Ⅴ. 对手工造物的社会、人生等关怀价值的重视程度	
		手工造物精神价值的追求	Ⅰ. 对手工造物伦理教化的重视程度	
			Ⅱ. 创作者与接受者的审美娱乐程度	
			Ⅲ. 对手工造物人格培养的重视程度	
			Ⅳ. 对手工造物情感交流的认同程度	
			Ⅴ. 对手艺传播交化认知的认可程度	
	文化生态环境	文化群落的完整与集体认同	Ⅰ. 乡土文化群落集体与个体价值的失群比重	
			Ⅱ. 城市社区文化群落集体与个体价值的失群比重	
			Ⅲ. 都市文化群落集体与个体价值的失群比重	
		文化景观空间的完好性	Ⅰ. 设计结合自然的文化景观丰歉度	
			Ⅱ. 有关聚落地文化景观丰歉程度	
			Ⅲ. 有关经济生产活动文化景观丰歉度	
			Ⅳ. 有关贸易线路演化文化景观丰歉度	
			Ⅴ. 关联性文化景观丰歉度	
		以手艺活动贯穿的自然/经济/社会制度整体系统平衡性	Ⅰ. 手工资源利用与环境破坏的对照度	
			Ⅱ. 手工文化对抗与顺从的对照度	
			Ⅲ. 制度俗规的文化约束力强度	
			Ⅳ. 手工循环经济与消费的共生关系	
			Ⅴ. 人的文化群体自觉意识与行为表现	
		手工造物活动的可持续性	Ⅰ. 绿色可循环的生态可持续性	
			Ⅱ. 人文社会价值的可持续性	
			Ⅲ. 经济集约发展的可持续性	

续表

一级指标	二级指标	三级指标	四级指标	程度等级
文化要素禀赋程度	形态样式	传统手工绘画资源禀赋	I. 生产资源密集度（土地、劳动、资本、技艺知识等）	
			II. 要素禀赋丰裕度（生产要素数量）	
		民间的剪纸 / 年画 / 玩具资源禀赋	I. 生产资源密集度（土地、劳动、资本、技艺知识等）	
			II. 要素禀赋丰裕度（生产要素数量）	
		传统编结工艺资源禀赋	I. 生产资源密集度（土地、劳动、资本、技艺知识等）	
			II. 要素禀赋丰裕度(生产要素数量)	
		传统雕刻工艺资源禀赋	I. 生产资源密集度（土地、劳动、资本、技艺知识等）	
			II. 要素禀赋丰裕度（生产要素数量）	
		传统染织工艺资源禀赋	I. 生产资源密集度（土地、劳动、资本、技艺知识等）	
			II. 要素禀赋丰裕度（生产要素数量）	
		传统金属及漆器工艺资源禀赋	I. 生产资源密集度（土地、劳动、资本、技艺知识等）	
			II. 要素禀赋丰裕度（生产要素数量）	
		传统陶瓷及玻璃工艺资源禀赋	I. 生产资源密集度（土地、劳动、资本、技艺知识等）	
			II. 要素禀赋丰裕度（生产要素数量）	
		传统建造及木作工艺资源禀赋	I. 生产资源密集度（土地、劳动、资本、技艺知识等）	
			II. 要素禀赋丰裕度(生产要素数量)	
	工艺美术遗产要素	民族民间原型知识与造物实践	I. 图腾崇拜、巫术等稀缺程度	
			II. 传统天文与历法等稀缺程度	
			III. 传统农耕活动与知识稀缺程度	
		作为手工创作媒介的多样语言	I. 民间神话与传说数量	
			II. 口头技艺表述的数量	
			III. 民间文学与诗歌数量	
			IV. 民间故事数量	
			V. 象征图像及符号的差异性	
		承载手艺生存的文化场域	I. 社会风俗、礼仪、习惯等的丰缺度	
			II. 节庆活动及归属文化空间的丰缺度	

续表

一级指标	二级指标	三级指标	四级指标	程度等级
文化要素禀赋程度	工艺美术遗产要素	承载手艺生存的文化场域	III. 手工艺术表演的丰缺度	
			IV. 跨场域传播与交流的程度	
			V. 受尊重 / 赞颂的手艺特色	
			VI. 老厂房、特色街区等馆群的数量	
		传统手工艺技能	I. 区域门类分布数量	
			II. 传统手工知识和实践的丰缺度	
			III. 传统手工工具的丰缺度	
			IV. 传统手工艺流程的丰富性	
	创新密度	市场供给 / 消费规模	I. 经济基础的多元性	
			II. 特定手艺品的市场供给 / 消费规模数量	
			III. 手工品类生产 / 消费的可及性	
		传统手工艺品渠道创新	I. 手机 / 互联网等通信设备的密度	
			II. 各种电商渠道的拉动情况	
			III. 跨行业融合的带动情况	
			IV. 定制化服务的规模程度	
		乡村 / 社区 / 城镇社会创新活力	I. 不同阶层社会互动与活动密度	
			II. 不同生活方式的包容性	
			III. 传统手艺资源的独特性 / 竞争性	
			IV. 公私领域中创新动能的强度	
			V. 创新意识的扩散性 / 衍生性程度	
			VI. 非传统的激励与文化调适能力	
		创新集中度	I. 手艺创新要素投入规模 / 比重	
			II. 手艺产业的集中度	
			III. 手艺创新链的体系集中度	
产品生产活跃程度	生产组织	手艺作坊的手工量产概况	I. 与手工艺生产有关作坊的数量	
			II. 生产计划及年均生产量	
			III. 生产工序资源配置效能	
		手艺工厂的流水量产概况	I. 与手工生产有关企业的数量	
			II. 产品品种数量	
			III. 年生产量	
			IV. 流水生产作业的标准化程度	
			V. 机器与手工生产转化程度	

续表

一级指标	二级指标	三级指标	四级指标	程度等级
产品生产活跃程度	生产组织	上市时间	I. 手工艺的产品生命周期	
			II.手工艺的研发 / 生产周期	
			III. 部分技术 / 工艺 / 配件外包情况	
			IV. 跨职能团队协同效率	
			V. 行业标准变化的应变性	
			VI. 供应链上下游的协同效率	
		库存量	I. 手工艺品实际库存数量	
			II. 安全库存量数	
			III. 爆仓风险度	
			IV. 存货周转率	
	营销渠道	传统营售渠道的现状及格局	I. 习惯采用传统渠道的类别数量：经销商 / 代理商 / 商场 / 连锁 / 展会 / 专卖店 / 集市零售	
			II. 分销商、代理商、经销商等中间营售层级的数量	
			III. 手艺生产 / 交易信息的流通性	
			IV. 原产地的真实性和信任度	
		网络虚拟营售的现状及格局	I. 传统思维 / 习惯 / 教育改善程度	
			I. B2B 垂直营售模式的使用率	
			III. B2C 商城营售模式的使用率	
			IV. C2C 淘宝营售模式的使用率	
			V. O2O 团购营售模式的使用率	
		社会责任投资（SRI）	I. 有关慈善 / 教育 / 环保等公益性组织	
			II. 有关公平贸易组织	
			III. 公募 / 私募公益基金会	
			IV. 其他社会第三部门组织	
	市场机会	衡量手工艺品需求的市场机会（市场容量能否满足企业的盈利要求）	I. 目前环境市场机会效益	
			II. 潜在市场机会效益	
			III. 行业性市场机会效益	
			IV. 行业交叉形成的边缘性市场机会效益	
			V. 未来市场机会效益	
			VI. 对市场机会的因应能力	

续表

一级指标	二级指标	三级指标	四级指标	程度等级
产品生产活跃程度	市场机会	订单来源及数量	I. 年均采购订单数量及货值（近3~5年）	
			II. 年均销售订单数量及货值（近3~5年）	
			III. 销售订单来源渠道及客户数目（近3~5年）	
			IV. 订单管理流程的工作效率	
		手工艺品 / 服务消费水平	I. 国际市场手工艺品每年的消费总量（近3~5年）	
			II. 国内市场手工艺品每年社会消费总量（近3~5年）	
			III. 国内市场手工艺品每年个人消费总量（近3~5年）	
			IV. 国内市场手工艺品每年人均消费量（近3~5年）	
		发货率	I. 年（月）均发货次数及金额	
			II. 年（月）均退货次数及金额	
			III. 供需矛盾造成的缺货频率	
	收入变化	手工艺从业者收入改善情况	I. 从事手艺经营获得的年实际纯收入变化情况（近3~5年）	
			II. 从事手艺经营引起的个人可支配收入变化情况（近3~5年）	
			III. 从事手艺传承而获得财政性救济或补贴等非经营性收入变化情况（近3~5年）	
			IV. 因原材料价格变动引发的收入效应（近3~5年）	
			V. 手艺经营收入占家庭年总收入的比例变化情况（近3~5年）	
			VI. 从事手艺经营引起的个人可任意支配的收入变化情况（近3~5年）	
		生产内部与外部追加投资情况	I. 从事手艺经营主要资金来源渠道数量	
			II. 生产内部通过货币资金 / 资产变现 / 产权转让等形式年均投资额度	
			III. 政府给予传统工艺美术产业相关项目扶持的年度专项资金总额	
			IV. 申请获政府批准资助专项的数目	

续表

一级指标	二级指标	三级指标	四级指标	程度等级
产品生产活跃程度	收入变化	生产内部与外部追加投资情况	V. 不同类型社会民间投资的年均额度	
			VI. 金融 / 保险 / VC 等机构年均融资额度	
	设计响应	改善设计创新的强烈程度	I. 对生产性创新的普遍期望值	
			II. 源头创新的条件 / 能力局限程度	
			III. 对本土 / 自有品牌的认知度	
			IV. 设计教育等机构提供智力资源的覆盖度	
		设计各要素间的粘度	I. 差异性传统文化资产的活化程度	
			II. 科技应用催生多样化市场产品的	
			III. 创意氛围与持久性	
			IV. 对消费结构与需求层次变化的把握度	
			V. 系统经营管理活动组织协调的规范性	
		传统手工艺跨产业设计	I. 农业综合设计开发的广度和深度	
			II. 产品设计本土化转向的程度	
			III. 服务系统设计的本土化水平	
			IV. 城乡人居环境设计的本土化水平	
			V. 城乡公共空间体验设计的特色化程度	
			VI. 文化艺术创意产品的本土识别程度	
		传统手工艺的国际化程度	I. 传统手工艺品的出口价值（百万元人民币）	
			II. 与国际设计团队 / 机构开展合作交流数量	
			III. 参加国际展会及学术研讨会的数量	
			IV. 参赛及获奖数量	
	知识产权环境	传统手工艺知识产权保护情况	I. 国家法规文件中对有关传统手工艺知识产权保护的数量	
			II. 从业人员产权保护意识的普遍性	

续表

一级指标	二级指标	三级指标	四级指标	程度等级
产品生产活跃度	知识产权环境	传统手工艺知识产权保护情况	III. 传统手工艺商标注册数目	
			IV. 传统手工艺设计版权注册数目	
			V. 传统手工技术专利注册数目	
			VI. 传统手工艺知识产权保护和利用服务的中介机构数目	
		触犯知识产权法律的案件数目	I. 阻止和打击假冒伪劣产品案件数目	
			II. 阻止和打击商标 / 专利纠纷及侵权案件数目	
			III. 阻止和打击著作权 / 版权纠纷及侵权案件数目	
		对传统手工艺资产保护的态度	I. 对传统手工文化资产权益保护态度	
			II. 对地方手艺地理标志保护态度	
			III. 对民间艺人家传知识产权保护态度	
			IV. 对传统手工艺公平贸易保护态度	
			V. 经济丰歉与产业就业人数比对	
城镇化进程的影响度	产业构架	对当地的经济贡献	I. 与国内国外市场联系的紧密度	
			II. 产业年增加值	
			III. 占本地生产总值的百分比（%）	
			IV. 上缴税收 / 个人储蓄变化情况	
			V. 收入对致富 / 脱贫的关联度	
		业务收入与业务趋势	I. 经营条件及能力	
			II. 效益状况	
			III. 文化资产运营价值	
			IV. 发展前景	
		与其他产业融入的现状与格局	I. 跨产业延伸融合程度	
			II. 母、子产业内部重组融合程度	
			III. 与中间 / 终端产品的联系度	
			IV. 产业链整合优化程度	
			V. 新业态竞争优势	
	公共服务	基础性公共服务条件的配套	I. 手艺对家庭 / 个人就业的基本保障	
			II. 社会保障的公共供给率	
			III. 公共文化设施的普及率	

续表

一级指标	二级指标	三级指标	四级指标	程度等级
城镇化进程的影响度	公共服务	基础性公共服务条件的配套	IV. 公共通信覆盖率及使用率	
			V. 公共财政定向支持的使用效率	
		就业技能培训与教育	I. 有关手艺教育平台的建设状况	
			II. 有关手艺教育资源的供给质量	
			III. 手艺学徒制的推广情况	
			IV. 经济困难 / 妇女 / 残障者的公共教育保障	
		公平交易环境	I. 为经济弱势 / 被边缘化的生产者创造交易机会的概率	
			II. 透明的商业伙伴关系	
			III. 报酬与价格的公平性	
			IV. 远程身份识别技术的普及率	
		公共资源分配均等化程度	I. 乡村改造普遍可接受性或可容忍度	
			II. 失业者的工艺 / 技术 / 培训救济	
			III. 强制性公共资源分配的均等化程度	
			IV. 地方选择性公共资源分配的均等化程度	
	交通条件	路况及出行工具现状与格局	I. 路面类型等级和道路养护水平	
			II. 沿线地形 / 地物 / 景观 / 气候等自然条件对交通外部环境的影响度	
			III. 交通流的车辆组成和分布的干扰性	
			IV. 车油费所占手艺收益成本的比重	
			V. 车辆运行速度	
		人员及物资交流的便利性	I. “村村通”整体发展状况	
			II. 基本通行能力	
			III. 当地出行交通工具的丰富程度	
			IV. 每个家庭 / 社区车辆保有率	
			V. 仓储物流的周转速度	
		路网节点与通行能力	I. 城乡路网结构布局对通行的影响力	
			II. 满足该地区物流所要求的路网通达性	
			III. 供应链配货供给节点中转的效率	

续表

一级指标	二级指标	三级指标	四级指标	程度等级
城镇化进程的影响度	交通条件	天然材料存量现状与格局	I. 天然材料对手艺开发支持的阈值	
			II. 特定手艺对天然材料的依赖程度	
			III. 天然材料生境破碎度	
			IV. 潜在危险程度	
			V. 对国家层面文化安全意识的重视度	
		原产地知识产权产出情况	I. 产权交易量及产值（百万人民币）	
			II. 产权成果转化效率	
			III. 工艺美术版权产业链发育程度	
			IV. 自主知识产权专项扶持的资金数量	
	人力资本	传统手工艺从业人数	I. 民间手工艺人 / 作者	
			II. 围绕手艺谋生的人	
		传统手工艺从业者结构	I. 年龄结构	
			II. 性别结构	
			III. 收入结构	
			IV. 残障者参与比例	
		专才培训 / 教育供给情况	I. 培训 / 教育机构数量	
			II. 作坊式专才培养数量	
			III. 专才学生及毕业存量	
			IV. 手工艺职位空缺数量	
			V. 课程及师资设置数量	
		经验及专业情况	I. 技艺熟练程度	
			II. 文化 / 知识的融合度	
			III. 道器关系粘度	
			IV. 从事该行业的年数	
		传承族谱与代际价值	I. 传承谱系的代际数	
			II. 代际传承的稳定性	
			III. 代际价值变化情况	
		包容性	I. 看待传统手工艺的态度	
			II. 特定文化价值的认可度	
			III. 社会责任的自我体现度	
	公共政策	国家 / 地方 / 基层扶持政策	I. 国家层面帮扶政策数目	
			II. 地方层面帮扶政策数目	
			III. 基层层面帮扶政策数目	

续表

一级指标	二级指标	三级指标	四级指标	程度等级
城镇化进程的影响度	公共政策	投资支持	I. 政府对代表性传承人的资助额度	
			II. 政府对申报项目的资助额度	
			III. 社会对传承人 / 项目的资助情况	
			IV. 政府对工艺美术教育的资助额度	
		执行力及透明度	I. 政策逃避 / 虚假 / 被动执行的情况	
			II. 政策执行滥权 / 越权情况	
			III. 政策执行力产出效率情况	
			IV. 政策受众满意度	
		政策调节的相对平等性	I. 手艺劳动 / 创造财富的积极性	
			II. 个人权利与机会分配的公正性	
			III. 政策执行的公平性缺失情况	
			IV. 劣势者底线发展需求的政策性保护	
		传统工艺美术产业现状与格局	I. 主要工艺美术领域的机构数量	
			II. 从事个体生产加工的机构数量	
			III. 工艺美术支持领域的机构数量	
		从业人员的现状与格局	I. 从业人员空间转移形成的密度	
			II. 从业人员在产业间流动情况	
			III. 年平均从业人数	
	天然质材	天然材料生境规划性 / 生产性破坏	I. 规划性因素导致的原材料生息地退化程度	
			II. 生产性因素导致的材料资源枯竭程度	
			III. 人为因素导致的材料资源浪费程度	
			IV. 自然灾害毁损材料资源的程度	
		天然材料的原生性利用	I. 原生性利用的现实需求程度	
			II. 原生性利用的范围广度	
			III. 原生性利用的约束程度	
		天然材料系统修复与再生情况	I. 因强烈干扰造成的系统恢复能力	
			II. 因渐次干扰造成的系统恢复能力	
			III. 目标种生息地规划的保护程度	
			IV. 天然资源的恢复与再创程度	
			V. 生境适宜度	

注：一级指标“文化要素禀赋程度”中，由 5 个二级指标、23 个三级指标和 82 个四级指标构成。

一级指标“产品生产活跃程度”中，由 6 个二级指标、21 个三级指标和 97 个四级指标构成。

一级指标“城镇化进程的影响度”中，由 6 个二级指标、26 个三级指标和 103 个四级指标构成。

中国城镇化进程中传统工艺美术保护制度修订的必要性研究

对于传统工艺美术保护的专门性行政法规，目前仍在执行的法律文本是1997年5月国务院颁布的《传统工艺美术保护条例》，距今已有20多年了。其间，根据2013年7月的《国务院关于废止和修改部分行政法规的决定》，曾对《传统工艺美术保护条例》重新进行局部修订。作为一个国家层面的专门性法规，《传统工艺美术保护条例》为促进国家传统工艺美术保护和发展起到了积极的推动作用，具有深远的历史影响性和文化象征意义。今天看来，在当时的社会经济背景下出台的《传统工艺美术保护条例》，经过20多年社会变迁以及传统工艺美术的保护实践，尤其以新型城镇化为主导的“四化推进”治国方略的实施，无论是从认知层面还是从操作层面，原有法规在立法理念、制度设计以及执法效度等方面都出现很多不合时宜的制度盲点，亟待重新定义、调整和规范。

一、城镇化进程对现行传统工艺美术保护制度提出挑战

城镇化是保持社会文明进步和经济发展的必由之路。城镇化与工业化的协同发展，在发达国家已经有200多年的历史。从国际城镇化的发展进程与历史经验来看，城镇化不仅是社会文明进步和经济发展的重要抓手，而且为人的全面发展提供了巨大的潜在机会。同时，城镇化的进程也会给相对固化的社会形态、物理空间、人口结构、公众利益、生产与生活方式以及文化习俗带来根本性的改变，它同样是一个利益重新布局、分配和创造的复杂过程。尤其在中国新型城镇化实施过程中，所面临的复杂性问题更多。“三农”问题突出，工业化处在由低端代工向创新驱动的转型阶段，信息化进程刚刚起步，加上社会结构与消费结构升级的需要，多层面的公共需求叠加起来，已形成强大的社会公共需求压力。因此，在城镇化进程中要把巨大的潜在机会转变成发展现实，政府职能必须聚焦在两个关键点：一是如何化解公共需求与公共政策供给之间的深刻矛盾，避免走某些发达国家城镇化早期“先出问题再治理”的老路；二是

如何填平问题生成与法制建设之间的制度鸿沟，广泛吸收发达国家在城镇化过程中普遍重视“法律先行”的积极做法，主动将城镇化纳入法治轨道，鼓励资源持有者、利益相关者积极参与决策和实践，从而减少城镇化进程中各种社会问题的冲击。

无论是从传统工艺美术门类、历史积淀、造物的文脉，还是从空间分布、从业规模来看，中国都堪称世界上传统工艺美术资源禀赋程度较高的国家。作为原生性文化类型的传统工艺美术，一直在中国悠久的农业社会、农村经济和民众生活中扮演着主导性角色。造物过程所折射出的本原哲学意识和文化普惠价值，连接着人与物、人与人、人与社会、人与自然最本质的谐和关系，物化的手艺符号连同创作者与空间环境共同生成的传统文化景观，成为区域文化多样性保持和文化活力释放的源动力。

传统工艺美术的保护与传承任重而道远。尤其随着中国城镇化速度与规模的加速发展，形成的城镇化行政性思维、城市意识的扩散与传播、保护对象的身份转移以及非农产业的冲击等新问题，都对传统工艺美术以及赖以生存的文化载体构成新的破坏，保护与传承不容乐观。

第一，城镇化是推进一个国家经济发展的主要动力。但从目前中国城镇化率首超 53% 的发展现状来看，城镇化增速与文化多样性破坏仍旧是当前中国范围内文化发展中的一对突出矛盾。在经济学家约瑟夫·熊彼特看来，经济创新过程是改变经济结构的“创造性破坏”过程。经济创新不断地从内部破坏旧结构，然后创造生成新结构。这种替代过程使经济发展处于动态过程，并刺激经济收入迅速增长。然而问题出现了，过分强调城镇化速度与规模来刺激经济的快速增长，反而加剧了文化空间以及造物文脉的破坏速度。在这里，创造与毁灭是同源的。如何在经济创造过程中创新文化与民众收入、就业或财富的关系，从而减少或消除对传统文化基因的毁灭，是我们在大规模城镇化转型进程中所面临的最大发展问题。从政府行政思维与行政能力的角度来看，应从通过城镇化扩张手段实现经济增速发展的片面思维，转变为既要采取有别于扩张型的城镇发展模式，又要关注城镇文化生态与文化资源承载压力引发的社会需求，不能沿用旧思维套用新发展，要重新思考和综合定位政府的制度设计与行政效能。

第二，城镇化进程在推进包括城市文化、城市意识在内的城市生活方式的扩散和传播加速的同时，也带来乡村文化原型、本土文化生态和承载环境的大规模消解。这概括起来表现为两个方面，一方面，表现为人的地理位置的转移和职业的改变以及由此引起的生产方式与生活方式的演变；另一方面则表现为城镇人口和城市数量的膨胀、城镇规模的扩大带来的传统村落的不断消亡、区域特色文化的失落，以及本原价值观的群体性迷失。

第三，城镇化建设与非物质文化遗产保护两项任务的关联叠加，引发地域文化性质与人文景观的异化。目前以申报各种名目的“遗产”为借口，大搞旅游开发和“文化房产”，由于国内制度设计的缺憾以及法规纵向接续性、适配性的偏离，加上管理者、开发者、经营者缺乏基本的传统文化保护常识和法律意识，以及不可抑制的商业开发冲动，势必造成大规模大拆大建、破旧立新的商业化倾向，“保护”也就失去了根基和动力。这种由于制度设计问题带来的急功近利的“破坏性保护”，不仅背离了相关国际组织对于非物质文化遗产保护的初衷，造成国际国内相关法律法规的接口错位，而且极不利于对包括历史建筑与聚落、文化景观、手艺与艺能，以及与民众生产生活紧密相关的民俗信仰等要素在内的传统文化遗产的完整性、全面性保护。

第四，城镇化的发展加快了农业劳动力向非农业劳动力角色转换速度，形成保护对象、保护范围以及保护机制的更加多元化和民主化。我们始终认为，对传统工艺美术的保护与传承，关键在于人。这里所指的“人”，并非特指需要我们立法保护的各类“工艺美术大师”级人物，还应涉及构成传承动力的广大普通民众。应当看到，传统工艺美术保护的根本目的在于引导和满足民众的物质与精神需要，尤其在开放和多元的社会生活中，如果不能被认可、被接受，那么保护就成为空谈。因此，在劳动力身份结构转换的当下，普通民众理应成为担当传统工艺美术保护的重要角色和传承力量。毫无疑问，当下立法保护的对象和范围，不仅应聚焦于“大师级”人物以及所形成的金字塔式垂直“保护链”，突出保护对象的层级化和分类化，还应有意识地扩大大众对传统文化认同与选择的权利，并通过制度设计不断强化民众的这种认同感与选择权，这才是我们创新立法思维和制度规划所面临的一项重要挑战。

第五，城镇化促使非农产业向城镇转移聚集，使得第二、第三产业与农业形成对冲、融合发展的态势。一方面，具备产业化条件和已经形成产业化规模的传统工艺美术行业，正面临“三产对冲”造成的从业人员流失、市场环境消解、原料资源紧缺等不利因素；另一方面，城市生活性服务业对大规模定制需求的拉动，生产性服务业对制造业的结构性嵌入，加上“互联网 +”电商消费对文化商品个性化、生态化、层级化、产业化格局的重新分配，又为传统工艺美术与其他产业融合发展提供了巨大商机。产业化是现阶段和未来实现传统工艺美术创新传承的重要手段，具备产业化发展条件的传统工艺美术门类，亟须在法规和制度设计中突破原有条框，增加扶持工艺美术产业振兴的相关指导性规定。

对照国际惯例以及日本、中国台湾等国家和地区现行的立法及制度建设，不能不说我们在传统工艺美术创新性传承方面有制度性缺失。

二、城镇化进程对传统工艺美术保护内涵的重新剖析与定义

毫无疑问，城镇化进程和社会变迁带来的结构性变化，势必影响我们对传统工艺美术概念内涵的重新审视，尤其是在新的社会语境下应对其边际价值进行重新认识，敢于跳出传统保护思维的条框束缚，运用历史与发展的眼光，与时俱进、聚焦问题、查漏补缺，从而在法律法规修订、执行中有章可循、有据可依。

与国际上将工艺美术纳入非物质文化遗产分类框架下并加以法律保护不同，中国政府 1997 年颁布的《传统工艺美术保护条例》和 2011 年通过的《中华人民共和国非物质文化遗产法》，是两部独立立法、独立执行的法律文书，可见中国政府对传统工艺美术保护与传承的重视程度。但由于两部法律文书设计的时间、所处的社会背景以及面临的问题有所不同，因此，对于“传统工艺美术”与“非物质文化遗产”（以下简称“文化遗产”），无论是在概念内涵还是在内容实践上，不免存在概念模糊、边界不清、重复执行之嫌，亟须通过梳理论证加以规范，使其各具保护的针对性。

从严格意义上说，“文化遗产”是一种求助于过去的现代文化生产模式，其内核包括颂扬推广历史文化主张和展示推销历史记忆。联合国教科文组织 2003 年通过的《保护非物质文化遗产公约》，对“非物质文化遗产”概念的描述为：“被各社区、群体，有时是个人，视为其文化遗产组成部分的各种社会实践、观念表述、表现形式、知识、技能以及相关的工具、实物、手工艺品和文化场所。这种非物质文化遗产世代相传，在各社区和群体适应周围环境以及与自然和历史的互动中，被不断地再创造，为这些社区和群体提供认同感和持续感，从而增强对文化多样性和人类创造力的尊重。”[①] 显然，传统工艺美术从作品实物到相关文化环境都被统整到“文化遗产”大的保护框架下，概念指向“历史对位”和“价值复活”，更加突出了遗产的平民性、遗产的资源价值以及遗产的历史复活性。“文化遗产是经济上通过外来游客，文化上通过内部记忆”[②] 来进行遗产生产的。目前，就全世界范围来看，“文化遗产”的资

---

① 联合国教科文组织第 32 届大会上通过的《保护非物质文化遗产公约（2003）》，2006 年。

② [英] 贝拉 • 迪克斯：《被展示的文化：当代“可参观性”的生产》，150 页，北京，北京大学出版社，2012。

源价值已经越来越为人们所重视，各地因文化遗产生产出的旅游“商品化景观”，在拉动当地遗产经济的同时，也不可避免地带来遗产更大程度的破坏，保护与开发利用的矛盾成为全世界难题。从传统工艺美术的类型与成因来看，它并不是历史“遗留文化”，而是一直处于活态传续中的文化。虽然传统工艺美术的在技艺、工具以及民俗、信仰、场所等文化属性中具有遗产性特征，但从生产生活方式、“功能联合体”[①]、传承方式、创新等方面来看，具备穿越时空、活态传承的文化特征。

因此，传统工艺美术概念在功能属性上应包含“遗产性工艺美术”和“活态性工艺美术”两大类，对传统工艺美术遗产基因的研究与保护，有助于提升附着在工艺美术产品开发上的文化厚度。同样，文化高感性工艺美术产（作）品的流通与传播，也必将对民族传统文化遗产的推广和保护起到至关重要的作用，两者互为表里，相辅相成。这样分类就为概念定位和制度设计提供了清晰的边界，为传统工艺美术保护和非物质文化遗产法的立法保护范围提供了依据，单纯从“文化遗产”概念角度来定义和理解传统工艺美术显然是笼统的。

当然，无论是“遗产性工艺美术”还是“活态性工艺美术”，在城镇化过程中都不可避免地遇到了新的发展梗阻，很多传统工艺美术门类、遗产资源的消亡以及由此伴随的群体性精神缺失和产品（作品）大规模“文化褪色”，加重了传统文化价值的生存与传播危机。但同时，对生活方式与品质、消费多元化、价值观重塑和传统文化意识觉醒的极端重视，又放大了社会对民族民间传统手工文化边际价值的需求程度。

整体而言，城镇化进程中传统工艺美术的边际价值体现出三个方面的特征。

一是工艺美术的文化元生价值。工艺美术是中华造物文化根脉的集大成者，具有极强的元文化、原居地、原手工、原材料、原生态等本元文化特色。张道一先生认为，“通常所说的两种文化论，即物质文化和精神文化，是不全面的。事实上，人类创造的文化，首先是兼有物质和精神而不可分离的‘本元文化’，这就是工艺美术”。[②]工艺美术是具有母体型特征“本元文化”的一种合体，其在文化属性上具备五种功能。

第一，寄生性文化特点。“天人合一”作为华夏民族一种独特的造物哲学，影响和指导着手艺的创作和存续。手艺主要是通过人、聚落和生境等活态载体

---

① [美]维克多·帕帕奈克：《为真实的世界设计》，北京，中信出版社，2013。“功能联合体”是指包括方法、使用、需求、目的性利用、联想、美学六个方面相互运动和联系，从而促成功能问题的解决。

② 张道一：《造物的艺术论》，37页，福州，福建美术出版社，1989。

进行寄生造物活动，任何一种载体的变化都可能对手艺造物活动或存灭产生极大影响。手艺专性寄生，往往是将整个造物活动融入生产生活现场以汲取创造的营养，一旦脱离生产生活活体就无法继续生存的文化现象，绝大部分正在或已经消亡的民间传统手艺都属于这种类型。

第二，再生性文化特点。人与物的关系是创造论哲学的基本问题。中国传统造物文化强调人是造物的本元，造物是人的价值体现，主张在以人为本的前提下，实现人与物的一元化。从这个角度来看，手艺人才是工艺造物的本元和根本，而工艺造物则是赋予手艺人价值的证明。后继乏人与人亡艺绝都是肢解人与物协调关系的诱因。因此，民间手艺人以及他们通过家族谱系实现代际传承技艺的行为，是一种不可再生或只能补偿性再生的稀缺种源。对那些身怀绝技和艺能、不可再生的“手艺人”的保护，应优先于对手工艺品以及造物过程的保护。

第三，共生性文化特点。中国本元文化的一个重要特征是“尚象制器”。“象”分自然形象与卦体抽象两大类而有无数种，每一类、每一种“象”中都蕴含有器具造物发明的原理，“象”生生不息而又变动不止。手艺造物的文化之源就在“象”里，可以模仿生动的自然形象之象制作出精妙的手工艺品，也可以领悟变动的抽象之象制作出生动的手工艺品。“象”与其构成的文化系统共生共存，是一种和谐多元的文化生态体系，那种“只见树木，不见森林”的形而上开发与保护做法是极其错误的。

第四，伴生性文化特点。连接生活是中国传统工艺造物本元性的永恒坐标。手艺是源于日常生活的造物艺术，是伴随着生活方式与生活习惯而展开的造物行为，它延伸表现为四个维度上的伴生关系，即手艺与衣食住行用的伙伴关系、手艺与公共交往的互补关系、手艺与审美消费的共情关系以及手艺与生境生态的共享关系。

第五，派生性文化特点。中国传统手工造物文化的本元性，决定了其基类能分化出继承性的、从属性的以及可扩展性的文化子集，这是由传统工艺美术活态传承的特点所决定的。从整体上看，它可分为三类：其一，派生出诸如场地、流程、工艺、工具、实物等集合而成的，具有“平民遗产”功能的旅游性质景观，使审美、体验、品位等非必需的产物转变成可展示、可表演、可衡量、可交换并能覆盖社会生活大部分领域的价值；其二，派生出因生活需求所制作生产的产品实物，包括从初级产品到中间产品，再到终端产品的链状产品线，蕴含着美化、生产、创新、交换等商业经济的价值；其三，派生出显示艺人及其作品私有的技能、艺能、口诀、思想、品牌等无形产权资产价值。以上内容都应在相关法规制度中有所显现并加重保护权重。

二是工艺美术的社会公共价值。城镇化程度越高，传统工艺美术在公众意志、群体价值以及多元文化连接等方面所显示出的公共需求就越大，主要表现在：第一，无论是作坊还是企业等组织形式，以传统工艺美术生产为载体的公共性集体行为，在农村社会十分普遍，易形成固定的精神场地和行业规模。作坊是家族或师徒传承手艺的传统组织形式，一般由家族成员或外族成员构成，具有闭环特点的“内群体”① 传承属性。个人与其所在的“内群体”之间，无论是在实际生活中还是在心理层面上，都存在着一种身份确定、精神寄托和相互依赖的情感关系。而企业则能在公众工艺造物参与中派生出体力上、精神上、收入上或情绪上的集体意识和感知状态，从而强化因工艺造物而形成个人与社会、历史、文化力量紧密交织的公共联系。第二，快速城市化和互联网技术的发展，引发了社会活动和生活节奏的加速。后现代思潮将传统物化的活态历史成功移植到城市公共生活空间，再现平民普通且精致的品质生活，使他们在复古审美的环境中得以回味变化的经历，而不至于过分陷入怀旧。基于传统文化衍生的生活方式，使得群体身份得以最大程度地认同。第三，传统工艺美术与在地文化、域外文化以及时尚文化多元并存，各文化形态间相互融合，传统与时尚文化的黏性显著提高，手工艺已成为城市化进程中时尚生活的潜台词。

三是工艺美术的经济叠加价值。城乡一体化缩短了乡村与城市传统产业的交换频率，互联网技术则进一步消解了造物与消费的边界，城镇化进程中传统工艺美术的经济叠加价值愈发被体现出来。第一，在工艺美术持有者群体、工艺美术存在环境、支撑工艺美术生产的资料来源以及工艺美术消费形态与层级等方面，都带有典型的农业经济特点。第二，工艺美术涵盖衣食、住、行、用等生活的方方面面，是物质性与精神性高度契合的高附加值产品，具备从设计、生产到流通、营售的全价值链产品属性，是构成实体经济中为数不多的紧密连接物质与精神双重功能的生活消费品。第三，互联网技术从根本上拓展了工艺美术公共传播的空间范围，文化自主消费由消费数量向消费质量与生活品质协同关系的方向发展，“互联新农村”开始成为城乡经济一体化架构下的“原创生产中心”，这是信息经济主导下生发的特殊公共需求。因此，工艺美术具有农业经济、工业经济和信息经济三者内涵叠加的功能，是创造高层次物质生活与精神生活的根基。

---

① [美]吉尔特·霍夫斯泰德等：《文化与组织：心理软件的力量》，北京，中国人民大学出版社，2016。吉尔特·霍夫斯泰德开创性地提出了分析国家文化的四个维度。其中，在“个体主义—集体主义”模型分析中，把那种不是自愿组合形成的，而是与生具有的家庭关系称为“内群体”。

综合来看，文化本元、公共意识、经济叠加是城镇化进程中，传统工艺美术在时代背景下生发出的新的边际价值，如何通过政策制定和法规设计来保护和引导这些积极生长的因素，是摆在我们面前的一项重要课题。

三、《传统工艺美术保护条例》再修订需重点关注的几个问题

对照城镇化发展的社会现实以及传统工艺美术的本体特征，我们应从动态发展的角度看待现行的《传统工艺美术保护条例》所面临的问题，既要溯本求源，遵循“求木之长者必固其本”的根部文化保护原则，又要关注发展现实，以“常制不可以待变化，一途不可以应无方”的立法思维，切中问题要害，进行重新梳理与思考。从总体上看，现行《传统工艺美术保护条例》过分追求“高、大、上”，重珍品、轻品种，重大师个体、轻艺人序列，重个体作品、轻群体性创造，重国内外影响、轻属地文化认同的情形普遍存在。同时，《传统工艺美术保护条例》在概念区隔、动态保护、保护范围和传承发展方面也存在论证不足的问题。具体而言，我们认为现行文本尚存在以下六个方面的问题。

1. 概念认定条件问题

对传统工艺美术与非物质文化遗产概念认定的条件不清，势必会造成《传统工艺美术保护条例》与《中华人民共和国非物质文化遗产法》在保护内容界定上，出现概念体系模糊和条文解释不清的漏洞。对传统工艺美术基础概念认定的原则和指标，应与其“文化遗产”属性部分相区分，属于工艺美术中“文化遗产”部分的保护内容可归类到《中华人民共和国非物质文化遗产法》中，两者不能重复和混淆。譬如“竹”，以体现传统“竹文化”的表现形式，如“竹生人神话传说”“氏族族称或图腾标记”“竹禁忌”“竹祭祀活动”“竹歌舞模仿”“竹文学”“竹绘画”以及民间故事等为特征的，毫无疑问就应该框定在非物质文化遗产法的保护框架下；而以体现“竹生活”的工艺物品，如各种饮食食具、衣饰用品（如竹斗笠、竹蓑衣、竹伞、竹布、竹耳饰、竹簪、竹梳等竹饰物）、居住器物［竹屋、竹围造景、竹席、各类竹家具（如竹床、竹柜、竹箱、竹枕、竹椅、竹桌、竹几、竹桶等）、竹制器具（如竹扇、烘笼、竹烟筒等）等］、出行器具（如竹筏、竹桥、竹轿、竹船篷、竹杖等）、生产生活器具［如竹制农具（如簸箕、竹筛、箩筐、礼篮、菜篮、扫帚等）、竹弓箭、竹钓竿、竹渔笼等］、竹乐器（如竹笙、竹排箫、竹笛等）、竹与教育用品（如竹简、竹纸、毛笔、竹筒等）以及竹工艺（如竹雕、竹刻、竹编等），则应隶

属于传统工艺美术保护的法律范畴。

中国台湾地区的概念体系是在修订过程中逐步完善的。根据《文化资产保护法》中的定义，“传统艺术”是指“流传于各族群与地方之传统技艺与艺能，包括传统工艺美术及表演艺术”，而“民俗及相关文物”是指“与国民生活有关之传统并有特殊文化意义之风俗、信仰、节庆及相关文物”；“文化景观”是指“神话、传说、事迹、历史事件、社群生活或仪式行为所定着之空间及相关联之环境”。在正式制度设计中，“概念群应当具有一定的体系和逻辑，否则容易引起逻辑上的混乱，为制度的运用带来障碍”①。

因此，传统工艺美术的概念体系应更加强调：第一，特指日常生活范围内使用的物品；第二，制造过程主要保持手工方式操作；第三，采用传统工艺和技法制造；第四，能使用当地的原材料；第五，在一定的地域内形成群体性生产规模；第六，具备在地本元文化的整体性特征。

2. 主客关系问题

与国际公约、发展现实等客观要素存在时间错位、空间背离、属性偏失等信息不对称等问题，认定与保护、保护与发展等方面存在“两张皮”现象。例如，2003 年 10 月，在联合国教科文组织第 32 届大会上通过了《保护世界非物质文化遗产公约》，中国政府 2004 年 8 月加入该公约。该公约在“宗旨”第一条的（二）项中明确指出，“尊重有关社区、群体和个人的非物质文化遗产”。而《传统工艺美术保护条例》中，只强调对个人以及作品的保护，在很大程度上忽视了社区和群体传统工艺美术文化场域扮演的互动作用，以及创作群体形成的社会凝聚力进而实现传承的现实。尤其在当前城镇化过程中存在大量以传统工艺美术为主导的乡村、社区的快速矮化、变相甚至消亡的破坏现实，更应通过立法程序予以重视。

在该公约第二条“定义”的（一）项中，“非物质文化遗产”是指被各社区、群体，有时是个人，视为其文化遗产组成部分的各种社会实践、观念表述、表现形式、知识、技能以及相关的工具、实物、手工艺品和文化场所。这种非物质文化遗产世代相传，在各社区和群体适应周围环境以及与自然和历史的互动中，被不断地再创造，为这些社区和群体提供认同感和持续感，从而增强对文化多样性和人类创造力的尊重。第二条的（三）项中，“‘保护’指确保非物质文化遗产生命力的各种措施，包括这种遗产各个方面的确认、立档、研究、

---

① 李东方：《我国中国中国台湾地区文化资产保护制度基本问题研究》，载《经济法论坛》，2008（1）。

保存、保护、宣传、弘扬、传承（特别是通过正规和非正规教育）和振兴”。这两段描述至少提供了四个方面的内容认定。一是明确传统手工艺品就是非物质文化遗产定义框架下五个重要组成部分之一；二是传统工艺美术实践者的自我认同是整个保护公约的价值基础；三是明确强调传统手工艺品的社区互动意义和结群凝聚功能，以及其在文化动态演进中对社群文化的稳定和滋养作用；四是明确强调传统手工艺品生命力“保持”所采取的有效措施，除了确认、立档、研究、保存、保护之外，还包括以教育为主的传承和以再创造为主导的产业振兴措施。

在第十三条“其他保护措施”的（四）项“采取适当的法律、技术、行政和财政措施”中，第1条“促进建立或加强培训管理非物质文化遗产的机构以及通过为这种遗产提供活动和表现的场所和空间，促进这种遗产的传承”，第3条“建立非物质文化遗产文献机构并创造条件促进对它的利用”，以及第25条“基金的性质和资金来源”中第一项“兹建立一项‘保护非物质文化遗产基金’”的有关规定，在建立政府管理组织、工艺展示销售中心以及援助机制等方面，可参考日本、中国台湾等国家和地区的做法。例如，日本在1975年就设立的日本财团法人传统工艺品产业振兴协会（简称“传产协会”），就是依据传统工艺品产业振兴相关法律，以振兴传统手工艺品产业为目的的核心管理机构。由国家、地方公共团体、产地组合以及社会团体出资运行，根据日本《民法》第34条的规定，其具有财团法人资格。其下设的全国传统手工艺品中心，是一个集展示、经营和向消费者推广传统手工艺知识等多种功能的常设机构。又如，中国台湾地区的“传统工艺研究发展中心”，也是由“文化建设委员会”单独派出行政机构，在传统手工艺传承人培训、挖掘保护、展览演示、设计研发、资金援助、交流贸易等方面形成完整的保护与传承体系，在保护和发展传统手工艺方面做了大量工作。同时，1972年11月颁布的《保护世界文化和自然遗产公约》，以及2005年10月在联合国教科文组织第33届大会上通过的《保护和促进文化表现形式多样性公约》，公约在“序言”中强调的第三条、第四条、第六条、第十条、第十一条、第十三条、第十五条、第十七条、第十八条，也都对文化功能以及多样性进行了清晰的表述。

以上三个国际公约共同构成了保护物质和非物质文化遗产、保护世界文化多样性的国际法体系。参照国际法的制定标准，我国政府于2011年2月通过了《中华人民共和国非物质文化遗产法》。但由于《传统工艺美术保护条例》与《中华人民共和国非物质文化遗产法》在我国是两部独立制定、独立执行的法律文本，并且《传统工艺美术保护条例》在立法时间上都明显早于《保护世界非物质文化遗产公约》和《中华人民共和国非物质文化遗产法》，因而使得法律设计与制度实践的依据、背景、标准、内容等存在相互打架、概念混淆和信息不对称的情况。因此，该条例亟待重新规范，构建与国际公约、国内相关法律运行轨道一致的标准体系。

《传统工艺美术保护条例》作为我国一项专门性行政法规，应与国内外类似的公约法规保持一致性方向，确保责任义务以及交流互鉴在国际平台上的通用性和可操作性；应防止方向、理解上出现表述性矛盾，造成文化持有者、制定者、管理者、执行者、接受者之间出现混乱。同时，因设计介入传统工艺美术而带动创新传承的态势加剧，工艺美术品外观专利、创意著作权等新问题也应引起足够重视。如何打通《传统工艺美术保护条例》与《中华人民共和国专利法》《中华人民共和国著作权法》《中华人民共和国反不正当竞争法》等的法律边界，也是一个值得深思的问题。

3. 分类机制问题

《传统工艺美术保护条例》对从事传统工艺美术认定、传承者的保护、鼓励和资助缺乏分类机制，认定对象与方式单一，没有构建在年龄、经验或作品等级方面完整的“保护链”，无法从立法上保证传承人创作的热情和实现可持续传承。《传统工艺美术保护条例》通篇聚焦于工艺美术大师的认定、评选与保护，忽略了其他后继者传承人或工匠的职业成长规律和文化权益诉求。1998年，日本制定颁布的《传统工艺士认定事业实施办法》，将认定标准架构到传统工艺士的“年龄－从业年限－资助激励”模型中，分类认定、分类保护、分类奖励，从而形成自上而下不同传统工艺士构成的“保护链”，最大化地释放了传承活力和实现了可持续传承。我们认为，《传统工艺美术保护条例》应充分考虑构建以“工艺国宝－目录大师－技艺匠师（50岁以上）－青年工艺师（50岁以下）”成员组成的传承人“保护链”，强化分类认定、激励机制，颁发能代表不同层级传承人身份的证件，既起到保护立档的作用，又起到挖掘、鼓励发展的作用，使制度设计真正成为促进传承人、传承项目可持续发展的推进器。

4. 公共服务供给问题

从社会结构来看，我国处在城镇化急速推进的阶段。农民“市民化”和“就地城镇化”过程，不仅加剧了再造城镇公共服务系统和公共管理系统的压力，而且整体抬升了整个国家公共需求的水平。公共服务的供给与需求失衡，容易导致社会产生“失望因素”、积淀“抑郁情绪”。“中国传统工艺美术所蕴含的经济边际效用、生态循环意义、生活审美意蕴和人文社会价值等特点，恰好契合和满足了社会转型过程中民众对创新转化的心理需求。传统手艺是伴随社会发展和生活实践过程的一种生产、生活方式，具有情感传递和交流的功能。”[①] 发挥传统工艺美术社会凝聚力的公共性和群体性，将有助于填补社区文化空虚和分解就业压力。当然，应不断提高对传统工艺美术公共服务平台的建设、优化水平。

由于计划经济体制的长期影响，《传统工艺美术保护条例》尚存在政策的公共性不足以及配套公共政策不足等问题。从政策公共性不足的角度来看，《传统工艺美术保护条例》目前还存在部门色彩较重，政策制度形成过程脱离公众愿望的问题。很多政策性保护问题的提出，主要不是来源于公众的政策诉求，而是来源于决策机关内部建立的制度性信息收集系统。这类问题可以通过修订、完善制度形成的机制和加强公众的参与程度来解决。[②]

5. 评审主体问题

2013 年新修订的《传统工艺美术保护条例》中，由原“第十二条　符合下列条件并长期从事传统工艺美术制作的人员，经评审委员会评审，国务院负责传统工艺美术保护工作的部门可以授予中国工艺美术大师称号”调整为“第十二条　符合下列条件并长期从事传统工艺美术制作的人员，由相关行业协会组织评审，可以授予中国工艺美术大师称号”。“中国工艺美术大师”是国家认可的最具权威性的评定之一，应该具有代表国家意志、相对稳定的评审主体，以及严谨、完整的评审机制、评审制度和评审程序。

单从评审主体来看，自 1979 年第一届“中国工艺美术大师”评审开始到 2012 年第六届“中国工艺美术大师”评审结束，多次变换评审主体。除了第一届至第四届是由政府、行业团体和专家共同担纲评审主体，即由当时中国轻工业部领导、中国工艺美术协会具体组织、专家团队组成评审委员会进行具体评审外，第五届由于部分国家机构调整变更，评审主体转移到了发改委。和前四届相比，第五届的评定中，发改委除了担当政府领导角色外，还将原来由中国工艺美术协会负责的具体组织、执行等工作也一并包揽，造成一些评审条件放松、评审名额扩大，甚至出现某些评审环节的黑箱操作，在社会上引发很多争议。基于此，2012 年，第六届中国工艺美术大师评审主题再次做出调整，由工业和信息化部、文化部、人力资源社会保障部等 8 个部委和中国轻工业联合会、中国珠宝玉石首饰行业协会 2 个行业组织联合开展评审工作。

---

① 潘鲁生：《工艺美术的复兴》，人民政协网，2016 年 1 月。

② 赵凌云：《提升公共政策的设计和执行能力》，载《湖北日报》，第 010 版，2006-09-21。

2013年，新修订的《传统工艺美术保护条例》在评审主体界定上，明确为“由相关行业协会组织评审”，政府不再干预。这与2015年7月中办国办印发的《行业协会商会与行政机关脱钩总体方案》中的具体要求不谋而合。根据新修订的要求，今后“中国工艺美术大师”的评审将与政府脱钩，评审主体则变更为具有行业性质的“中国轻工业联合会”。“中国轻工业联合会”是受国资委委托，代管包括中国工艺美术学会、中国工艺美术协会等在内的45个国家级行业协会。虽然它是行业协会，但跟以前的中国轻工业部是有历史渊源的，其主要领导也是由国家任命的，评审自然也带有政府与行业双重属性。

现在的问题是，对传统工艺美术大师评选与认定的业务归属于行业部门，对传统工艺美术行业发展的管理归口于工信部门，对传统工艺美术具有遗产性质的保护工作则又划归文化部门，作为传承人、技能与艺能以及产业振兴三个保护的关键主体，分在三个不同职能部门管理，条块分割、政出多门，如何沟通、平衡、协调，目前仍是制度制定与执行的难点。

6. 以创新主导的动态保护问题

《传统工艺美术保护条例》对“保护”的概念认定只定格在“静态精品”与对应的“工艺美术大师”评定相契合的单一狭窄思路上，没有对可以规模化生产的传统工艺美术发展振兴让出更多的政策空间。该条例在传统工艺美术产业振兴与发展的表述上存在空白，尤其是今天设计、互联网技术与传统工艺美术的高度融合，加快了传统工艺美术产业化、定制化和品质化的创新传承进程。

因此，条例的修订既要体现保护已经或正在被破坏的传统工艺美术，又要体现以设计融入为代表推动传统工艺美术创新发展的成果。无论是中国台湾地区颁布的《文化资产保护法》，还是日本20世纪70年代已经正式通过的《保护传统工艺品产业振兴法》，两部法律都将“活态性工艺美术”与“遗产性工艺美术”所体现出的“文化资产”价值和“遗产产业”价值，从政策制定上升到法律认可的层面，作为鼓励推动传统工艺美术“创新型传承”行之有效的重要手段。例如，日本《保护传统工艺品产业振兴法》明确规定，被指定的传统工艺美术企业要制定传承人培养、技术及技法的提高、原材料对策、开拓市场需求、作业现场条件改善、事业的共同化、质量保证、从业人员与退休人员的福利计划、其他相关事宜等九个方面的振兴计划。[①] 获批后，可从各级政府或传统工艺品产业振兴协会获得5亿日元以内的资助，用以促进地方的传统工

---

① 徐艺乙：《日本的传统工艺保护策略》，载《南京艺术学院学报》（美术与设计版），2008（1），3页。

艺美术产业的发展与振兴。其经费的使用用途也在传承人培养、技艺的收集与保存、原材料对策、需要拓展的事业以及设计开发等多个方面做了明确的规定，值得我们学习借鉴。

同时，除了静态与动态保护之外，对于那些因艺术价值丧失、失传、价值减损且地方流派特色不明显、保存障碍而无法表现其价值的传统工艺美术，也应在保护条例修订中增加有关废止审查的条文规定。

四、结语

综上所述，城镇化的进程加快了社会变迁的步伐，传统工艺美术面临着更加严峻的挑战和发展机遇，需要我们从立法理念的合理角度以及制度设计的科学高度，以问题为导向，统筹谋划、与时俱进，推动《传统工艺美术保护条例》的再次修订。最终目的是通过修订，使得中国传统工艺美术更能利用在地条件资源、形塑在地特色、恢复在地文化活力、融入在地社会生活，继续承载华夏民族优秀传统造物智慧，传承并发扬光大。

中国“一带一路”倡议下的设计政策研究

“一带一路”战略是我国对外开放的总纲领，未来也必将成为亚洲和世界发展的发动机。“兴于贸易，成于文化”，是“一带一路”倡议实施 6 年来的科学总结，而设计恰恰是促进贸易、传播文化的关键载体。设计具备经济发展和人文沟通的双重创新功能，是名副其实的“软联通”媒介，在未来“一带一路”精细化发展中必将扮演着经济润滑剂的作用。

本文所指的设计，包括但不限于工业设计，而是一种广义的“大设计”概念，倡导将设计纳入宏观和微观研究视野，以促进战略、政策、市场及文化等非技术创新发展。本文所指的设计政策，其研究范围重点为设计创新政策和设计产业政策，其次为设计保护政策和设计推广政策。设计创新政策注重政策干预设计行为的结果，包括产品、视觉、建筑、工艺、时尚或新媒体等有形设计，以及决策、流程、服务、管理等无形设计，还包括以非营利为目的的减贫、就业、环境、民生、预防犯罪等社会化创新；设计产业政策注重设计推动产业行为的结果，包括对农业、电子信息、工业制造、工程建设、时尚产业、服务业、智慧城市等提供多产业支撑；设计保护政策注重对设计创新过程和生成的相关知识、成果的产权保护，以鼓励可持续性设计；设计推广政策则是注重对政府、企业、智库、社会组织和个人开展的设计经营、投资、贸易、文化交流等进行正向激励。凸显“一带一路”设计驱动经贸与文化并重的政策研究是本文的重点。

一、研究的主要问题

当前，设计政策研究面临的总体问题是，如何满足我国在转型发展过程中自身对创意设计、产业业态和知识产权等创新体系化建构的需要，以及如何通过多层次政府间宏观设计政策的研究，推动承载贸易与文化使命的“中国设计”“走出去”，满足我国在“一带一路”中的竞争力、影响力和领导力的需要。具体而言，设计政策研究要满足推动国家产业创新发展的需要，应解决好以下五个方面的问题。

1. 国家设计政策研究应立足于解决“双向开放”和“双向建构”[①]中的设计供给问题

中国作为全球最大的货物贸易国、最大的商品出口国、第二大商品进口国，对全球价值链的参与度非常高。但从国际供给关系和产业分工来看，一方面，我国在全球价值链中的位置仍处于“微笑曲线”[②]的底端，扮演着发达经济体“世界加工厂”的角色，在生产、装配、加工等环节形成“低端锁定”，在设计、技术和营售环节对发达经济体价值链形成路径依赖。而发达经济体国家长期主导和控制了全球价值链上游和高端，中国企业通过提升设计、技术的供给质量来促进分工地位向高端攀升的转型压力较大。与发达经济体国家相比，我国总体上仍存在制造业大而不强、设计依存度不高、中高端产品有效供给不足、文化依附度低等问题。另一方面，我国借助“一带一路”倡议，以国际产能合作、国际工程承包等方式引领发展中国家价值链的路径也正在走深、走细。“一带一路”发展中国家随着工业发展进程、生产要素的国际流通和产业转移、产业升级的加速，对设计主导的商品“可贸易化”“中高端化”的需求整体处在上升态势，对我国的创新体系构建以及设计供给也提出了更高的要求。为了推动国家创新设计战略与设计政策落地，英国商业创新与技能部相继颁布了《英国政府科学与创新战略》(2014)和《英国2015—2019年创新战略设计》(2015)，两项国家战略明确了设计在国家创新体系和创新经济发展中的总体规划。

“双向开放”不仅表现在对非“一带一路”经济发达体以及“一带一路”发展中经济体国别地理的“双向开放”，还表现在商品进出口、资本引投等内外流动性平衡的“双向开放”。前者注重全球产业合作质量、设计与生产效益，后者注重设计研发质量、设计资源整合效率以及设计组织兼并与收购等全球价值链建构问题，推动了中国从传统产品生产商、供应商的角色转变为全产业链价值的创造与合作方。

“双向开放”需要“双向建构”，在设计价值与竞争优势塑造上，表现为“微笑曲线”与“彩虹曲线”[③]双曲线融合建构；在设计供给关系与生产模式上，表现为产品驱动的交易型生产与用户驱动的服务型生产之间的供需建构；在设计转化距离与市场响应速度上，表现为全生产周期设计与全用户参与设计的流程建构；在设计成本与消费需求上，表现为价格增值设计与价值增值设计的让

---

① Jean Piaget. The principles of genetic epistemology. London:Routledge and K. Paul,1972.

② 施振荣：《微笑曲线》，载《竞争力·三联财经》，2010（4）。

③ 肖新艳：《全球价值链呈现“双曲线”特征》，载《国际商报》，第A03版，2015-08-04。

渡建构。国家层面设计政策的研究，应针对中国参与全球价值链的需要，进行更广泛的设计政策研究体系化建构，解决在产业升级和价值链地位提升方面设计创新供给不足的问题。

2. 国家设计政策研究应着眼于解决设计资源配置和要素融合不足的问题

设计是生产要素进行组合与配置以创造效率和价值的关键力量。从设计生产的角度来看，就是怎样通过各种生产要素的配置来设计制造出符合受众需求的新产品；从设计管理的角度来看，就是怎样通过各种生产要素的配置来实现设计与客户利益诉求、商业模式创新、行销方式变革、品牌资产扩张以及市场溢价等能力的提升；从设计流通的角度来看，就是怎样通过各种生产要素的配置来推动产品位移，并与新的生产或市场形成新的组合；从设计交换的角度来看，就是如何通过各种生产要素的组合来形成稳定的设计供应链、价值链以及外采外销的流动性；从设计分配的角度来看，就是怎样通过各种生产要素的组合来将产品分配到众多市场和消费者手中。

作为生产要素的重要因子，设计在推动要素间转换、组合以及优化配置等方面，可成为中国“一带一路”“双向建构”战略实施的重要发力点。第一，在要素引进方面，重视设计与生产模式、科技、能源等稀缺要素的组合。推动以“虚拟化、小批量、定制化、优设计、多品类、快制造”为表征的柔性、智能制造模式，逐渐改造、优化和替代规模化、大批量、低成本取胜的劳动密集型生产模式。引进强化信息技术领域中的大数据、云计算、柔性显示、车联网、物联网、人工智能、可穿戴、虚拟现实等技术与设计的融合，清洁能源领域中可再生能源与零耗能建筑、新能源汽车等可持续设计产业的融合等。

第二，在要素输出方面，重视设计与属地文化资源的利用、开发和流转。文化正通过规划和设计载入世界不同的风景区、街巷、建筑、城乡景观、公共设施、屏幕、商品以及各类艺术或工艺商品中。

第三，在要素激活方面，应重视设计与信息、技术、品牌、质量、服务及获客能力等国际竞争新要素的融合，以及大数据与信息的收集、分析、处理对于提高个性化、定制化、共情化商品和服务的设计能力，需要通过对外兼并、收购设计公司或进行设计资产重组，以获取发展所需的资源和知识等优质要素。

第四，在要素创新方面，应重视设计与生产链、生态链的体系化管理。将生态指标量化体系放置到规划、设计、生产、装备、运输、储存、营销、用户使用、回收等生产的每一个环节，并在设计前端就进行全产品链的系统化约束，形成生态质量可回溯的设计体系管理。①

第五，在要素再生方面，应重视设计与服务、场景、消费等要素的组合。在城市或社区零售、通信、银行、交通、能源、信息、科技以及政府公共服务、医疗卫生等领域提升服务品质。

从设计政策在国家政策总量中的占比情况来看，据统计，2014—2019 年，国家共出台 2 304 项政策，其中与设计相关的政策有 96 项，在国家政策总量中占比为 4.2%，针对设计发展的专项政策只有 6 项，总体数量有待于提高；从设计政策辐射面来看，设计专项政策只占到 6.25%，充分说明现阶段针对设计发展的专项政策数量较少，而推动设计在生产要素优化配置方面的针对性政策数量更少，导致设计要素在调整生产要素配置方式和产业结构优化等方面无法发挥作用（见图 1 和图 2）。

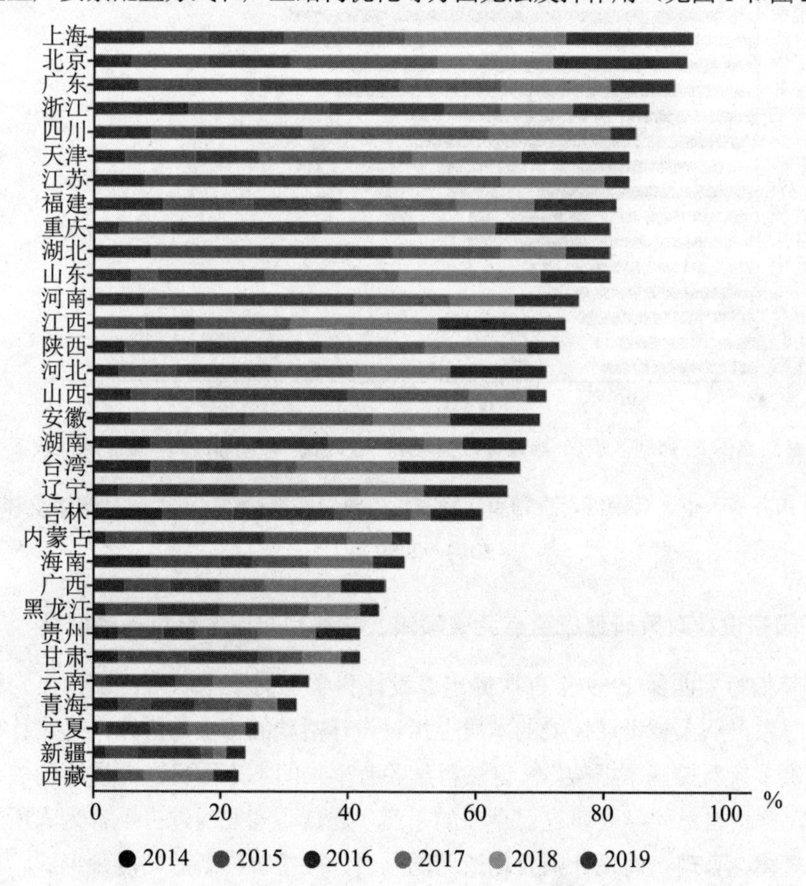

图 1　中国各省、自治区、直辖市（除香港、澳门特别行政区外）设计政策类别占比情况（2014—2019 年）

① ［英］安妮·切克、保罗·米克尔斯维特：《可持续设计变革》，长沙，湖南大学出版社，2012。

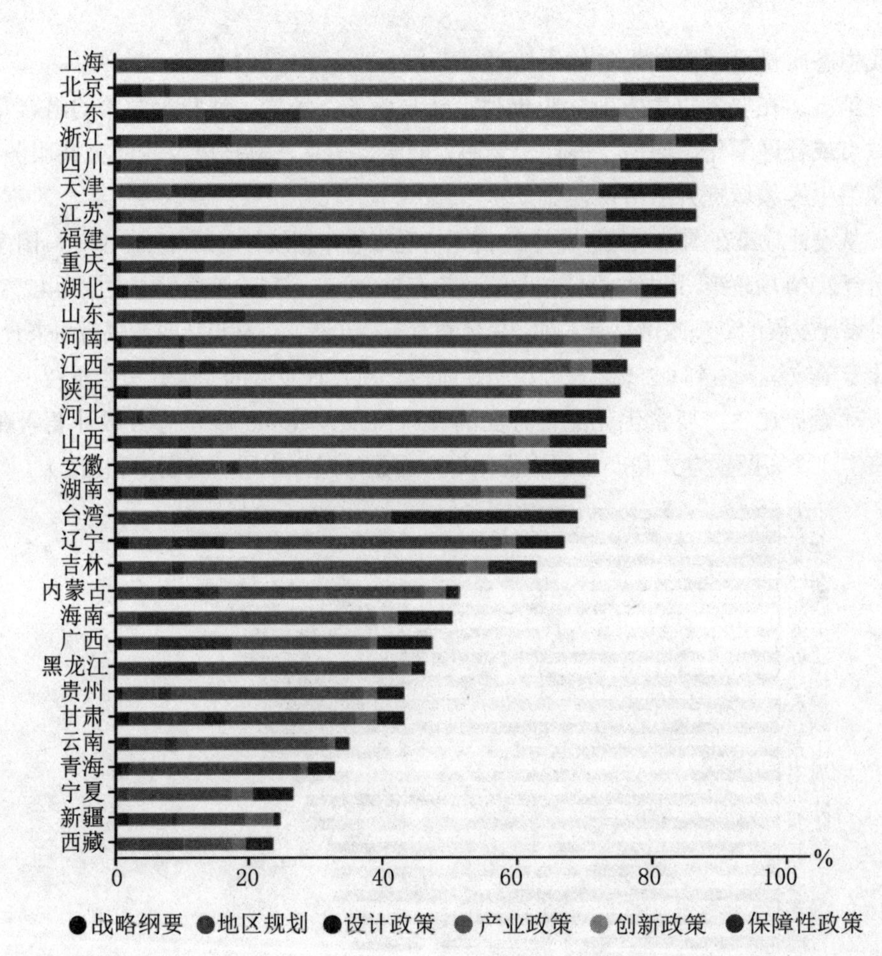

图 2　中国各省、市、自治区、直辖市（除香港、澳门特别行政区外）设计政策总体情况（2014—2019 年）

3. 国家设计政策研究应重点突破领域、学科和知识生产单一的问题

自赫伯特 · 西蒙 1969 年首次提出“设计科学”的概念以来，设计作为科学研究的对象，从人类设计技能的本质上探讨设计活动的事实与规律，为设计研究领域提供了崭新的基本框架。① 自然科学关心事物的本来面目，而设计则关心事物应当怎样；自然科学要研究已存在的东西，通过研究发现过去不曾为人所知的事实、规律、真理，而设计则要创造新的东西，赋予事物新的功能、形式、使用场景以及正当性。设计的最终成品或人造品，全部都会成为社会系统或社会系统

① 杨砾、徐立：《人类理性与设计科学：人类设计技能探索》，1 页，沈阳，辽宁人民出版社，1987。

的子系统，抑或是社会系统的组成部分，设计都会被网罗在一起成为复杂的关系系统。不仅仅人造物等物性系统是相互关联的，就连设计师、设计团队、设计过程等也属于整个社会系统。[①] 近 10 年来，为了满足世界主要发达经济体国家创新的需要以及应对社会问题日益增长的复杂性和差异性，在运筹学和系统分析的基础上发展起来的设计政策研究，开始融入“设计科学”的研究范畴。这样就形成了一个以社会复杂性系统为研究对象，以多学科“学科互涉（inter-disciplinary）”[②] 为方法论特征，以揭示和解释复杂系统运行规律为主要任务，以提高人们认识设计、探究设计和利用设计的能力为主要目的的新兴科学研究形态。

目前，通过“学科互涉”的方法研究设计政策及其社会创新系统，在世界范围内仍然还是一种挑战。纵观“一带一路”沿线主要经济体国家，对设计政策的研究往往受限于学科的限制，设计政策研究还零散地分布在艺术学、经济学、管理学、社会学等多个学科领域，没有形成统一的国家设计政策体系化梳理和理论建构。例如，艺术学多从文化和设计功能的角度阐释设计政策，经济学多从弥补市场缺陷或市场失灵、有效配置资源以及生产性服务业的角度理解设计政策，管理学习惯将设计政策视为形成竞争优势的战略资源来研究，而社会学则经常将设计政策看作心理学或社会治理的创新工具。学术研究各自为政，学科跨界和定位尚不明晰，不同研究领域之间缺乏互通、交流与整合，尚未形成独具特色的概念范畴、规范术语和内在逻辑，其知识体系的完整性、理论框架的互联性和基于多学科联合攻关的协同性急需强化和提高。通过让不同学科跨越彼此的学科界限来相互影响和交流，从而掌控知识领域日益增长的复杂性，解决单一学科难以应对的复杂问题，仍有巨大的提升空间。[③]

4. 国家设计政策研究应解决政策“主体间性”[④]和有效性评测缺失的问题

设计政策是因针对经济形态创新以及社会生活品质改善所引发的供需问题而制定的公共性政策。作为一种公共政策，首先必须立足于整个社会，围绕不同设计政策主体，从全社会绝大多数人的利益出发来制定和实施各种行为准则，平衡和协调不断变化的公众利益。设计及其政策行为核心是对设计主体性及认

---

① [美]哈德罗·尼尔森、艾瑞克·司杜特曼：《一切皆为设计：颠覆性设计思维与设计哲学》，72 页，北京，人民邮电出版社，2018。

② [美]朱丽·汤普森·克莱恩：《跨越边界：知识、学科、学科互涉》，10 页，南京，南京大学出版社，2005。

③ 张耀军：《从行动自觉到理论自信——“一带一路”研究 6 年回顾与展望》，载《光明日报》，第 16 版，2019-12-02。

④ Lacey A R . A Dictionary of Philosophy. 1996-9.

知上的“主体—客体”关系的重新定义。设计政策在“主体性”原则引导下，容易出现“决策者中心论”“文本中心论”和“释者中心论”三种政策范式。这些范式由于过度强调某一主体的中心性，因而忽视了与其他主体间的关系，从而使设计政策走向狭隘、片面的理解误区。这样势必会出现对不同地区、不同国家采用不同设计行为参数的统计、不同设计结果变量的分析以及不同设计目标设想规划的忽视，以及出现设计赋能和文化附魅产业链、价值链的黏性缺失，从而凸显“一带一路”文化贸易“双向建构”交往不畅等主体“工具行为”[①]。需要说明的是，就设计本体论而言，存在“衣食住行用娱”多产业主体融合、“政产学研金服用”多组织主体协作、“初级、中间、终端”多产品主体关联，“设计师、大客户、终端客户”多服务主体联动，以及“设计、生产、内外贸”多市场主体结盟的共在关系。从哲学层面上看，设计把人类生产生活所认知的对象世界，不再看作一一对立的客体，而是看作可以交互交往的主体，并确认自我主体与不同对象主体间的共生性、平等性、协同性的“交互行为”[②]，这是设计与政策科学发展的必然方向。“主体间性”的设计政策范式，通过将决策者、文本制定者、执行者和公共受益者联系到一起，实现自我主体与不同的对象主体平等交流、彼此共在，建立交往而非工具、协同而非分离、结盟而非霸权的新型公共设计关系，从而改善主体性设计政策范式所引发的设计有效性问题。

目前，“一带一路”沿线国家对设计多主体维度的理解，仍然缺乏一个高度集中和明确的结论，这也增加了国家设计政策研究相关指标设定和测量的难度。“主体间性”的设计政策范式，迫切需要强化对设计多产业主体、组织主体、产品主体、服务主体和市场主体的内在结构、属性及模式、规律进行研究与梳理，明确不同主体、不同构成要素之间的逻辑关系。在遵循各主体间“共在”“扁平”“协同”和“交互”的基础上，构建包括设计政策指标体系构建与分析、设计政策数据监测、基于证据的设计政策可视化、设计政策定性与定量分析等系统化研究成果。强化在研究方法、指数设计、调研与测量工具开发以及优化设计政策有效性评估等方面的能力，解决“投入—产出”或“自我—他者”等传统测量方法、评价指标产生的阶层、窄化、单一、边界等问题，以此提高设计政策推广和设计绩效的有效性。

5. 国家设计政策研究应重视促进设计转化与文化传播创新不足的问题

“一带一路”也是推动中国文化产品向中国文化品牌转型的新平台，但通

① 李佃来：《哈贝马斯与交往理性》，载《湖北行政学院学报》，2002（05），28~33 页。

② [德]哈贝马斯：《交往行为理论（第 1 卷）》，法兰克福：美因，1981，128 页。

过政策推动设计赋能产业链、提升国家形象力、讲好中国文化品牌故事的意识和能力不强，不能满足“一带一路”对“文化贸易并重”以及文化“走出去”等政策研究的需要。第一，设计供需不到位。文化、设计类产品或准公共产品当前的主要问题是，供需不匹配和供给模式缺乏创新性。国际文化公共产品提供的内容与消费国不吻合、不相符，文化“走出去”并不是文化产品的简单输出，而是要通过设计转化来提升文化输出载体和内容的价值。如设计在故事的原创性与真实性、场景沉浸感、娱乐创意性、造型图案象征性、触点与流程的体验性、视听体验的愉悦感、物品与道具的温度感以及在地文化的关联性、共情力以及意义感等创新供给的价值。第二，设计附魅产业链不充分。通过政策创新产业“对接机制”，推进文化资源和设计思维融入上下游产业链和关联产业的不同环节，发挥设计对产业链的支撑作用，增强产业链延伸、扩展、升级和转移的文化动力，促进产业价值实现和设计增值，形成合作、多赢、共享的产业联盟关系。第三，设计传播能力。挖掘和正确把握沿线国家设计政策的文化诉求，通过强化政策理论和国际设计传播方式的研究，增强“设计＋科技＋商业模式＋在地文化”的综合推力。推动具有鲜明中国特色文化标识的设计产品“走出去”，在分享中国经济发展红利的同时，也让沿线国家更多的人了解中国文化、认同中国价值，同样是一个具有挑战性的问题。

综合来看，国外针对“一带一路”背景下开展的设计政策研究较少且成碎片化分布，多分散在欧盟、东亚等经济发达体国家。我国在这方面的研究属于起步阶段，尚处于学术真空，研究视角单一，没有发挥定向导航作用，国际影响力和话语权不强，与国家经济社会转型发展的根本需求有较大差距。如何推动构建理论与实践相结合、学术价值和应用价值兼具的“一带一路”国家设计政策研究体系，把零散分布在多个学科、多个领域的设计政策研究整合起来，明确专业属性和学科定位，在强化知识体系完整性、理论框架互联性和基于多学科联合攻关协同性的同时，建构中国“一带一路”本土化学术话语和研究范式。

二、国内外研究现状

目前，中国正处在连接发达国家和发展中国家设计服务“共轭环流”的枢纽国以及“双向开放”的核心国位置，设计已成为我国攀升全球价值链前端以及赢得国家竞争优势的战略焦点，而设计政策也自然成为推动国家经济、文化创新发展的重要资源。有关设计政策的概念，墨菲和卡伍德（2009）将其定义为，“作为各国政府将其政治视野转化为方案和行动的过程，以便开发国家设计资源并鼓励在该国有效利用这些资源”；[①]霍布德等人（2012）认为，设计政策“不是一种理性的解决问题的活动，而是一种为复杂的问题和挑战生成解决方案的社交集体活动”；[②] DeEP 组织则将设计政策定义为，通过在政策周期的所有层面增强设计能力来支持设计规则、活动和流程。[③]然而，设计政策并不是一个静态的概念，它往往被放置到一个国家的经济、科技、文化等发展进程的环境中加以研究。

关注国家意识形态支配下设计政策与创新的关系是当前研究的主流。很多学者根据国家创新体系的内涵，结合各自研究视角，如 OECD （1994）、Nelson（2013）、Reiljan 和 Paltser（2015）、Resende 和 Torres （2016）、Stojanovska 和 Josifovska（2016）等，对国家的创新体系进行了划分。“一带一路”沿线国家大都将企业、高校、研究机构、金融系统、政府政策等都纳入了分类框架之中，但有关设计的方面描述得较少。[④]近几年，随着全球发达经济体和新兴经济体对设计在赢得国家竞争优势方面所形成的普遍认识，与设计相关的“正式规范”也成为各国创新政策的重要组成部分，大致呈现两种发展趋势。

一是全球架构下设计政策对国家竞争过程中资源整合与能力分析的研究。迈克尔·波特早在 1998 年就提出，在创新过程中，设计是企业在市场竞争中展现其独特性的重要环节[⑤]。20 世纪 90 年代，芬兰已将设计作为国家战略和政策的重要组成部分，并在促进设计应用、设计研究、设计专业化方面进行了大量投资；美国国家创新政策倡议一直致力于提高对国家设计政策必要性的认识，重点关注“民主设计政策”和“经济竞争力设计政策”两个体系的构建（2009）；[⑥]巴西在全国构建了 7 个针对组织、技术、文化、教育等的体系化的“设计孵化器”，用以解决设计企业的生存与发展问题；欧洲委员会“更系统地利用设计这个作为所有经济部门以用户为中心和以市场为驱动创新的政策工具，帮助展开研发，

---

① Raulik-Murphy G, Cawood G,Lewis A.（2010）. Design Policy: An Introduction to What Matters,Design Management Review,vol. 21,n.4,pp.52-59.

② Hobday M, Boddington A, Grantham A. Policies for design and policies for innovation: Contrasting perspectives and remaining challenges. Technovation, 2012, 32（5）: 272-281.

③ Stefano M,Venanzio A,Marzia M. DeEP-Design in Europen Policies. UK:Politecnico di Milano（IT）&University of Lancaster,2015.

④ 廖中举、程华、陈士慧：《国家创新体系研究进展与述评》，载《技术经济与管理研究》，2019（4），43 页。

⑤ Porter,M. The Competitive Advantage of Nations. The Free Press,1998.

⑥ 陈朝杰：《设计创新驱动国家发展》，广东工业大学，2018：29.

提高欧洲的竞争力”（2013）；[①] 在亚洲，日本经济产业省历来重视设计政策对于国家经济发展的重要性，先后提出“设计是树立品牌的捷径”（2003）、“感性价值创造倡议书”（2007）等国家层面的创新政策；[②] 印度为倡导国家设计政策，专门成立由国家商业和工业部工业政策和促进部（DIPP）管理的“印度设计委员会”（2007）和“印度国家设计院”（2006），帮助政府审查和探讨将设计纳入不同部门和领域的可能方法，以及通过设计提高创新的国际竞争力，发展和实施质量体系；[③] 韩国产业资源部下设机构产业设计振兴院，把设计概念融入韩国系统、体制当中；埃及（2016）、沙特（2016）、阿联酋（2017）、卡塔尔（2017）、巴林（2008）等阿拉伯国家共同倡导的“2030 愿景”，也都期待通过设计等创新手段，深耕与石油开采弱相关的创新领域来实现国家的可持续发展；中美洲共同体国家近年来也通过发布《中美洲一体化文化政策 2012—2030》（2011）等规划，倡导从产业角度推动设计与文化创新的发展[④]。

路甬祥（2017）[⑤] 和潘云鹤（2015）[⑥] 在结合中国设计竞争力研究时也明确指出，提升设计竞争力对于推动“中国制造”向“中国创造”转变、“中国速度”向“中国质量”转变、“中国产品”向“中国品牌”转变具有重要意义，提升设计竞争力已经成为中国实施创新驱动发展战略和实现产业转型升级的关键着力点。近 10 年来，中国政府持续关注设计与产业政策的依存关系，不断结合形势研判加大设计与创新、产业政策的对接和融合程度，兴起大规模设计中心建设。一些专门的设计政策，如《关于促进工业设计发展的若干指导意见》（2010）、《国务院关于推进文化创意和设计服务与相关产业融合发展的若干意见》（2014）、《国家工业设计研究院创建工作指南》（2018）、《住房城乡建设部关于开展引导和支持设计下乡工作的通知》（2018）、《设计扶贫三年行动计划（2018—2020）》（2018）、十三部门联合印发的《制造业设计能力提升专项行动计划（2019—2022 年）》（2019），还在服务业、文化产业、对外文化贸易、战略性新兴产业、建筑业、质量提升、就业创业、文旅消费、

---

① EUROPEAN COMMISSION. Implementing an Action Plan for Design-Driven Innovation. https://ec.europa.eu/futurium/zh-CN/content/age-design-driven-innovation,2013-9-23.

② 日本经济产业省 . 设计政策手册（2018）. https://www.meti.go.jp/policy/mono_info_service/mono/human-design/file/2018handbook/zentai.pdf,2018-04.

③ GOVERNMENT OF INDIA MINISTRY OF COMMERCE AND INDUSTRY. National Design Policy. https://dipp.gov.in/policies/national-design-policy,2007.

④ Coordinación Educativa y Cultural Centroamericana. Política Cultural de Integración Centroamericana PCIC 2012-2030. http://ceccsica.info/cultura,2011.

⑤ 路甬祥：《创新设计引领中国创造》，载《中国战略新兴产业》，2017（17），96 页。

⑥ 潘云鹤：《创新设计：全面提升国家竞争力》, 载《紫光阁》，2015（11），14 页。

绿色设计、知识产权等领域加大融合设计产业政策的力度。

综合来看，在国家或地区设计竞争力的研究中，影响力较大同时有指标和实证的是芬兰阿尔托大学设计创意中心发布的《全球设计观察2010》（*Global Design Watch 2010*）、英国剑桥大学发布的《国际设计记分牌：国际设计能力的初始指标》和韩国设计促进研究所发布的《国家设计竞争力报告2008》（*National Design Competitiveness Report 2008*）。各个国家创新设计竞争力的得分见图3。

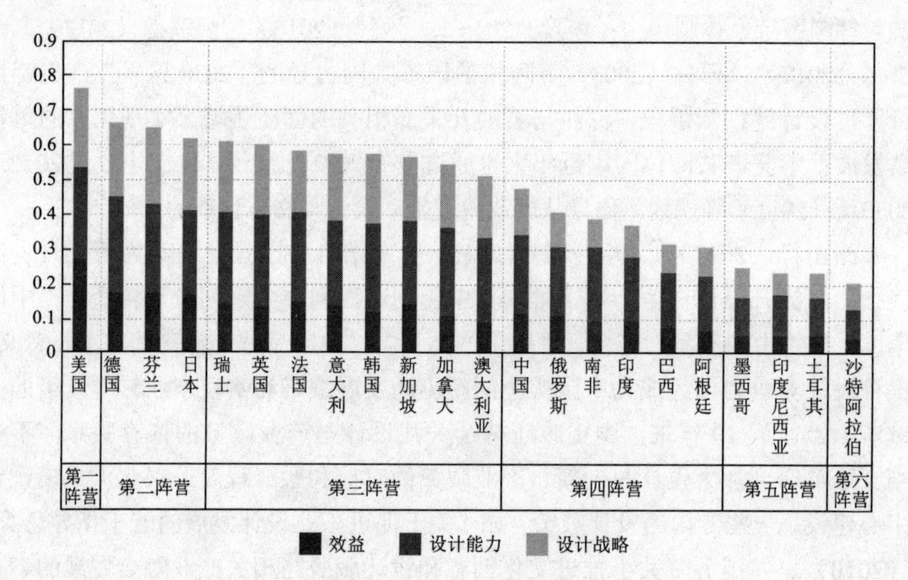

图3 国家创新设计竞争力的得分[①]

二是在少数经济发达体国家建立起专门的“国家设计系统”，针对具体发展问题进行设计政策的研究、开发和实践。“设计系统”这一概念最早由Love在2007年的《作为设计基础设施》中提出[②]，其主要内容是基于国家创新系统背景下用于描绘推动设计创新、产业创新发展的各类相关主体及其活动。Murphy和Cawood（2009）明确将这一复杂创新网络结构称之为“国家设计系统（national design system）”[③]，强调其对国家政策的引导作用，定义“国家设计系统”是梳理设计产业结构，用于表示在创新发展、知识扩散的过程中复

① 资料来源：引自世界经济论坛发布的《全球竞争力报告》。

② Love, T. National design infrastructures: the key to design - driven socio - economic outcomes and innovative konwledge economies. In（Ed.）IASDR 07 - International Association of Societies of Design Research. Hong Kong: The Hong Kong Polytechnic University. 2007.

③ Raulik-Murphy G, Cawood G. National design systems—a tool for policy-making//Research Seminar–Creative industries and regional policies: making place and giving space. 2009: 1-13.

杂的相关因素构成的关联。其目的在于辨认影响不同国家设计发展的不良因素，通过对创新主体及其相互作用的系统性研究，更好地为解决经济、文化创新发展中系统失灵、市场缺陷、文化冲突等问题提供设计创新依据。

最早推动“国家设计系统”创建并开展设计政策研究和行动计划的，当属欧盟、东亚等经济发达体国家和新兴经济体国家，推动主体多集中在国家管理的专门设计机构、大学、学术机构和行业协会。如欧盟的《欧洲2020旗舰计划：创新联盟》（2010）、《以用户为中心的创新联合行动》（2011）、《“为增长和繁荣而设计”欧洲设计领导委员会的报告和建议》（2012）、《设计驱动型创新行动计划》（2013），英国的《2015—2019年创新战略设计》（2015）、《英国政府科学与创新战略》（2014），日本的《设计政策手册2018年》（2018）、《设计政策——基本认知和措施》，印度的《2013年国家设计院法案》（2013）、《印度国家设计政策》（2007），巴西的《巴拉那创作计划——将创意转化为创新产品》（2005），阿根廷的《拉普拉塔设计就业机遇》（2011），等等。这些计划和行动产生了既契合各国阶段发展又符合未来愿景的设计政策研究成果，在国际上具有积极的开拓、引领和借鉴价值。比较典型的如欧盟政策实验室的《2030年政府的未来》（2017），丹麦国家设计中心的《世界领先的组织正在寻求设计》（2015），欧洲设计联盟的《设计公共服务：Nesta和IDEO的实用指南》（2016），日本经济产业省的《战略设计研究报告（40项建议）》（2003）、《利用设计进行创新创造环境维修的设计业实况调查研究报告》(2015)，意大利米兰理工大学与英国兰卡斯特大学联合研究的《DeEP欧洲设计政策白皮书》（2015），印度国家设计研究院的《设计诊所计划》（2010），巴西国家设计中心的《巴西设计诊断》（2014）等。

三、研究的内涵

从总体上看，国际上有关设计政策的研究大致分为两类，即“基于设计创新的政策研究”和“通过设计方法进行政策研究”。前者多偏重于设计本体论，关注设计政策研究对行业竞争直接、有效的支持，研究专注于“一带一路”沿线国家对设计能力的开发，从宏观到微观推动设计更有意义的产品、建筑、工艺美术、服务、基础设施、流程和系统；后者则更多注重设计认识论，关注如何使用设计思维或方法成功解决“一带一路”沿线国家经济增长、社会发展、企业创新等政策沟通问题，研究专注于设计政策与经济增长、社会责任与福祉、组织社会生活、环境可持续性等之间的联系。

1. 三重研究使命

“一带一路”倡议下，设计政策研究主要包括三个方面，即“探索通过设计政策研究经济文化增长之道”“探索通过设计政策研究实现区域再平衡的可能性”和“探索通过设计政策研究区域间新型合作关系和路径”。“设计政策研究与经济文化增长之道”主要表现为在经济增长乏力和经济增长方式调整的环境下，设计政策干预的价值和绩效，如通过制定相关政策统筹推动和改善全球设计价值链、设计产业分工与合作、设计赋能产业、跨国设计投资与并购、设计服务贸易、创意产品研发、设计消费、知识产权贸易等内容，提高设计创新能力的研究。“设计政策研究与实现区域再平衡”主要针对“一带一路”沿线国家（包括中国）整体存在东方与西方、农村与城市、陆地与海洋等一系列发展不平衡、不合理效应，并且前者往往从属于后者，形成很多经济和社会发展的“洼地”。通过设计政策有效融入就业、减贫、设计赋能中小企业、乡村振兴、文化附魅、社会设计、可持续设计、安全与应急设计以及设计教育合作等领域，来拓展设计融合效度的研究。“设计政策研究与区域合作路径”主要将经济走廊理论、经济带理论等创新经济发展理论和区域合作理论的研究成果架构到设计政策研究与实践中，扩展理论研究的实效性和可及性。如区域间文化与创意商品贸易区、设计走廊、文创产业园区、创意商品及服务离岸经济带等经贸文化合作组织，以及“一带一路”国际设计政策联盟、设计展赛、设计教育论坛、设计研究机构等学术合作组织，都强化了设计在文化赋能方面的研究。

2. 两个研究面向

紧扣全球架构下设计创新和设计产业研究面向，确定了两个研究对象：一是将人、组织和“一带一路”典型国家群所形成的“设计政策生产力”视为研究对象；二是将服务于宏观、中观和微观经济层面的“设计政策影响力”视为研究对象。

（1）“设计政策生产力”。“设计政策生产力”主要是将信息传播系统、政策咨询、政策决策与制定、政策执行、政策评估、政策监控、政策反馈等政策生产进程，关联到政策主体间性、目标取向、过程与行为等设计政策的内涵中，对《国家和区域创新体系中的设计驱动型公共政策》《全球创意城市间的开放型设计政策》和《工业化进程中增长型设计政策》研究报告进行文本分析。分类探究不同国家设计政策的内涵，并结合我国设计产业需求与经贸发展现状，为我国设计政策研究与实践提供参考和启示。

①国家和区域创新体系中的设计驱动型公共政策。当前，设计政策研究没有上升到国家创新体系层面，尚未形成独具特色的概念范畴、规范术语和内在逻辑。由于设计的最终成品或人造品，包括设计师、设计团队、设计过程等，全部都会被网罗在一起成为复杂“社会系统的组成部分”。[①]因此，其知识体系的完整性、组织架构的科学性以及各运行要素的协同性都须放在国家层面重新认识。一些经济发达的国家都在探索和建构符合各自发展需要的设计政策模式，如英国的“巢内共生（inquilinism）”式、日本的“三明治”式设计政策模式等（见图4、图5）。在“一带一路”背景下，探究国家创新体系框架下的设计驱动型政策，将国家创新体系进一步分解为区域创新体系和部门创新体系，通过组织、流程及领导力管理理论建构模型推动国家创新体系中设计驱动型设计政策理论的发展。重点关注发达经济体国家和新兴经济体国家的创新体系，重视对不同国家的国家创新体系绩效的比较研究，以及探讨设计产业及其相关政策与国家创新体系之间的关系和交互作用。

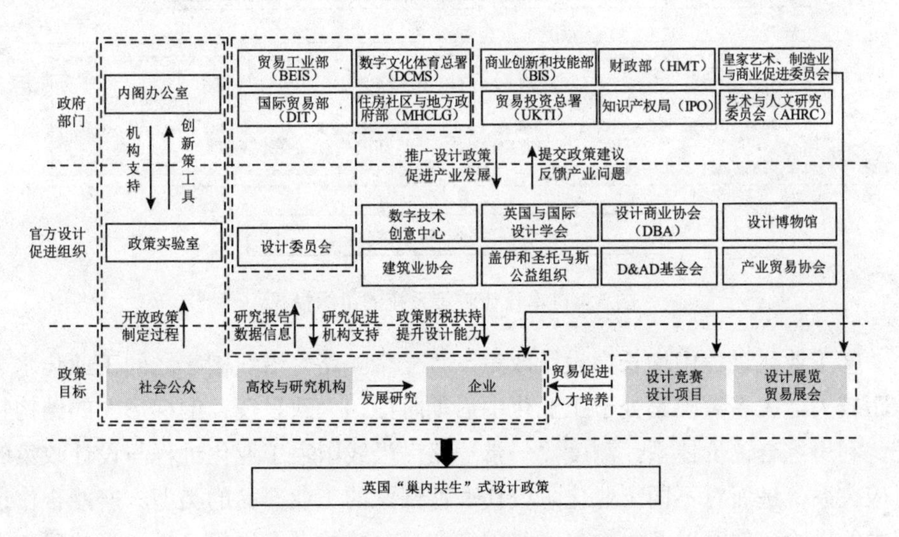

图4　英国设计政策系统的组织模式

②全球创意城市间的开放型设计政策。目前，“一带一路”沿线分布着联合国“创意城市网络”134个，其中，设计与手工艺占有多数。共建“一带一路”促进了内陆城市的“口岸化”，为中国“双向开放”打开了一扇设计合作之窗，有助于发挥设计的作用，建立海陆贯通的新型贸易模式，实现“一带一路”相关国家区域价值链和国内价值链的高度融合。将联合国各类“创意城市网络”

① ［美］哈德罗·尼尔森、艾瑞克·司杜特曼：《一切皆为设计：颠覆性设计思维与设计哲学》，72页，北京，人民邮电出版社，2018。

作为研究对象，探讨独立的设计政策在标准、规范建设以及政策有效性方面的评估。重点关注设计政策在推动社会、经济和文化发展中的经验、理念与创新实践等方面展现出来的开放性，以及在“一带一路”沿线国家与城市之间构建学习和交流的联动机制，研究设计政策在推进发达国家和发展中国家的城市、社会、经济和文化发展方面所拥有的特殊价值。

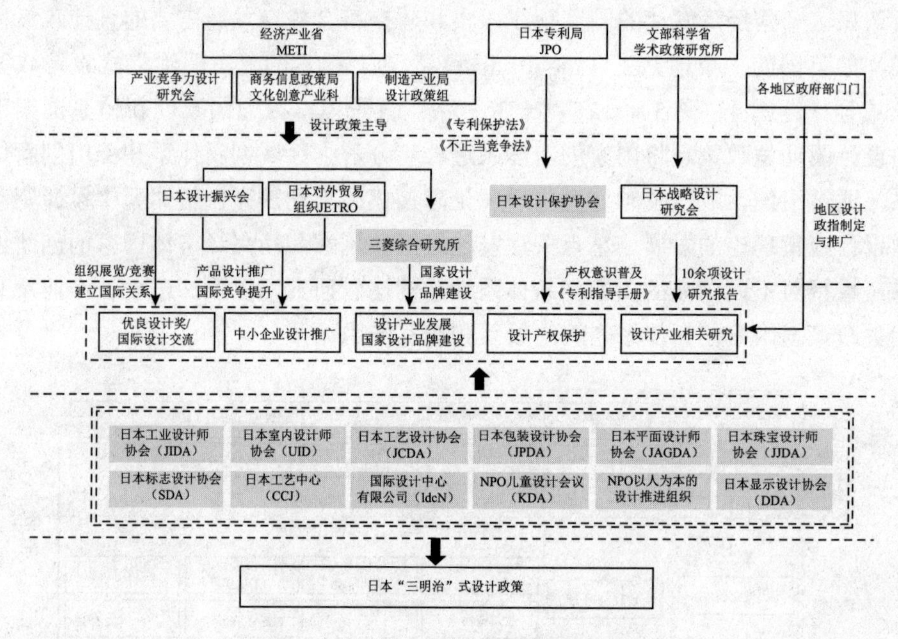

图5 日本设计政策系统的组织模式

③工业化进程中增长型设计政策。“一带一路”沿线国家之间工业化水平差距较大，大多数国家处于工业化中后期阶段，大致呈现“倒梯形”的结构特征。利用综合评价体系，测度“一带一路”沿线国家工业化进程与设计政策的对应关系，进而对不同工业化阶段代表性国家的工业产品的类型、产能合作过程中的供给和需求以及中国与这些国家产业对接的潜力进行分析，系统研究中国与其他沿线国家的设计合作基础和合作格局。同时，要针对中国工业化进程呈现出的区域发展不平衡的特征，尤其是处于后工业化时期的东部沿海地区所产生的设计“外溢”效应，进行重点研究。

具体研究行动计划包括“一带一路”背景下国家设计创新政策研究、“一带一路”背景下中国设计服务产业政策研究、“一带一路”背景下中国设计推广政策研究、“一带一路”背景下中国设计产权保护政策研究，以及“一带一路”背景下国家设计政策测量与评估研究等。

（2）设计政策影响力。哈佛大学教授约瑟夫·奈将“软实力（soft power）”视为国家综合国力的重要组成部分，特指一个国家依靠政治制度的吸引力、文化价值的感召力和国民形象的亲和力等释放出来的无形影响力。可见，文化对于国家影响力的价值和作用。设计是促进和改善经贸与社会互动关系的文化创新行为，若从经贸层面上看，其影响力主要涵盖宏观、中观和微观三个层面。宏观层面的设计政策是丰富国家影响力的核心因素之一，它是指一个国家或地区文化创新所带来的持续凝聚力、感召力和说服力；中观层面的设计政策是在产业促进、业态创新、动能培育过程中，区域特色文化复原力、生产力和形象力的供给能力；而微观层面的设计政策则是在提升企业组织模式、行为规范、价值理念、管理科学、创新能力、品牌战略、企业社会公信度、外部环境和谐指数等企业文化方面，影响企业发展的长期性、基础性和战略性的关键要素，企业文化是吸引力、效仿力和可持续发展导向力的综合表现。①

①宏观层面的设计政策研究。文化是形成影响力的关键非物化创新要素。针对中国在国际分工中动态发展的需要，以及设计在国家创新战略层面的关键作用，一方面，对内需要优质和充足的设计资源和中间品供给，应强化对设计的开发与宣传、地区设计政策、中小企业设计推广、国际设计交流、设计产权保护制度等文化方面的设计政策研究。另一方面，中国为实现产业升级和价值链地位提升，必须全方位参与全球价值链，需要对外进行设计投资和人文交流以获取发展所需的优质创新资源和知识要素。因此，应强化对设计支持、设计推广、设计服务合作等公共投资和文化赋能等方面的政策研究，以满足中国从最初注重出口、引进外资的“单向开放”，逐步转向注重商品进出口、文化交流、资本引投等内外流动性平衡的“双向开放”等宏观发展需要。

②中观层面的设计政策研究。与宏观经济学聚焦于研究国家总量市场的供需关系，以及微观经济学关注人、家庭、企业的供需关系不同，中观经济学则往往表现为一种经济共同体的概念，或一个、多个地区分布的同类经济的共同体，或若干产品群、多种隶属关系的产业业态在同一文化区域的共同体，或产业经济和城市经济在同一经济组织内的共同体，涉及对地域文化、经济空间、结构、环境、发展、规划和管理等要素调控和供给的研究。设计具备作为中观经济所特有的独立性、综合性、协同性和融合交叉等特点，加强在中观经济层面文化赋能设计政策的研究引导，将对地区、城市、产业链以及企业集群的经

① 王晶：《以企业文化建设促进企业软实力提升》，载《中国商贸》，2011（5），56页。

济结构调整、产业优化和文化资源转化等方面发挥重大作用。

印度在其《国家设计政策》中专为交通运输、珠宝、皮革、数字产品、玩具游戏等细分行业建立独立的设计中心或“创新中心”，以改善和推进这些文创产业的转型发展。中国在“一带一路”沿线国家中具备由中观经济所形成的“先动优势”和由产业链所形成的“比较优势”。若通过设计政策进一步强化培育和挖掘文化资源，赋能包括设计创新和文创衍生在内的设计能力，改善包括政策、制度、文化在内的设计发展环境，就能将“先动优势”和“比较优势”转化为地区、城市、产业链以及企业集群的核心竞争力。同时提升设计在“服务型农业”“服务型制造”“生产性服务业”“服务型贸易”中的文化创新价值，助力经济后发地区实行赶超战略，推动文创产业集群的达成并形成跨地域竞争力。

③微观层面的设计政策研究。当今世界，“设计、技术、市场”三螺旋创新驱动模式的协同化研究，正在突破传统管理学理论教条的束缚，成为企业维持长期竞争优势的“设计驱动型创新”。微观经济层面的设计政策研究，须将设计供给嵌入产品研发创新的源头，针对产品生命周期和消费者赋予产品的内在意义进行颠覆式创新，在挖掘深层次消费需求的同时，提高产品从性能、品质、外观到内在意义的文化档次与价值，满足与出口和内需市场相适应的产品层级。微观层面的设计政策研究主要涉及企业转型升级、强化对中小设计企业的扶持和资助、扩大设计企业的市场占有率、提高产品的原创能力以及质量品质、持续更新和拉动设计作为文化载体的作用、鼓励自主设计创新、文化复原和产权交易、设计消费推动与文化传播、设计投资与并购、不断创建良好的生产生活环境和社会福利基础，以及设计政策落地的有效性评估等内容。近几年，欧盟陆续出台的设计政策《“为增长和繁荣而设计”欧洲设计领导委员会的报告和建议》（2012）、《设计驱动型创新行动计划》（2013）、《为企业设计——中小企业发展的工具》（2015）等，都对文化与设计赋能企业发展起到了推动作用。巴西政府在其《巴西设计诊断（2014）》中进行全国性设计孵化器的规划和建设，为巴西设计从业者和中小企业提供了就近设计转化的平台，促进了设计企业孵化和成果转化效率。

具体研究行动计划包括“一带一路”沿线国家设计政策组织作用机制与领导力研究、设计产业政策推动文创服务业模式研究、设计创新政策驱动文化赋能创意商品的方法研究、设计推广政策推动文化“走出去”的传播路径研究、设计产权政策鼓励文化复原及原创保护研究等。

四、结语

设计已成为创新经济时代国家战略选择与政策规划的重要组成部分。围绕“一带一路”倡议，设计政策的研究逻辑已从单一服务于产品原型创新提升到服务于全面社会、经济、文化发展的综合战略性研究，尤其对设计政策输入与输出机制的研究，将有助于推动“一带一路”沿线各国发展战略的对接和耦合，发掘区域内经济文化的潜力，创造需求，促进投资、消费和文化交流并发挥现实作用。

目前，设计政策研究仍属于“大而全”“国情式”的情况介绍或现象说明，研究成果缺乏学者个人独到见解，针对性、前瞻性和特色化不足。从以上论述的归纳中可以看出，只有通过“为服务贸易和全球价值链强化设计产业性政策”“为产品创意和公众生活开发设计创新性政策”“为原型创新和产权保护评估设计保护性政策”和“为借助创意传播中国文化促进设计推广性政策”四个维度，深入梳理研究“一带一路”背景下国家设计政策实践中存在的问题，并在此基础上提炼规律性因素，升华到理论高度，形成系统性学说，才能推动构建理论与实践相结合、学术价值和应用价值兼具的设计政策研究体系。

卖产品还是卖服务？
设计经济：影响中国商业竞争的新因素

受全球性的通货膨胀、能源危机、原材料成本上涨、出口持续下滑、人力资源稀缺、新冠疫情等不利因素的持续影响，很多企业开始着手改变单纯的产品路线，将盈利点转变为为客户提供解决方案的服务模式上来。通过深耕产业链、扩充品牌资源、提升产品附加值以及主动与客户结盟等方式变“出售产品”为“出售服务”，进一步扩大内需，实现中国企业发展新的跨越。在当今经济环境的严峻考验下，中国企业如何既尽可能少地消耗企业资源，又设计出真正满足客户需求的服务呢？

一、立足产业升级，坚持走“设计亲商”路线

“设计亲商”路线的核心思想是，无论是政府、企业界还是教育界，都要充分认识到设计与经济增长之间越来越紧密的关系。设计不再拘囿于产品外观和美学意义，而是更多地体现在企业资源运营的每个环节中。如在成长型市场中，首选的价值核心是产品或服务领先。如何通过大量的设计投入以及承担重大的市场创新风险来夺取产品或服务的市场话语权，应是设计师考虑的重点。采取的设计策略多集中在突破性设计、原创性设计和改良性设计上。而在成熟市场中，一方面，为了保持一定的利润率，供应商就必须在增加产品外观设计价值的同时降低产品基础部件的生产成本。只有这样，供应商才能以与以前商品相同甚至更低的价格向客户提供一系列设计突出的新功能。[①]另一方面，在固定的客户群中，只要有较多的人认为需要购买同一品类的多个产品，销售总数就会大大超过客户总数，因此设计方式多采取产品延伸性设计、增强型设计、分销式设计、体验性设计、价值工程设计、集成设计和价值转移设计等。

---

① 朱锐：《基于产品生命周期的企业战略创新模式选择研究》，武汉理工大学硕士论文，2009，44页。

要完成从“中国制造”到“中国创造”的思路转变，增强国内企业和产品的市场竞争力，关键在于设计创新战略的有效运用。通过运用新技术、新工艺、新材料和新的管理体系，开发具有自主知识产权的创新型设计产品，提高技术成果的市场价值，促进技术成果产业化，实现产品设计美观、实用和高附加值的统一[①]。

二、深耕产业布局，打造创意设计孵化基地

大力发展设计创意产业不仅符合科学发展观、建设节约型社会的要求，同时也对切实转变经济增长方式、改变城市发展模式、增强城市综合服务功能、优化产业结构等具有重要的推动作用。设计创新类企业由于规模小、专业性强、分布散乱的现实，特别容易形成资源闲置、资本浪费、创新受限和业务重叠的营运问题。目前，从国际和国内设计创意产业发展的情况来看，以打造“孵化、服务、投资”三大平台为基础，以国家及地方政策支持为依托，以创业投、融资为工具，以专业孵化器的管理服务为手段，通过资源整合和优势集成，全面打造规模化、专业化、网络化、社会化的设计创意产业投资和孵化平台。[②]形成具备研发、投资、孵化、制作、展示、培训、咨询、交易等功能的设计创意产业基地，从而更好地优化产业结构，加快设计业竞争力、辐射力的增长。

设计创意产业基地除了给设计企业提供创业和发展所需要的智能化设施，实现全面自动化和宽带、电话系统等硬件设施的共享之外，还要为企业提供人力资源规划、公共关系策划、财务体系设置、法律事务咨询、战略发展计划、信息技术支持、办公后勤保障、融资模型设计、市场业务拓展、餐饮娱乐服务等企业管理及运作方面的专业咨询服务。从而逐步完善从政策支持、创业基金、基地配套、产业配套到生活服务的一条龙、一站式服务体系。

例如，上海市知名的“新天地”“田子坊”“八号桥”“海上海”“广告湾”“X2”，北京的DRC工业设计创意产业基地等设计创意产业园区，都是依托“企业运作、政府扶持、产业集中、功能完善”的基本原则，积极利用集聚、孵化、转化和辐射等园区功能得以发展的。

---

① 王晖：《北京市工业设计文化创意产业集聚区发展研究》，载《2011京津冀区域协作论坛》，石家庄，2011，46页。

② 刘众、龚琳：《全面打造数字文化产业投资与孵化平台》，载《深圳特区报》，2004-11-20。

发展设计和创意产业，目前牵涉到方方面面的问题，最突出的是政府的思路创新、设计产业发展规划的制定及相关政策的出台、公共信息平台和设计创意产业集聚区的设立等。通过积极发挥政府及相关职能部门、设计专业协会的力量，摸清国内设计组织运营的现状，结合各地设计发展现状，可在充分论证的基础上，先尝试在开放程度高、智力密集、制造业发达的核心城市进行设计创意产业园区的规划和开发。如可先建设相关设计创意人才汇聚基地、设计创意成果产业化基地和设计创意产业与制造业融合基地等园区类型，然后根据条件进行设计资源倾斜与配置，加强招商引资，促进产业合作，真正发挥设计在城市经济带中拉动产业优化、升级和扩大就业机会的重要作用。

三、培育产业优势，全面提升设计质量管理水平

制造业在中国经济建设中一直处于主导地位，因此，设计创意产业与制造业融合是今后中国经济保持高速、健康增长的重要战略选择。

20世纪初，“德意志制造联盟”把产品的优质化定义为优良的产品设计与精湛的加工质量，从而使德国货进入世界一流产品的行列。国内的企业家应主动担负起企业的使命和社会的责任，利用“中国货”良好的商誉，通过持续的创新和有效的设计，全面提升中国产品的“设计质量管理”水平，增强中国企业及产品的品牌形象力和核心竞争力。

日本质量管理专家田口玄一博士认为：“产品质量首先是设计出来的，其次才是制造出来的。”中国制造业未来的发展取决于设计质量是否过硬。一种新产品从开始提出设计要求直到投产使用的整个运营过程，包括市场调研、方案制定、产品设计、生产制造、装配、销售、使用、维修和回收等，形成一个完整、互动的运营链。相对于狭义的图纸设计，设计质量是指上述各阶段的质量总和，设计过程中任何一个环节的质量问题都可能影响产品的最终创新质量。因此，只有对整个运营过程实施有效管理和创新，才能确保设计质量的真正突破。

具体地说，设计质量是根据顾客所需，使产品具有技术上的先进性和经济上的合理性，在设计中积极采用新技术、新工艺、新材料的创新成果提高产品质量档次；在工艺设计方面，使加工制造便利、降低制造成本、减少环保风险、提高经济和社会效益。设计创意产业与制造业融合的发展思路，是我国加快产业发展，科学调整产品结构，提升产品的附加值及竞争力，坚持外向型、内涵式、功能性、个性化发展的必由之路。

四、明确产业方向，大力推广“全民设计”理念

设计蕴含的巨大想象力和创造性，不仅极大地提升了产品或服务的文化内涵，创造了极为可观的经济附加值，而且对社会的可持续发展、民众的生活质量改善以及国家经济增长方式的转变等都起到了不可忽视的作用。设计不仅关乎每个人的具体生活，而且关乎国家经济增长和社会发展的内涵。

世界上很多经济运行质量平稳、文化生活富足充实的国家或城市，都与重视和倡导“全民设计”的理念有关。英国的“可以没有政府，但不能没有工业设计”、韩国为摆脱经济危机实施经济转型制定的“设计韩国”政策、美国的“设计参与国家决策”、日本提出的“设计立业”思想、瑞典倡导的“瑞典设计，无处不在”计划等，都是通过政府政策将设计理念带入国家生活的每一个角落。政府机构希望通过这些决策以及开展大量活动来有力地推动设计的影响力，同时也希望设计能突破国家的局限，并推广到更为国际化的环境中去。

今天，设计不仅仅只体现在时尚上，而是更应该渗透到工业、商业、文化以及日常生活中去。设计与伦理、设计与安全、设计与环境、设计与拉动就业、设计与预防犯罪等社会问题已经开始与设计挂钩。设计社会地位重要性的增长不仅在企业家心中扎根，还开始在普通百姓心中扎根。

进一步提高全社会的设计创新意识，让更多人认识设计、了解设计、接受设计，应当成为政府及职能部门在发展文化产业过程中必须正视的问题。在今后较长时间要坚持围绕社会需求、文化需求和市场需求，大力发展和设计相关的各种活动。通过开展设计资源协作，聚集产业资源；通过组织培训，提升设计技能；通过举办展览、论坛，推介优秀设计；通过国际交流，促进行业合作；通过设计产业研究，创新工作理念；通过设计大奖评选，培育本土设计品牌，让更多的人参与到设计中来，全面推动中国设计创意产业高速、健康发展。

五、瞄准产业内容，实施设计创意人才蓄水池战略

青年人是设计创新的主体，设计人才是设计产业发展、兴盛的核心力量。没有大批各类设计人才的汇集，产业就很难取得更大的进展。

设计产业每时每刻都存在对新知识、现有知识和过期知识的获取、创新、加工、交易和过滤的问题。对设计人才实施有效的激励、使用、控制、评估等管理手段，不仅可以平衡知识获取和知识淘汰之间的关系，加快有价值的知识及人才的流通和共享速度，而且可以充分发挥产业平台良好的“蓄水”功能，

对人才的流入流出进行科学规范管理，确保在产业人才吸纳、流通、淘汰的速度与知识创新、共享和更新的速度之间保持平衡。

“蓄水池”战略为设计创意产业提供了一个加快知识创新的平台，这个平台为设计产业吸纳优秀设计人才、留住有价值的设计人才和辨别淘汰低劣设计人才提供了主动性、选择性和可操作性。

“活水”流入的质量和能量源自大学对人才培养所设计的战略和愿景是否符合产业发展的要求。目前，全国高校中大部分都设置了与设计产业有关的专业方向，每年都有大批设计创意人才进入职场，市场供应源源不断。令人担忧的是，这些设计创意人才虽然怀有较强的“双基能力”（基础知识和基本技能），但严重缺乏行业运营和管理的能力，尤其缺乏洞察商业和市场的核心素养与关键能力。中国的设计教育应该进一步解放思想，更新设计教育观念，加大资金及政策的扶持力度。积极鼓励和支持国内外著名设计机构、产业集群、教育组织与大学的设计院系开展合作办学；大力促进企业与学校进行广泛的项目合作和定制式培养；有计划地进行“借智发展”和“外派培训”；在高校、中小学广泛开展一体化的设计学科核心素养教育。倾力培养并储备具有沟通与合作、创造性与问题解决、信息素养、自我认识与自我调控、批判性思维、学会学习与终身学习以及公民责任与社会参与等成长性设计核心素养，适应社会、经济和文化未来发展需要，以及可持续供给的本土优秀设计人才。

此外，大力倡导设计产业集聚区的建设，特别有利于设计企业的业务外包、重组和结盟，特别适合培育知识创新型组织、学习型组织、无边界组织和虚拟性组织，极易提升人才与知识的合作、共享、流通的水平，极易形成“学习如何去做”和“学习如何去学”相结合的人才沟通环境，保证园区人才“蓄水”的质量和深度，更好地防止“死水”的产生。

六、着眼产业优化，塑造“能创可贴”的品牌价值

1. 创新商业模式，深耕品牌价值

市场竞争不外乎三个层次，即价格、设计、品牌。价格竞争是最低档次的竞争，最简单也最没有出路。中国企业及产品要想在国内甚至世界市场上有所作为，首先要改变产品靠低价竞争的印象，必须将产业放在创新的大环境中看待，不应仅局限在产品的创新上，而是应当重点关注以商业模式为核心的“源头创新”。

商业模式指的是企业实现顾客价值、销售价值和送达价值的方式。价值主张、供应链和目标客户三个方面是当下企业进行商业模式创新必须首先考虑的方面。应及时调整“产品导向”的单一经营思路，在商业模式的创新中寻找新的出路，从而使企业获得品牌竞争的绝对优势。目前，中国的企业如果要大发展，就必须调整以“产品导向”为核心经营价值的产业发展思路，坚持走以“客户价值导向”为经营核心价值的差异化竞争思路。打破单纯以产品销售为核心的品牌内容，建立新型合作关系，深耕并拉长产业链，扩充品牌资源。

目前，产品和服务两者之间的界限越来越模糊。因此，产品生产商要彻底改变单纯地制造产品的思路，并转变为为客户承担完整服务任务的全过程。这就是为什么我们要从只生产有形产品转变为为客户提供问题解决方案的无形产品的原因。

2. 创造“贴牌”和“创牌”相结合的盈利点

中国企业必须走自主创新的路子，通过商业模式、产品、服务、产权的创新来实现新的增长。如何通过实施创新和知识产权战略并重，来解决市场不对等的交易现状是所有企业必须认真思考的问题。中国的制造型企业必须培育一批具有自主知识产权的主导产品和核心技术，尽快形成一批国家和国际技术标准，形成“产权自治”。

大力研发以知识产权为支撑的新型企业产品，加大产权创造、管理、保护和实施力度，转移盈利点，形成若干各具特色的“贴牌”产品和更多“创牌”产品。“能创可贴”可最大程度地将企业和产品的发展主动权、盈利空间及标准、规范等资源都掌握在自己手中。

可以尝试建立以产品设计及服务开发为核心的“产权银行”。通过工艺流程交易、产品品牌知识交易、技术标准及行业规范交易、创新专利及产权交易等服务内容的设立，改变行业传统的经济增长方式，将“出售服务”变成企业和经济增长新的引擎。

3. 尽早调整产业布局，实施全球化“品牌突围”

直到现在，中国大部分制造型企业只是初级的外包合作伙伴，在国内进行生产制造，由海外合作伙伴负责设计和制定规范。现在，世界经济不景气带动的世界市场变化已经越来越有利于中国。中国的工艺美术企业必须意识到美国及欧洲一些国家正在逐渐变成全球低成本供应商，并且这种情形可能会持续很多年。

目前，中国企业要做的事情可能是，尽快将产品制造输出或转移到国外低成本的市场，在国内进行设计、制定规范和贴牌，重新设计供应链并调整为以设计为中心而不是以制造为中心等。企业必须迅速行动以充分抓住这个机遇。虽然这个行动可能不会很快完成，但企业现在就应该及早筹划，以期在未来几年后承担起全球经济的新角色。

升级之路如何走？文创为设计教育高速发展聚集动能

近几年，我们身边有关转型升级、产业升级、质量升级、消费升级、创新升级、管理升级、教育升级、品牌升级、零售升级、制造升级、服务升级、技术升级、需求升级、人才升级等的议题多了起来，一时间，“升级”成了时代和社会的主流。

一、升级铺就新赛道

随着中国特色社会主义进入新时代，我们站到了一个更高层级的历史发展舞台上。山东在全国率先实施的“新旧动能转换重大工程”①，就是在新的发展坐标上通过十大产业新动能的增量来对冲传统动能的减弱，加快培育新技术、新产业、新业态、新模式，找到新的发展增长点。所谓的“新”，不过是在改变旧的基础上的一种创造性发展。当然，这里说的“旧”，并不代表不好，除非是阻碍发展的糟粕。关键要以环境的改变与规则的更新状况来审视与变化不相适应的地方，及时调整、充电、换挡。无论是新动能还是旧能量，其自身既不会消灭也不会创生，只会按照需要从一种形态转化为其他形态，或者从一个领域转移到更多领域。

从当前文创产业和艺术设计教育所面临的外部环境来看，新的发展势能与动能基本形成。笔者认为，今天的文创产业和艺术设计教育升级发展，同样处在40年改革开放所形成的新的发展坐标上，既有机遇，同时也伴随着挑战。

（一）升级是国家转型发展的需要

现在全球经济的增长方式都在转变，发达国家的经济发展已经从资源、投资驱动转向服务和创新驱动，而中国的经济和社会发展则以“供应侧”结构性

① 山东新旧动能转换综合试验区是党的十九大后获批的首个区域性国家发展战略综合试验区，也是中国第一个以新旧动能转换为主题的区域发展战略综合试验区。《山东省新旧动能转换重大工程实施规划》由山东省人民政府于2018年2月13日印发实施。

改革为标志，正进入一个推动创意设计常态发展的窗口期。世界竞争战略和竞争力领域公认的第一权威，素有“竞争战略之父”之称的迈克尔•波特（Michael E. Porter）[①] 教授，曾在1990年出版的《国家竞争优势》一书中提出了著名的“经济发展四阶段”论。这四个阶段分别是要素驱动阶段、投资驱动阶段、创新驱动阶段和财富驱动阶段。要素驱动阶段的着力点来自廉价的劳力、土地、矿产等资源；投资驱动阶段的着力点是以大规模投资和大规模生产来驱动经济发展；创新驱动阶段的着力点是以技术创新为经济发展的主要驱动力；而财富驱动阶段则是追求人的个性的全面发展，以及追求文学艺术、体育保健、休闲旅游等生活享受，成为经济发展的新的驱动力。

从以上分类可以看出，所谓的创新驱动阶段，就是以知识、智力产业为经济主产业的阶段，以知识创新为经济发展主动力的阶段，也就是今天人们常说的知识经济的阶段。而知识经济之后的财富驱动阶段，意味着第三产业将进一步分化，其中精神、文化、心理、创意、休闲、娱乐、体验等要素为主导的文化创意以及设计产业将逐步成为经济转调中的主导产业之一（见图 1）。

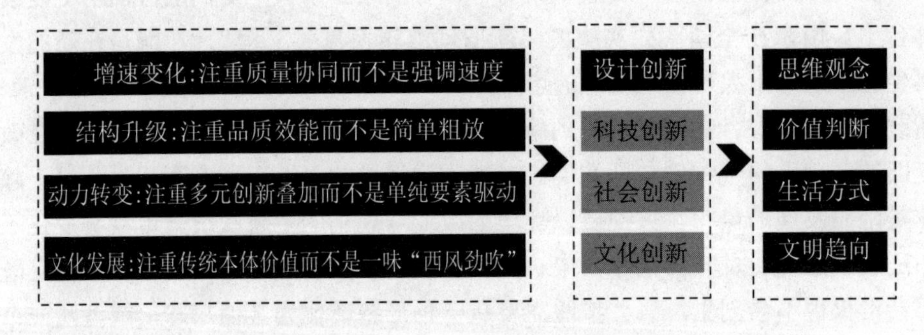

图 1　新常态背景下设计创新成为关键性竞争资源

从我国整体产业发育的现状而言，虽然四种产业主体共生共存，但目前经济发展的主要阶段仍然停留在要素驱动和投资驱动阶段，即劳动密集型产业和资本密集型产业仍是经济发展的主要支撑面，未来产业提升的空间仍然很大。中国目前正进入一种不同以往的新的发展常态环境中。在增速变化上，注重质量协同而不是强调速度；在结构升级上，注重品质效能而不是简单粗放；在动力转变上，注重多元创新叠加而不是单纯要素驱动；在文化发展上，注重传统

① 迈克尔•波特（Michael E. Porter），哈佛商学院终身教授，当今世界竞争战略与竞争力领域公认的第一权威，被誉为“竞争战略之父”。他也是当今最知名的管理学大师、最伟大的商业思想家之一。

本体价值而不是一味地“西风劲吹”。在这样的背景下，设计正逐渐成为与科技创新、社会创新以及文化创新领域共存的关键性竞争资源，并不断融入公共服务和公众生活中，影响着大众自身的思维观念、价值判断、生活方式与文明趋向。

（二）为什么要升级：发掘痛点

升级是转变现实痛点的需要。

1. 改革痛点

十九大报告指出，我国社会的主要矛盾已经转化为人民日益增长的美好生活需要和不平衡、不充分发展之间的矛盾。

从 2017 年的 GDP 分析数据中不难看出，全国范围内城乡、东中西省际间以及同一省份不同城市之间差距巨大，很多地区还存在“收入增加并不一定导致快乐增加”的“伊斯特林悖论”[①] 现象。可以说，全国有近 20% 的人已经迈进发达国家水平，而 80% 以上的人还处在最不发达国家的水平线上，这就是我国的基本国情。若从社会角度来看，绝大多数人民群众的利益，应当是指 80% 以上的人民群众的利益，而不仅仅是头部的 10%~20% 的群体。头部的这部分群体可能代表着生产力或国家发展的正确方向，但并不能代表广大人民群众的利益。因此，广大人民群众的利益诉求才是当前最大的政治诉求，同样，文创产业和高等艺术设计教育的升级发展也不能偏离这个方向和现实。

2. 转型痛点

以山东省为例。作为中国重要的经济、资源和人口大省，山东目前传统产业占工业的比重约为 70%，重化工业占传统产业的比重约为 70%，在供给侧结构性改革和经济新常态转型的当前，山东这两个“70%”必然要通过转换动力来完成新发展，这是一个巨大的挑战。新兴产业生长性长期不足、供求关系错位、设计创新供给缺乏、产品设计质量差等结构性问题，都需要由内到外进行根本性调整，这就为文创产业和高等设计教育升级发展提供了政策性支撑平台。

---

① “伊斯特林悖论”是由美国南加州大学经济学教授理查德·伊斯特林（R.Easterlin）在 1974 年的著作《经济增长可以在多大程度上提高人们的快乐》中提出的，即通常在一个国家内，富人报告的平均幸福和快乐水平高于穷人，但如果进行跨国比较，穷国的幸福水平与富国几乎一样高，其中美国居第一，古巴接近美国，居第二。

3. 文化痛点

一段时间以来，由于缺乏文化自觉与自信，传统文化因受西方文化扩张而引起原有文化的涵化与变迁现象较为普遍，表现为接触、毁灭、宰制、抗拒、存续、适应与改变等不同生存状态，致使文创产（作）品在创作动机、内容、样式以及表现形式上出现不伦不类、崇洋媚俗的文化症状。

与中西方不同民族间文化对冲引起的涵化情形不同，濡化是发生在同一文化内部的、垂直的传播过程，表示在特定文化中个体或群体继承和延续传统的过程。其焦点是对于古今文化的习得与传承的态度与行为，也同样表现为毁灭、抗拒、同化、适应与改变等状态。

无论是横向的文化涵化，还是纵向的文化濡化，两者相交产生的动力触点一定会促成两种潜移默化的文化路径，即文化变迁和文化创新。文化变迁是一个渐行不息、对话交流的过程，既有对传统的萃取与摒弃，又有对外来文化的批判与吸收；文化创新是民族文化的自觉建构、吐故纳新的过程，既要有“拦河防洪”的文化抵御能力，又要有“蓄水发电”的文化传播能力（见图 2）。

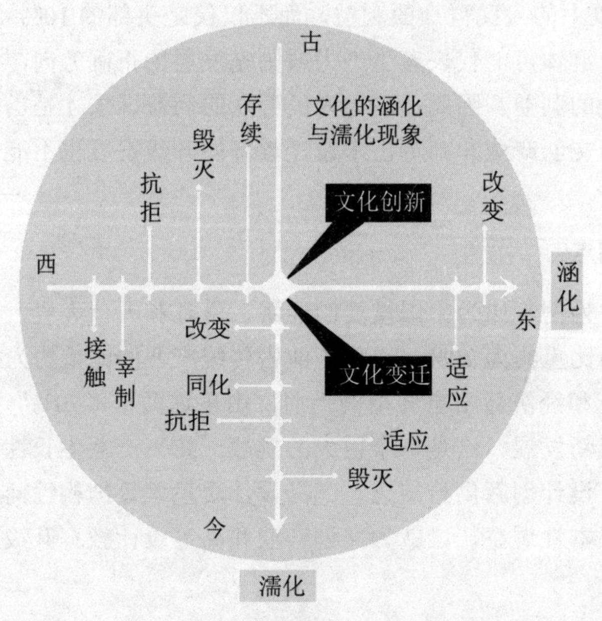

图 2　文化的涵化与濡化

4. 品质痛点

讲得现实一点，在物质主义盛行时期，我们的消费大多固定在拥有更多的产品、更大的住宅和更远的旅程等“硬需求”方面；而现在，人们的消费需求开始转向买蓝天、买生态、买品质、买乡愁、买体验、买安全、买文化、买自我价值实现等“软需求”方面。这就出现了一个现实的问题：以前解决的是“有没有”的难题，而现在急需解决的却是“有没有”“美不美”和“好不好”叠加的难题，既要为物质产品有机植入文化和价值观，又要生产出充裕的高质量创意产品和服务。所以，供求关系错位、创新供给不足、设计质量差等结构性问题，都需要由内到外进行“根本性调整”。

笔者曾读过一本美国人写的书——《中国梦：全球最大的中产阶级的崛起及其影响》[①]，书中比较客观地描述了中国迅速成长的中等收入群体，及其对创造“新生活方式”的社会化影响。这些日益庞大的后物质时代消费者，有清晰的、符合当代商业美学的审美趣味，他们更看重设计“轻创新”所带来的高颜值、高品质和高性价比。有人预测，到 2025 年，中国消费总量的 80% 以上将来自中等收入群体。“新中产红利”[②] 的到来，预示着应创造细分的文化商品、提供高品质产品或服务来满足他们的价值观、审美观和消费观，不仅要“买得到”（品类齐全）、“买得好”（高质量），还要“买得方便”（服务价值）、“买得舒适”（情绪唤起）。这些将成为这个新消费时代对文创产业升级发展的重要驱动力，也必将为高等艺术设计教育的培养规格和课程体系建设指明方向（见图 3）。

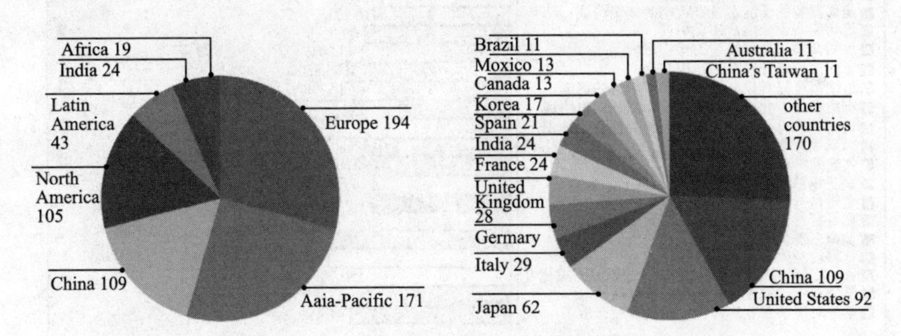

图 3　全球中产阶级的数量分布（左图按区域、右图按国家和地区分布[③]，单位：百万人）

① [美] 艾伦：《中国梦，全球最大的中产阶级的崛起及其影响》，孙雪、李敏译，上海，文汇出版社，2011。

② “新中产红利”这个词来自经济学家吴晓波的一段演讲。他定义中国经济发展的旧红利正在丧失，而四大新红利正在被重新定义，这其中就包括新中产红利。

③ 资料来源：瑞士信贷；2015 年全球财富报告；

5. 人才痛点

麦可思研究院的《2019 年中国大学生就业报告》显示，2018 届设计类专业本科毕业生半年后就业率为 92.0%，略低于 2017 年的 92.1%，分别略高于 2016 年 0.5% 和 2015 年 0.8%。自 2015 届设计类本科专业毕业生首次进入就业率全国十佳之后，近 3 年一直保持在 90% 以上，并且月收入稳定在十大专业前列。

这些数据体现了中国职场创新型人才梯队的知识结构基础，正由以前的以理工科为主向现在的以设计学科为主的方向转变。这种人员知识素质结构的变化正影响着中国艺术设计教育的整体面貌。一方面，由于国家推动产业融合以及文化创意产业的大发展，为创意设计人才，尤其是基础性创意设计人才就业创业带来开阔的外部环境。但另一方面，适应文创产业发展的中高端专门人才、交叉型人才、复合型人才严重不足，同时，人才普遍性跳槽现象以及职场可持续发展后劲不足的短板也暴露无遗，很难成长为产业顶尖人才或领军型人才。这与学科建设套路化、专业建设同质化、教师知识结构和人才培养单一化、教学环境封闭化、产教融合松散化、评价机制僵化等问题有直接关系，需要在高等教育综合改革中认真思考这些问题（见图 4、图 5）。

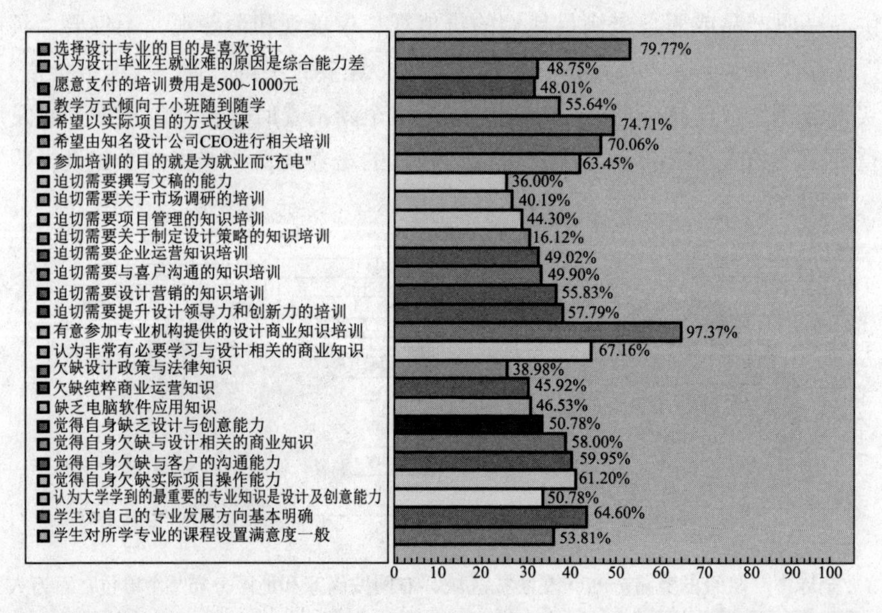

图 4　面向全国 300 家用人单位以及 4 000 名艺术设计类在校本科生的调研问题统计[①]

毋庸置疑，认识并挖掘这些存在的“痛点”，将之作为“转换”的切入点，具有现实意义。高等艺术设计教育当前面临的最大挑战是，当传统办学习惯都

① 资料来源：山东工艺美术学院设计策略研究中心。

是围绕领域内标杆高校参照行进的时候，这些标杆高校也面临着同样的发展痛点和战略拐点。那就意味着今天的竞争或许已不是围绕标杆高校去模仿的竞争，真正竞争的对手是这个时代，因为这个时代在变，所有一切都在改变。当下已不是线性发展的时代，行业迭代和跨界颠覆已将我们带入文化与创意经济快速发展的时代，只有站在时代变化与需求的角度，对文创产业新的内涵做出新的判断，艺术设计教育的发展才更有参照性和方向性。

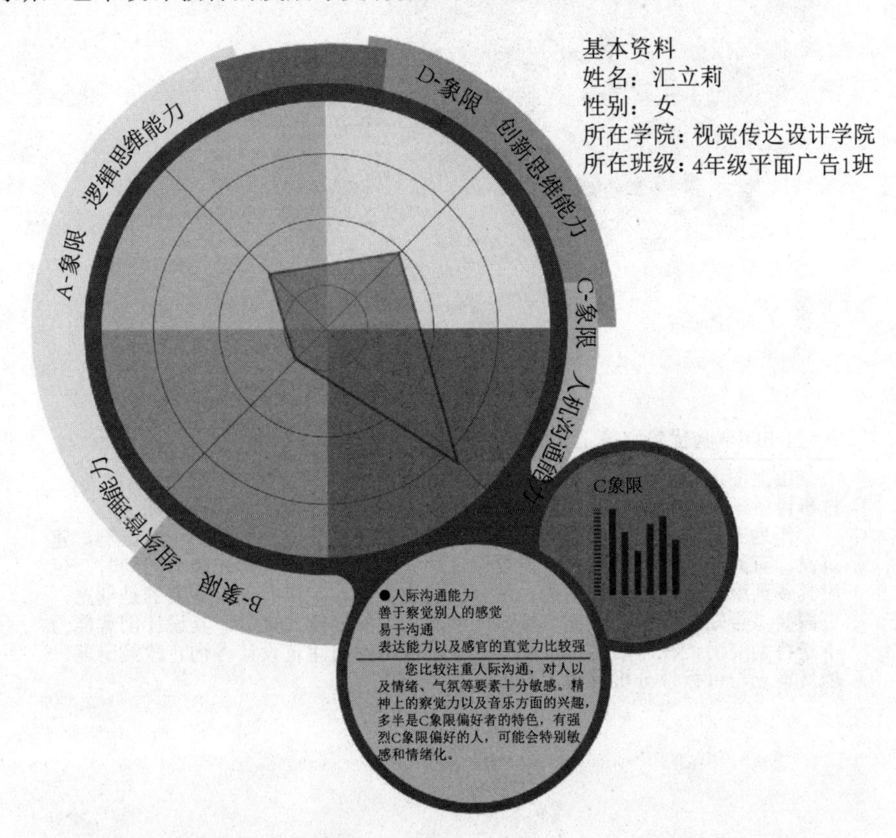

经过HBDI全脑优势测量工具测量得到的简易结果

由上图可以看出：该同学的思维偏好属于C象限，有极强的人际沟通能力，善于和不同的人打交道，注重人际，性格外向开朗，属于沟通型设计师。

任何设计，尤其是商业设计，都要求设计师与客户、与设计团队内部成员、与设计领导者进行良好的、有效的沟通，从而实现视觉设计相关信息的准确传达。从该同学的思维偏好测试结果可以看出，该同学在人际交往、设计沟通方面拥有较强的能力与潜质，而在逻损思维。组织协调方面的能力稍显欠缺。所以，其在进行自己的服业生涯规划时，应重点发挥在沟通方面的能力，在设计方案的提交与宣讲、项目活动的开展与推广等工作中会表现突出。

图 5　山东工艺美术学院不同年级、专业学生个体思维偏好（HBDI）的抽样调研统计分析 ①

---

① 资料来源：山东工艺美术学院设计策略研究中心。

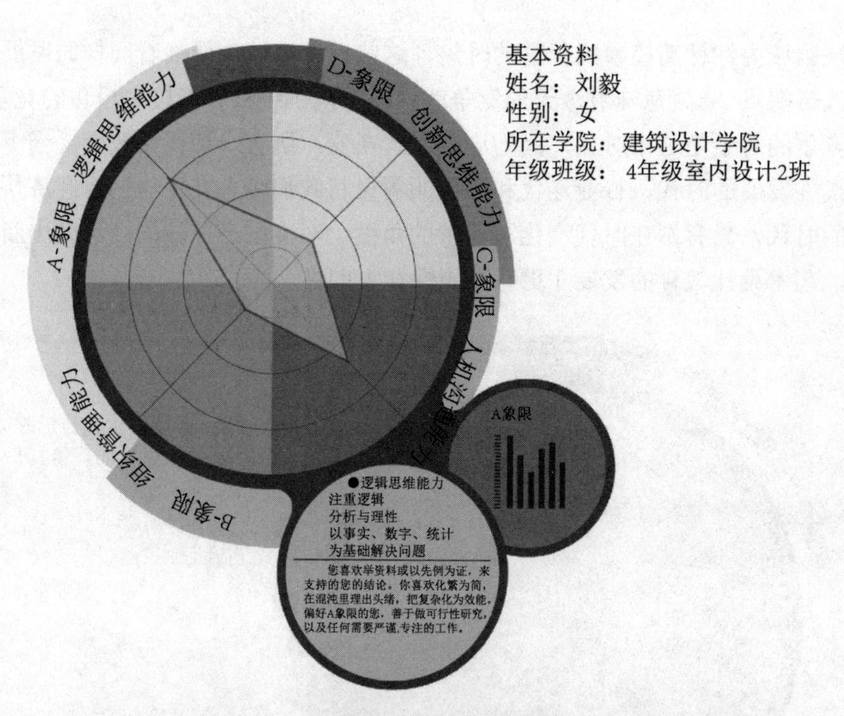

经过HBDI全脑优势测量工具测量得到的简易结果

由上图可以看出：该同学的思维偏好属于A象限有较强的逻辑思维能力，做事讲条理，让数据说话，不依赖于经验，属于工程技术型的设计师。

作为一名大学四年级的学生，其思维偏好明显受大学所学课程的影响。建筑设计有其专业的特殊要求，需要设计师在具有良好创意设计能力的同时，也应具备训练有素的逻辑思维能力与分析能力。设计工作不仅仅需要的是创意，更需要综合知识储备的支撑。从该同学的思维偏好模式来看，其设计创意能力不是特别突出，在以后的工作和学习中可以考虑向建筑设计咨询、政策研究、项目策划与可行性分析等方面发展。

图 5（续）

二、文创产业与高等艺术设计教育的融合发展之道

文化创意产业是一种智力密集型产业，靠创造力发展，知识积累和专业化人力资本起着决定性作用。或者说，它是一种依托“科技 ＋ 创意 ＋ 文化”，以创新优势弥补资源和资本上的劣势，处在智力资源的占有、配置、生产、分配、传播、使用和消费之上的知识经济。新形势下，文创产业升级发展的驱动力主要集中在创意、内容、要素和消费四个方面，而这四个方面都直接与高等教育以及人才培养的供给质量紧密相关。

（一）文创产业升级发展的内驱力

1. 创意是核心

创意是文创产业的核心资源，想象力是创意的根本来源，而创意者、设计师则是想象力的基础保证。笔者认为，在今天“人人创意”的互联网时代，专业的设计师和知识工作者应在两个方面提升个人创意设计的赋能价值：一是传统优秀文化内容的解读与转换；二是传统产业与文创产业的融合与提升。例如，在农业领域，通过创意设计，促进传统农业与文创产业融合生成创意农业、贴牌农业、景观农业（可食性景观）、公平贸易、可持续生计等新业态，形成传统农业“双产业链”甚至“多产业链”的发展态势。在制造业领域，加大创意与体验等要素的投入，使得文创产品的叠加、娱乐、智能和定制化趋向取代单一产品的功能概念，进而拓宽制造业与服务业多业态合作的范围。

2. 内容是起点

创意来自内容，内容可通过创意生成有价值的影视剧本、设计方案、小说、图纸、栏目、文案、形象、图形等多样化的创意内容。而这些不同创意内容，都可通过 IP 的全产业链开发形成最有市场增长空间的新型文化形态，可打通电影、文旅、动漫、游戏、电竞、设计、表演、规划、工艺、衍生品等核心产品矩阵，以及由此产生的各种文化场景，有利于培育、发展内容和版权贯通的文创全产业链。中华优秀传统文化是创意取之不竭的内容宝库，今天的设计师和创意者应当特别关注对中国优秀传统文化 IP 的挖掘和演绎，注重中华文化内核的保留与传承，探讨将中国故事、山东故事融入原创创作与设计中，让每一位消费者都能深入内容链接的文化认同中。

3. 要素是条件

科技、文化、市场是文创产业升级发展的先决条件。传统的文化创意产业是链状的，从创意到生产再到发布与消费，基本是线性的，而互联网科技的介入，使得创意者、内容提供商、用户之间打破产业线性结构，为“UGC（用户自主生成内容）＋ PGC（专业加工内容）”模式带来无限可能，文创产业出现了网状结构，科技让创意成为大众的自觉行为。同样，作为文化资源大省，山东要想做强文创产业，提高文化软实力，让文创“走出去”，主要应做好三个方面的功课，即科学谋划构建“山东文化传承体系”“山东文化美学体系”和“山东文化传播体系”。讲好超越语言与来源的中华故事、山东故事，寻找创意元点，让多元文化 IP 汇成通用的“中国语言”“世界语言”，也离不开科技推动力、文化创造力、商业筹划力这三大文创产业升级发展的关键策略动力机制。

4. 消费是导向

未来文化消费领域将呈现个性化、分级化和场景化发展趋势（见图 6）。消费的个性化来源于大规模工业定制化生产技术的成熟和完善的物流服务体系，消费的个性化带动了品类设计、价值工程设计的发展；消费的分级化取决于消费者个体收入、学历、身份、品位以及对生活方式的多元选择，奢侈品设计、长尾设计、乡村设计、绿色设计成为主流；场景消费注重产品或服务的内在情怀和关联意义，包括线下商业场景、生活场景、科技场景和应用场景等，推动了场景设计、服务设计等走向新的研究领域。可以说，人们已经从简单追求物质型消费逐步转向对文化等精神层面的追求和引领，“一招鲜，吃遍天”更多地被“用情怀买单”的消费观念替代了。事实上，当下公众已经开始把注意力转向诸如创造艺术美感、渴望情感交互、富有教化的故事编叙、寻找快乐的共情力、探求生活意义与理想化等高感性文化心理的愉悦和满足。生活品质的高低与财富的多寡不存在正相关关系，但生活品质的高低与审美水平的高低呈正相关关系。

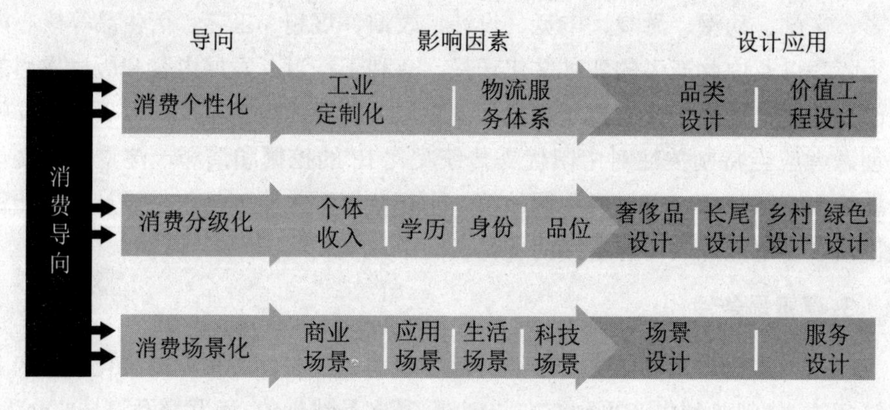

图 6 消费导向的发展趋势

（二）构建以需求为导向的产教融合价值链

化解高等艺术院校人才培养供给侧与文创产业需求侧在结构、质量、水平上的不匹配性，解决专业与产业“两张皮”问题，强化专业“依托产业而发展，服务产业而壮大”的产教融合理念，促进培养链、人才链、课题链与创新链、产业链的有机衔接，是推动高等艺术设计院校转型发展、人才培养高质量发展的重要举措（见图 7）。

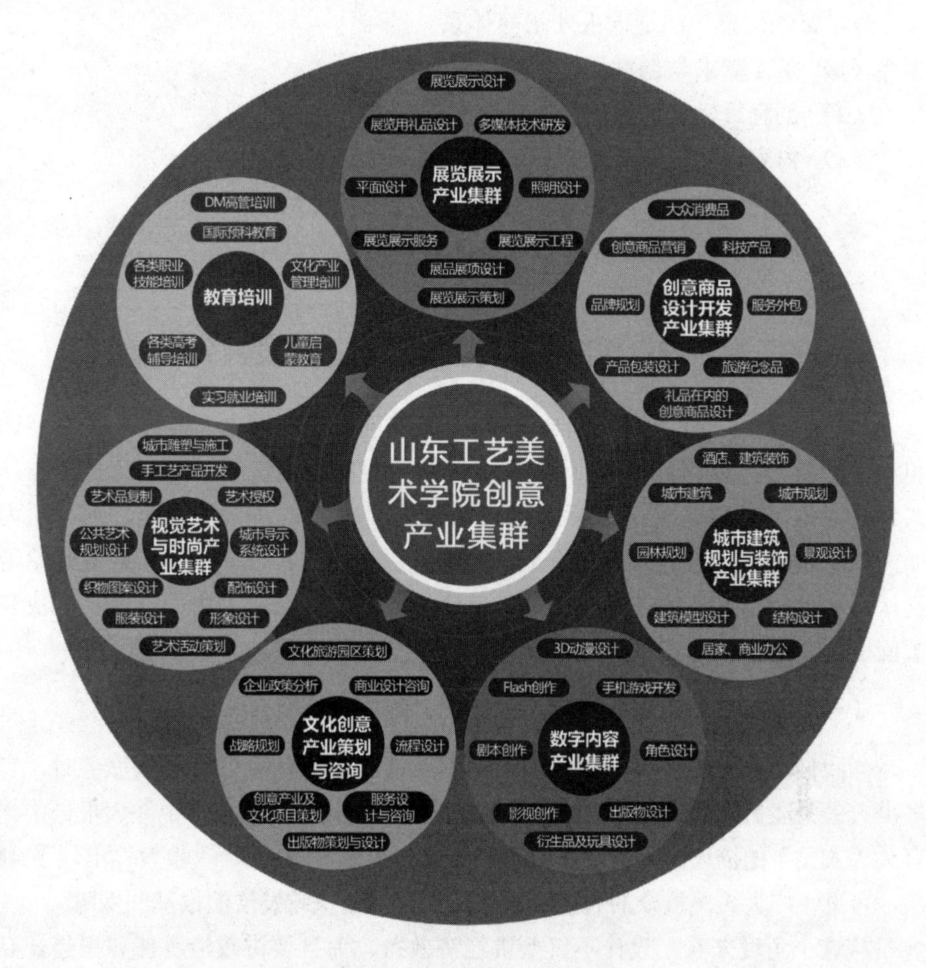

图 7　高校产教融合形成的知识集群①

高等艺术设计教育必须将培养服务国家、区域重大需要，适应产业转型升级和文化建设、社会建设、公共服务发展新需要的创新型应用设计艺术人才作为目标，积极构建需求导向的产教融合价值链。即由需求（国家、产业、大众）决定创意创新的目标，再由创新创意目标决定内容及 IP 开发，然后由创意创新目标决定专业（门）人才的水平，最终以要素配置与集成支撑人才与文创教育的达成为导向。在这个产教融合的价值导向闭环中，“需求”既是起点又是终点，从而从最大程度上保证了创意目标与学校人才培养的一致性。

① 资料来源：山东工艺美术学院设计策略研究中心。

因此，构建以需求为导向的产教融合价值框架，应重点强调五个方面的对应关系，并在此基础上搭建基于 OBE 导向的“培养目标－毕业要求－课程体系－教学资源配置”的逆向人才培养体系。

（1）多元需求与创意目标的对应关系；

（2）创意目标与内容供给质量的对应关系；

（3）内容供给质量与专业化人才水平的对应关系；

（4）内容供给质量与专业教育供给质量对应关系；

（5）要素配置及集成度与人才、教育的对应关系。

三、基于文创产业需要的高等艺术设计教育发展新坐标

20 世纪 80 年代的社会开放，使得设计等同于美术概念而醉心于表面装饰和实用性研究，20 世纪 90 年代的消费繁荣，使得设计沉溺于对创意技术与样式化时尚等方面的追求。进入 21 世纪以来，全球性经济增长减速、下行压力加大以及新生活方式的兴起，带来了新的问题和挑战，设计的创新地位开始得到认同和巩固，设计的艺术及交叉价值逐渐显现，开始成为增加价值、解决复杂问题的工具，以及连接经济、社会、科技与文化等领域的多面手。

（一）树立“为人民而设计（创作）”的使命与担当

当我们培养出的 95% 的设计师都竭尽所能为最富有的 20% 的人服务时，有多少人去关注另外 90%（包括特殊群体）的平民对设计的需求？十九大报告中，有关“人民”的描述出现了 203 次，“文化”出现了 79 次，“教育”出现了 43 次，可见，广大人民群众的利益诉求才是党和国家执政发展的根基和保障。

从这个角度来看，设计不仅要讲经济效益，而且要讲政治责任和担当。高等艺术设计教育只有不断加强“为社会和民众谋福祉”的责任与担当，坚持“以人民为中心，为 90% 的人而设计（创作）”的战略使命，对接国家发展战略，对接文创产业需求，在增强设计服务国家经济文化建设能力的同时，引导和培养学生主动寻找、破解处在社会公共领域 90% 的受众群体（包括特殊群体）的利益和需要，为他们的生活创造更合理、更贴心的产品、服务与环境，才是产教融升级发展的根本。

（二）从中华传统造物文脉和在地美学价值中汲取设计动力

当代社会之所以被称为消费社会，很大程度上是由于消费已经逐渐取代生产，由纯粹物质化交换行为演变成一种集体性的和主观意识的文化行为。同时，

它也关联着道德坐标、意识形态、价值体系以及交往系统的方方面面，成为占据社会生活的主导力量，生活剧本化、情景化、仪式化、意义化、怀旧化和象征化等要素开始在消费领域广泛兴起。

民族民间文化作为一种最基本、最深沉、最持久的力量，以其原发性、活态性特点，为中国社会可持续发展提供了精神激励、智慧支持和道德滋养。民族民间文化中围绕生产生活展开的一切造物、造型行为，都植根于与乡土聚落环境的一体化，与民众日常生活的一体化，与活态的传统文化资源一体化，与民族共同持有的价值判断、生活美学和道德追求一体化，集中反映在思想观念、思维方式、价值取向、道德情操、生活方式、礼仪制度、风俗习惯、宗教信仰、文化艺术等诸多层面的生活现场。原型文化蕴藏着一个民族的集体意识，铺陈着一种文化的共同底色，同时更是以文化创新形塑文化自信的最好抓手，处在人类现代化、全球化、信息化的转折点上，只有持续重视并深入挖掘民族本原文化潜藏的核心价值，才能塑造出中国人的文化认同和身份认同，打造最持久、最深沉的文化自觉、文化自信和文化自强。

当前，国家已经将传承和弘扬中华优秀传统文化作为治国理政的重要资源和内容，应继承和研究“中华传统造物体系”与“中华传统造型体系”的精髓，全方位提升传统造物文脉、在地美学价值在高等艺术设计教育中的位置，增强学生传承弘扬中华优秀传统文化的责任感和使命感（见图 8）。辩证地看待中华优秀传统文化的当代价值，强化学生文化主体意识和文化创新意识，以民族民间艺术资源禀赋为依托，在语言、题材、元素、材料、工艺等方面进行创造性转化与创新性设计，通过广泛参与服务社会、产业项目以及国家、省市重大文化工程，积极担当适应中华优秀传统文化传承教育的社会责任。

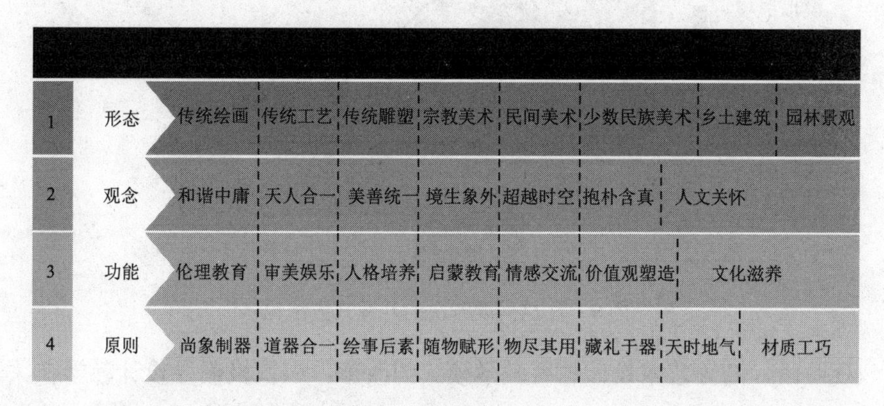

图 8　中华传统造物和造型体系的内容框架

（三）倡导问题导向与沟通并重而非设计师自我表达的教学主张

目前，随着全球化和科技创新的加剧，综合性、复杂性的商业和社会问题越来越难以按照既有的规则进行处理和解决，将设计架构到公众与社会间的创新行为已经在经济发达国家中形成共识，设计可能不是推动人类文明社会前进的车轮，却有助于确保它们运转的可靠和高雅。作为创新家族中的成员，设计在今天已很难像纯粹艺术家那样自由地自我表达，它必须加入团队找到解决问题的办法，考虑与用户的沟通以及带给他们的价值。

因此，构建以经济规律为导向，以市场规则为驱动，以项目合作为纽带，以创新与实践教学为核心的体制机制，不断探索培养具有创新意识和解决实际问题能力相结合的人才培养体系，就显得十分重要。注重将学生的学习目标指向与成果目标指向相结合，推广在专业教学中“重质疑”“重问题”“重假设与推理”“重设计验证”的思维导向，鼓励学生运用系统设计思维提出问题、假设问题和验证问题、解决问题，使学生所学知识与技能更系统、更完整、更专业（见图 9）。

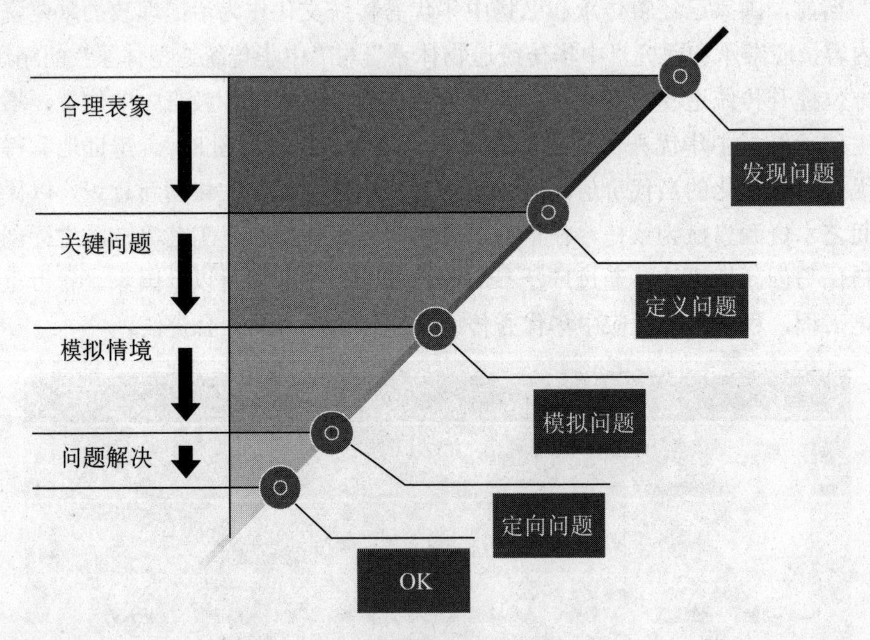

图 9 注重问题解决的开源式方法论

现阶段，高等艺术设计教育教学模式的改革，应积极倡导设计教学在关注“社会实情”与“问题解决”中，锤炼师生积累市场和理性创新经验，使专业教学与市场、社会的连接性更强。同时，通过与社会实际项目进行合作以及参展参赛，打通不同专业、学院间的知识壁垒，跨界构建项目团队，有效锤炼师生的项目计划与管理能力、团队合作能力和社会沟通能力。

（四）从注重外观美化转向提供完整的一站式解决方案

在以产品为中心的消费时代，设计的重点是围绕构成产品的结构、功能、材料、外观、包装、装饰、成本等要素展开，设计师的工作往往游离于生产链的外围，独立专注于外观草图和美化式样。在产品高度同质化并走向以用户为中心的今天，大规模定制带来的竞争，已完全改变了设计的定义和工作的生态。从完整的产业链结构来看，设计必须与用户价值系统、创意研发系统、生产装配系统、设计管理系统、物流运输系统、营售场景系统、社会责任系统等保持捆绑一致的关系，为消费者提供“一站式”整体解决方案（见图 10）。这些由消费者派生出来的需求所创造出的待满足的附加、衍生服务，其竞争价值远超过产品本身。因此，要使一个产品升级为“整体解决方案”，其关键在于企业增加的所谓“附加值”是否能构成一个服务的“整体”，这是评判产品高质量与否的关键。

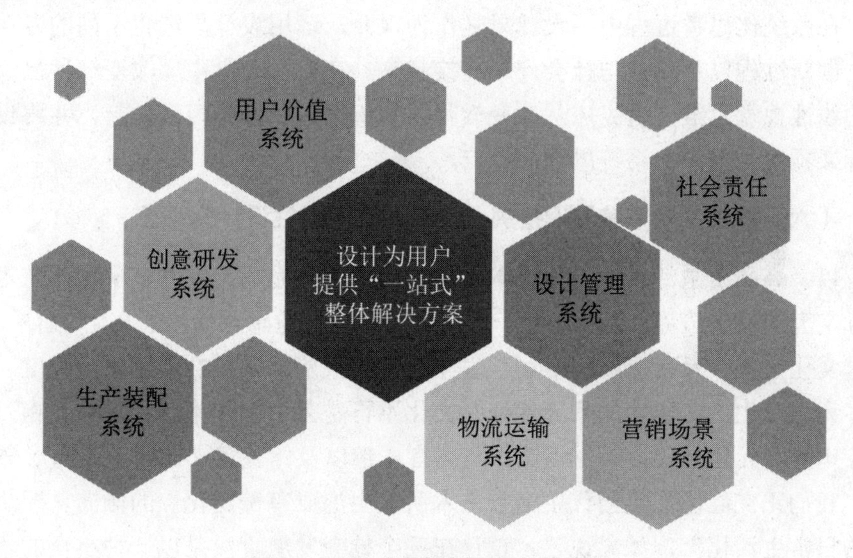

图 10　一站式整体解决方案的内容

另外，就设计自身而言，能否提供预先可视化、多样化、序列化产品方案让消费者选择，也是考验设计师和企业快速响应市场的能力。设计的最高目标是为了改善、满足和丰富人类物质生活与精神生活，在提高生存、生活质量方面提供切实可行的整体解决方案，而不是一个单纯的外观设计。所以，高等艺术设计教育是否能满足设计职能和工作生态新的迭代进化，是摆在高校协同育人方面的重点和难点。

（五）提高系统设计思维而非线性思维的介入强度

设计在传统意义上，往往被简单地理解为一个基于线性的直觉创意或逻辑推断。目前，消费者的使用动机和行为模式更加复杂多样，企业竞争的环境也更加复杂多变，设计问题的本质也因这些不确定性而变得更加复合化和系统化了。设计思维是一种以消费者为中心的系统化创新方法论，用于为寻求未来改进结果的问题或事件提供实用和富有创造性的解决方案。设计思维不一定只针对设计或创意本身，相反，它的触角更适合延伸到更大范围的问题模块中。

正如上面所述，设计是由问题模块构成的一项系统化协同创新工程，对问题的假设和分析必须建立在一个个构成系统的子模块中，看清系统各个构成要素之间的关系，分析未来可能的行为趋势，以更具创造性的设计思维融入系统中，分析解决创新问题。与单纯的线性思考不同，系统设计思维是基于整体的、动态的、连续的思考问题的思维模式，重视团队人员的假设性思考、直觉可视化、开放式协作、多角度理解以及突破约束性挑战等综合能力。

在系统化思考过程中，设计只是作为媒介，运用设计思维将不同的专业人士、创新过程以及商业与社会问题连接起来。在专业教学中要改变一种已经习惯的线性视觉思维，首先应从改变教师的知识结构和思维习惯做起，并将设计目标或预设结果作为系统思维的起点。

（六）重视深度审美及IP挖掘，提升内容原创性设计水平

以“高品质生活价值”为根本架构起的审美体系，已经冲破了传统艺术哲学意义上的概念边界，走向运用一切综合创新来创造感觉反应的文化。事实上，通过文化类型、元素重组、IP 衍生发生的化学反应，正是今天感觉辨识度、审美多元化和生活多样化的来源保证。文化不再是艺术创作本身狭隘的专指，而是在审美多元化时代，对生活工作与感官乐趣以及体验意义之间关系的形塑。

我们正在经历的是当代生活和艺术所发生的“审美泛化”的倾向，即“审美的日常生活化”。如果说艺术设计在某个社会发展阶段是以一种小众的“审美分化”的形式表现日常生活的话，那么，文创产业蓬勃发展时期的艺术设计则是试图以一种大众“审美下沉”的姿态，走向观念，走向景观，走向装置，走向环境，走向现代生活空间，进而走向审美的日常生活化。

毋庸置疑，在产品或服务高度同质化的今天，设计产品或服务的“故事感”“意义感”和“体验感”对人的吸引力，要远超传统设计造型、功能、美

化固化的“老三样”。产品使用价值的下架和文化价值的上位，使得故事的原创性与真实性、环境的沉浸感、娱乐的创意性、造型图案的象征性、触点与流程的体验性、视听体验的愉悦感、物品与道具的温度感、场景文化的关联性、共情力以及意义感等价值，开始成为一种设计的主流方向。

（七）关注场景及关联意义的设计价值，跳出“为设计而设计”的藩篱

如果单从基础教学、学科建设或研发角度来认识设计，则“为设计而设计”不失为一种实用的方法论；但若从生活、市场、产业或消费角度来评价设计的效能，则强化了设计的可视化呈现也就意味着减弱了设计作为沟通的价值和意义。设计离开内在意义如同鱼儿离开水一样。

“物品”在当代日常生活中的语义结构已经扩容，开始与文化相关的因素关联在一起，走向一种具有话语认同的集成式“物化体系”。尤其是随着物联网技术服务智能生活的泛化，智能家居、数字医疗、车联网等多场景叠置产品的推出，设计也已开始在很大程度上从对因果关系的创新追求中解脱出来，将关注点投放到“人－物－场景”关系的发掘和应用上。正如美国芝加哥大学教授特里·克拉克提出的“场景理论”，该理论重视文化在城市经济创新和发展中的先导作用，强调文化生产、文化消费、生活文化设施、多元文化精神、多样化人群互动等因素。只有发掘不同事物的行为之间存在显著关系或典型意义，才有可能通过设计创造出巨大的经济或社会效益。

（八）塑造产教融创、校企联创、需求共创的开放设计场域

国家创新驱动发展战略的推进，使得产业、企业、社会对高等艺术设计院校创新创业教育的需求、设计创新成果的服务等提出了前所未有的需求。在这种背景下，大学尤其是应用型高校逐渐走到了社会的中心，成为区域、国家文化创新的积极参与者以及产业融合发展的发动机。这类大学具有强烈的社会服务意识和丰富的创新研究能力，与传统研究型大学相比，具有更强的专业对接能力、团队合作精神、应对外界环境变化和资源获取的能力，教学与研究更注重面向实际问题和更为有效的知识转移运作机制。它们擅长与政府和产业界建立新型紧密关系，更直接地参与创新成果商业化活动，扮演区域设计创新主体角色，是引领社会经济文化品质发展的不竭动力。

（九）拓宽“艺艺、艺工、艺文、艺管”等学科跨界发展的新视域

单科知识只是对社会某一领域的某一对象，某一对象的某一层次、某一角度、某一过程进行研究，很难做到知识共享和解决复杂问题。尤其是设计学科，

专业及方向过密化设置而培养出来的设计师，虽然在业内某个方面、侧面做得非常到位，但很难达到文创产业全面的、整体的能力要求。因此，除了一些专门化程度要求较高的专业外，高等艺术设计院校单学科、分割式的研究不利于对客观问题进行综合、系统的把握。应强化艺艺、艺工、艺文、艺管间专业的交叉、渗透和融合，并将之引入“专业与产业”的深度对接融合，鼓励跨界研究和课程改革，倡导推行以设计系统思维提出新的科学问题，具备通过设计解决复杂的用户问题、市场问题、社会问题和文化问题的能力（见图 11）。

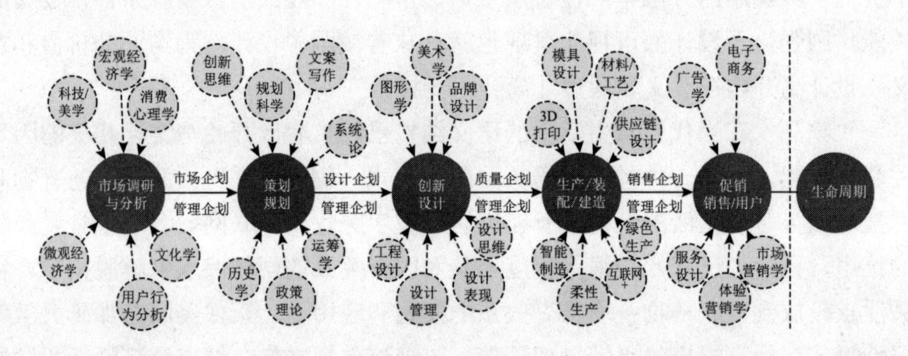

图 11 山东工艺美术学院站点式教学模式：“导师组＋知识链＋学生”知识建构模型

（十）努力形成设计师、艺术家多元成长、多样成才的新氛围

未来的设计师不仅要有良好的文化艺术素质，更应具备多元化的科学知识和系统解决问题的能力。竞争环境的改变必然驱使设计师角色由单一走向多样，设计能力由单一走向综合，设计知识由单一走向跨界，设计行为由个体走向合作。

高等艺术设计院校应顺势而为，积极搭建一个能满足学生多元化成长、多样化成才的知识载体和创新平台，将培养“T”型专业化通才[①]、“I”型专门化专才[②]以及“X”型专业交叉全才[③]纳入学校人才培养框架中，与学校艺术设计人才分类培养的总要求对接，结合学生多元化成才的现实需要，培养既要体现具有设计学科的知识宽度与设计专业的知识厚度，又要兼顾不同专业交叉的知识广度。在人才培养过程中，强调人才培养对社会工作的适应性、实用性和

① “T型设计通才”中“一”专指横跨多领域的通识能力，“1”指某一专业领域较深的专业能力。

② “I 型设计专才”中“一”专指横跨多领域的通识能力，指在某个专业领域中具有专精技术或专业知识的人才。

③ “X 型跨界人才”中“一”专指横跨多领域的通识能力，指具有扎实的知识功底和多重跨界交叉技能储备，没有明确的专业所属，具有明显的不断综合、跨界、混序、交叉的特点。

胜任力，强调人才在社会工作中经验、素质、技能、创意和学科专业知识的协调统一，课程模式侧重以“学科基础”和“实践能力”并列建构。

产教融合是未来高等艺术设计教育的必然趋势。只有连接人才培养与文创产业需求两个端口，覆盖教育教学全过程，适应艺术设计人才多元化培养、多样性成才的发展模式，最终落脚在服务于艺术设计人才培养目标的实现和质量达标，服务于国家和区域经济社会文化的发展，才是高等艺术院校在产教融合以及高质量发展方面，急需新旧转换、动能集聚的地方。

参考文献

[1] 安东尼·吉登斯：《现代性的后果》，田禾译，上海，译林出版社，2000。
[2] 贝拉·迪克斯：《被展示的文化：当代“可参观性”的生产》，冯悦译，北京，北京大学出版社，2012。
[3] 蔡军：《设计导向型创新的思考》，载《装饰》，2014（4），23~26页。
[4] 《十三部门关于印发〈制造业设计能力提升专项行动计划（2019—2022年）〉的通知》，http://www.miit.gov.cn/n1146285/n1146352/n3054355/n3057292/n3057295/c7491688/content.html,2019-10-29。
[5] 《工业和信息化部办公厅关于印发〈设计扶贫三年行动计划（2018—2020年）〉的通知》，http://www.miit.gov.cn/n1146295/n1652858/n1652930/n4509650/c6404659/content.html，2018-08-13。
[6] 《工业和信息化部关于印发〈国家工业设计研究院创建工作指南〉的通知》，http://www.gov.cn/xinwen/2018-07/12/content_5305848.htm，2018-07-05。
[7] 国务院办公厅：《中国传统工艺振兴计划》，2017。
[8] 工业和信息化部网：《关于促进工业设计发展的若干指导意见》，http://www.gov.cn/zwgk/2010-08/26/content_1688739.htm，2010-08-26。
[9] 辜胜阻：《非农化与城镇化研究》，杭州，浙江人民出版社，1991。
[10] 贺欣浩：《设计公司商业创意之变》，载《设计》，2015（18），145~147页。
[11] 韩鹰东：《战略驱动型企业并购研究》，辽宁大学，2011。
[12] 怀特：《文化科学——人和文明的研究》，曹锦清等译，杭州，浙江人民出版社，1998。
[13] 孔玲玲：《横向并购的组织变革比较——以联想和惠普为例》，北京工商大学，2010。
[14] 联合国教科文组织：《重塑文化政策：为发展而推动文化多样性的十年》，北京，社会科学文献出版社，2016。
[15] 廖秉宜：《广告业资本并购的战略思考》，载《广告大观（综合版）》，2014（3），20~22页。
[16] 雷蒙·威廉斯：《乡村与城市》，韩子满等译，北京，商务印书馆，2013。
[17] 鲁道夫·P.霍梅尔：《手艺中国：中国手工业调查图谱（1921—1930）》，戴吾三等译，北京，北京理工大学出版社，2012。
[18] 李东方：《我国台湾地区文化资产保护制度基本问题研究》，载《经济法论坛》，2008，5，526~553页。
[19] 李博婵：《中国创意城市评价指标体系研究》，载《城市问题》，2008（8），95~99页。
[20] 李景云：《制造企业核心竞争力的评价与培育研究》，山东科技大学，2005。
[21] 联合国教育、科学及文化组织：《保护非物质文化遗产公约》，2003。
[22] 李砚祖：《艺术设计概论》，武汉，湖北美术出版社，2002。

[23] 李凤鸣：《内部控制学》，北京，北京大学出版社，2002。
[24] 马丁·里维斯、纳特·汉拿斯、詹美贾亚·辛哈等：《战略的本质》，王喆、韩阳译，北京，中信出版社，2016。
[25] 马世骁：《并行工程理论研究与应用》，东北大学，2004。
[26] 潘春阳：《机会平等与幸福感：探索中国的“伊斯特林悖论”》，上海，上海人民出版社，2016。
[27] 皮尔斯：《皮尔斯：论符号》，赵星植译，成都，四川大学出版社，2014。
[28] 皮埃尔·布迪厄：《实践与反思：反思社会学导引》，李猛、李康译，北京，中央编译出版社，1998。
[29] 秦增红：《全球化时代民族文化传播中的涵化、濡化与创新：从广西龙州布傣“天琴文化”谈起》，载《思想战线》，2012，38（2），79~84页。
[30] 日本经济产业省：《设计政策手册》，2018。
[31] 日本经济产业省：《设计政策——基本认知和措施》，2019。
[32] 日本经济产业省：《战略设计研究报告（40项建议）》，2003。
[33] 日本经济产业省：《利用设计进行创新创造环境维修的设计业实况调查研究报告》，2016。
[34] 戎彦：《以体验为切入点的合作研讨：高校网络广告课程教学模式探析》，载《浙江万里学院学报》，2010，23（1），105~108页。
[35] 让·波德里亚：《消费社会》，刘成富、全志钢译，南京，南京大学出版社，2001。
[36] 谈健：《设计行业将进入产业升级活跃期》，载《广东建设报》，05版，2012。
[37] 田自秉：《中国工艺美术史（修订本）》，上海，东方出版中心，2010。
[38] 温铁军：《实现良性包容和可持续经济发展》，载《光明日报》，08版，2015。
[39] 吴莹、杨宜音、赵志裕：《全球化背景下的文化排斥反应》，载《心理科学进展》，2014，22（4），721~730页。
[40] 维托克·迈尔-舍恩伯格、肯尼思·库克耶：《大数据时代：生活、工作与思维的大变革》，盛杨燕、周涛译，杭州，浙江人民出版社，2014。
[41] 王贤杰：《互联网企业并购绩效研究》，首都经济贸易大学，2013。
[42] 约翰·布林克霍夫·杰克逊：《发现乡土景观》，俞孔坚、陈义勇等译，北京，商务印书馆，2015。
[43] 俞必忠：《试析设计产业的特点和规律》，载《艺术科技》，2012（6），28~29页。
[44] 于启武：《美国和欧洲创意指数比较研究》，载《第一资源》，2009（3），116~134页。
[45] 杨立娜、仇蕾、张继国：《城市可持续发展指标体系的构建与研究》，载《中国城市经济》，2005，7（2），62~63页。
[46] 《住房城乡建设部关于开展引导和支持设计下乡工作的通知》，http://www.mohurd.gov.cn/wjfb/201809/t20180918_237634.html，2018-09-14。
[47] 曾辉：《创意设计要成为推动产业创新的核心要素》，载《中国文化报》，05版，2017-07-01。
[48] 《设计公司如何借资本运作腾飞》，http://www.archchina.cn/strategy/view.php?itemid=201，2015-07-28。
[49] 《国务院关于推进文化创意和设计服务与相关产业融合发展的若干意见》，http://www.gov.cn/zhengce/content/2014-03/14/content_8713.htm，2014-03-14。

[50] 《设计营销与设计管理——装饰百强设计院院长论坛》，http://www.cbda.cn/special/2013/1107/4471.html，2013-11-07。

[51] 张立群：《世界设计之都建设与发展：经验与启示》，载《全球化》，2013（9），59~74页。

[52] 郑也夫：《后物质时代的来临》，上海，上海人民出版社，2007。

[53] 中商情报网：《2014年国际日用玻璃行业发展状况和竞争格局分析》，http://www.askci.com/news/201406/16/1617341440533.shtml。

[54] 李澎：《统计局：互联网+等技术蓬勃发展 催生经济增长新业态》，http://gb.cri.cn/42071/2015/04/15/7591s4932962.htm，2015-04-15。

[55] 中国日报网：《于志远×朱胜萱：东联设计集团之转型与蜕变》，http://news.dichan.sina.com.cn/2016/01/05/1157657.html，2016-01-08。

[56] 福布斯中文网：《初创公司可向Zappos学习，采用Holacracy管理模式》，http://www.cbdio.com/BigData/2015-07/21/content_3529498.htm。

[57] [美]泰德·普林斯：《制造业的机会：设计经济》，载《商学院》，2008年9月刊，总第51期，100页。

[58] [法]沃尔夫冈·乌拉加：《你还在卖产品吗？》，载《商学院》，2008年10月刊，总第52期，42页。

[59] Centro Brasil Design.Diagnostic Review of Design in Brazil.Curitiba:Centro Brasil Design，2014.

[60] Centro Brasil Design.Programa Criação Paraná — Transformando idéias em produtos inovadores.Curitiba:Centro Brasil Design，2015.

[61] Christian Bason.Why the world's leading organisations are looking to design，http://designforeurope.eu/news-opinion/why-world-s-leading-organisations-are-looking-design，2015-04-10.

[62] Design for Europe.Designing for public services: a practical guide by Nesta & IDEO. Retrieved from http://&.eu/news-opinion/designing-public-services-practical-guide-nesta-ideo,2016-11-29.

[63] European Commission.The future of government 2030＋.Brussels:European Commission，2017.

[64] European Commission.Designed for enterprises-Tools for SME development. Brussels:European Commission，2015.

[65] European Commission.Implementing an Action Plan for Design-Driven Innovation. Brussels:European Commission，2013.

[66] European Commission.Design for Growth & Prosperity.Brussels:European Commission，2012.

[67] European Commission.User-centric innovation joint action.Brussels:European Commission，2011.

[68] Government of India Ministry of Commerce and Industry. National Design Policy. India:Government of India Ministry of Commerce and Industry，2007.

[69] HM treasury，Department for Business, Innovation & Skills.Our plan for growth:science and innovation.London:Department for Business, Innovation & Skills，2014.

[70] Innovate UK.Innovate UK. Design in innovation Strategy 2015—2019. Swindon:Innovate UK，2015.

[71] Immonen H.Global Design Watch 2010.Master Dissertation,Aalto-yliopisto，2013.

[72] Micro, Small and Medium Enterprises.Design Clinic Scheme for Design Expertise to MSME sector.Retrieved from www.dcmsme.gov.cn，2010-05-03.

[73] Moultrie J, Livesey F.International Design Scoreboard: Initial indicators of international design capabilities.Cambridge : Institute for Manufacturing, University of Cambridge，2009.

[74] Rajya Sabha.The National Institute of Design Bill.India:Rajya Sabha，2013.

[75] Richard A.Easterlin.Income and Happiness:Toward a Unified Theory.Economic Journal，2001，111（7）,460-484.

[76] Richard A.Easterlin.Will Raising the Incomes of All Increase the Happiness of All?.Journal of Economic Behavior and Organization，1995，27（1）,35-47.

[77] Richard A.Easterlin.“Does Economic Growth Improve the Human Lot? Some Empirical Evidence”.University of Pennsylvania，1974.

[78] Stefano M,Venanzio A,Marzia M.DeEP:Design in European Policies. UK:Politecnico di Milano（IT）&University of Lancaster，2015.

[79] The Korean Institute of Design Promotion.National Design Competitiveness Report 2008. South Korea:The Korean Institute of Design Promotion，2008.

后记：在看不见的地方看见设计

246年前，英国经济学家亚当•斯密在《国富论》中第一次提出“看不见的手”这一经济学命题。“看不见的手”最初只是一种隐喻性描述，泛指事物背后那些内生的、无形的、动态的、整体的、变化的过程性或机制性内容。这些内容就像一只看不见的手，在冥冥之中支配着每个人，自觉地按照市场规律运行。

今天，“看不见的手”这一经济学专业术语也已经被引申到更广泛的领域，用于阐释理论和指导商业实践，这当然也包括设计。在商业设计实践领域，苹果公司前首席设计师罗伯特・布伦纳（Robert Brunner）认为，设计并非只是一个产品实物，而是要为用户打造一个通向缤纷体验的门户。在苹果公司，设计背后这只“看不见的手”就是为用户创造高质量的“体验供应链”；MIT媒体实验室“看不见的手”就是在未来科技、设计、商业之间搭建一种极致的“魅力关系”；海尔“看不见的手”则是通过自创业、自组织、自驱动的管理模式变革形成“人人创客”的设计生态链。在商业设计研究领域，德内拉・梅多斯（Donella H.Meadows）认为，支撑设计实体背后整体的、动态的、连续的“系统思考”，是应对我们周围世界各种复杂性挑战的有力工具；亨利・波卓斯基（Henry Petroski）主张通过“事故分析”预设和前置，将设计过程的局限优化为问题解决的设计方案；罗伯特・维甘提（Roberto Verganti）认为，设计要想在市场竞争中占据优势，必须善于抓住赋予产品“内在意义”这只“看不见的手”；理查德・布坎南（Richard Buchanan）则认为，设计被看到的都应是一种修辞的艺术而不应是装饰的艺术，并能在技术原理、特性和情感等看不见的地方创造物品说服力。

如何通过挖掘“看不见”的、充满不确定性的因素，来提升看得见的产品或服务的魅力及竞争实力，是复杂商业环境下设计价值创造的使命。这种创造有形的人造物的智力行为，在当今万物互联的时代，已经被赋予了更多广义语境和学科互涉的意义，帮助我们在面对日益复杂的商业环境时，重新寻找和创造一种“好设计”与“好生意”相得益彰、以简驭繁的发展智慧。设计的狭义与广义、有形与无形，说到底，都是设计内嵌于组织战略以实现商业价值的一体化方案，其核心是价值，本质是连接，价值在连接中实现。实现连接不仅仅表现为物质实体与外观造型、材料特性、技术工艺、空间结构之间的物理性连接，还表现为与系统化思考、市场战略、商业模式、供应链关系、用户体验甚至 PLM、碳足迹等复杂性要素的正确连接。

21 世纪的商业要做的就是重新思考设计背后那些“看不见”的有机的联合体，包括系统、战略、创新、政策、声誉、价值链、领导力、设计思维、感知质量、核心素养、社会责任、软实力等，这些都是无形的、看不见的，实际上却是商业发展中重要的影响因素。这些无形因素在什么时间、什么地点、以怎样的方式与设计完成连接，可以最有效地生根、发芽、扩散并被使用，进而产生更高质量的商业和社会价值呢？这不仅是本书编写的初衷，更是我一直抱有的思考兴趣与学术执念。

对于设计而言，仅仅看见是不够的，还应该穿越它，如同生活本身。在我们生活的这个相互依存的世界中，有许多看不见却真实存在的良言、善行一直鼓励和鞭策着我，并最终顺利完成这本书的写作和出版。为此，我要特别感谢山东工艺美术学院校长潘鲁生教授，多年来，他在学术上的提携和帮助以及百忙之中还亲自为本书作序，对我而言都是莫大的荣幸和激励；感谢牛津大学凯洛格学院的克里斯·罗利教授和艾伦·哈德森教授对我在牛津大学学习期间给予的指导，以及在本书编写过程中给予的大力帮助；同时，非常感谢清华大学出版社王巧珍女士对书稿提出真知灼见的修改意见；还要感谢山东工艺美术学院朱爱军老师以及我的研究生侯筱熙、陈婷、高昂和王树文等，正是他们提供了精美的封面设计、图表制作以及相关文章资料，才使本书增色不少；更要感谢我的家人对我一如既往的支持、付出和鼓励。

写完这本书，窗外已是满眼“春日迟迟，卉木萋萋”的回春图景。

借此，将此书献给那些看不见却能时刻驱动变化、带来希望的美好事物。